UMA BREVE HISTÓRIA DO HOMEM

MICHAEL COOK

UMA BREVE HISTÓRIA DO HOMEM

TRADUÇÃO
Maria Luiza X. de A. Borges

Jorge ZAHAR Editor
Rio de Janeiro

Para Margot,
que nasceu na China e migrou para o Colorado
enquanto este livro estava sendo escrito

Título original:
A Brief History of the Human Race

Tradução autorizada da primeira edição norte-americana
publicada em 2003 por W.W. Norton & Company,
de Nova York, Estados Unidos

Jorge Zahar Editor Ltda.
rua México 31 sobreloja
20031-144 Rio de Janeiro, RJ
tel.: (21) 2240-0226 / fax: (21) 2262-5123
e-mail: jze@zahar.com.br
site: www.zahar.com.br

Preparação de originais: André Telles
Projeto gráfico e diagramação: Victoria Rabello
Capa: Dupla Design

CIP-Brasil. Catalogação-na-fonte
Sindicato Nacional dos Editores de Livros, RJ.

Cook, M. A.
C787b Uma breve história do homem / Michael Cook; tradução de Maria Luiza X. de A. Borges. – Rio de Janeiro: Jorge Zahar Ed., 2005
il.

Tradução de: A brief history of the human race
Inclui bibliografia
ISBN 85-7110-874-9

1. Homem pré-histórico. 2. Civilização antiga. 3. Civilização moderna. 4. Homem – História. I. Título.

CDD 930
05-2344 CDU 930.85

SUMÁRIO

TERCEIRA PARTE

A massa de terra eurasiana

QUARTA PARTE

Rumo a um só mundo?

LISTA DE MAPAS

LISTA DE ILUSTRAÇÕES

PREFÁCIO

Os seres humanos só passaram a fazer história há poucas centenas de gerações. Antes disso, por duas ou três mil gerações, nossos ancestrais, embora provavelmente não fossem menos inteligentes e perceptivos do que somos agora (nem mais tolos e obtusos), estavam ocupados com outras coisas. Por que mudaram de direção, e com que resultados, é o assunto deste livro.

Há pelo menos duas ótimas razões para não se escrever um livro sobre a história humana como este. Uma é haver tanta história. Algumas centenas de gerações podem não parecer um tempo muito longo em termos biológicos, mas, em se tratando da raça humana, equivalem a uma quantidade surpreendente de mudanças culturais; além disso, nossas atividades estiveram espalhadas por vários continentes. O resultado é que a informação que possuímos sobre nosso passado enche bibliotecas. Ninguém pode conhecer tudo que há para ser conhecido sobre ele, muito menos ter a esperança de transmitir sequer seus tópicos principais num pequeno volume.

A outra razão é haver tão pouca história. A maior parte da que foi feita por nossos ancestrais está irrecuperavelmente perdida para nós. Apesar da prodigalidade com que os seres humanos alastram ossos, cacos de cerâmica, lixo atômico, memórias e coisas do gênero pelo planeta, o fato é que a maior parte de nossa história é matéria escura, e o que não é muitas vezes parece fragmentado e confuso demais para merecer muita atenção. Considere, por exemplo, os três objetos de barro da figura 1. Eles formam uma pequenina parte dos objetos desordenados que nos foram deixados pelos gregos antigos. Sem dúvida eles os fabricavam com alguma finalidade; mas qual?

O resultado é que este livro é ao mesmo tempo deliberadamente seletivo e involuntariamente desigual. Como disse Voltaire em algum lugar, "o segredo de ser enfadonho está em dizer tudo", e pelo menos nessa armadilha eu evitei cair. Há apenas uma linha tênue, é claro, entre tornar as coisas simples

Fig. 1: Três objetos da Grécia antiga.

demais para serem informativas e torná-las complicadas demais para serem assimiláveis. Espero ter conseguido não atravessá-la, mas isso é algo que cabe ao leitor avaliar. Se meu livro não lhe servir, você poderá recorrer a um sem-número de outros com abordagens diferentes.

Devo enfatizar que o fim a que este livro pretende servir é inquestionavelmente modesto. Ele busca apenas transmitir a um leitor alerta um sentido geral da forma da história humana e uma noção de alguns dos aspectos sob os quais ela é interessante. Quero dizer com isto que não tenho uma Grande Teoria Unificada da história para oferecer. Na verdade, talvez isso não seja uma grande perda, já que, se eu tivesse tal teoria, ela quase certamente estaria errada. Tenho idéias. Algumas são as idéias publicadas de outros e algumas são minhas próprias, até agora inéditas. Não são, porém, idéias que se sustentam ou desabam juntas — embora seja bastante provável que algumas sejam errôneas, há também uma boa chance de que outras sejam corretas.

A estrutura deste livro como um todo será evidente a partir de uma vista-d'olhos no sumário. Em particular, deveria ficar óbvio que não é um livro para o qual a história do mundo consista na história moderna com um curto prólogo. Reconhecidamente, há em meu pensamento um elemento de "como chegamos a este ponto em que estamos agora", ainda que apenas porque não tenho a menor idéia do ponto a que chegaremos no futuro. Tentei, contudo, resistir às vãs pretensões que o presente alimenta de ser o centro cronológico do universo.

O que talvez não fique claro a partir do sumário é a organização de um capítulo típico. A longa seção com que todos os capítulos se iniciam fornece uma visão panorâmica, interrompida aqui e ali por alguns subtítulos. Seguem-se duas seções mais curtas, ambas com um foco bem mais limitado. São *closes*. Com freqüência a segunda seção do capítulo trata de um tema particular, enquanto o foco da terceira recai em certa classe de objetos, muitas vezes de um tipo que pode ser visto facilmente em museus; mas nem sempre. Ao escolher esses *closes*, tendi a preferir os que pessoalmente considero interessantes ou significativos; dois autores diferentes que seguissem essa receita jamais escolheriam os mesmos. Algumas dessas seções tratam do modo como conhecemos as coisas que pensamos conhecer sobre o passado. Outras se detêm em traços característicos e por vezes extravagantes das culturas sob discussão, ou consideram as coisas que as culturas podem descobrir em si mesmas quando têm acesso a seus passados remotos. Usei também essas seções para restaurar o equilíbrio em favor de alguns tópicos que não receberam a devida atenção nas seções de visão geral. As mulheres desempenham um papel aqui, como também a ciência (tanto como uma atividade de sociedades antigas quanto como fonte de informação sobre elas).

Vi-me ensinando uma abordagem da história mundial pela primeira vez na School of Oriental and African Studies em Londres no final da década de 1970 e início da de 1980. O tema do curso era a Ásia e a África pré-modernas; meu colega Colin Heywood tratava da Ásia a partir do século III d.C, e o resto ficava a meu cargo. Meu interesse em muitas das questões discutidas neste livro remonta a essa época distante, assim como várias de minhas idéias a respeito delas. Em seguida transferi-me para Princeton, e não voltei ao assunto até o final da década de 1990, quando meu interesse foi reavivado pela leitura de *Armas, germes e aço*, de Jared Diamond. Depois dei um curso sobre história do mundo para pequenos grupos de alunos de graduação em Princeton e, graças a eles, voltei a mergulhar nela por inteiro; as intuições e argumentos desses estudantes afetaram a maneira como penso sobre a matéria.

Mas isso certamente não explica por que eu deveria escrever um livro. Não gostaria de ser visto como um professor que não é capaz de dar um curso sem transmiti-lo para o mundo todo. Uma ou duas coisas foram talvez decisivas para me empurrar para esse extremo bastante tentador. Primeiro, em 2000 finalmente publiquei uma monografia de 700 páginas, laboriosamente recheada de notas de rodapé, sobre um tópico do campo de especialização em que vinha trabalhando havia 15 anos. Isso não só me deixou tempo livre para escrever sobre algum outro assunto, como me eximiu de qualquer sentimento imediato de obrigação em relação a meu campo. Em segundo lugar, eu vinha conversando havia muito tempo com Steve Forman, a quem conheci graças a Robert Wisnovsky, sobre um livro de história islâmica que talvez ainda venha a escrever para a editora Norton. Quando mencionei meu curso sobre história mundial, ele sugeriu-me escrever um livro sobre ela. Aqui está ele.

Uma palavra sobre convenções

Quando preciso deixar claro que uma data recai antes ou depois da virada para nossa era, uso as formas tradicionais "a.C." e "d.C.". Não estou com isso afirmando o status messiânico ou a divindade de Jesus de Nazaré, assim como não me comprometo com a adoração dos deuses romanos Jano ou Marte quando falo de "janeiro" ou "março". Se a era mais amplamente referida hoje no mundo é historicamente uma era cristã, isso diz alguma coisa sobre o curso da história mundial, e não se trata de um curso que todos tenham motivos para celebrar. Mas tentar corrigir os erros da história mediante eufemismos parece-me, na melhor das hipóteses, inútil.

Na transcrição de nomes e termos chineses usei o sistema Wade-Giles em vez do Pinyin, mas forneço equivalentes Pinyin entre parênteses na primeira ocorrência deles. Um eminente historiador da China qualificou recentemente ambos os sistemas de abomináveis; escolhi Wade-Giles porque os erros de pronúncia que gera para o leitor comum do inglês são significativamente menos maus do que os suscitados pelo Pinyin.

Uso a palavra *farming*[*] como um termo geral para abranger o cultivo de plantas domesticadas (agricultura no sentido estrito) e a criação de animais

[*] Que será traduzida por "agricultura". (N.T.)

domesticados (sobretudo pastoralismo). Isso não me deixa de todo satisfeito, já que a palavra está um pouco associada demais à história da ocupação inglesa da terra; mas a expressão mais precisa, ainda que deselegante, "produção de alimentos" realmente não pegou.

Por comentários críticos e sugestões, gostaria de agradecer a Patricia Crone, que leu os originais datilografados para mim, e a William Everdell e John E. Wills Jr., que o fizeram para a Norton. Beneficiei-me também dos comentários de meus filhos Simon e Richard. David Shulman ajudou-me com assuntos relativos ao sul da Índia; Svat Soucek auxiliou-me com um texto em russo arcaico. Ao longo dos anos, muitas pessoas devem me ter dito ou dado coisas que acabaram desembocando neste livro; entre elas estão, pelo menos, John Brinkman, Michael Doran, Oleg Grabar, Kenneth Mills, Stephennie Mulder e Frank Stewart. Sükrü Haniolu, Giovanna Cesarini, Zilan Shen e Leon Zhu deram-me ajuda prática com algumas das ilustrações. Sarah England tratou de grande número de problemas suscitados pelas ilustrações e os mapas com energia, precisão e bom humor. Foi-me também muito benéfica a gentileza da equipe do Princeton University Art Museum, em especial a de Michael Padgett, ao nos acolher para aulas em que meus alunos e eu tivemos a possibilidade de manusear artefatos das culturas que estávamos estudando. Sinto-me feliz por dizer que não simulamos os estragos do tempo quebrando realmente qualquer deles.

MAPA 1: PRINCIPAIS REGIÕES DO MUNDO

Miller Projection;
Fronteiras modernas mostradas como referência

PRIMEIRA PARTE

POR QUE A HISTÓRIA É COMO É?

CAPÍTULO I

O pano de fundo paleolítico

I. Por que a história aconteceu quando aconteceu?

A figura 2 reproduz uma fotografia publicada no *New York Times* em 2001. A menos que você saiba mais do que minha legenda lhe diz, ela não é particularmente empolgante; mas merece ser contemplada como um registro da atividade humana. Penso que você não terá dificuldade em identificar o caráter geral da cena. Algumas pessoas, presumivelmente arqueólogos, devem ter escavado recentemente as ruínas de antigas construções de pedra erguidas por outras pessoas, presumivelmente não-arqueólogos, que nelas moraram em tempos passados. Ir além dessa descrição de ruínas genéricas escavadas por arqueólogos genéricos é que é o problema. Por exemplo, se você se perguntar onde as ruínas se localizam, suas chances de acertar, mesmo que apenas o continente, não são muito maiores do que uma em seis; de fato, o único continente que você pode excluir sem hesitação é a Antártica. Essa incerteza geográfica é em si mesma uma questão interessante, e retornaremos a ela num capítulo posterior. Por ora, voltemo-nos para a questão de *quando* essas paredes poderiam ter sido erguidas. Nesse terreno você não está numa situação muito melhor. Pode presumir que as ruínas devem datar de pelo menos um século ou dois atrás, ou não estariam tão arruinadas e arqueólogos não se teriam dado ao trabalho de escavá-las; não há também nenhum sinal do uso de métodos modernos de construção. Mas que idade essas ruínas teriam? Se você tiver uma noção geral da cronologia do passado humano, terá razoável certeza de que não podem ter mais de cerca de 10.000 anos, e de que dentro desse período é mais provável que datem dos últimos milhares de séculos do que dos primeiros. Em matéria de datação, isso parece horrivelmente impreciso.

A imprecisão, porém, está no olho de quem vê. Os seres humanos modernos — no sentido de pessoas anatomicamente indistinguíveis de nós — da-

Fig.2 : Ruínas escavadas recentemente.

tam de bons 130.000 anos atrás, e talvez de tempo consideravelmente maior. Contra esse pano de fundo, uma datação das ruínas como pertencentes aos últimos 10.000 anos parece admiravelmente precisa; 10.000 anos não passam, afinal, de algumas centenas de gerações. Nesse caso, por que os seres humanos existiram na Terra tanto tempo antes de pensar em erguer algo tão simples como uma construção com paredes de pedra? Por que nos pareceria sensacional se acaso essas ruínas tivessem, digamos, 30.000 anos de idade?

A prática de construir paredes de pedra não é ela própria um tema central deste livro. Estou meramente usando-a como exemplo representativo de uma variedade muito mais ampla de atividades humanas de que podemos dizer, em síntese, que fazem história. Há uma definição convencional de história como aquele segmento do passado humano acessível mediante fontes escritas; segundo esse critério, a história remonta a não mais de 5.000 anos. Essa não é uma definição frívola. Dada a centralidade da linguagem nas culturas humanas, faz grande diferença para nós podermos ou não estudar seres humanos do passado com base no que eles tiveram a *dizer* sobre si mesmos; além disso, dados os usos potenciais da escrita na sociedade humana, o fato de possuírem ou não esse item fundamental da tecnologia da informação fazia uma diferença considerável para os próprios povos. Mas julgar que a história começa 5.000 anos atrás é quebrar no meio um passado de rápida mudança cultural que começou outros 5.000 anos mais cedo, com o surgimento da agricultura. Nesse sentido, os últimos 10.000 anos formam um segmento bem definido do passado humano, que contrasta acentuadamente com o período muito mais longo que o precedeu, no qual a caça e a coleta eram o único meio de vida praticado por seres humanos. Assim, por conveniência, chamaremos esses últimos 10.000 anos do passado humano de "história". Podemos agora substituir nossa pergunta acerca das paredes arruinadas pela que figura no título desta seção: por que a história aconteceu quando aconteceu? Por que ela se comprimiu nos últimos 10.000 anos?

Perguntas simples merecem respostas simples, e esta talvez seja uma das raras ocasiões em que de fato é possível obter uma. A figura 3 mostra alguns resultados da perfuração de um núcleo de gelo na Groenlândia no início da década de 1990. O gelo mais antigo nos leva a um quarto de um milhão de anos atrás (na extrema direita) e o mais novo nos traz praticamente ao presente (na extrema esquerda). Como o gelo afina-se com a idade, obtemos uma resolução melhor para tempos mais recentes; é por isso que, em termos cronológicos, a escala cresce à medida que se aproxima da esquerda. O que os dados mostram é o movimento de uma taxa que relaciona dois isótopos distintos de oxigênio. Essa taxa nos interessa porque serve como um substituto da temperatura: mais alta é mais quente, mais baixa é mais frio. Dados de outras fontes nos dão razoável segurança de que esses movimentos de temperatura dizem algo sobre mudanças no clima global (e não apenas sobre condições locais na Groenlândia). Assim, que vemos aqui, além de oscilações intermináveis?

Há realmente apenas dois pontos que precisamos registrar, mas que, tomados em conjunto, prometem dar grande parte da resposta à nossa pergunta. O primeiro ponto é que os últimos 10.000 anos — o período que os geólogos chamam de Holoceno — foram inusitadamente quentes. Para encontrar um período comparável no Pleistoceno tardio, a época geológica que precedeu o Holoceno, teríamos de remontar ao período Eemiano, cerca de 120.000 anos atrás. De fato, isso é bastante típico do padrão dos últimos milhões de anos: períodos quentes relativamente curtos retornam a intervalos de cerca de 100.000 anos. O segundo ponto é que o Holoceno foi privilegiado num outro aspecto: sua extraordinária estabilidade climática. Compare as oscilações suaves à direita com as guinadas abruptas à esquerda. (Na verdade, se considerarmos de novo o Eemiano, veremos que ele parece constituído de uma série de picos e vales, respectivamente muito mais quentes e

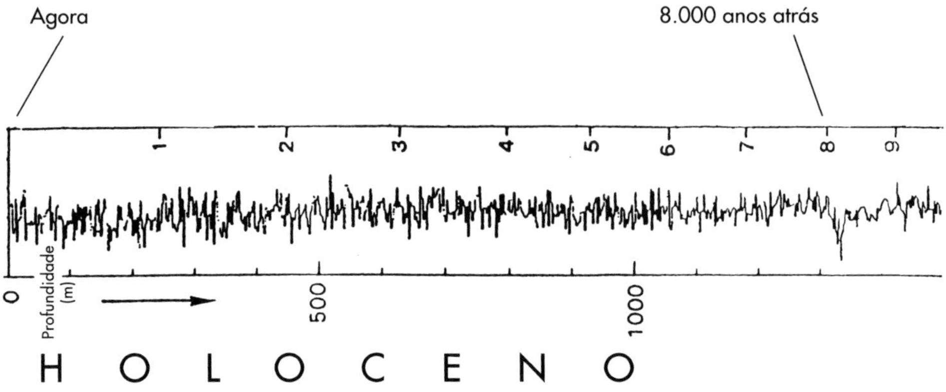

Fig.3: Dados do núcleo de gelo da Groenlândia.

frios que qualquer coisa que tenhamos experimentado no Holoceno; mas este aspecto dos dados foi questionado.) O Holoceno é portanto um período muito excepcional. Não houve nada de parecido com ele nos últimos 100.000 anos, isto é, na maior parte do período durante o qual seres humanos modernos provavelmente existiram.

A história, tal como a definimos acima, encaixa-se confortavelmente nesse quente e estável nicho climático do Holoceno. Não há nada de muito misterioso nessa associação. Tentar fazer história numa idade do gelo — que foi o que se teve na maior parte do tempo entre o Eemiano e o Holoceno — não teria sido muito divertido. Mais especificamente, a história humana funda-se na agricultura, e faz sentido supor que seu desenvolvimento e manutenção teriam sido muito difíceis, se não de todo impossíveis, num clima mundial que não fosse ao mesmo tempo quente e estável; o certo é que até hoje não se encontrou nenhum vestígio de agricultura no Pleistoceno. O Holoceno foi, portanto, a janela de oportunidade para a feitura da história. Se isto está correto, não há razão para indagar por que os seres humanos teriam esperado tanto tempo antes de fazer história; se deixarmos de lado o Eemiano, parece que eles pularam pela janela quase no mesmo instante em que ela se abriu para eles.

Isto responde a boa parte da nossa pergunta. Mas ainda precisamos de mais alguma coisa, pois a janela do Holoceno poderia ter-se aberto e fechado sem que houvesse ninguém ali para pulá-la. Afinal, as espécies mais relacionadas aos seres humanos — chimpanzés, gorilas, gibões, orangotangos — não reagiram ao Holoceno desenvolvendo a agricultura; nós o fizemos, e

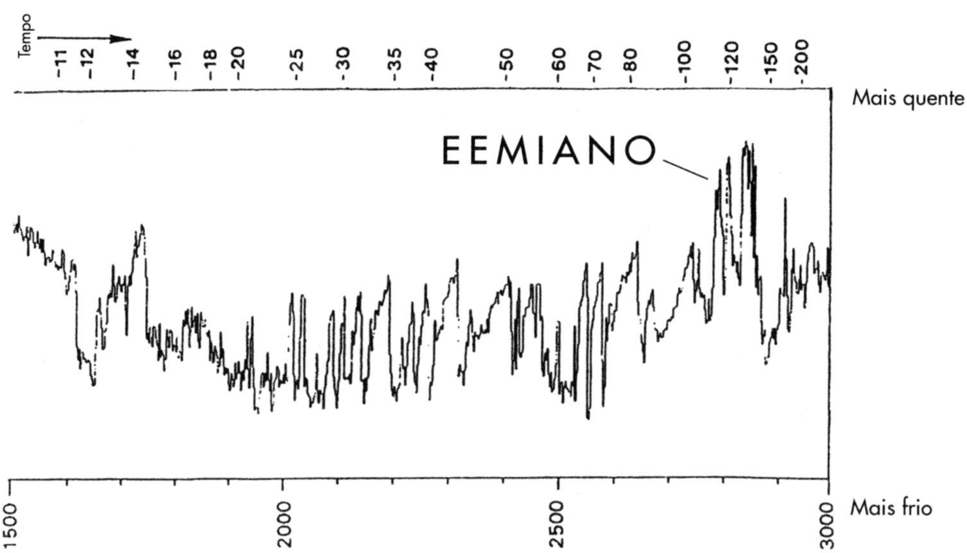

com conseqüências extraordinárias. Tentar responder seriamente à pergunta de por que éramos diferentes nos afastaria demais de nosso caminho. Mas alguma coisa sobre o caráter geral dos seres humanos modernos pode ajudar a explicar o modo como reagiram ao Holoceno.

A afirmação feita acima de que pessoas anatomicamente indistinguíveis de nós datam de 130.000 anos atrás ou mais é uma afirmação sobre fósseis. Tipicamente, fósseis revelam traços anatômicos gerais, sobretudo no tocante a ossos. Indícios de outro tipo sobre os primeiros seres humanos são fornecidos pela arqueologia, que desenterra os artefatos que eles deixam atrás de si. Daremos uma olhada em alguns desses artefatos mais tarde neste capítulo. O que importa por ora é uma questão sobre sua cronologia. Se nos guiarmos pelos registros arqueológicos, não encontraremos nenhuma razão para situar o surgimento dos seres humanos modernos — no sentido comportamental, isto é, seres dotados de capacidades inatas que podemos considerar semelhantes às nossas — numa época tão remota quanto 130.000 anos atrás; 50.000 seria um número de anos mais provável. A compatibilização dessas datações é um problema sério no estudo da evolução humana. Ou os seres humanos anatomicamente modernos dos primeiros tempos possuíam as mesmas capacidades que nós, mas não as usavam de maneiras capazes de deixar vestígios arqueológicos amplos até 50.000 anos atrás; ou os seres humanos comportamentalmente modernos dos últimos 50.000 anos foram o resultado de uma mutação biológica — talvez ligada a algum estágio na evolução da linguagem — que não deixou traços nos registros fósseis. (A pré-história da linguagem tem sido uma das lacunas mais frustrantes em nosso conhecimento das origens de nossa espécie.) Felizmente, para nossos propósitos é suficiente identificar o problema; não precisamos resolvê-lo.

Focalizemos, em vez disso, o que há de característico no registro desses seres humanos comportamentalmente modernos. O que se constata não é apenas que sua cultura parece ter sido significativamente mais rica do que qualquer coisa previamente atestada — no exemplo mais famoso, casos claros de arte sofisticada, graças a pinturas rupestres com bem mais de 20.000 anos de idade, foram encontrados em lugares tão distantes entre si quanto a Europa, a África do Sul e a Austrália. Encontramos também indícios de uma nova diversidade cultural: artefatos mostram uma variação cultural sem precedentes, tanto no espaço quanto no tempo, tópico a que voltaremos adiante neste capítulo. O que vemos portanto, contra o pano de fundo dos registros mais antigos, não é só mais cultura, é uma bem desenvolvida capacidade de mudança cultural. Não é difícil ver por que esse dom poderia ter sido adaptativo num período de oscilações ambientais violentas; a agilidade cultural é uma maneira de responder a mudanças ambientais rápidas. Essa mesma agilidade foi de importância fundamental na resposta humana ao Holoceno.

Temos aqui, portanto, uma resposta plausível para uma questão básica acerca da história: a questão de por que ela aconteceu quando aconteceu. Por um lado, o Holoceno representou uma abertura excepcional, talvez única, no tempo de vida de seres humanos comportamentalmente modernos. Por outro, esses seres humanos possuíam uma agilidade cultural única com que responder a essa oportunidade.

II. A genética e as origens da raça humana

O notável erudito muçulmano Tabari (m.923 d.C.) deixou-nos uma volumosa história do mundo tal como o conheceu. Tipicamente, limita-se a citar fontes anteriores, mas pouco depois do início da obra faz com sua própria voz uma afirmação metodológica importante: "Nenhum conhecimento da história dos homens do passado e dos homens e eventos recentes é acessível àqueles que não os puderam observar e não viveram em seu tempo, exceto por meio de informação e transmissão fornecida por informantes e transmissores." Para os que não entendam isso, ele acrescenta que "esse conhecimento não pode ser deduzido pela razão ou inferido por processos internos de pensamento". No tocante à maior parte da história humana, durante a maior parte do tempo, Tabari está certo. Mas nos tempos modernos passamos a fazer um uso sério de vários tipos de indícios não textuais, ora para suplementar os textos, ora para compensar sua ausência. Assim, na seção anterior, para a qual não dispúnhamos de quaisquer indícios textuais, a discussão foi dominada por dois corpos de dados que Tabari não conhecia ou desdenhava: fósseis e artefatos. Nos últimos anos, a estes se juntou um terceiro corpo de dados, com que Tabari dificilmente teria podido sonhar: a genética. O que a genética nos diz é suficientemente notável para merecer exame mais atento. Mas antes de passarmos aos resultados dos estudos genéticos, convém rever rapidamente alguns dos conceitos básicos envolvidos.

O elemento-chave do genoma humano é um conjunto de instruções para a constituição e o funcionamento do corpo humano. Essas instruções são compostas por algumas dezenas de milhares de genes. Os genes estão escritos no que é conhecido como o código genético, um alfabeto bioquímico de quatro letras, três das quais formam uma palavra; o meio em que a mensagem é escrita é uma substância bioquímica bem conhecida, o DNA. Esse material, por sua vez, é reunido na forma de 23 cromossomos, dois conjuntos dos quais são tipicamente encontrados no núcleo de cada célula do corpo humano. Uma transcrição completa do genoma de um ser humano, tal como presente em cada uma de suas células, encheria uma pequena biblioteca. Não precisamos nos incomodar com o modo pelo qual essas instruções são levadas a cabo; o que importa para nossos fins é que o genoma é hereditário. Mais precisamente, o genoma é composto de uma maneira bastante aleatória de alguns segmentos tomados do genoma da mãe e de outros tomados do genoma do pai. Em todo caso, é o que geralmente ocorre; duas exceções a essa aleatoriedade, porém, irão nos ocupar num dos capítulos posteriores. Uma é o cromossomo Y, que faz um homem; só um homem pode ter um, e o herda necessariamente do pai, como este o herdou do seu, numa sucessão que remonta a Adão. A outra exceção é algo conhecido como DNA mitocondrial. As mitocôndrias são organelas encontradas em números consideráveis fora do núcleo da célula; parecem ter se originado como organismos distintos, mas têm vivido simbioticamente dentro de células ancestrais das nossas durante, aproximadamente, o último bilhão de anos. Um vestígio de sua origem independente é o fato de conservarem algum DNA próprio. O que importa aqui é que você herdou seu DNA mitocondrial da sua mãe, que por sua vez o recebeu da mãe dela, numa sucessão que remonta a Eva.

Quando o DNA é herdado, ele é necessariamente copiado. Todos nós temos experiência com cópias de textos: elas dão margens a erros, e quanto mais cópias sucessivas forem feitas, mais erros tendem a se acumular. Alguns desses erros podem ser desastrosos, outros podem não passar de um inconveniente, e outros ainda não têm importância alguma. No caso do DNA, os erros de cópia são chamados de mutações. A maioria esmagadora das mutações não tem absolutamente importância, porque recai no chamado *junk DNA*, ou DNA refugado (em contraposição, mutações em genes podem causar doenças desagradáveis, como fibrose cística). Mas mutações sem importância podem servir muito bem para nossos propósitos históricos, porque são simplesmente transmitidas; nenhuma seleção natural opera a favor delas ou contra elas.

Em geral, o DNA deteriora-se rapidamente quando deixa de fazer parte de uma célula viva. Isso significa que, via de regra, só podemos estudar o DNA de seres vivos, ou de seres recém-falecidos, quando preservado em condições favoráveis. É portanto o DNA dos seres humanos que vivem hoje que nos é facilmente disponível, bem como o de outras espécies vivas mais ou menos relacionadas conosco. DNA utilizável com mais de mil anos de idade é uma raridade. Por curioso que pareça, possuímos hoje nada menos que três amostras do DNA mitocondrial de espécimes do homem de Neandertal, o ser humano pré-moderno que viveu na Europa de cerca de 130.000 a cerca de 30.000 anos atrás. Não temos porém nenhuma amostra segura da mesma idade para seres humanos modernos, e nada para hominídeos anteriores.

Nesse caso, como essas mutações nos permitem reconstruir o passado? Em vez de tentar apreender isso abstratamente, é melhor ir direto a uma questão sobre a qual elas lançam luz: as origens da raça humana. Nas últimas décadas, houve uma ruidosa discussão a esse respeito. Segundo uma corrente de opinião, as origens dos seres humanos modernos são multi-regionais, isto é, o processo pelo qual emergimos foi tal que nele uma variedade de hominídeos pré-modernos (entre eles o homem de Neandertal) evoluiu na mesma direção em diferentes partes do mundo. Segundo a outra corrente, os seres humanos modernos evoluiram num único lugar — algum ponto da África — e dali se espalharam pelo resto do mundo, substituindo nesse processo hominídeos anteriores (como o homem de Neandertal). A controvérsia começou a partir de indícios fósseis, mas não foi resolvida por eles. Na década de 1980, importantes estudos genéticos foram iniciados e, até agora, parecem ter mostrado claramente que a escola "origem na África" está com a razão. Podemos resumir os resultados desses estudos em três tópicos principais.

Primeiro, constata-se que, do ponto de vista genético, a raça humana é extraordinariamente homogênea. Ou seja, somos muitos mais semelhantes entre nós do ponto de vista genético do que as várias espécies de monos a que estamos mais estreitamente relacionados. Esta é uma conclusão politicamente bem-vinda ao mundo de hoje: significa que se você for racista, e gostasse de ver profundas clivagens genéticas dentro de sua própria espécie, estaria se sentindo muito melhor na pele de um chimpanzé (espécie na qual os zoólogos não têm dificuldade de identificar três subespécies distintas). Mas o caráter favorável desse achado não deveria nos desviar de seu interesse. As coisas não tinham necessariamente de ser assim, e o fato de serem deve indicar algo sobre nosso passado: obviamente, que a origem da raça humana foi recente demais para permitir que se acumulassem mutações suficientes para nos tornar tão diferenciados entre nós quanto o são os chimpanzés.

Em segundo lugar, estudos genéticos de certo modo contribuem para a quantificação da palavra "recente". A idéia básica aqui é calcular quanto tempo teria sido necessário para o acúmulo do número de mutações efetivamente observado. Isso envolve, é claro, questões de calibração e método estatístico que temos de deixar de lado. As respostas obtidas até hoje variam amplamente, mas a maioria se situa na faixa de 50.000 a 200.000 anos. Isso é estimulante na medida em que indica que a ordem dos números de que falamos com base nos fósseis e artefatos está correta. Mas é frustrante na medida em que ainda não nos ajuda a decidir se a raça humana, tal como existe hoje, vem divergindo geneticamente há consideráveis 130.000 anos (como sem dúvida seria o caso se os seres humanos dessa época já fossem plenamente modernos) ou há modestos 50.000 anos (como seria certamente o caso se seres humanos modernos só tivessem aparecido nessa altura).

Em terceiro lugar, os dados genéticos apontam com crescente segurança para a África como local de nascimento da raça humana. O que está envolvido aqui é um princípio muito geral aplicável a qualquer coisa (como uma espécie, uma língua, uma prática cultural) que tenha origem numa região, espalhe-se por outras, e esteja submetida a mutações ao longo do tempo. Tudo mais permanecendo igual, semelhante fenômeno deveria ser mais diferenciado em seu antigo local de nascimento, pela simples razão de ter existido ali por mais tempo; em contraste, deveria ter o menor grau de diferenciação na região para a qual se espalhou mais recentemente, já que provavelmente chegou ali sob uma forma particular que ainda não teria tido muito tempo para se fragmentar em diferentes variedades. Ora, estudos do DNA mitocondrial mostram que as populações africanas são de fato as mais profundamente diferenciadas, tanto entre si como, em geral, em relação a populações não-africanas; além disso, as populações não-africanas estão vinculadas a um único grupo de populações africanas. A interpretação mais simples e óbvia desses resultados é que a raça humana teve origem na África e ali começou a se diferenciar, só tendo se espalhado pelo resto do mundo num estágio significativamente posterior.

Isto nos deixa com uma pergunta óbvia, que nos afasta da genética: por que a África? A questão é mais ampla do que parece. Temos boas razões para pensar na África como o local de origem não só dos seres humanos modernos, mas de toda a linhagem hominídea que acabou levando a eles; de fato, não há nenhum evento central da evolução hominídea no último milhão de anos que possamos situar com segurança fora da África. Nesse caso, que tinha a África de tão especial? É bastante fácil eliminar as Américas e a Austrália do páreo: faltavam-lhes primatas antropóides, e os primeiros hominídeos que chegaram lá já eram seres humanos modernos. Mas por que a África e não a Europa ou a Ásia, uma vez que havia primatas antropóides nos três?

Uma resposta completa para esta pergunta nos levaria muito além do escopo deste livro, mas vale a pena assinalar uma idéia bastante geral. Boa parte da África encontra-se nas faixas tropicais. Isso é importante porque é nos trópicos que o *input* de energia da luz solar é maior. Eis por que a maior densidade de espécies em todo o planeta encontra-se em torno do equador; à medida que nos afastamos dos trópicos para o norte ou para o sul, os números caem imensamente. O resultado é que, tudo mais permanecendo igual, o aparecimento de novas espécies é significativamente mais provável nos trópicos que em qualquer outra área. Isso, por sua vez, nos sugere uma questão a ser considerada mais tarde: por que o destacado papel dos trópicos na feitura da raça humana não foi capaz de se transferir para a feitura da história? Nesse meio tempo, retornemos a alguns indícios do passado humano que, diferentemente do DNA, são pelo menos visíveis a olho nu.

III. Ferramentas de pedra

Se você for a um museu impelido por um interesse em seres humanos primitivos, verá sobretudo ferramentas de pedra. De fato, hominídeos vêm fabricando e usando essas ferramentas há dois milhões e meio de anos; só passaram para o metal nos últimos milênios. O período entre o primeiro aparecimento de ferramentas de pedra e o primeiro aparecimento de ferramentas de metal é conhecido como Idade da Pedra (expressão cunhada pelo diretor de um museu dinamarquês na década de 1830, juntamente com as expressões Idade do Bronze e Idade do Ferro). Mas esse nome é de difícil manejo e carece de subdivisões. Assim, primeiro separamos a Idade da Pedra Velha, ou Paleolítico, da Idade da Pedra Nova, ou Neolítico (*lithos* é a palavra grega para "pedra"); podemos traçar o limite entre as duas na emergência da agricultura, o que no Oriente Próximo significa por volta de 10.000 anos atrás. Depois fizemos uma subdivisão adicional do Paleolítico em Inferior, Médio e Superior. Nosso interesse neste capítulo está centrado no Paleolítico Superior, que abrange o período que se estende desde o aparecimento do comportamento humano moderno, cerca de 50.000 atrás, e a emergência da agricultura.

Essa terminologia de idades da pedra é conveniente, mas precisa ser posta em seu lugar. Uma objeção óbvia que lhe é feita é que não abandonamos inteiramente as ferramentas de pedra nos últimos milênios, e nem mesmo nos tempos modernos; no Oriente Próximo, por exemplo, elas continuavam sendo usadas no século XX para uma variedade de fins, de aparar unhas dos pés a cortar cordões umbilicais. Um problema ligeiramente menos óbvio é que é improvável que as ferramentas de pedra sejam representativas dos *kits* de ferramentas das sociedades da Idade da Pedra; talvez elas sejam simplesmente as que melhor subsistem. Na maior parte do tempo, é provável que a maioria das ferramentas fosse feita de madeira, mas as condições que preservaram uma lança de madeira de 300.000 anos de idade em Clacton, na Inglaterra, são bastante excepcionais. Apesar disso, podemos ter certeza de que as ferramentas de pedra eram no mínimo uma parte significativa do *kit* de ferramentas das sociedades que as usavam.: fabricar ferramentas de pedra é muito trabalhoso, e nossos antepassados dificilmente teriam se dado a esse trabalho se ele não lhes proporcionasse compensações consideráveis.

Para fazer uma ferramenta de pedra, você precisa antes de mais nada escolher o tipo certo de pedra: dura, de granulação fina e isotrópica (não tendente a rachar em alguns planos e não em outros). Em geral você haverá de querer uma rocha do tipo ígneo; sílices tendem a ser bons, mas não são em absoluto a única possibilidade. Em seguida, você precisa quebrar lascas trabalháveis. A figura 4 mostra uma maneira de fazer isso observada numa cultura neolítica na Nova Guiné. O homem está usando a pedra que tem nas mãos como martelo para cortar lascas do bloco que tem entre as pernas. Sua postura tem a vantagem de permitir que as lascas e outros fragmentos voem para trás dele; fazer ferramentas de pedra é um trabalho que envolve riscos, em particular o de um estilhaço atingir o olho. Depois que se obtêm as lascas, o estágio seguinte é dar-lhes forma. A figura 5 mostra homens da mesma aldeia da Nova Guiné trabalhando nisso: a técnica básica é segurar a lasca com a mão esquerda e bater nela com outra pedra segurada na mão direita. Como seria de esperar, é preciso um bocado de cancha para fazer o serviço direito.

Os usos das ferramentas de pedra nada têm de óbvio para pessoas que não mais as usam. É revelador que os arqueólogos tenham tido considerável dificuldade em distinguir as mais primitivas dessas ferramentas dos meros detritos associados à sua produção; e é provável que muitas coisas consideradas machadas não o fossem de fato. Mas a observação de caçadores-coletores recentes mostrou que, tipicamente, eles utilizam ferramentas de pedra com os seguintes objetivos: quebrar nozes, cortar ou talhar madeira,

Fig.4: Talhador da Nova Guiné extraindo lascas em 1990.

picar carne, trabalhar peles de animais, e lutar entre si. Isso nos dá pelo menos uma idéia do que procurar. Pondo ferramentas de pedra sob o microscópio e examinando-as segundo padrões de "micro-resistência", foi possível confirmar que eram usadas para cortar carne e trabalhar a madeira há pelo menos um milhão e meio de anos. Um exame mais atento da lança de Clacton mostra que ela foi provavelmente talhada com uma pedra. Quanto à luta, não precisamos da medicina forense para interpretar a pedra afiada vez por outra encontrada alojada num esqueleto do Paleolítico.

Quando levantamos nossos olhos — que esperamos continuarem intactos — dessas pedras, o que aprendemos? Comecemos com o fenômeno como um todo.

O primeiro ponto a notar é que temos um padrão de uso de ferramentas restrito a hominídeos relativamente avançados (membros do gênero *Homo*, como dizem os especialistas). Isto nos distingue de nossos ancestrais hominídeos mais antigos, e também de nossos primos entre os monos. Algumas populações de chimpanzés na vida natural usam pedras para quebrar nozes (exatamente como quase todos nós fazemos às vezes, quando não temos um quebra-nozes de metal à mão); contudo, eles não *trabalham* pedras para esse

Fig.5: Talhadores da Nova Guiné modelando suas lascas.

ou para qualquer outro fim. Experimentos mostraram que um chimpanzé-pigmeu no cativeiro é capaz de aprender a fazer ferramentas de pedra para cortar barbante, ainda que seu trabalho tenha um nível bem inferior ao do mais antigo hominídeo; mas esse comportamento foi induzido por experimentadores humanos, não sendo encontrado na natureza. Do mesmo modo, a fabricação de ferramentas de pedra distingue hominídeos posteriores dos anteriores — não há bons indícios de que os australopitecos, com seus cérebros pequenos, possuíssem tal tecnologia.

O segundo ponto é que essa prática exclusivamente hominídea é culturalmente transmitida (assim como o costume de quebrar nozes dos chimpanzés). Temos provas, portanto, de que os seres humanos modernos não são geneticamente programados para fazer ferramentas de pedra. Em geral aprendem como fazê-las, quando aprendem, com outros seres humanos, e provavelmente hominídeos anteriores que fabricavam esse tipo de ferramenta não foram diferentes nesse aspecto.

O terceiro ponto é que, apesar da transmissão presumivelmente cultural da técnica, os registros líticos tendem a ser notavelmente estáveis até o Paleolítico Superior. Há mudanças e diferenças, mas em geral as técnicas parecem variar muito pouco ao longo de distâncias de milhares de quilômetros e de intervalos de tempo que chegam a centenas de milhares de anos. Daí o caráter grosseiro dos rótulos usados por arqueólogos europeus para as culturas daqueles tempos: a "acheuliana" cobre muitas centenas de milênios, a "musteriana" muitas dezenas de milhares.

Em contraposição, o Paleolítico Superior, como vimos, marca o surgimento da diversidade cultural. Em rápida sucessão, os mesmos arqueólogos identificam as culturas Aurignaciana, Gravettiana, Solutreana e Magdaleniana, com durações de não mais de 4.000 a 12.000 anos cada uma. Assim, ferramentas do período Aurignaciano (cerca de 40.000 a 28.000 anos atrás) e Solutreano (cerca de 21.000 a 16.500 anos atrás) parecem claramente diferentes. Da mesma maneira, as culturas passam nessa época a variar de uma região para outra. Assim, as ferramentas de pedra nos revelam o surgimento, no Paleolítico Superior, de uma nova mutabilidade cultural. O que aconteceu quando a essa mutabilidade somou-se a oportunidade climática do Holoceno é o tema do restante deste livro.

CAPÍTULO 2

A revolução neolítica

I. Por que o surgimento da história foi um processo descontrolado?

No final do século XX os seres humanos desenvolveram um novo respeito pela cultura chimpanzé. Um levantamento publicado em 1999 listava nada menos de 39 itens de comportamento de chimpanzés na natureza que pareciam ser culturalmente transmitidos. Por exemplo, como vimos no capítulo anterior, algumas populações de chimpanzés têm uma técnica para quebrar nozes com pedras — mais precisamente, colocam a noz sobre uma pedra e quebram-na com outra. Os chimpanzés não são geneticamente programados para fazer isso; tudo que seus genes lhes dão é a capacidade de adquirir essa habilidade, em geral aprendendo com outros chimpanzés. Esse tipo de dado deixa perfeitamente óbvio que os seres humanos não são os únicos animais a ter cultura.

Pelos padrões humanos, contudo, a cultura dos chimpanzés é muito limitada. Para começar, não parecem acumulá-la em nenhum grau significativo. É claro que nosso conhecimento da cultura deles limita-se ao que podemos observar (a quebra de nozes por chimpanzés foi descrita pela primeira vez em 1884); podemos apenas supor como ela era dois mil ou dois milhões de anos atrás. Mas se o que vemos agora é tudo que eles acumularam ao longo de um período indefinidamente longo, não é realmente muito para os nossos padrões. Em segundo lugar, a cultura deles não parece ser do tipo em que uma coisa leva a outra. Seres humanos domesticaram o cavalo e inventaram a roda; juntaram os dois e ficaram com uma carroça puxada a cavalo; substituíram o cavalo por um motor de combustão interna e inventaram o automóvel. Raciocinando nessa linha, poderíamos imaginar chimpanzés quebradores de nozes passando a pôr uma terceira pedra no lugar da noz e moldando assim uma ferramenta de pedra; isso foi algo que hominídeos fabricadores de ferramentas fizeram, numa versão ligeiramente mais complicada da técnica descrita no capítulo anterior. Mas os chimpanzés não o fazem, e em geral não parece que um item de sua cultura sirva de plataforma para o desenvolvimento de outro. Em suma, além de não ser cumulativa, a cultura dos chimpanzés não é dinâmica.

A cultura humana, pelo menos potencialmente, é tanto cumulativa como dinâmica. Mas é pouco provável que esse potencial seja levado muito longe quando seres humanos ficam restringidos a levar uma vida simples, como costuma ser o caso dos caçadores-coletores. É no nível da cultura material que isso se torna mais claro. Os caçadores-coletores são tipicamente nômades porque o modo como exploram seu ambiente é extensivo, em vez de intensivo. Como os viajantes com espírito prático de hoje, os nômades carregam pouca bagagem: se você adquire um novo artefato, o melhor que tem a fazer é jogar o velho fora. Ao mesmo tempo, a posse de um inventário cultural restrito reduz enormemente as chances de um item conduzir a outro. Estes argumentos não deveriam ser levados longe demais. Algumas populações de caçadores-coletores tiveram a sorte de habitar nichos tão ricos que foram capazes de abrir mão do nomadismo. Um exemplo possível é o dos caçadores de renas na cultura magdaleniana, do último milênio do Paleolítico Superior. Talvez isso esteja relacionado com o fato de os últimos estágios da cultura pré-neolítica em algumas regiões parecerem apreciavelmente mais ricos que os precedentes, numa medida de fato tão grande que os arqueólogos criaram para eles a categoria intermediária do Mesolítico. Em geral, porém, o que vemos são os caçadores-coletores do Paleolítico impedidos de realizar o pleno potencial da cultura humana em função das limitações resultantes da relação entre seu modo de vida e o ambiente em que viviam — o que não significa dizer que realizar esse potencial seja necessariamente uma boa idéia.

O surgimento da agricultura

Foi com o surgimento da agricultura que essas limitações foram definitivamente suspensas, e o processo descontrolado da feitura da história se desencadeou. Talvez não seja imediatamente claro por que as coisas aconteceram assim. Poderíamos facilmente imaginar um mundo em que a agricultura aparecesse, florescesse e morresse, ou um em que perseverasse, mas sem levar a outras inovações de importância; se houvesse arqueólogos nesses mundos, dificilmente seriam tentados a homenagear o surgimento da agricultura apelidando-a de a revolução neolítica. Mas o fato é que em nosso mundo ela realmente equivaleu a uma revolução, e precisamos compreender por quê.

Tudo começa no Oriente Próximo no nono ou talvez no décimo milênio a.C. Por que nesse momento e nesse lugar? Os arqueólogos têm muito a dizer sobre os antecedentes imediatos do processo, e sobre o que exatamente o teria desencadeado. Para nossos propósitos, porém, uma perspectiva mais ampla pode ser mais útil. Nesse nível, a pergunta "Por que nesse momento?" não precisa nos deter, porque já sabemos a resposta: estamos considerando o início do Holoceno. A pergunta "Por que nesse lugar?" é mais interessante. Ela se reduz a um ponto tão óbvio que raramente é posto em palavras. A base da agricultura, e portanto de todo o desenvolvimento histórico das sociedades humanas, foi o capim. Isso pode soar absurdo, já que para a maioria de nós capim é aquela coisa inofensiva de que são feitos os parques e jardins urbanos. Mas para perceber a verdade dessa afirmação, considere o fato de que a agricultura é um pacote com dois componentes principais: o cultivo de plantas domesticadas e a criação de animais domesticados. Entre as plantas, as mais antigas e até hoje de longe as mais importantes são as formas domesticadas de capim que conhecemos como gramíneas — como a cevada e o trigo. Entre os animais, a posição análoga é ocupada pelos herbívoros — os carneiros e o gado vacum de que os pastoralistas dependem para viver. Isto explica imediatamente por que os trópicos só conseguiram um lugar de segunda classe da história (até hoje, o subdesenvolvimento tem uma afinidade eletiva com os trópicos). Nessa altura a ação passa a ocorrer onde o capim está; e, a despeito de sua origem tropical, é nos climas temperados que o capim alcança mais sucesso.

Não há dúvida de que o capim encontra-se amplamente distribuído pelo mundo, e com ele os animais herbívoros. Mas nem todo tipo de capim se presta à domesticação, como nem todos os herbívoros; e as espécies apropriadas encontram-se desigualmente distribuídas. A Eurásia está muito mais bem provida de ambos que as demais massas de terra do mundo; havia vacas selvagens, por exemplo, da Europa até a China. E dentro da Eurásia a região mais privilegiada era o Oriente Próximo; em particular, ela era extraordinariamente rica em cereais de grãos grandes. Assim, não surpreende que a revolução neolítica tenha começado no Oriente Próximo — mais especificamente, no Crescente Fértil, o arco de terra cultivável que se estende da Palestina, no oeste, até a Baixa Mesopotâmia, no leste.

Como exatamente se deu a transição, não é fácil dizer. Ajuda saber que na Palestina e em torno dela existia, perto de 10000 a.C., uma população já sedentária em considerável medida — o bastante para que as choças em que viviam fornecessem ambiente propício a camundongos. Mais ainda, uma das maneiras pelas quais essa população assegurava sua sobrevivência era a colheita de sementes de capins silvestres, como nos é revelado pelo instrumental que ela deixou atrás de si — foices, pilões, covas para armazenamento forradas de argila, e assim por diante. Supondo que esses forrageiros tinham a mesma tendência a derramar coisas que nós, é provável que não tenham demorado a descobrir que haviam, inadvertidamente, plantado canteiros de capim nas vizinhanças de suas choças. O que tinham feito inadvertidamente podia ser empreendido deliberadamente. Nesse meio tempo, estariam submetendo o capim a pressões seletivas que, se não inteiramente naturais, até então não haviam sido necessariamente propositais — veremos um bom exemplo disso na próxima seção. A essa altura já estamos avançados no caminho que leva à domesticação. Poderíamos continuar nesta linha, mas a mensagem já está clara. Podemos contar uma história plausível das origens da agricultura com certo grau de convicção, mas isso não é o mesmo que saber como ela realmente se deu.

Depois desses inícios no Oriente Próximo, a agricultura tanto se aprofundou em casa como fez sua aparição em outros lugares.

Comecemos com seu surgimento fora do Oriente Próximo. Antes de considerarmos como isso de fato ocorreu, vale a pena perguntar como poderia ter acontecido. Primeiro, imaginemos um mundo em que a emergência da agricultura tivesse sido um acidente muito improvável, que simplesmente ocorrera uma vez e somente uma. Em tal mundo, qualquer aparição subseqüente da agricultura em outra região teria tido origem na disseminação do pacote original. Essa disseminação poderia ter assumido uma de duas formas: uma população agricultora teria chegado e desalojado caçadores-coletores locais; ou caçadores-coletores teriam eles próprios adotado as práticas de agricultores com que tivessem tido contato. Em segundo lugar, imaginemos um mundo contrastante em que a agricultura surgiria quase que por descuido. Num mundo assim, uma vez aberta da janela do Holoceno, a agricultura tenderia a aparecer independentemente em numerosos lugares, sem qualquer processo de colonização ou de empréstimo cultural para ligá-los. Mas qual das duas formas de fato vigorou?

Como todo leitor com propensão conciliadora haverá de suspeitar, ocorreu um pouco de cada coisa. O caso isolado mais impressionante e bem atestado de difusão da agricultura a partir de um centro de origem envolve o pacote padrão de plantas e animais cultivados do Oriente Próximo. Por exemplo, num intervalo de alguns milhares de anos esse pacote avançou tanto a leste que chegou ao canto noroeste da Índia (antes de 5000 a.C.); em sua difusão a oeste, chegou até a Grã-Bretanha (antes de 4000 a.C.). A única pergunta que nos resta fazer é se a prática foi disseminada por colonização ou por adoção local. Tomemos o caso da difusão rumo ao oeste, na direção da Europa, já que esta é de longe a parte mais bem conhecida do episódio. Durante toda uma geração pensou-se, com base no que parecia ser uma correlação irrefutável de indícios arqueológicos e genéticos, que o processo central nesse caso fora de colonização (fazia-se exceção para o sudoeste da Europa, particularmente para os ancestrais dos bascos). Recentemente, porém, análises mais sofisticadas tanto do DNA mitocondrial quanto dos cromossomos Y de europeus mostraram que eles são predominantemente herdeiros da população paleolítica da Europa, apenas com uma contribuição limitada da população do Oriente Próximo em tempos neolíticos. Isso talvez surpreenda: numerosas populações de caçadores-coletores por todo o mundo passaram a viver muito melhor depois que agricultores apareceram em seus horizontes, ainda que apenas em virtude da tendência dos agricultores a se acasalar com eles. Mas tomar emprestada a cultura de outro povo é algo em que os seres humanos são mestres (embora o primeiro exemplo confirmado desse processo deva ser creditado ao homem de Neandertal).

Na outra ponta do espectro, um caso indiscutível de eclosão independente da agricultura é fornecido pelo Novo Mundo — as Américas, em contraposição ao Velho Mundo da Eurásia e África. Embora o Novo Mundo possa ter se atrasado em vários milhares de anos em relação ao Oriente Próximo nesse aspecto, só tendo desenvolvido a agricultura no quarto milênio a.C., e não no nono, não há nada que indique que o tenha feito sob a influência do Velho Mundo. Nenhuma das plantas (em especial o milho) ou animais (em especial as lhamas) domesticados americanos deviam o que quer que fosse ao Velho Mundo, cujos pacotes de agricultura não desempenharam nenhum papel ali. Isso nos permitiria considerar a possibilidade de que alguém com conhecimento da agricultura do Velho Mundo pudesse ter tentado reproduzi-la no Novo Mundo usando espécies nativas (processo conhecido como difusão por estímulo). Mas a hipótese é extremamente improvável. Não há indício algum de qualquer tipo de contato de agricultores do Novo Mundo com os do Velho no período relevante e, pelo menos no caso do milho, o processo de domesticação demandou tanto tempo que não poderia ter plausivelmente resultado de uma tentativa de imitação. Assim, esse caso é modelar; poderíamos ir adiante e acrescentar que há outros exemplos em que os argumentos em prol da origem independente são fortes.

O que resulta disso, afinal, senão uma vitória da solução de compromisso? Primeiro, o fato de termos pelo menos dois, e provavelmente mais, exemplos de surgimento independente da agricultura é instrutivo. Confirma que o Holoceno teve algo de especial, algo que pôde produzir resultados convergentes em populações isoladas entre si desde o Pleistoceno. Mas, em segundo lugar, é impressionante que os habitantes da Grã-Bretanha — por exemplo — tenham precisado esperar vários milhares de anos para que a agricultura lhes chegasse, vinda do Oriente Próximo, em vez de desenvolvê-la por si mesmos com base em espécies locais. Portanto, mesmo no Holoceno, uma origem independente da agricultura é um evento bastante inusitado, embora não chegue a ser extraordinário.

O aprofundamento da revolução neolítica

Voltemos ao Oriente Próximo e retomemos o que mencionei como o aprofundamento da revolução neolítica. Essa expressão não pretende sugerir que a adoção da agricultura tenha sido um sucesso absoluto. De fato, antes de cerca de 6000 a.C., comunidades agrícolas na Palestina já vinham se confrontando com uma catástrofe ecológica produzida por elas mesmas (tinham queimado madeira em excesso para fabricar cal com que rebocar as paredes de suas casas); e até o dia de hoje a agricultura vem contribuindo enormemente para a erosão da paisagem do Oriente Próximo. Mas há um outro lado, muito mais importante para nossos propósitos. As paredes mais antigas do primitivo sítio neolítico de Jericó, na Palestina, datam de cerca de 8000 a.C. Pertencem a bem construídas casas redondas e representam um povoamento denso e permanente, ocupado por pelo menos cerca de 2.000 pessoas. Isso é exploração intensiva, não extensiva, de um ambiente; e uma forma de vida mais intensiva significa mais gente e mais cultura. A própria natureza do sítio, uma colina criada não pela natureza mas por sucessivas ocupações humanas, fornece uma metáfora da acumulação cultural que esse estilo de vida tornava possível, com cada geração construindo sobre o que fora deixado pela anterior. Assim, quando a plataforma do pacote original da agricultura estava implantada, numerosas inovações puderam se seguir. Um belo exemplo é o arado, que aparece no quarto milênio a.C.: ele pressupõe o desenvolvimento prévio de animais domesticados para puxá-lo e de plantas domesticadas para serem semeadas em sua esteira. Para distribuir alguns outros exemplos ao longo dos milênios, poderíamos citar o fabrico de cerâmica, a domesticação da azeitona e a invenção da roda. Mas se tivermos de escolher um único complexo de inovações para um exame mais atento nesse período, só pode ser a metalurgia.

As ferramentas de pedra têm seus limites. Uma faca de sílex do Egito pré-dinástico (por volta de 3250 a.C.), trabalhada com grande habilidade de modo a ficar notavelmente fina, não exibe nada da rusticidade das machadas paleolíticas (com talvez mais de um milhão de anos de idade), mostradas na figura 6, cuja espessura fica evidente nas imagens à sua direita. Mas essa elegância tem um preço: a faca é frágil, enquanto as machadas paleolíticas estavam muito pouco expostas ao risco de se quebrarem, embora tenham tido de sobreviver por um período muito mais longo para chegar até nós intactas. Há, na verdade, razões para se acreditar que facas como essa nunca se destinaram a uso prático: caracteristicamente, foram encontradas em túmulos, não nas ruínas de povoações.

A metalurgia, o trabalho do metal, é a solução para esse problema. Um bom metal pode ser forjado de modo a ficar fino sem deixar de ser forte. O cobre puro ainda é flexível em demasia, mas sua mistura com um pouco de estanho ou arsênico dá o bronze, que não é de todo mau. O ferro é muito melhor e o aço ainda mais. Há, contudo, uma ou outra dificuldade a transpor ao longo do percurso.

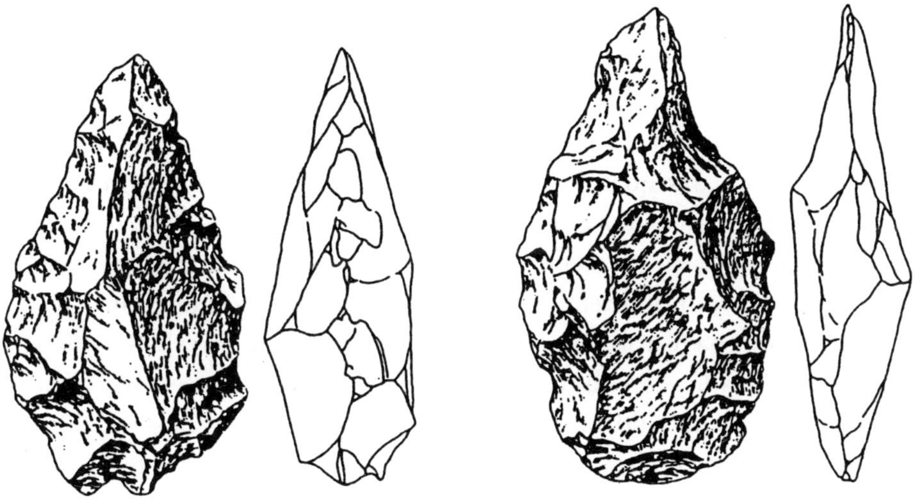

Fig.6: Duas machadas paleolíticas.

Uma é que a metalurgia séria envolve a fundição de minério e a modelagem de metal sob altas temperaturas — você não pode simplesmente acender um fogo e começar a trabalhar. Para fazer cerâmica, precisa aquecê-la, e quanto mais alta for a temperatura a que o fizer, melhor. Se você tiver também talento para construção, deve ser capaz de construir fornos em que possa cozer sua cerâmica a temperaturas devidamente elevadas. Se o fizer, terá desenvolvido uma capacidade que o deixa muito próximo da metalurgia.

A outra dificuldade diz respeito especificamente ao bronze. O cobre, como outros ingredientes do bronze, não é disponível em abundância, e sua distribuição sobre a superfície do planeta é desigual. Isso restringiu os usos que a maioria das sociedades pôde fazer dele. Tipicamente, uma sociedade da Idade do Bronze, como a da China ou a da Grécia nos últimos séculos do segundo milênio a.C., foi dominada por uma aristocracia que usava o bronze para suas armas e atividades cerimoniais, enquanto a massa dos cultivadores na base da sociedade ainda permanecia, para todos os propósitos, na Idade da Pedra. A solução para esse problema foi o ferro. Por razões associadas à abundância relativa dos elementos produzidos em supernovas, o ferro é abundante em toda a Terra; desde que você for capaz de produzir as temperaturas requeridas para fundi-lo e forjá-lo, poderá usá-lo para fazer implementos de metal a um custo bastante baixo. É portanto com a Idade do Ferro que encontramos, pela primeira vez, o uso generalizado de ferramentas de metal para o cultivo do solo. Ao mesmo tempo, a adoção de ferramentas baratas de ferro tenderam a desestabilizar as aristocracias tradicionais da Idade do Bronze e, assim, a abrir a porta para novas formas de organização social e política — duas das quais examinaremos em capítulos posteriores. Aqui, mais uma vez, vemos uma coisa levando a outra.

Como seria de esperar tendo em vista seu papel pioneiro na emergência da agricultura, foi no Oriente Próximo que tiveram lugar os primeiros desenvolvimentos na história da metalurgia. Houve ali um uso significativo do cobre até 5000 a.C. Antes de cerca de 3000 a.C. o bronze estava bem estabelecido, tendo a Idade do Bronze resultante durado até cerca de 1200 a.C. Daí em diante a metalurgia se generalizou, e para muitos fins o ferro substituiu o bronze; em certo sentido, a Idade do Ferro dura desde então.

Como a agricultura, a metalurgia apareceu mais tarde em numerosas regiões fora do Oriente Próximo. Assim, na Grã-Bretanha e na China, o bronze continuou a ser forjado no segundo milênio a.C., e o ferro no século V ou VI a.C. Essas datas mostram uma aceleração digna de nota: a metalurgia do bronze espalhou-se mais depressa que a agricultura, e a metalurgia do ferro ainda mais depressa. Elas deram origem também às discussões atuais sobre o caráter independente ou não desses desenvolvimentos. Nesse caso, porém, parece haver menos indícios de desenvolvimento independente que no da agricultura; dos exemplos mencionados há pouco, só o surgimento da metalurgia chinesa é um candidato sério à independência. Isso não deveria nos surpreender: quanto mais rapidamente uma inovação se espalha, menos tempo ou necessidade têm os povos de descobri-la por si mesmos. As Américas são outra estória. Na região andina o cobre foi trabalhado no primeiro milênio a.C., e o bronze a partir do primeiro milênio d.C.; as técnicas de metalurgia dessa região acabaram também por se espalhar para a Mesoamérica ocidental. Mas a metalurgia do ferro era desconhecida. Isso tampouco nos deveria surpreender: a agricultura parece ter-se desenvolvido muito mais tarde no Novo Mundo que no Velho.

Agora podemos resumir nossa resposta à pergunta que intitula esta seção. Assim como a mutabilidade climática do Pleistoceno fez dele uma época propícia para a agilidade cultural, assim também a estabilidade climática do Holoceno o transformou num período propício à acumulação cultural. Mas as inovações básicas que registramos nesta seção foram conservadas de uma cultura para outra, sem que ninguém precisasse perder tempo reinventando a roda. O que permitiu aos seres humanos assim se beneficiar da oportunidade aberta pelo Holoceno, afora sua predisposição nativa para a cultura, foi que descobriram muito cedo no Holoceno a maior plataforma cultural de todos os tempos. Foi porque a agricultura desempenhou esse papel que podemos nos referir sem nenhum embaraço ao seu surgimento como "revolução neolítica".

II. A genética das plantas e dos animais domesticados

Vimos no capítulo anterior como a genética pode lançar luz sobre as origens da raça humana. Ela pode fazer o mesmo no tocante à origem das plantas e dos animais domesticados, e nesse aspecto vem fornecendo hoje um valioso suplemento à arqueologia. Em particular, a genética pode fornecer indícios decisivos quando se trata de saber se uma planta ou animal foi domesticado uma única vez, ou numa variedade de momentos e lugares.

Um caso em que a genética estabelece uma domesticação única é no de uma variedade de trigo conhecida como *einkorn* (*Triticum monococcum*). O *einkorn* domesticado já era cultivado no que é hoje o sudeste da Turquia no nono milênio a.C. Uma comparação do DNA de numerosas linhagens de *einkorn* domesticado e silvestre revela duas coisas. A primeira é que o *einkorn* domesticado é monofilético — em outras palavras, todas as linhagens da forma domesticada remontam a um ancestral comum, que as distingue da forma silvestre. Isso é o bastante para estabelecer que o *einkorn* foi domesticado uma única vez. Em segundo lugar, o estudo genético do *einkorn* mostra que é das linhagens silvestres encontradas numa região específica a oeste da cidade de Diyarbakir que a forma domesticada está mais próxima. Isso nos dá uma informação adicional: temos hoje uma boa idéia de onde o *einkorn* foi domesticado. A cevada é um caso semelhante. Também a cevada domesticada revela-se monofilética (embora a análise seja complicada pela tendência da cevada cultivada a se misturar com formas silvestres locais). E aqui, mais uma vez, a identificação da forma mais próxima de cevada silvestre ajuda a localizar, embora de maneira menos precisa, o local de sua domesticação — desta vez a região da Palestina.

Podemos contrapor ao caso desses grãos monofiléticos o que os estudos genéticos têm a nos dizer sobre as origens do gado vacum domesticado. Esses animais não são monofiléticos. O exame do DNA mitocondrial de gado vacum do Oriente Próximo (o tipo mais comum na Europa e nos Estados Unidos) e do gado indiano (o tipo que tem uma corcova)* mostra que eles vêm divergindo há bem mais que uma centena de milhares de anos — desde muito antes da domesticação do gado. Em outras palavras, ambas as espécies resultam de domesticações separadas a partir de animais selvagens. Isso não significa necessariamente que os dois desenvolvimentos foram historicamente independentes: alguém que conhecesse o gado domesticado do Oriente Próximo poderia ter domesticado o gado indiano num processo de difusão por estímulo. Mas o caso aqui é muito diferente do ocorrido com o *einkorn* ou com a cevada. A genética pode nos dizer alguma coisa também sobre as origens do gado africano. Em termos de seu DNA mitocondrial — isto é, na linhagem fêmea — esses animais são *grosso modo* semelhantes aos do Oriente Próximo; muitos, porém, têm corcova como o gado indiano, e parece que em termos de seus cromossomos Y — na linhagem paterna — freqüentemente devem mais ao gado indiano que ao do Oriente Próximo. Em outras palavras, o gado africano resulta de um cruzamento sexualmente assimétrico, sem dúvida promovido por seus donos humanos. Mas seria a herança fêmea do gado africano derivada de gado domesticado no Oriente Próximo? No caso do gado europeu, os indícios genéticos falam claramente em favor de uma origem no Oriente Próximo, e não de uma domesticação separada; o gado africano, contudo, é distinto o suficiente para poder ter sido produto de um evento desse último tipo. Novamente, seria difícil excluir a difusão por estímulo

A genética pode ajudar, portanto, a conferir maior nitidez à nossa visão do que aconteceu no surgimento da agricultura. Mas há um outro aspecto da genética que merece atenção aqui.

Plantas e animais domesticados vivem em simbiose com seres humanos. Sendo humanos, tendemos a pensar nessa relação do ponto de vista humano, mas em termos biológicos trata-se de uma rua de mão dupla. Considere a conquista evolucionária do trigo domesticado. Ela deu início a uma relação

* O gado zebu, muito comum no Brasil. (N.T.)

em que a planta pode contar com seu parceiro humano para lhe prestar um notável conjunto de serviços: preparar o solo para ela, plantá-la, protegê-la para que não seja comida por outros animais, libertá-la da competição de plantas rivais, colhê-la e preservar-lhe as sementes durante o inverno. Os cultivadores, é claro, ficam com sua parte — trigo não é um parasita — e esta lhes proporciona um suprimento de alimentos muito maior que o disponível para seus parentes caçadores-coletores. Em troca, porém, o trigo domesticado pode ser cultivado no mundo inteiro, e em quantidades que superam de muito tudo que se poderia esperar de seu progenitor silvestre. Sem dúvida, se os seres humanos fossem extintos, o trigo domesticado ficaria em sério apuro; ele pôs todos os seus ovos na cesta humana. Até hoje, no entanto, sua dependência lhe fez um bem extraordinário. Episódios semelhantes poderiam ser contados sobre animais domesticados: não importa a que custo para a qualidade da vida, eles se tornaram muito mais numerosos que seus parentes selvagens.

Se essa perspectiva nos parece provocativa, não é porque esteja errada de nenhuma maneira simples. Desde os tempos paleolíticos, os seres humanos vêm gerando cada vez mais ondas; assim, outras espécies tiveram de chegar a um acordo com o fenômeno humano. Uma estratégia óbvia foi sair do caminho; por isso o medo diante de seres humanos, tão generalizado entre animais selvagens na maior parte do mundo. Outra estratégia foi aproximar-se dos seres humanos de modo a gozar da proteção deles; foi o que fizeram os animais domesticados bem-sucedidos. Se a relação é vista dessa maneira, no entanto, sua assimetria fica clara. Um aspecto disto é a posição central que os seres humanos ocupam em todo o complexo: a relação decisiva de todos os domesticados é com seres humanos, não com algum outro membro do conjunto. Igualmente assimétrica é a maneira como os dois lados se adaptaram à simbiose: para os seres humanos, a adaptação é fundamentalmente cultural, enquanto para o trigo ou as vacas, não. É por isso, afinal de contas, que podemos falar do lugar da vaca no modo como os seres humanos fizeram história, mas dificilmente poderíamos falar do ser humano no modo como as vacas fizeram história.

Seja para plantas ou para animais, a forma mais importante de adaptação à domesticação é genética. Deixemos de lado os animais, que são muito complicados, e tomemos um exemplo simples, que diz respeito a grãos. No trigo e na cevada silvestres, um processo de "fragmentação" faz as sementes caírem no chão quando amadurecem, impedindo assim que sejam colhidas de maneira produtiva por seres humanos (figura 7, *à esquerda*). Nas formas domesticadas, em contraposição, mutações em um ou dois genes bastam para resolver esse problema, para mútua satisfação (figura 7, *à direita*).

No caso dos seres humanos, foi diferente: como já mencionamos, a adaptação humana a domesticados foi sobretudo cultural, não genética. Tivesse ela sido diferente, haveria dois tipos de ser humano: os geneticamente adaptados à agricultura e os não. Obviamente não foi esse o caso. Foi graças à inteligência que os seres humanos se adaptaram às plantas e aos animais com que estabeleceram relações: é inteligente colher grão, inteligente cavar buracos para armazená-lo, inteligente semear na época certa do ano e assim por diante. A esse respeito, eles sem dúvida levavam certa vantagem sobre as plantas e mesmo sobre os animais, e isso ajuda a explicar por que os seres humanos se adaptaram tão rapidamente a tantas espécies de uma vez, e por que a agricultura conduziu a tantas outras inovações. Mas o alcance dessa inteligência não deveria ser exagerado. Nenhum ser humano poderia ter apreendido o surgimento da agricultura como um processo antes que ela se realizasse; nesse nível os seres humanos envolvidos estavam tão desprovidos de uma estratégia grandiosa quanto as plantas ou os animais. É improvável, por exemplo, que seres humanos tenham escolhido conscientemente linhas de grãos que não se fragmentavam; se simplesmente colhessem o que podiam com suas foices e plantassem a partir do que colhiam, o efeito teria sido o favorecimento de mutantes que não se fragmentavam. A contribuição humana para o surgimento da agricultura foi sem dúvida produto de muitas dessas estratégias triviais ao longo do caminho.

Sob dois aspectos, porém, a adaptação humana foi acentuadamente genética. Um resultou na sua capacidade de digerir leite durante a vida adulta; amplamente difundida em populações com acesso ao leite de animais domesticados, essa capacidade é muito menos comum em outras regiões. A outra, e mais importante, diz respeito a doenças. As populações do Velho Mundo, as únicas que viviam em estreita simbiose com grandes números de animais domesticados, tiveram de lidar com os germes por eles transmitidos. Esses germes estiveram na origem de doenças infecciosas que mataram muita gente no Velho Mundo. Com a passagem dos milênios, contudo, as populações

Fig.7: Trigo *einkorn* (*Triticum monococcum*) silvestre e domesticado.

da Eurásia e da África adquiriram certo grau de resistência genética a eles. O efeito foi precisamente a criação de dois tipos de seres humanos, o que tinha e o que não tinha essa proteção. Quando os dois tipos entraram em contato depois que Colombo atravessou o Atlântico, o efeito dos germes do Velho Mundo sobre as populações não geneticamente adaptadas do Novo foi devastador. As plantas domesticadas, por outro lado, não se vingaram dessa maneira de seus parceiros humanos.

III. Cerâmica

A cerâmica está para o Neolítico como as ferramentas de pedra estão para o Paleolítico. A figura 8 mostra alguns cacos de cerâmica recolhidos num sítio no Oriente Próximo no verão de 2000. São de diferentes datas. Não chegam a ser peças de museu. São típicos, porém, do que se pode encontrar na superfície de praticamente qualquer sítio que tenha sido ocupado em bases permanentes por um número significativo de seres humanos, contanto que a camada superficial do solo não esteja coberta por prédios modernos ou vegetação exuberante. Todos esses cacos, é claro, são fragmentos, e a maioria das quebras que apresentam é antiga. Isso faz sentido: um recipiente de barro é usado até que se quebre, o que acontece cedo ou tarde; depois os fragmentos são jogados fora, já que até hoje poucas sociedades pensaram em maneiras de reciclar cerâmica quebrada em quantidade. Recipientes intactos são encontrados sobretudo em túmulos, quase o único contexto em que um pote sai de circulação antes de se quebrar. Vale a pena observar também que nenhum desses cacos mostra qualquer sinal de decoração, seja pela impressão de um padrão na argila ou pela pintura com alguma cor. O que também faz sentido: o pote comum é um objeto utilitário, e neles a decoração fantasiosa tende a ser a exceção, não a regra. Em contraste com estes cacos, os vasos ilustrados neste livro serão de fato peças de museu — às vezes belas, às vezes instrutivas, mas nunca típicas.

Como já foi indicado, temos na cerâmica um fenômeno sob certos aspectos análogo às ferramentas de pedra que consideramos no capítulo anterior. A argila, uma vez cozida, sobrevive bem (embora não seja rija como a pedra); lembre-se dos curiosos objetos de argila ilustrados na figura 1. Assim, a cerâmica tem destaque semelhante ao da pedra nos registros arqueológicos, razão por que se tende provavelmente a exagerar seu papel na vida dos povos que a fabricavam. Por exemplo, panelas permitem aquecer água e cozinhar sopas ou ensopados — uma vida nova para os banguelas. Permitem também o acondicionamento à prova de camundongos; convém lembrar que estes são animais que conseguiram viver às nossas custas por milhares de anos sem nada nos dar em troca.

Mas, diferentemente de ferramentas de pedra, a cerâmica é um fenômeno do Holoceno e, mais especificamente, de sociedades agrícolas. Os caçadores-coletores do Paleolítico, na medida em que eram nômades, teriam tido pouco uso para vasos e panelas: eram pesados e frágeis — exatamente o tipo de coisa que não se deseja andar carregando por aí. Isso significa, entre outras coisas, que a cerâmica não fez parte da herança paleolítica comum da Ásia e das Américas. Como a agricultura, ela deve ter-se desenvolvido independentemente nas duas regiões.

Fig.8: Cacos de cerâmica de várias datas encontrados num sítio antigo no Oriente Próximo.

Entretanto, a ampla correspondência entre cerâmica e agricultura não é perfeita. Nem todas as sociedades agrícolas tiveram cerâmica. Algumas, como as mais antigas sociedades neolíticas no Oriente Próximo, ainda não a tinham inventado; sua ausência ali é tão impressionante, segundo padrões posteriores, que os arqueólogos falam de Neolítico Pré-Cerâmico. Outras sociedades tiveram-na em certa altura, mas a perderam; os Maori da Nova Zelândia originaram-se de uma cultura que possuíra outrora a cerâmica, mas não preservara a habilidade no curso de migrações de uma ilha do Pacífico para outra.

Ainda mais interessante é o fato de que um pequeno número de culturas holocenas teve realmente a cerâmica. O Japão fornece o principal exemplo. A fase da pré-história japonesa conhecida como período Jomon estende-se desde aproximadamente o décimo até o primeiro milênio a.C.; os mais antigos recipientes conhecidos, da ilha de Kyushu, datam talvez do décimo primeiro milênio a.C. (Foram aventadas até datas mais remotas, que nos levariam ao final do Pleistoceno.) Por volta de 7500 a.C., porém, a cerâmica é encontrada em abundância. A cerâmica Jomon, contudo, era tosca, grossa e aquecida a baixa temperatura — seus fabricantes provavelmente não usavam nada de mais avançado que uma fogueira (em marcado contraste com os ceramistas da China neolítica, por exemplo). Seja como for, essa fabricação de recipientes de barro sugere o que pode ser feito numa cultura caçadora-coletora rica o bastante para ser sedentária — sendo que nesse caso o peixe era um recurso disponível em rara abundância. O verdadeiro enigma talvez seja: por que mais desses caçadores-coletores privilegiados não desenvolveram a cerâmica? Uma cultura européia dos primórdios do Paleolítico Superior produziu grande número de objetos feitos de barro aquecido; não temos, contudo, um só pote magdaleniano.

Tudo isso é intrigante, mas não deveria nos ocupar demais. A associação ampla entre cerâmica e agricultura está nos revelando algo de importante: a agricultura torna muito mais fácil acumular mais cultura material do que se consegue carregar. Isso por sua vez nos ajuda a ver, em termos muito concretos, por que o desenvolvimento da agricultura foi uma revolução.

CAPÍTULO 3

O emergir da civilização

I. A história que os seres humanos fizeram foi a única que poderiam ter feito?

Até agora neste livro formulamos perguntas simples e conseguimos encontrar respostas para elas com razoável facilidade. Talvez seja temerário abandonar esse curso prudente, mas desponta à nossa frente uma questão mais complicada que cedo ou tarde teremos de enfrentar. Considere o perfil geral da história tal como ele se delineou nos últimos 10.000 anos. Essa história foi obviamente um resultado possível da combinação de condições climáticas incomuns e das capacidades de seres humanos comportamentalmente modernos. Mas era esse o único resultado possível? Ou teria um acidente, um período de acidentes, determinado que a história fosse como foi, e não de alguma outra maneira?

A primeira coisa que deveríamos admitir é que, se tivéssemos feito um levantamento da Terra a partir de um pico elevado às vésperas do Holoceno, nossas chances de prever corretamente o curso da história — mesmo em suas linhas mais gerais — teriam sido praticamente nulas. Uma razão fundamental para isso é que estamos lidando com fenômenos *emergentes*, o tipo de fenômeno que aparece regularmente quando entidades que compreendemos bastante bem interagem num novo nível de escala e complexidade. "Mais é diferente", como o expressou um físico. Assim, mesmo que tivéssemos uma compreensão muito melhor que a que temos agora do modo como os seres humanos viviam no Paleolítico Superior, isso não significa que teríamos sido capazes de prever que tipo de sociedade iria emergir caso se tornasse possível ter um número muito maior de pessoas e muito mais cultura.

Nossa meta, porém, é bem menos ambiciosa, já que nos contentamos em formular nossa pergunta em retrospecto. O que queremos saber é se mais coisas poderiam ter vindo a se revelar diferentes se a história tivesse seguido cursos inteiramente diversos do que de fato seguiu. Mesmo isso, no entanto, soa como um convite à ficção científica — de que outra maneira começaríamos a imaginar histórias e a conjecturar se elas teriam sido resultados possíveis ou prováveis da história humana? Idealmente, gostaríamos, é claro, de poder fazer um experimento controlado. Remontaríamos ao Pleistoceno tardio, dividiríamos os seres humanos em duas populações separadas, impediríamos qualquer contato subseqüente entre elas; cerca de 10.000 anos depois retornaríamos para verificar os resultados. Nesse caso seríamos capazes de constatar se as histórias que os seres humanos haviam feito em mútuo isolamento eram inteiramente diferentes ou meras variações locais de um mesmo padrão básico. Teriam surgido dois tipos de história, ou apenas um?

O Velho Mundo e o Novo

Para nossa grande sorte como estudiosos do passado, a natureza montou esse experimento para nós, e o fez sem que tivéssemos que nos responsabilizar pelas conseqüências (o experimento, como veio a ficar patente, não foi nada ético). Em algum momento no Pleistoceno tardio — quão tardio é questão controversa —, seres humanos do Velho Mundo ocuparam o Novo Mundo pela primeira vez, cruzando o que é hoje conhecido como estreito de Bering, e que na época era uma ponte de terra. As condições experimentais não eram perfeitas. Por um lado, o Novo Mundo era um ambiente significativamente diverso do Velho, sob aspectos que teremos oportunidade de considerar no capítulo 5; por outro, a barreira entre os dois mundos já era imperfeita antes de ter sido dramaticamente rompida em 1492. Mas nenhum experimento melhor se oferece a nós, e seus resultados certamente merecem nossa atenção.

Uma maneira de abordar esses resultados é pelos olhos de um dos primeiros observadores espanhóis da sociedade mexicana, o "Conquistador Anônimo". Nos relatos que nos deixaram, os conquistadores mostram-se em geral interessados em narrar seus feitos gloriosos. O Conquistador Anônimo é uma exceção: nada tem a dizer sobre si mesmo e seus companheiros; em vez disso, dá-nos uma descrição sóbria, prosaica, da sociedade mexicana do início do século XVI. Que tipo de sociedade é essa?

Assim como a sociedade do Velho Mundo em que nosso conquistador nasceu, a sociedade do Novo Mundo que ele descreve baseia-se na agricultura. Ele fala, por exemplo, do grão com que as pessoas fazem seu pão (claramente o milho). Esta é portanto uma sociedade sedentária, que de fato possui até grandes cidades. Essas cidades têm ruas e praças que ganham na comparação com as do país de onde ele vem; a praça principal de Tenochtitlán é cerca de três vezes maior que a de Salamanca. Promovem-se feiras a intervalos regulares, expondo-se as mercadorias num arranjo ordenado; a moeda mais comumente usada é o grão de cacau (ele fornece uma taxa de câmbio). A sociedade é estratificada, com senhores no topo. Diferentemente do povo em geral, os senhores fazem refeições suntuosas. Os homens têm as mulheres em mais baixa estima que qualquer outro povo na Terra; são polígamos, como os mouros (i.e., os muçulmanos). O poder político organizado é um traço destacado da sociedade: no topo há um governante que se assemelha a um imperador, e há reis e equivalentes (para não mencionar algumas cidades com governos não-monárquicos). A guerra é feita por exércitos, que se dividem em companhias, com oficiais no seu comando; o soberano asteca tem uma guarda especial de 10.000 guerreiros. As armas incluem arcos e flechas, lanças, espadas e fundas. A religião desempenha papel proeminente na vida da sociedade, que nosso conquistador qualifica de muito devota. Ela está associada a construções especiais (que ele chama de templos ou mesquitas), pessoal especial (que compara a bispos e cônegos), ídolos ou deuses, e rituais que o conquistador compara aos cristãos (certo ritual lhe lembra as matinas). Os filhos dos senhores são educados nos templos. Em suma, as categorias básicas que nosso conquistador levara consigo do Velho Mundo (cristão e muçulmano) parecem lhe ter servido bastante bem no Novo Mundo, ainda que ali ele se tenha confrontado com uma civilização que evoluíra de forma inteiramente dissociada da sua própria.

Havia algum aspecto da sociedade mexicana tão completamente diverso de qualquer coisa que nosso conquistador conhecesse a ponto de lhe parecer totalmente estapafúrdio? Ele parece não ter tido nenhuma dificuldade em descrever o politeísmo, o canibalismo e o sacrifício humano, características sem paralelo nos primórdios da Espanha moderna, mas atestadas em outras partes do Velho Mundo. Se algum aspecto da sociedade mexicana lhe foi totalmente opaco, ele não o mencionou. É possível, é claro, que tenha tido uma compreensão errada de algumas coisas. E algumas de suas comparações transculturais, embora úteis para o público a que se dirigia, deixariam acadêmicos modernos melindrados. Seria inútil, todavia, contestar as linhas gerais de seu relato: a sociedade mexicana era de fato sedentária, estratificada, e possuía cidades, feiras, reis, exércitos, religião e assim por diante.

De fato, as diferenças mais impressionantes entre as sociedades dos dois mundos estão ligadas a coisas que são lugares-comuns no velho mas estão em geral ausentes no novo. Nosso conquistador tende a não comentar essas ausências, mas podemos aventá-las facilmente. A agricultura mexicana (em contraste com a dos Andes) carecia do pastoralismo. Faltava à tecnologia mexicana toda uma série de coisas. Por exemplo, não fazia uso da roda no transporte ou no fabrico de cerâmica, e sua metalurgia era limitada em caráter e impacto. Isso, por sua vez, explica por que a tecnologia lítica era tão desenvolvida. Nosso conquistador, em quem isso causou grande impressão, faz comentários sobre as pontas de lança e espadas de madeira com lâminas de pedra; as sociedades do Velho Mundo tinham pouca necessidade de coisas desse tipo. Tudo isso pode ser atribuído, em geral, ao ambiente menos favorecido do Novo Mundo, que significava que as coisas aconteciam mais tarde ali; como vimos no capítulo anterior, a metalurgia saiu-se muito melhor na região andina e na Mesoamérica, mas mesmo nesses lugares foi necessário ocorrer a conquista espanhola para que uma Idade do Ferro se iniciasse.

Nossa conclusão a partir do experimento da natureza é, portanto, bastante clara. Os milênios durante os quais o Velho e o Novo Mundo estiveram separados entre si haviam visto dois processos de vulto se desenrolarem em cada um: o surgimento da agricultura, seguido pelo da civilização. Reconhecidamente, as trajetórias dos dois mundos estiveram longe de ser idênticas. Na verdade, suas respectivas formas de agricultura não tinham uma única espécie domesticada em comum; e as duas civilizações diferiam de muitas maneiras. Toda essa diferença é grande o bastante para exigir que consideremos as principais regiões do mundo pré-moderno uma a uma na segunda parte deste livro. Isso não deveria, no entanto, nos fazer perder de vista a unidade básica. O que emergiu inicialmente, tanto no Velho Mundo quanto no Novo, foi a agricultura, e não duas formas de vida radicalmente diferentes; do mesmo modo, o que emergiu por último em ambos foi a civilização, e não duas coisas tão divergentes que nos obrigariam a sair em busca de um novo conceito.

Assim, a resposta para nossa pergunta inicial parece ser afirmativa: havia apenas um tipo de história esperando para irromper a partir da coincidência de seres humanos comportamentalmente modernos com as condições do Holoceno. Como veremos, ela teria podido surgir mais cedo ou mais tarde, ou nem ter surgido, dependendo das condições ambientais e de interações com outras populações. Mas ali onde ela entrou em cena, foi reconhecivelmente uma coisa só, e nada sugere que algo completamente diferente estivesse se escondendo nos bastidores. É por isso que você ainda não sabe se as paredes de pedra na figura 2 pertencem ao Velho ou ao Novo Mundo.

As civilizações mais antigas

Podemos deixar para trás nossa pergunta inicial. O propósito do restante desta seção é mais prosaico. Lancei o termo "civilização" na discussão como se ele fosse tão transparente quanto "agricultura". Na verdade não é. Isso porque, em primeiro lugar, é tradicionalmente um termo de aprovação, e portanto sujeito à contenda que afeta todos os rótulos desejáveis. Mas também, e de maneira mais séria, porque é vago; como muitas palavras nas línguas naturais, "civilização" sugere algo importante, algo que é preciso atingir, mas não de uma maneira precisa. Para remediar isso, pelo menos em parte, farei duas coisas. Repassarei rapidamente o que em geral se aponta como os principais casos de surgimento mais ou menos independente de civilização (não precisamos nos preocupar aqui com a difusão de civilizações já existentes). E tentarei destacar um ou outro traço dessas sociedades nascentes que nos fazem querer identificá-las como civilizações.

Como não é de surpreender, nossa lista se abre na região do Oriente Próximo, onde duas civilizações surgiram por volta de 3000 a.C. A primeira foi provavelmente a da Mesopotâmia ou, mais especificamente, a dos sumérios (o primeiro povo que chamamos pelo nome que eles mesmos se davam). A segunda, no canto nordeste da África, foi a do Egito. Do Oriente Próximo nós nos deslocamos para o noroeste da Índia, onde, em meados do terceiro milênio a.C., surgiu a civilização do vale do Indo. O segundo milênio a.C. nos leva para o leste, rumo à China, e para o oeste, rumo a Creta. Por fim, o primeiro milênio a.C. nos conduz para a Mesoamérica, em primeiro lugar para a cultura que chamamos olmeca. Esta lista poderia talvez ser encurtada, se excluíssemos algumas civilizações sob a alegação de que foram influenciadas por outras anteriores, e poderia sem dúvida ser estendida, se aplicássemos o termo "civilização" mais generosamente. Para nossos propósitos, porém, ela é bastante boa. Um traço digno de nota dessa lista é sua desigualdade geográfica. Em termos de continentes, temos um caso de civilização na África, um na Europa, um nas Américas e nada menos que três na Ásia. Sob qualquer outro aspecto ela é ainda mais desigual: só a China e a Mesoamérica nos fazem sair do Oriente Próximo e das regiões adjacentes a ele.

O que nos leva, então, a querer incluir esses casos de civilização em nossa lista? Num nível muito genérico, o nome do jogo é complexidade. Quando contemplamos o México através dos olhos do Conquistador Anônimo, vimos uma sociedade cuja complexidade era do mesmo tipo que a dele próprio: era suficientemente grande e especializada para que, dentro dela, diferentes tipos de pessoas fizessem diferentes tipos de coisas de uma maneira sistemática e organizada. Não temos, portanto, nenhum problema em classificar sociedades altamente complexas como civilizações, de modo a excluir aquelas totalmente simples. A questão é o que fazer com as que se situam entre estes dois extremos. Poderíamos simplesmente traçar uma linha arbitrária, ou especificar uma série de propriedades e exigir que uma civilização apresentasse a maioria delas. Mas o termo "civilização" sugere a ocorrência de fato, no caminho, de algum tipo de salto qualitativo em termos de complexidade, uma espécie de mudança de estado, e não apenas uma transição suave, contínua. Isto é certamente algo em que muitos dos estudiosos das sociedades incluídas em nossa lista tendem a acreditar.

Supondo que tenham razão, o que escolheríamos como sinais exteriores e visíveis da ocorrência desse salto? As seções seguintes considerarão dois candidatos óbvios: o desenvolvimento da escrita e o aparecimento de monarquias altamente desenvolvidas.

II. A escrita

Para nós a escrita é obviamente uma prática cultural tão sofisticada que só poderia nascer numa sociedade complexa; e o registro histórico tende indubitavelmente a nos dar razão. Mas por que deveria ser assim? O que impediu sociedades agrícolas anteriores, e mesmo caçadores-coletores, de desenvolvê-la?

Um sistema de escrita funcional é feito de dois componentes muito diferentes. Podemos nos referir a eles como o *hardware* e o *software*.

Os requisitos de *hardware* de um sistema de escrita são óbvios: é preciso ter algo *em que* escrever e algo *com que* escrever. Hoje em dia escrevemos em geral fazendo marcas com tinta em papel. A tinta não é um problema sério; os pigmentos usados pelos pintores rupestres do Paleolítico Superior serviriam para essa finalidade. O papel é produto de uma tecnologia mais avançada, que se desenvolveu na China por volta da virada de nossa era e só aos poucos se espalhou pelo resto do mundo. Antes da universalização do papel, houve grandes variações regionais naquilo em que os povos escreviam: argila na Mesopotâmia, papiro no Egito, bambu na China, casca de árvore na Mesoamérica e assim por diante. Alguns materiais, como o papiro e a casca de árvore, exigiam uma preparação elaborada, mas outros, como a argila e o bambu, poderiam ter sido facilmente utilizados no Paleolítico Superior. E, mesmo sem eles, nada teria impedido os artistas da época de acrescentar legendas às pinturas que faziam nas cavernas. O problema, portanto, não está no *hardware*.

Do lado do *software*, a escrita requer um sistema de representação da linguagem — em outras palavras, uma maneira de transpor algo que ouvimos em algo que vemos. Isso é mais fácil de dizer que de fazer.

Hoje, na maior parte do mundo, as pessoas o fazem por meio do alfabeto, em uma ou outra de suas inumeráveis variantes. Mas por mais simples que o alfabeto nos pareça, há boas razões para pensar que desenvolvê-lo esteve longe de ser assim tão fácil. Há fortes argumentos em prol da idéia de que os alfabetos do mundo são — para tomar o termo emprestado da genética — monofiléticos. Na maioria dos casos, a comparação minuciosa de um sistema de escrita com outro indica claramente uma origem partilhada. Assim, o sistema alfabético de escrita que você está lendo agora não foi inventado na Europa ocidental; ele deriva do usado pelos romanos, que o receberam dos etruscos, que o tomaram dos gregos, que o haviam tomado emprestado dos fenícios, que viviam na região em que ele foi desenvolvido originalmente em algum momento do segundo milênio a.C. Num pequeno número de casos, as formas de um alfabeto não mostram nenhuma semelhança convincente com outros sistemas de escrita, mas, mesmo assim, o contexto histórico torna a difusão por estímulo a explicação mais provável para sua origem (significando que alguém tomou a idéia da escrita de outrem, mas a partir disso concebeu uma escrita própria). Essa é provavelmente a origem da principal família de sistemas de escrita indianos (que data do século IV a.C., ou de um pouco antes), que está inquestionavelmente por trás dos sistemas georgiano e armênio (que datam do século IV ou V d.C.). Em suma, o alfabeto é produto de um desenvolvimento que teve lugar uma única vez no Velho Mundo, e nunca no Novo. A isso poderíamos acrescentar que uma região que já conhecia a escrita levava muito mais de um milênio para produzir um alfabeto. Claramente, há algo de muito sofisticado na análise fonética da linguagem falada, da qual um alfabeto depende.

Os mais antigos sistemas de escrita não são, é claro, alfabéticos. Tipicamente, são híbridos; alguns caracteres são representações diretas de palavras, enquanto outros representam sons (digamos, uma sílaba). Essa dualidade provavelmente reflete o modo como os sistemas de escrita se desenvolveram, embora o único caso em que temos boas informações sobre isso seja o da escrita cuneiforme da Mesopotâmia, que evoluiu no período final do quarto milênio a.C. e foi provavelmente o primeiro no mundo. Aqui os registros mostram dois estágios principais que levaram ao sistema de escrita plenamente desenvolvido. No primeiro, encontramos símbolos de argila que representam animais, mercadorias e números. Tratava-se de um sistema de representação, mas o que ele representava não era a linguagem e sim as próprias coisas. No segundo estágio, esses símbolos passaram a ser associados a palavras particulares, com sons particulares; assim puderam passar a ser usados também foneticamente, ou suplementados com signos puramente fonéticos (embora isso não tenha ocorrido no caso da escrita chinesa primitiva). Ao longo do tempo, esse processo levou o sistema ao ponto em que não havia apenas uma maneira correta de compreender os signos, havia também uma maneira correta de lê-los. Nessa altura, tinha-se um verdadeiro sistema de escrita, que compreendia, naturalmente, várias centenas de signos.

O desenvolvimento desse *software* requer grande esforço mental, mas, diferentemente da metalurgia, não exige nenhum pré-requisito técnico. Nesse caso, por que as pessoas não teriam feito esse esforço muito antes dos sumérios? A resposta é que poderiam muito bem tê-lo feito, e talvez até o tenham feito; pessoas brilhantes e excêntricas estão longe de ser um apanágio dos últimos cinco milhares de anos. A questão é se tal desenvolvimento teria condições de se implantar. A escrita primitiva é uma tecnologia que impõe custos pesados — é necessário haver uma comunidade de pessoas que tenham aprendido aquelas várias centenas de signos. Duas coisas, em particular, mostram como o domínio do sistema de escrita na Mesopotâmia, em seus primeiros tempos, era difícil. Primeiro, escrever era por si só uma profissão, a atividade que definia os escribas (ao passo que hoje a escrita é um pré-requisito para o exercício de praticamente qualquer atividade). Segundo, por mais que a praticassem, a escrita não era fácil nem para os próprios escribas: ao lado de suas tabuinhas que registravam informação útil sobre carneiros e grãos, eles estavam sempre produzindo grande número de tabuinhas que serviam simplesmente como listas de referência de signos.

Deve estar claro agora por que a escrita levou tanto tempo para surgir. O obstáculo a seu desenvolvimento não residia nem na dificuldade inerente à obtenção do *hardware*, nem no desenvolvimento do *software*. O problema era antes a necessidade de uma estrutura social apropriada. Alguém tinha de sentir forte necessidade dessa tecnologia de informação, e estar disposto a pagar generosamente por ela, mantendo uma comunidade de escribas que nada produziam além dela. Tal necessidade e tal disposição são as marcas de uma sociedade complexa. Em suma, a escrita em suas primeiras formas pressupunha um Estado poderoso — o que durante a maior parte da história humana significou alguma forma de monarquia.

Antes de falarmos sobre monarquia, porém, retornemos por um minuto ao alfabeto. Mesmo esse sistema de escrita não está livre de custos. A natureza motiva adequadamente nossas crianças a aprender a falar, mas é no contexto coercitivo da escola que elas aprendem a escrever; e até hoje o analfabetismo é um problema grave em várias partes do mundo — muito mais que a afasia. Apesar disso, sem sombra de dúvida, o alfabeto é muito mais fácil para o aprendiz que a escrita cuneiforme. Um resultado historicamente significativo disso foi que, com o surgimento do alfabeto, a escrita deixou de ficar tão estreitamente vinculada a escribas profissionais e a sociedades complexas. O norte da Arábia nos tempos pré-islâmicos era árido e pobre demais para se classificar como uma sociedade complexa, mas suas rochas estão cobertas de grafites em escritas alfabéticas.

III. A monarquia

O Pássaro-Jaguar, que aparece à direita na figura 9, é um rei sem tirar nem pôr. Seu cativo está ajoelhado diante dele, amarrado com uma corda, e manifesta sua submissão tocando o ombro direito com a mão esquerda. Até agora conseguiu salvar a sua pele, mas é bastante provável que no devido tempo seja submetido ao sacrifício ritual. Um senhor subordinado posta-se discretamente à esquerda, deixando o rei como o centro indisputado das atenções.

No que diz respeito à civilização do Novo Mundo, essa representação não é particularmente antiga. Pássaro-Jaguar reinou sobre a cidade maia de Yaxchilán no século VIII d.C. É fácil, porém, lembrar de uma versão muito mais antiga do mesmo tema a quase meio mundo de distância: a paleta de Narmer (figura 10). Narmer foi o soberano do Egito por volta de 3000 a.C. Aqui, à esquerda, ele segura seu cativo pelo cabelo (como soberanos mesoamericanos também fazem às vezes), prestes a golpeá-lo com uma clava; não faria sentido para ele manter sua vítima viva, já que os egípcios não imolavam seus cativos. À esquerda do rei posta-se a figura humilde do homem que lhe carrega as sandálias, e embaixo aparecem cadáveres de outros dois ini-

Fig.9: Pássaro-Jaguar subjugando um cativo.

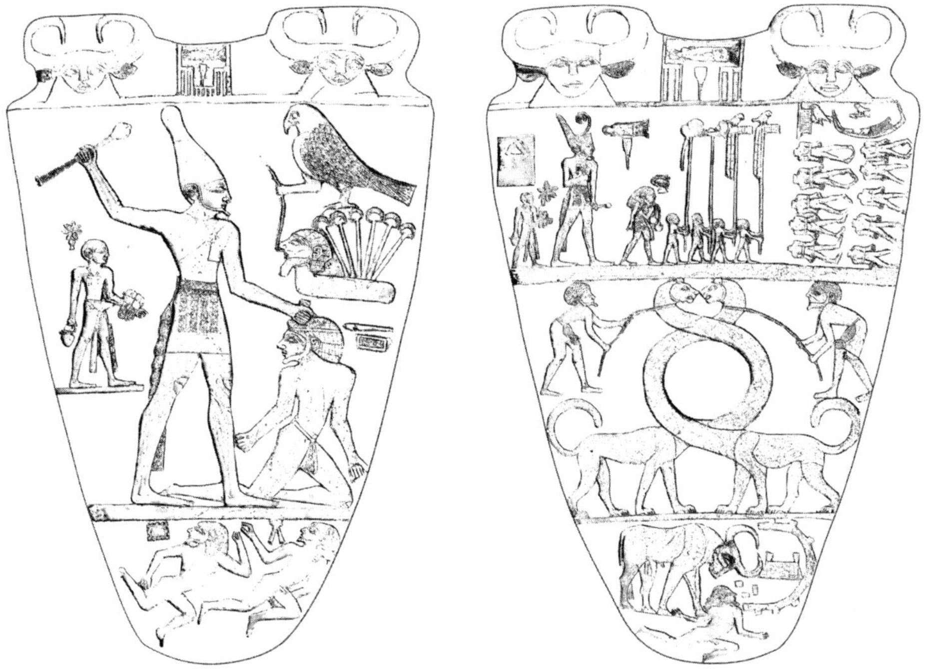

Fig.10: A paleta de Narmer.

migos dele. Cada uma dessas figuras é identificada por uma inscrição. Em contraposição, os dez cadáveres decapitados do outro lado da paleta (mostrado à direita) não merecem tal distinção; a quantidade prepondera sobre a qualidade. A escala aqui é muito menor, mas novamente o rei paira acima de todos — inclusive dos cadáveres, do servo que lhe carrega as sandálias e dos minúsculos porta-estandartes.

Teria o Pássaro-Jaguar realmente capturado a figura amarrada, ou o rei estava simplesmente reivindicado a glória para si, como um mesoamericanista sugeriu? Teria algum infeliz cativo realmente passado os últimos segundos de sua vida esperando que Narmer o golpeasse com sua clava? Um egiptólogo sustentou que Narmer não foi de fato nenhum grande conquistador, e que a cena que vemos na paleta não é em absoluto um evento histórico. Nossos meios de descobrir a verdade são tão escassos quanto os de que dispomos para ter acesso às piadas políticas que sem dúvida circulavam na época. Mas se a verdade é irremediavelmente opaca, a mensagem nos chega em alto e bom som. Um rei de verdade é maior e melhor do que todos os demais.

Diferentemente de um herói, que luta com pelo menos alguns de seus antagonistas em pé de igualdade, o rei é o vencedor inevitável de todas as batalhas. Ele infunde terror no coração de seus inimigos, e mais cedo ou mais tarde os massacra.

Se os inimigos do rei estão sempre com a cabeça a prêmio, seus seguidores leais e seu povo obediente deveriam estar ilesos e seguros. Num poema de cerca de 1800 a.C., o tesoureiro-chefe do rei do Egito advertiu seus filhos nesse sentido. Por um lado, falou-lhes da fúria do rei e de suas terríveis conseqüências — um rebelde não ganha sequer um túmulo, seu corpo é lançado às águas. Por outro lado, enfatizou a misericórdia do rei — ele dá alimento aos que estão a seu serviço e torna a terra verdejante, dispensando-lhe força e vida. Essa conversa teria sido perfeitamente inteligível na Mesopotâmia em seus primórdios. Também ali não faltava o punho de ferro — "a clava que controla o povo". Mas também ouvimos muito mais sobre a luva de veludo. Os soberanos são qualificados de pastores, um papel explorador mas não predatório. Eles propiciam prosperidade, ordenhando o úbere do céu. Hamurábi, soberano da Babilônia no século XVIII a.C., explica no prólogo de seu famoso código legal como foi chamado a "melhorar as condições de vida do povo" e "instaurar a justiça no país". Esse idioma real sublinha também a aclamação popular. No século XXIV a.C., Lugal-zagesi nos fala sobre como o país se regozijava com seu soberano e explica isso tomando cidade por cidade. Tamanha ênfase em relações públicas talvez reflita a estrutura política da Mesopotâmia em seus primeiros tempos: ela se compunha de numerosas cidades-Estado, e a assembléia local de uma cidade podia até escolher um rei. Os reis mesopotâmios, como os do Egito, eram maiores e melhores que seus súditos, mas talvez sentissem mais necessidade de assinalar os serviços que prestavam de modo a justificar essa diferença.

Um aspecto em que os reis nunca conseguiram se mostrar realmente diferentes do comum dos homens foi o da mortalidade: também eles morriam cedo ou tarde, como todo mundo. "Ora! Você acreditaria nisso?" exclamou petulantemente um rei frâncico em seu leito de morte em 561 d.C. "Que tipo de rei pode estar reinando no céu, visto que se dispõe a liquidar grandes monarcas como eu desta maneira?" Mas havia algo que os reis podiam fazer, e faziam, em face desse insulto celeste à sua dignidade: gastar fábulas na tentativa de assegurar que, mesmo na morte, conservariam o estilo a que estavam habituados. As Grandes Pirâmides do século XXVI a.C. continuam sendo até hoje monumentos imponentes a essa busca e seu enorme custo social.

Mas o modo régio de morrer tinha um outro aspecto, mais sinistro, que surgiu e desapareceu muito antes de os reis egípcios passarem a se dedicar a construir pirâmides. O rei Aha, que reinou no século XXX a.C., foi o primeiro a ter um sepultamento grandioso, e não embarcou sozinho em sua viagem para o outro mundo. Entre as pessoas que levou consigo, presumivelmente seus partidários, estava um número considerável de jovens. O rei seguinte, Djer, foi sepultado com cerca de 600 pessoas. Isso não foi uma idiossincrasia egípcia. Alguns séculos mais tarde, os enterros de membros da família real em Ur, na Mesopotâmia, incluíam muitos homens e mulheres, para não falar de animais. No final do segundo milênio, a mesma prática está bem atestada na China sob a dinastia Chang. Em todas essas culturas, os costumes funerários abrandaram-se posteriormente e essa prática desapareceu, embora o implacável imperador que unificou a China ainda se tenha feito acompanhar na morte por numerosas concubinas em 210 a.C. No Novo Mundo, a prática ainda persistia quando os espanhóis ali chegaram no início do século XVI. Ao morrer, o soberano tarascano de Michoacán, no oeste do México, levou consigo mais de 40 homens e mulheres para servi-lo, entre os quais senhores, alguns médicos, um contador de histórias e um bufão. Depois de se embebedar, eles eram surrados até a morte com porretes. A prática atesta uma concepção de realeza que certamente provocava arrepios em espinhas não-reais; nada sugere que a civilização tenha sido boa para os direitos humanos.

Não deveríamos pensar na desigualdade drástica como uma inovação dos últimos milhares de anos. Há na Rússia uma sepultura paleolítica, datada de mais de 22.000 anos atrás, em que duas crianças foram enterradas com roupas requintadamente bordadas com nada menos que 10.000 contas; só a confecção delas deve ter demandado milhares de horas. Mas o potencial de desigualdade nas sociedades humanas deve ter aumentado imensamente com o surgimento da agricultura e os desenvolvimentos que se seguiram, em especial os que resultaram nas primeiras civilizações. A realeza elaborada, portanto, pode ser vista *grosso modo* como produto de uma complexidade social crescente, um desenvolvimento documentado de maneira independente nos registros arqueológicos das sociedades que estivemos considerando. Não há, no entanto, nenhum meio de saber exatamente quando e onde seres humanos usaram pela primeira vez palavras que poderíamos traduzir rapidamente por "rei".

Seja qual for sua antigüidade e suas origens, a monarquia se provaria notavelmente duradoura. Nos últimos milhares de anos, a competição entre formas de governo foi intensa e só em raros casos uma linhagem de reis durou mais que alguns séculos. Até a Revolução Francesa, porém, a monarquia (ocasionalmente sob uma rainha) continuou sendo a forma normal de governo para sociedades complexas; a queda de um rei ou de uma dinastia dava lugar, cedo ou tarde, à ascensão de outro rei ou de outra dinastia. No cerne da instituição estão muitas vezes, talvez sempre, duas concepções incompatíveis de sua natureza: para uma delas, reis existem para seus súditos; para a outra, súditos existem para seus reis. Os ossos dos sequazes que acompanharam os primeiros reis na morte oferecem um testemunho vívido da realidade da segunda concepção.

SEGUNDA PARTE

OS CONTINENTES MENORES

CAPÍTULO 4

A Austrália

I. Um continente de caçadores-coletores

O Holoceno foi (e felizmente ainda é) um fenômeno global. Faz sentido, portanto, ver a reação humana a ele em termos globais, e foi isto que estivemos fazendo até agora. Começamos com o Paleolítico Superior, período em que seres humanos comportamentalmente modernos se espalharam por todos os continentes do mundo à exceção da Antártica. Em seguida, tratamos da irrupção da agricultura em todos os continentes habitados, salvo a Austrália. Finalmente, voltamo-nos para o aparecimento da civilização no mesmo conjunto de continentes. Poderíamos tentar continuar nessa linha, mas esperaríamos muito antes que um acontecimento de vulto tivesse lugar: o processo pelo qual as populações do mundo se integraram — ou, para falar mais claro, se misturaram — em algo que se aproximava de uma sociedade global única. É difícil dizer quando tal processo começou; neste livro, escolhi começar pela expansão islâmica, seguida no devido tempo pela expansão européia, e por fim pelo surgimento do mundo moderno. Entre essas histórias globais inicial e final, porém, estende-se muita coisa que não se enquadra bem em tal moldura. Aqui faz mais sentido travar conhecimento com as principais regiões culturais do mundo uma a uma, em vez de encará-las como exemplos fugazes a enfeitar uma narrativa global. Assim começaremos agora a avançar lentamente através dos continentes menores, começando pela Austrália, depois do que nos deslocaremos região por região através da Eurásia.

Antes porém de deixarmos de lado nossa perspectiva global para nos concentrarmos na Austrália, deveríamos aproveitar esta oportunidade para examinar a disposição geral das massas de terra do mundo. (Focalizamos a terra, não o mar — a despeito de toda a sua inteligência, os mamíferos marinhos deixaram a feitura da história a mamíferos da terra.) Diferentemente do clima, a configuração das massas de terra (ver mapa 1) é uma característica confiavelmente estável do pano de fundo da história. Continentes derivam, mas o fazem com lentidão suficiente para ter estado no lugar que ocupam hoje há muitos milhões de anos, e nele permanecerão ainda por um bom tempo. A única exceção significativa é — do ponto de vista das placas tectônicas — cosmética. O nível do mar depende da quantidade de neve acumulada nos pólos ou em volta deles; o resultado é que as plataformas continentais ficam mais extensamente expostas durante as épocas glaciais, e menos durante períodos quentes como o Holoceno.

Quase tudo isto é bem sabido, mas para se ter uma idéia do quanto a disposição dos continentes poderia ter sido diferente do que é hoje, basta voltar os olhos a um quarto de bilhão de anos atrás. Isso nos leva a uma das épocas em que todas as massas de terra do mundo estavam unidas num só supercontinente, no caso a Pangéia. Mas essa unidade acabou por ser perturbada. Um evento desagregador foi a separação da Pangéia em duas partes separadas por um oceano que dividia o mundo: ao norte dele estendia-se a Laurásia e ao sul, Gonduana. São os destinos assimétricos dessas duas partes que nos interessam.

No cômputo geral, a Laurásia manteve-se bastante coesa. A Eurásia continua sendo de longe a maior massa de terra do mundo, e foi aumentada por dois fragmentos importantes de Gonduana: a Índia deslocou-se para o norte para colidir com a Ásia, criando com isso os Himalaias, enquanto a Arábia e o Crescente Fértil de certo modo abandonaram a África pela Ásia. A América do Norte, no entanto, afastou-se da Europa, em tal medida que hoje está ligada à Ásia por uma ponte de terra que emerge durante épocas glaciais. Mais ao norte, essas massas de terra envolvem a região polar, mas não a ocupam.

A unidade de Gonduana, em contraposição, foi fragmentada. Afora as deserções que acabamos de mencionar, um continente ocupa o Pólo Sul, onde desempenha um papel vital preparando o mundo para idades do gelo e impedindo-o de ficar muito mais quente do que é; mas essa localização exclui a Antártica de qualquer participação na história humana. Isso nos deixa com três continentes no sul, nenhum dos quais comparável em tamanho à Eurásia: a África, a América do Sul e a Austrália. Placas tectônicas os puseram em posições tais que se encontram vastamente separados uns dos outros. Em vez de formar uma unidade coerente, os continentes ao sul são subtendidos, por assim dizer, a partir das massas de terra do Hemisfério Norte. Desse modo a África, embora separada da Europa pelo que resta do oceano que dividia o mundo (exceto em ocasiões em que ele seca), está quase unida à Europa a oeste, e efetivamente ligada à Ásia a leste. A América do Sul esteve ligada à América do Norte por uma ponte de terra nos últimos milhões de anos. A Austrália, o menor continente habitado, é mais isolada. Durante eras glaciais, forma uma única massa de terra com a Nova Guiné e a Tasmânia, enquanto grande parte da Ásia do Sudeste torna-se parte do continente eurasiano; mesmo nessas ocasiões, porém, nenhuma ponte de terra os liga.

O que resulta destas considerações é um conjunto de assimetrias. Comparando norte e sul, encontramos muito mais terra no norte, e ela é muito mais consolidada. Comparando leste e oeste, encontramos muito mais terra no Velho Mundo que no Novo. Comparando a massa de terra eurasiana com os outros continentes, vemos que é não só a maior como também anômala, de vez que seu eixo corre de leste para oeste, não de norte para sul. Todas essas assimetrias desempenharam um papel na moldagem de uma história do mundo em que o norte estabeleceu os termos para o sul, o Velho Mundo para o Novo, e a Eurásia para o Velho Mundo. Felizmente para a diversidade da história, porém, esses efeitos só se tornaram dominantes nos últimos séculos. Isso nos deixa com um longo período em que as culturas humanas foram muito mais diversas do que são hoje — ou, presumivelmente, do que quando a raça humana surgiu. A extensão desse período deve muito à dispersão relativa dos continentes na era geológica atual, e à pluralidade de hábitats mais ou menos separados que forneceram. Uma história humana que tivesse se desenrolado na Pangéia teria sido algo bem diferente.

A ausência de agricultura na Austrália

Que aparência poderia ter o mundo em que de fato vivemos se a revolução neolítica não tivesse acontecido — se ela ainda nos aguardasse no futuro ou não fosse acontecer de maneira alguma? A pergunta é ociosa, mas graças à dispersão dos continentes podemos fazê-la funcionar numa escala menor.

Em várias partes do mundo houve regiões em que caçadores-coletores predominaram até os tempos modernos, como em grandes partes das Américas. No que é ainda mais útil, a Austrália nos fornece um experimento em que algumas centenas de milhares de caçadores-coletores tiveram um continente só para si até o século XVIII. O que fizeram dele?

Primeiro deveríamos perguntar por que não houve agricultura na Austrália antes do século XVIII. Uma razão é óbvia: o isolamento do continente reduziu enormemente as chances de a agricultura chegar ali a partir de fora. Esse isolamento vem de muito tempo. A Austrália Maior — combinação da Austrália com a Nova Guiné e a Tasmânia — esteve separada de qualquer outro continente exceto a Antártica por cerca de 70 milhões de anos. Depois de se separar da Antártica ela se aproximou da Ásia do Sudeste, mas, como já foi observado, as duas massas de terra continuam separadas por mar aberto mesmo em eras glaciais. Uma das conseqüências disso foi que poucos mamíferos terrestres placentários fizeram a travessia antes dos tempos modernos; morcegos, roedores, seres humanos e cães foram as exceções. Isso, por sua vez, permitiu à Austrália conservar numerosas espécies de mamíferos não-placentários, em especial os marsupiais, até a chegada dos primeiros seres humanos. A América do Sul, em contraposição, já havia perdido a maior parte de seus marsupiais alguns milhões de anos antes, quando se formou a ponte de terra que agora a liga à América do Norte.

Em tempos recentes, houve contatos entre partes do norte da Austrália e as ilhas mais ao norte. Estabeleceram-se relações entre as tribos da península do Cabo York e os povos insulares do Estreito de Torres; mas é pouco provável que essas relações tenham mais de alguns milhares de anos de idade, e seu impacto foi geograficamente limitado. Mais a oeste, houve expedições anuais de Macassar (em Sulawesi) para a Terra de Arnhem, com o objetivo de coletar lesmas marinhas para o mercado chinês; mas essa atividade parece ter sido mais recente, tendo talvez ocorrido apenas no século XVIII. O que assinalou o verdadeiro fim do isolamento australiano não foram esses contatos marginais no norte tropical; foi a chegada dos europeus ao sul temperado. Isso começou com as viagens dos navegadores holandeses no século XVII. Depois, em 1788, os britânicos implantaram sua primeira colônia em Sydney, no sudeste da Austrália. Em seguida, dois séculos de colonização reduziram drasticamente o tamanho da população nativa e deram fim, para todos os propósitos, ao modo de vida caçador-coletor que o isolamento protegera por tanto tempo. Mais um dos experimentos aéticos da natureza chegara ao fim.

Uma segunda razão por que a agricultura não apareceu na Austrália antes dos tempos modernos é que o continente fornecia um ambiente pouco propício para sua emergência independente. Bastante plana e muito erodida, a Austrália sofreu poucas perturbações geológicas recentes. Há regiões montanhosas ao longo da costa leste, mas as únicas montanhas realmente dignas de nota estão na Nova Guiné, que foi separada da Austrália pela elevação dos níveis dos mares por volta de 7000 a.C. Essa passividade geológica foi efeito de uma formação restritiva do solo, o que é umas das razões por que a Austrália não é particularmente fértil. Outra razão é que grande parte dela é árida, para não dizer deserta, em particular no centro e no oeste (ver mapa 2); além disso, mesmo nas regiões mais bem irrigadas o regime das chuvas é irregular. Essas condições impuseram limites importantes às plantas e aos animais da Austrália. Embora houvesse floresta, em particular na costa leste, onde as montanhas atraíam a chuva, as pastagens não eram extensas. Além disso, os mamíferos não-placentários de maior porte, muitos deles marsupiais herbívoros, sofreram extinção após a chegada dos seres humanos, muito provavelmente por causa dela. No geral, não havia muito o que domesticar.

Essas condições não significam que a agricultura não poderia ter surgido de maneira independente na Austrália — como pôde ter feito em meio a uma população relativamente próxima no ambiente completamente diverso da região montanhosa da Nova Guiné. Significam, isto sim, que esse advento era um fenômeno claramente improvável. Nada há de surpreendente, portanto, no fato de não ter ocorrido antes de os europeus terem introduzido ali seu próprio pacote de plantas e animais domesticados nos tempos modernos.

Um esboço da pré-história australiana

Assim, a história dos seres humanos na Austrália até o século XVIII foi uma história de caçadores-coletores, bem como uma história sem metalurgia, cidades, reinos nem registros escritos. Os australianos tampouco faziam recipientes de barro. Isso significa que, no tocante à maior extensão da pré-história australiana, só podemos obter informações a partir dos mesmos

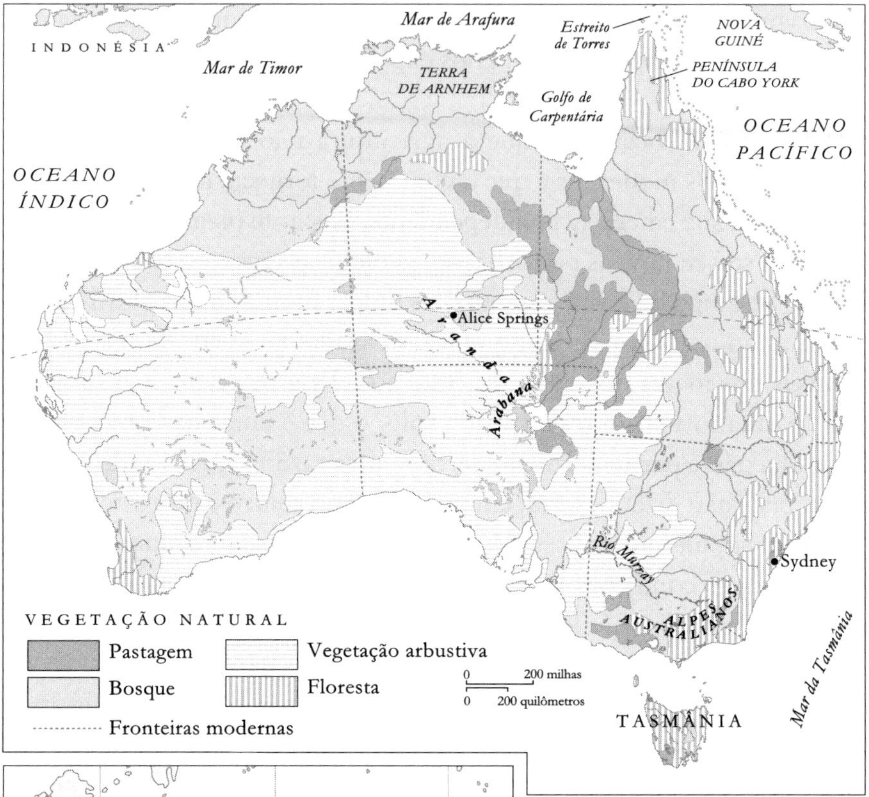

MAPA 2:
A AUSTRÁLIA
POR VOLTA DO
SÉCULO XVIII

tipos de fonte que possuímos para o Paleolítico Superior europeu: uma abundância de ferramentas de pedra, suplementadas por alguns restos de esqueletos, alguma arte rupestre e assim por diante. Podemos resumir as linhas gerais do quadro que disso resulta em poucas palavras.

Está bem estabelecido que houve seres humanos na Austrália desde cerca de 40.000 anos atrás. Datas que fariam essa presença recuar por mais 20.000 anos ainda não foram confirmadas, e outras ainda mais antigas foram refutadas. Isso atribui aos seres humanos modernos na Austrália a mesma antigüidade que têm na Europa. Como tiveram de cruzar o mar da Ásia do Sudeste para chegar à Austrália Maior, deviam possuir algum tipo de balsa ou bote; isso é confirmado pelo fato de que no mesmo período foram capazes também de colonizar ilhas a leste da Nova Guiné. Há 30.000 anos, seres humanos já estavam espalhados pela Austrália, embora talvez não tenham se deslocado para as partes mais áridas do interior antes dos tempos do Holoceno. Como na Europa no Paleolítico Superior, achados feitos aqui e ali devem nos deixar alertas: encontramos algumas das contas mais antigas do mundo, por exemplo, e machados com cabo provavelmente muito antigos (em seu aspecto geral, esses machados — um exemplar dos quais tem cerca de 30.000 anos de idade — são muito parecidos com o tipo que continuava em uso no século XIX.) Para nossa grande sorte, alguns implementos de madeira de cerca de 12.000 anos sobreviveram num pântano, entre eles os mais antigos bumerangues conhecidos. Mas pintar um quadro acabado desses australianos primitivos está além de nossas possibilidades.

O registro arqueológico referente aos últimos milhares de anos é muito mais rico, embora não seja fácil dizer o que exatamente ele acrescenta. Indícios mais abundantes não implicam necessariamente que alguma coisa tenha mudado: artefatos datados do passado recente tendem naturalmente a estar mais bem representados, já que não tiveram de sobreviver por tanto tempo. Mas parece realmente que os últimos milênios, embora tenham sido ainda uma continuação do modo de vida caçador-coletor estabelecido na Austrália cerca 40.000 anos atrás, foram significativamente diferentes de períodos anteriores. As questões são um tanto desnorteantes, e talvez o melhor seja deixá-las de lado até examinarmos mais atentamente algumas ferramentas de pedra que refletem a mudança; faremos isso na última seção deste capítulo. Até lá, tiremos partido do fato de que a agricultura, quando finalmente chegou à Austrália, levou a etnografia em sua esteira. A arqueologia, em última análise, é uma ciência um tanto desoladora; os etnógrafos, diferentemente dos arqueólogos, são capazes descrever para nós como é a vida do povo que estuda.

II. O casamento entre os arandas

No final do século XIX os arandas eram uma das maiores tribos (ou grupos étnicos, se você preferir) da Austrália central. Contava pelo menos 2.000 pessoas espalhadas por um território que se estendia por algumas centenas de quilômetros na região árida em torno de Alice Springs. Dividia-se em grupos territoriais locais que podiam acampar juntos, embora em geral grupos de uma ou duas famílias vagassem separadamente. Num dia típico, as mulheres colhiam sementes de capim, ou escavavam à caça de lagartos e formigas, as chamadas *honey ants* (*Camponotus inflatus*); os homens podiam caçar cangurus ou casuares, ou permanecer no acampamento e dormir. Não tinham casas nem tendas, mas podiam fazer uso de um telhado de meia-água como quebra-vento. Viviam praticamente nus. O item principal do equipamento de uma mulher podia consistir de uma vara para escavar, um alguidar de madeira para carregar coisas e um par de mós. Os homens costumavam portar lanças (que tinham, preso a uma de suas pontas, um pedaço afiado de sílex ou quartzo), propulsores, escudos, machados de pedra com cabo, facas e bumerangues. Afora esses apetrechos essenciais, os arandas não transportavam muita coisa consigo, nem armazenavam coisas senão objetos sagrados associados a grupos totêmicos. Esse inventário de cultura material é instrutivo. No curso normal das coisas, os elementos da cultura aranda com mais chances de subsistir aos séculos e ser reconhecíveis para arqueólogos posteriores seriam as ferramentas de pedra. Até o nome da tribo teria acabado por se perder. Mas os europeus chegaram antes. Para os arandas, foi um desastre; mas para nós foi uma sorte que sua cultura tradicional possa ter sido cuidadosamente estudada e registrada antes de se desintegrar.

Como fica claro por este relato, a sociedade aranda era simples em termos materiais; assim, poderíamos esperar a mesma simplicidade em sua cultura não-material. E, em considerável medida, é isso que encontramos. A autoridade política, por exemplo, era quase inexistente. Um homem podia receber o respeito dos demais por causa de sua habilidade na caça ou na luta, ou por seu conhecimento de tradições tribais. Esse homem exerceria influência, sobretudo se ocupasse a posição ritual de líder de um grupo totêmico. Mas não havia chefes. Assim também, os homens mais influentes de vários grupos locais podiam se reunir para resolver problemas e tomar decisões, mas não havia nenhuma autoridade que se sobrepusesse à tribo como um todo. Outra manifestação de simplicidade cultural, esta surpreendente, é o sistema numérico dos arandas (que estava longe de ser incomum na Austrália). Só dois números tinham nome: "um" e "dois". Para levar a contagem um pouco adiante, os arandas usavam uma forma de aritmética binária: três era "dois-e-um", quatro era "dois-e-dois" e cinco era ocasionalmente "dois-e-dois-e-um". Para qualquer quantidade maior que isso, falavam simplesmente de "muitos".

Numa sociedade como essa, seria de esperar que as regras que governavam o casamento fossem simples. Nada seria necessário além de algum tipo de regra que servisse para evitar a endogamia excessiva. Uma maneira simples de fazer isso teria sido exigir que as pessoas se casassem fora de seus grupos totêmicos. Segundo a mitologia tribal, esses grupos totêmicos tinham tido origem no início das coisas, quando alguns seres trataram de transformar uma variedade de animais e plantas em seres humanos; em cada caso o grupo resultante ganhou o nome do animal ou planta a partir do qual fora metamorfoseado — o povo casuar, o povo *witchetty grub* (ou da larva da acácia) e assim por diante. Grupos de membros do povo casuar, por exemplo, espalhavam-se por diferentes lugares no território tribal, cada um dos quais tinha seu líder ritual, seus objetos sagrados e formava o núcleo de um grupo territorial local. Grupos totêmicos estavam amplamente espalhados em outras tribos, e regras que obrigavam as pessoas a se casar fora deles eram comuns. Entre os arandas, no entanto, o grupo totêmico não desempenhava papel algum nas regras que governavam o casamento. Havia uma regra de efeito análogo que impelia as pessoas a encontrar esposos em localidades e famílias diferentes, mas isso nada tinha a ver com grupos totêmicos.

As principais regras que governavam o casamento entre os arandas eram de um tipo muito diferente. O ponto de partida delas era a divisão da tribo em duas metades — ou *moieties*, como as denominam os antropólogos anglófonos. Essas metades eram um traço importante da estrutura social, afetando, por exemplo, as alianças que se faziam num conflito e a disposição de acampamentos grandes (determinada por regras complicadas). As "metades" eram comuns nas tribos australianas, e com freqüência tinham nomes; mas no caso dos arandas isso não acontecia. Pegando a deixa de sua aritmética binária, designemos essas metades como 0 e 1. Em sua forma mais simples, a regra de casamento exigia que as pessoas se casassem fora de sua metade e transferissem os filhos de um casamento à metade a que o pai pertencia. Embora possa parecer um pouco complicado incluir ao mesmo tempo grupos totêmicos e "metades" na mesma estrutura social, a regra de casamento tal como a formulamos é de apreensão bastante simples.

Mas isso era simples demais para os arandas e, não contentes, eles dividiam também cada metade em duas seções. Essas seções tinham nomes, mas continuemos com nossa notação binária: a metade 0 era dividida nas seções 00 e 01, a metade 1 em 10 e 11. Reformulada de modo a levar em conta essas seções, a regra de casamento passava a requerer que uma pessoa de determinada seção de uma metade se casasse com outra da seção correspondente da outra metade: 00 com 10, 01 com 11, e vice-versa. Um filho era inserido na mesma metade a que o pai pertencia, mas na outra seção dela; por exemplo, se o pai fosse da seção 00, o filho seria destinado à seção 01.

Segundo o mito tribal, as regras de casamento haviam sido concebidas pelo povo casuar em algum estágio primitivo da história da tribo. Quatro grupos locais desse povo estavam envolvidos, dois no sul e dois no norte. O líder de um dos grupos sulistas propusera o sistema que acabamos de expor, e os demais grupos do sul o haviam adotado. Mas os líderes dos grupos do norte, que eram de uma sagacidade ímpar, haviam condenado o plano e proposto em seu lugar outro mais complexo, destinado a "endireitar" as coisas. Os quatro líderes teriam se reunido e decidido adotar o novo plano. Uma grande cerimônia de iniciação tribal se realizou e, no seu término, todas as pessoas se levantaram e, quando necessário, as mulheres foram redistribuídas de acordo com as novas regras. Diga-se de passagem que nada sugere que mulheres tivessem qualquer participação na tomada dessas decisões.

O que o novo sistema fazia era dividir cada seção em duas subseções; assim, havia ao todo oito subseções, um número que os arandas não eram capazes de dizer — fato sem dúvida relacionado com o papel dos grupos casuar do norte e do sul no mito. Mas como funcionavam as subseções? Ampliemos nossa notação binária de modo a lhe acrescentar um terceiro dígito: a subseção 001 é a subseção 1 da seção 0 de uma metade 0. Em termos dessa notação, a regra de casamento diz agora que você deve se casar com alguém da subseção correspondente da seção correspondente da metade oposta à sua: se você pertence a 000, casa-se com 100; se pertence a 001, casa-se com 101 e assim por diante. Mas e os filhos? Agora isso passa a depender da metade a que você pertence. Como antes, suponhamos que você é o pai. Se você é da metade 1, seu filho será da subseção *correspondente* da outra seção da mesma metade (assim se você é 100, seu filho é 110). Mas se você for da metade 0, seu filho será da *outra* subseção da outra seção da mesma metade (portanto, se você é 000, seu filho é 011). Se você for inteligente e matematicamente bem-dotado, não terá dificuldade em imaginar como tudo isso funciona do ponto de vista da mulher; lembre-se de que as regras são unissex com relação ao casamento propriamente dito, mas não com relação à alocação dos filhos.

Há nessas regras uma sutileza final. Outras tribos tinham sistemas diferentes, e isso podia gerar problemas. Por exemplo, um homem de uma outra tribo podia ir viver entre os arandas, seja levando consigo sua mulher ou para procurar uma entre eles; ou uma mulher de outra tribo poderia ser capturada e destinada a um homem aranda como esposa. Essas tribos também tinham suas regras de casamento, mas diferentes. Para que as coisas andassem bem, era portanto necessário um conjunto de convenções que relacionassem um conjunto de regras com outro.

No sul, por exemplo, os arandas eram vizinhos dos arabanas. Entre os arabanas, casar-se era, ao que parece, mais simples que entre os arandas. Havia duas metades com nomes, e tudo que era preciso fazer era casar com uma pessoa da outra metade; em contraste com as regras arandas, as regras arabanas destinavam os filhos à metade da mãe. Não havia seções, muito menos subseções. Como então os arandas conseguiram estabelecer uma relação harmoniosa entre os dois sistemas? Por sorte nossa, a solução tal como a temos refere-se apenas a metades e seções. Digamos que um homem arabana tenha passado a viver entre os arandas, com ou sem esposa; os anciãos decidiam então a que seção ele deveria ser destinado. Digamos que fosse destinado à seção 01; sua esposa (fosse velha ou nova) pertenceria então a 11 e os filhos deles a 00. Agora vem o grande truque. Enquanto a relação entre seções e metades é dada para os arandas (0 consiste de 00 e 01, 1 de 10 e 11), é arbitrária para os arabanas, desde que marido e mulher recaiam em metades diferentes. Usamos essa liberdade para efetuar uma transposição, atribuindo a seção 00 à metade arabana 1 (e, do mesmo modo, a seção aranda 10 à metade arabana 0). Agora voltemos ao caso do homem em 01 com uma mulher em 11 e filhos em 00. Se interpretarmos a situação com base na regra dos arandas, os filhos pertencerão à metade do pai; mas se as interpretarmos com base nas regras arabanas, serão da metade da mãe. E ficam todos satisfeitos.

Não temos nenhum conhecimento direto da história do sistema dos arandas. Subseções dominavam uma grande área no norte da Austrália, com os arandas em sua fronteira sul; e embora muitas línguas diferentes fossem faladas nessa região, os nomes das subseções eram surpreendentemente uniformes. Isso sugere que estamos lidando com um sistema que tivera origem num lugar particular e se espalhara para outros em data relativamente recente. Há, de fato, alguma razão para se acreditar que as subseções podem ter surgido numa interação entre duas tribos com quatro seções cada uma. Esses sistemas secionais são generalizados na Austrália. Mas quando e como realmente *surgiram*? Por meio de alguma fusão de dois sistemas de metade anteriores? E, nessa hipótese, por que em todos os casos o sistema mais complicado se impôs tão amplamente?

Se esta exposição das regras de casamento dos arandas o deixou perplexo, agradeça aos céus por viver numa sociedade que, sob esse aspecto, é sem sombra de dúvida mais simples. Quer você entenda ou não os detalhes, deveria estar óbvio a esta altura que, nesse aspecto de sua cultura, os arandas estavam operando um sistema de considerável complexidade. Isso não se aplica apenas a esse aspecto; eles tinham também uma vida ritual notavelmente elaborada, em que investiam muito tempo e energia. Claramente essa complexidade era compatível com as circunstâncias materiais de sua vida, e sem dúvida algumas características dela lhes eram benéficas em termos materiais. Mas não nos seria possível explicar adequadamente a forma de suas regras de casamento com base unicamente nessas circunstâncias (subseções existiam tanto no norte tropical quanto no centro árido da Austrália, dois ambientes muito dissimilares). Os arandas teriam certamente podido arranjar esses assuntos de outra maneira, como o fizeram outros caçadores-coletores de que temos registro etnográfico. Os boxímanes do sul da África, por exemplo, não têm metades, seções nem subseções. A escolha de um cônjuge dependerá provavelmente de uma distinção entre relações jocosas (em que se pode ser atrevido e despudorado) e relações de evitação (em que se deve ser respeitoso e distante). Ambos os sistemas têm raízes em álgebras complexas de parentesco, mas os ramos são nitidamente diferentes.

O que isso mostra é que sociedades caçadoras-coletoras possuíam um potencial aparentemente supérfluo de inovação cultural e diversidade, que dificilmente podemos esperar recuperar a partir de seus vestígios materiais. Como uma conclusão sobre caçadores-coletores, isto está longe de ser trivial: a maioria esmagadora deles viveu em tempos pré-históricos, e portanto só nos são conhecidos por esses vestígios. Mas há também outra maneira de considerar a questão. Os seres humanos, ao que parece, têm uma capacidade extraordinária de se associar a si mesmos e a outros em laços, arquitetando regras elaboradas e em última análise arbitrárias. Os arandas davam rédea solta a essa tendência, mesmo na ausência das mais básicas comodidades de uma sociedade agrícola. Essa coexistência de convolução cultural e simplicidade material revela com excepcional clareza um dos constituintes-chave das sociedades humanas. Temos de perguntar a nós mesmos a que esse dom para a criação de regras extravagantes levaria quando os seres humanos, ou alguns deles, adquirissem um nível de recursos materiais suficiente para conferir à sociedade uma plasticidade que ela nunca teve para os arandas.

III. Pontas lascadas e outras novidades

Voltemos à arqueologia, e à questão do que andou acontecendo na Austrália durante os últimos milhares de anos. A figura 11 mostra ferramentas de pedra australianas de dois períodos diferentes. As da esquerda são cabeças de machadinha de gume afiado; datam do Pleistoceno e têm por volta de 18 a 20 mil anos de idade. As da direita são pontas lascadas para lanças; pertencem ao Holoceno e datam dos últimos milênios a.C.

Embora as funções dos dois tipos de ferramenta fossem diferentes, é difícil não ver acentuado contraste entre elas. Comparativamente, as da

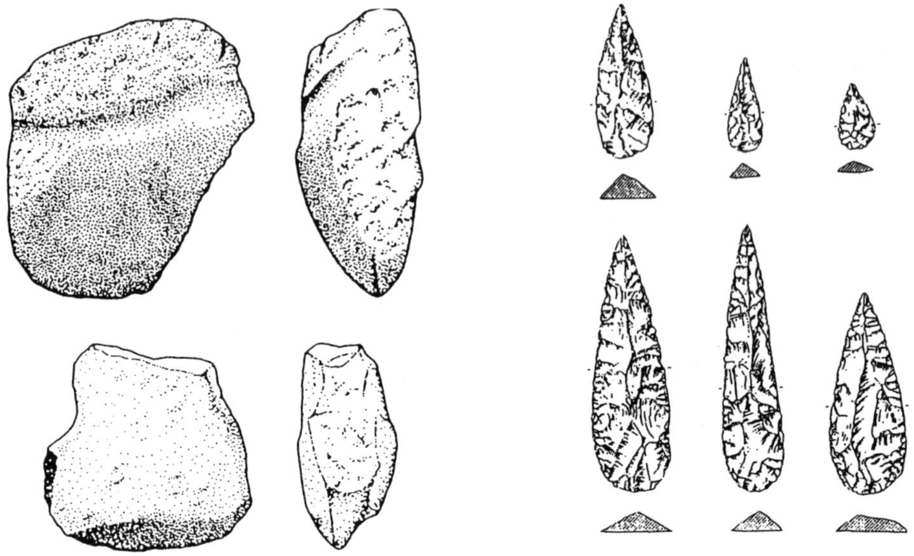

Fig.11: Ferramentas de pedra australianas do Pleistoceno (*esquerda*) e do Holoceno tardio (*direita*).

esquerda parecem primitivas e as da direita, avançadas. Estas últimas requerem um artesanato muito mais esmerado, os objetos são mais delicados, e muitas vezes menores; nada de parecido foi registrado para o Pleistoceno australiano. Essas pontas lascadas não são de maneira alguma um fiasco. Supõe-se que apareceram por volta do quarto milênio a.C. e começaram a desaparecer no primeiro; estão fortemente representadas no norte e no sul, embora não no leste e no oeste. Ademais, para os arqueólogos elas não passam de um elemento numa chusma de implementos de pedra que surgem, e por vezes desaparecem, em diferentes momentos e lugares na Austrália ao longo dos últimos milênios (embora não na Tasmânia, que foi separada da massa continental por níveis do mar em ascensão cerca de 14.000 anos atrás). Para nossos propósitos, este único exemplo é suficiente. Como, então, podemos explicar a proliferação de novidades desse tipo no registro lítico?

Antes de tentarmos, deveríamos fazer o possível para situar essas mudanças líticas no contexto mais amplo dos milênios mais recentes da pré-história australiana.

Neste ponto a arqueologia tem várias outras contribuições a dar. Primeiro, os seres humanos aparecem agora em lugares em que não os encontramos antes: os "Alpes australianos", na região montanhosa do sudeste, por exemplo, ou as ilhotas ao largo da costa australiana (também na Tasmânia a presença humana se torna mais ampla). Segundo, há razões para se acreditar que a exploração humana do ambiente intensificou-se. Um exemplo disso são os indícios de maior colheita de sementes nos dois últimos mil anos, uma prática que requeria mão-de-obra intensiva atestada pela sobrevivência de mós; afirmou-se que a sociedade aranda tal como a conhecemos poderia não ter existido sem esse desenvolvimento. Outro exemplo são os grandes cemitérios, a sugerir a presença de populações inusitadamente densas vivendo dos recursos do rio Murray no sudeste do interior (uma densidade que no devido tempo deve ter tornado essas sociedades um alvo fixo para germes do Velho Mundo). Terceiro, um novo mamífero chegou do sudeste da Ásia. O dingo, cão selvagem australiano, descende do cão domesticado da Ásia do Sudeste, ele próprio de origem indiana. Uma vez na Austrália, esse animal tornou-se selvagem, mas alguns grupos humanos adotavam dingos e os utilizavam na caça. A presença do dingo é registrada pela primeira vez na Austrália por volta de 1700 a.C.; isso se deu no sul, embora o animal deva certamente ter entrado no continente pelo norte. Depois de estabelecido ali, ele parece ter acrescentado umas duas espécies à lista dos marsupiais em extinção na Austrália continental.

É possível que as relações mútuas das línguas da Austrália também tenham algo a nos dizer sobre a pré-história; esse é outro tipo de indício referente ao passado que nosso historiador muçulmano Tabari não pensou em usar. Havia talvez cerca de 250 línguas distintas na Austrália quando os europeus chegaram; hoje esse número está reduzido em ordem de magnitude, mas sabe-se alguma coisa sobre muitas das línguas que foram perdidas. Até hoje os lingüístas não conseguiram reduzi-las a nenhum tipo de árvore genealógica (em contraste, por exemplo, com o sucesso que obtiveram mostrando que o inglês, o holandês e o alemão descendem de uma única protolíngua, o germânico ocidental). Apesar disso, as línguas australianas partilham características, como a ausência do som de "s"; e a grande maioria delas tem muito em comum. Por razões que não precisamos aprofundar, essa maioria é denominada pama-nyungan; ela abrangia a totalidade do continente, exceto o noroeste, onde línguas não-pama-nyungan eram a regra. A questão é que tipo de processo poderia ter gerado as características comuns do pama-nyungan.

Uma possibilidade é que as características em questão pertencessem originalmente a uma única língua falada num lugar e tempo particulares, e que os falantes dessa língua, ou a cultura deles, tenham se espalhado pela maior parte da Austrália em detrimento de povos ou culturas mais antigos. Com o tempo, a língua pama-nyungan original teria se fragmentado num grande número de dialetos locais que depois teriam passado a divergir cada vez mais entre si. O importante aqui é que, para o resíduo de características comuns ainda detectáveis nos tempos modernos, a difusão e fragmentação do pama-nyungan teria de ter ocorrido nos últimos milhares de anos. Isso poderia associá-lo ao registro arqueológico.

A outra possibilidade é que as características comuns das línguas pama-nyungan, em vez de apontarem para um ancestral comum, reflitam o resultado de um processo mediante o qual línguas vizinhas atritaram-se mutuamente. A arqueologia nos mostra que objetos materiais faziam longas viagens na Austrália pré-histórica, sem dúvida passando de uma tribo para outra por doação ou permuta. A etnografia confirma isso e acrescenta a cultura: uma dança, por exemplo, podia ser transmitida ao longo de distâncias enormes, tal como parece ter acontecido com o sistema de subseção. Havia até um tráfico de drogas. Com esse tipo de interação, traços lingüísticos poderiam ter passado facilmente de tribo para tribo, e talvez, ao cabo de um longo período, poderiam ter vindo a caracterizar a maioria das línguas da Austrália. Também isto seria de interesse; mais, porém, pelo que poderia nos dizer sobre o espaço do que sobre o tempo.

Como integrar todos esses dados? Isso depende de muitas coisas.

Uma delas é a medida em que queremos ver todos os vários fenômenos como aspectos de uma única história. O curso menos arriscado seria descartá-los como não relacionados: ver o dingo como uma importação isolada, as tecnologias líticas como desconectadas até umas das outras, a exploração mais extensiva e intensiva do ambiente como uma questão de desenvolvimentos locais fundamentalmente distintos, e os traços comuns do pama-nyungan como resultado de um processo de atrito. A abordagem mais arriscada consistiria em ver um processo único em ação. Até o desenvolvimento de estruturas sociais mais elaboradas, como o que vimos entre os arandas, poderia ser inserido no quadro.

Uma outra questão é quanto peso queremos dar ao contato com a Ásia do Sudeste. Tal contato deve ter ocorrido forçosamente, já que a origem estrangeira do dingo é indubitável; mas ele foi manifestamente insuficiente para ocasionar a introdução da agricultura. A questão-chave é se devemos atribuir a mudança nas ferramentas de pedra a esse contato. Certamente podemos: uma tecnologia lítica apropriada estava presente na Ásia do Sudeste no período pertinente. Mas talvez prefiramos ver a pré-história australiana como se desdobrando num isolamento relativamente esplêndido.

Uma questão final depende basicamente de nosso gosto em matéria de causas. O mais fácil de apreender aqui é a novidade palpável das novas ferramentas de pedra. Nesse caso, teria essa tecnologia aperfeiçoada estado por trás dos novos padrões de exploração do ambiente? E poderia a difusão do pama-nyungan ter ocorrido em associação com ela? Entretanto, por tudo que sabemos, as mudanças-chave poderiam ter se localizado em algum aspecto arqueologicamente invisível da sociedade ou da cultura. Se optamos pela segurança, deveríamos retornar à visão de que muitos fatores interagiram; essa afirmação talvez não lance muita luz sobre coisa alguma, mas pelo menos é dificilmente refutável.

Na ausência de provas incontestáveis, nesta e em muitas outras questões do gênero, a escolha é sua. Duas coisas, porém, emergem muito claramente dos últimos milênios do experimento australiano. A primeira é que a condição de caçador-coletor não exclui mudança material e cultural de um tipo suspeitamente parecido com progresso. A segunda é que, se a agricultura não aparece, essas mudanças não conduzem a cidades, reinos etc.

CAPÍTULO 5

As Américas

I. Do Alasca à Terra do Fogo

A chegada do seres humanos às Américas no final do Pleistoceno introduziu-os num mundo com uma configuração muito diferente daquela da Austrália. Enquanto a Austrália é uma ilha, a América do Sul tem uma ligação permanente com a América do Norte na atual era geológica, e a América do Norte, por sua vez, une-se à Ásia em eras glaciais. Igualmente impressionante é o contraste na variação climática. A Austrália está confinada a faixas temperadas e tropicais dentro de um único hemisfério; já a América do Norte avança muito em direção ao Ártico, enquanto a ponta final da América do Sul dista apenas algumas centenas de quilômetros da Antártica. Mas as Américas não ficam com todas as vantagens na competição intercontinental. Embora muito mais ricas que a Austrália em termos das faixas climáticas que contêm, nenhuma dessas faixas tem uma extensão comparável às da Eurásia. Isso é importante porque inovações — a maioria das plantas obviamente domesticadas, mas outras coisas também — espalham-se mais facilmente dentro de faixas climáticas do que entre elas. A terra pode se estender continuamente por cerca de 13.500 quilômetros do Alasca à Terra do Fogo; mas de leste a oeste as dimensões das Américas são bem menos impactantes — menos de 5.000 quilômetros nos pontos em que os dois continentes são mais largos. Essa configuração peculiar, por si só, não nos diz muito sobre os hábitats que os seres humanos encontrariam ao chegar às Américas, mas sem dúvida permite uma primeira abordagem. Já podemos começar a pensar em como as sociedades humanas se dariam em semelhante ambiente.

Antes de introduzirmos o elemento humano, porém, deveríamos delinear um pouco mais a geografia das Américas (ver mapa 3). Nosso principal interesse é o Holoceno (antes, as condições eram bastante diferentes). Como

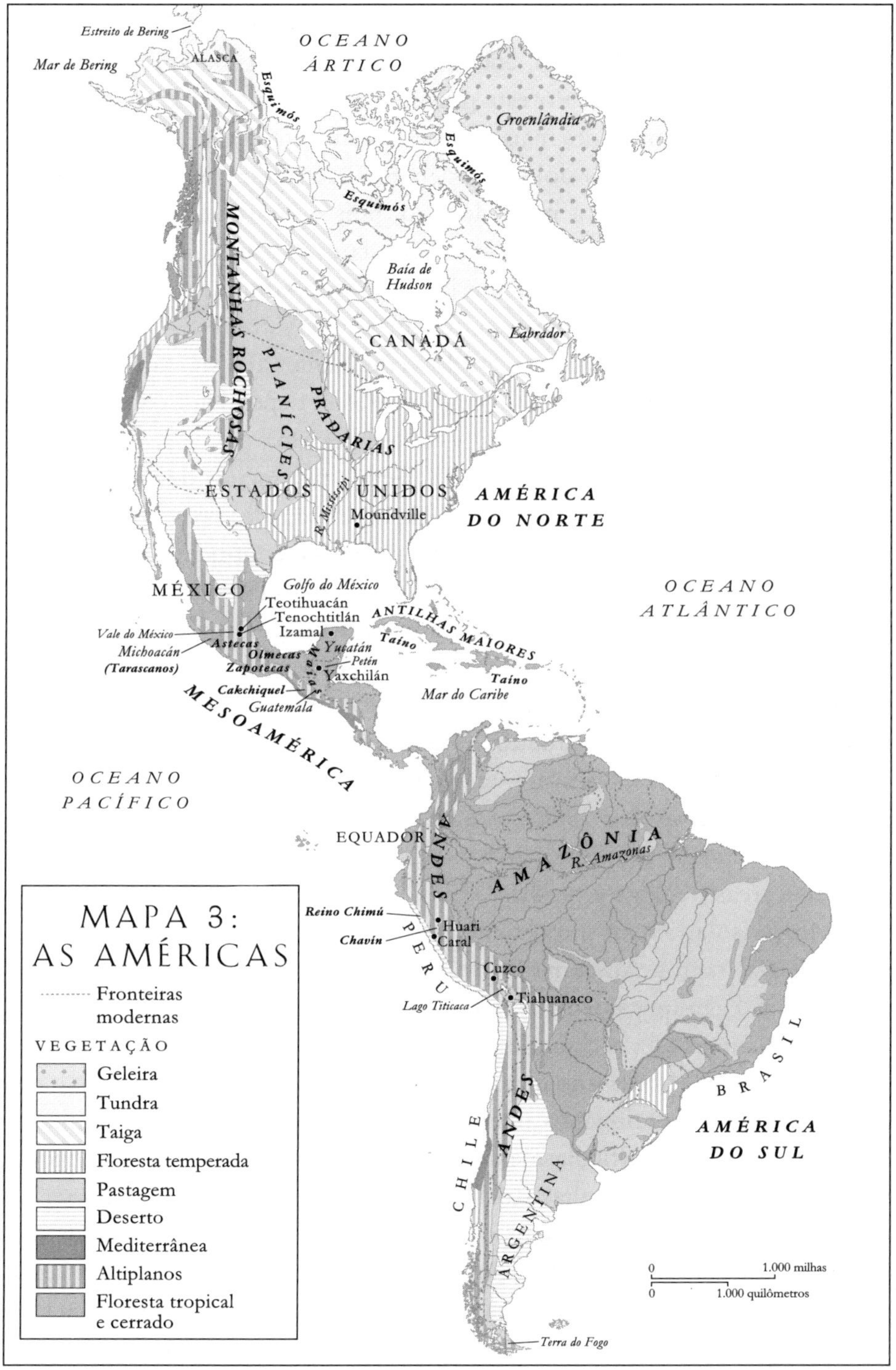
Estreito de Bering
Mar de Bering
ALASCA
OCEANO ÁRTICO
Esquimós
Groenlândia
Esquimós
Esquimós
Baía de Hudson
MONTANHAS ROCHOSAS
CANADÁ
Labrador
PLANÍCIES
PRADARIAS
ESTADOS UNIDOS
R. Mississipi
Moundville
AMÉRICA DO NORTE
OCEANO ATLÂNTICO
MÉXICO
Golfo do México
Teotihuacán
Tenochtitlán
Izamal
Vale do México
Michoacán
(Tarascanos)
Astecas
Olmecas
Zapotecas
Maias
Yucatán
Petén
Yaxchilán
Cakchiquel
Guatemala
ANTILHAS MAIORES
Taíno
Taíno
Mar do Caribe
MESOAMÉRICA
OCEANO PACÍFICO
EQUADOR
ANDES
AMAZÔNIA
R. Amazonas
Reino Chimú
Chavín
Huari
Caral
PERU
Cuzco
Lago Titicaca
Tiahuanaco
BRASIL
AMÉRICA DO SUL
CHILE
ANDES
ARGENTINA
0 1.000 milhas
0 1.000 quilômetros
Terra do Fogo
MAPA 3: AS AMÉRICAS
Fronteiras modernas
VEGETAÇÃO
Geleira
Tundra
Taiga
Floresta temperada
Pastagem
Deserto
Mediterrânea
Altiplanos
Floresta tropical e cerrado

o quadro, em linhas muitos gerais, é simétrico, comecemos pelo meio. Aqui, assim como no Velho Mundo, encontramos uma larga faixa tropical que inclui grandes extensões de floresta pluvial (que devem, porém, ter sido bem mais reduzidas nas condições mais áridas da última era glacial). A distribuição da faixa tropical entre os dois continentes é, contudo, muito desigual. A América do Sul fica com a parte do leão, pois o continente se estende de ambos os lados do equador e tem sua maior largura nos trópicos; enquanto isso, apenas o extremo sul da América do Norte situa-se dentro da faixa tropical, e é nessa latitude que o continente é mais estreito.

Ao norte e ao sul dos trópicos, os dois continentes têm sua faixa temperada; esta pode ser de floresta, pastagens ou deserto, dependendo do regime de chuvas. Na América do Norte, o cinturão temperado estende-se onde o continente é mais largo, e encontramos ali áreas substanciais de todos os três tipos de terreno: floresta no leste, pradaria no meio e deserto no sudoeste. A constituição da América do Sul é semelhante, mas o continente é muito mais estreito nessas latitudes (embora fosse um pouco mais largo em eras glaciais).

Além das faixas temperadas situam-se as regiões Ártica e Antártica dos dois continentes. A América do Norte tem grande vastidão de terras situadas tão ao norte quanto o Círculo Ártico, e esse território é semelhante em caráter às regiões árticas do Velho Mundo: à medida que nos aproximamos do norte, um cinturão de floresta ártica — a taiga, no falar do Velho Mundo — dá lugar a campos abertos e áridos — a tundra . A América do Sul, em contraposição, estende-se até bem perto do Círculo Antártico e possui apenas pequenas áreas de taiga e tundra.

O traço isolado mais importante que falta neste esboço são montanhas. Em contraste com a Austrália, as cadeias de montanhas que couberam às Américas são geologicamente recentes. Elas correm do norte para o sul, em desacordo com as faixas climáticas, e localizam-se ao longo do lado oeste de cada continente (onde o solo marinho está sendo empurrado para baixo das bordas das placas continentais americanas). No norte as regiões montanhosas são largas, mas não particularmente elevadas; o componente mais conhecido do sistema são as Montanhas Rochosas. No sul, os Andes tendem a ser ao mesmo tempo mais estreitos e mais altos — mas ali onde formam duas cordilheiras paralelas com um platô no meio, fornecem uma espécie de corredor que corre de norte a sul. Essas áreas montanhosas confundem nosso quadro simples de faixas climáticas, mas são de extrema importância.

O povoamento das Américas

Como a Austrália, o Novo Mundo não teve habitantes humanos (nem de qualquer espécie de primata antropóide) até o Pleistoceno tardio. Uma olhadela num mapa mostra que o mais provável é que eles tenham entrado nas Américas pelo norte, já que entrar por qualquer outro ponto teria exigido grande disposição e capacidade para cruzar oceanos, contando com poucas ilhas para servir de pontes. Ainda que no nordeste as distâncias entre as ilhas fossem menos assustadoras que em latitudes mais baixas, transpô-las exigiria uma capacidade náutica que só surgiu com os vikings (ou escandinavos) no final do primeiro milênio d.C.; e nem estes tiveram qualquer impacto perceptível sobre o continente norte-americano. Isso deixa o noroeste como a passagem óbvia da Ásia para as Américas, mas tratou-se de uma passagem muito peculiar. Foi preciso transpô-la em dois estágios. Primeiro os imigrantes potenciais tiveram de esperar por uma era glacial para que o Estreito de Bering se transformasse numa ponte de terra e lhes desse acesso ao Alasca. Depois tiveram de esperar que essa era glacial terminasse para que as geleiras que lhes bloqueavam os movimentos derretessem. Isso faz do final do Pleistoceno um contexto plausível para a ocupação humana das Américas.

Não temos nenhuma indicação direta de que foi isso mesmo que aconteceu, mas os indícios indiretos se ajustam. Com relação à rota, o testemunho genético aponta fortemente para afinidades entre as populações das Américas e as da Ásia, sobretudo da Sibéria. A data é mais problemática. É claro que o nordeste da Ásia já era habitado em 13000 a.C. No Alasca, os mais antigos sítios conhecidos remontam a 11000 ou 12000 a.C. Mais ao sul, a presença humana antes de 11000 a.C. é inconteste. Com relação a várias partes das Américas, porém, há quem defenda datas anteriores, e é possível que elas se provem corretas, embora por ora permaneçam controversas. Dessas datas anteriores, as que são atualmente levadas mais a sério situariam o aparecimento dos seres humanos no cone sul da América do Sul por volta de 12500 a.C., o que implica uma data ainda mais antiga para sua primeira entrada na América do Norte. Mas a diferença, embora extremamente significativa para especialistas, não chega a ser perturbadora para nós. Seja qual for o consenso que se desenvolva, não há dúvida real de que a ocupação das Américas foi um evento muito posterior à da Austrália.

Assim sendo, que uso esses imigrantes relativamente recentes fizeram do Holoceno nas Américas?

Caça e coleta americanas

A primeira coisa que chama a atenção é a proeminência de caçadores-coletores ao longo de todo o período pré-colombiano. Em contraste com o que ocorreu na Austrália, eles não dispunham dos dois continentes só para si; mas, relativamente falando, continuaram ocupando muito mais território que os caçadores-coletores no Velho Mundo.

A metade norte da América do Norte oferece um exemplo óbvio. Numa latitude em que os povos no norte da Ásia estavam criando renas domesticadas, os da América do Norte caçavam caribu selvagem. Como o caribu e a rena são próximos o suficiente para serem considerados uma mesma espécie, a explicação da diferença deve provavelmente ser procurada no lado humano. Talvez o desenvolvimento do Velho Mundo tenha sido um caso de difusão por estímulo; os povos do Ártico eurasiano estavam expostos a pastoralistas que criavam herbívoros nas pastagens ao sul de suas terras, e os do Ártico americano, por uma razão a que chegaremos, não.

Mais ao sul, grande parte do que é agora o Oeste dos Estados Unidos foi ocupada por caçadores-coletores, e muitas tribos das planícies e das pradarias, embora praticassem alguma agricultura, viviam sobretudo da caça e da coleta. A América do Sul temperada apresenta um quadro semelhante em menor escala. A maior parte da terra estava ao dispor de caçadores-coletores; caçavam o guanaco, o ancestral silvestre da lhama, mas não o domesticaram. Do mesmo modo, caçadores-coletores podiam ser encontrados aqui e ali nos trópicos.

Como na Austrália, a persistência do modo de vida baseado na caça e na coleta não significou ausência de mudança. No extremo norte, por exemplo, a chegada dos esquimós — ou de seus predecessores "paleoesquimós" — do nordeste da Ásia nos últimos milênios marca o aparecimento de uma cultura especialmente adaptada à caça ártica. A partir do Alasca eles se espalharam a leste para a Groenlândia e, a oeste, de volta ao canto nordeste da Ásia — tornando-se assim a única população americana a colonizar o Velho Mundo. Esse foi igualmente o único povo pré-colombiano cujo *kit* de ferramentas incluía o ferro; certamente o obtiveram de meteoritos e do comércio com o nordeste da Ásia, ou dos vikings da Groenlândia. Ao sul dos esquimós, encontramos duas famílias de línguas ocupando vastos territórios, o atapasca no oeste e o algonquiano no leste; a existência dessas duas famílias incontrovertíveis de línguas aponta para expansões ocorridas durante os últimos dois ou três mil anos, e o faz de modo muito mais claro que o pama-nyungan na Austrália. Não sabemos o que propeliu essas expansões. Passando para a América do Sul, encontramos cerâmica datada de cerca de 6000 a.C. na parte leste da região tropical; esta era fabricada por grupos que exploravam recursos aquáticos, mas ignoravam a agricultura (tal como no Japão durante o período Jomon).

Evidentemente, nem todos os caçadores-coletores das Américas viviam em ambientes que permitiam tais desenvolvimentos, ou tiravam proveito efetivo deles. A Antártica americana, por exemplo, estava longe de ser uma imagem especular do Ártico. Embora nem tão pobre em recursos nem sujeita a clima tão inclemente quanto o Ártico, a ponta da América do Sul era habitada por sociedades mais simples que quaisquer outras no mundo; suas canoas, por exemplo, eram muito menos aptas a cruzar mares que as dos esquimós. Havia uma razão óbvia para essa disparidade: em contraste com o Ártico, esse mundo Antártico era diminuto e completamente isolado de territórios semelhantes em outros continentes. Mesmo assim, no conjunto, o panorama caçador-coletor americano foi tão mutável quanto o australiano.

Por que os caçadores-coletores, fossem suas sociedades simples ou complexas, continuaram a ocupar tão grande extensão das Américas? A resposta reside não em alguma força característica de seu modo de vida, mas na debilidade relativa da agricultura americana.

A agricultura americana

A agricultura do Velho Mundo tem dois componentes domesticados: plantas e animais. A primeira coisa a notar nas Américas é o papel muito menos proeminente desempenhado pelos animais. Os poucos animais que foram domesticados ali tendiam a ser pequenos, como o peru na Mesoamérica e o porquinho-da-índia nos Andes. Os únicos herbívoros domesticados foram os camelídeos andinos, a lhama e a alpaca, e eles não se espalharam por outras partes das Américas. Em geral, o problema não era falta de pastagens, ou, inicialmente, de herbívoros. Mas, assim como na Austrália, a chegada de seres humanos comportamentalmente modernos foi seguida por extinções em massa entre as espécies animais maiores de ambos os continentes (sendo que os indícios do papel desempenhado pelo homem nesse processo são muito mais específicos no caso americano que no australiano). O resultado foi que, quando a agricultura se desenvolveu, restavam poucos animais convenientes a domesticar; com isso, grandes áreas das pastagens americanas ficaram à disposição dos caçadores-coletores.

No reino das plantas domesticadas, uma limitação importante está relacionada às técnicas de cultivo. Enquanto os agricultores do Velho Mundo usavam o arado, os do Novo Mundo dependiam da cavadeira — diferença obviamente relacionada com a falta de bois nas Américas. Isso fazia da agricultura do Novo Mundo uma atividade que demandava muita mão-de-obra — a "horticultura", como é muitas vezes chamada. Significou também que uma terra potencialmente muito fértil não podia ser cultivada com a tecnologia corrente; mais uma vez, essa terra foi deixada para os caçadores-coletores.

As Américas tiveram também menos sorte que o Velho Mundo no tocante às plantas domesticáveis. O pacote mais difundido foi uma combinação de milho, vagens e abóboras, originária do México. O cultivo do milho, em particular, chegou a estender-se até o Canadá, no norte, e a Argentina, no sul — um sucesso notável, considerando-se que a planta teve de se difundir de uma zona climática para outra. Outras plantas domesticadas, como a batata nos Andes e a mandioca na Amazônia, não se espalharam além dos tipos de ambiente a que foram adaptadas inicialmente. A desvantagem relativa das Américas ficou clara quando a chegada dos europeus pôs produtos agrícolas do Velho e do Novo Mundo em competição. Vários produtos agrícolas do Novo Mundo, como o milho e a batata, foram amplamente adotados no Velho Mundo; mas a colonização do Novo Mundo por plantas cultivadas do Velho Mundo foi um processo muito mais amplo.

As debilidades relativas da agricultura do Novo Mundo refletem-se no processo de seu surgimento. Atualmente há duas cronologias rivais no campo, uma longa e uma curta. A cronologia longa situa os inícios da domesticação de plantas nos primórdios do Holoceno, com datas remontando a 10000 a.C. A cronologia curta prefere datas não anteriores ao quarto milênio a.C., uns bons 5.000 anos mais tarde. A escolha entre elas depende em parte da exigência que se tenha quanto ao rigor dos dados. Para nossos propósitos, porém, há pouca necessidade de escolher entre as duas cronologias. Na curta, a domesticação dos animais no Novo Mundo começou cerca de mil anos mais tarde que no Velho Mundo; na longa, começou igualmente cedo em ambos, mas não promoveu nenhuma mudança radical nas sociedades do Novo Mundo durante os 5.000 anos seguintes. Em qualquer dos casos, o resultado final foi que a revolução neolítica começou muito mais tarde no Novo Mundo. Aldeias propriamente ditas não aparecem nas Américas antes do momento em que a cronologia curta nos levaria a esperá-las.

No âmbito do Novo Mundo, os casos dos dois continentes são um tanto diferentes. Na América do Norte, uma agricultura bem-sucedida só surgiu de maneira independente no altiplano do México com seu pacote clássico de milho, vagens e abóboras. Pelo menos o milho foi domesticado no quarto milênio a.C., ou perto disso, embora a vida aldeã tenha aparecido apenas no segundo milênio.

Do altiplano do México esse pacote, e em particular o milho, espalhou-se rumo ao norte por distâncias consideráveis, chegando a duas regiões hoje pertencentes aos Estados Unidos. Uma foi o sudoeste, território em que anteriormente não havia nenhuma planta domesticada. A agricultura chegou ali no segundo milênio a.C., mas levou mais uns dois milênios para se tornar predominante. A outra região foi o sudeste, onde o milho chegou no primeiro milênio d.C.; essa região possuía alguns cultivares locais marginais desde o terceiro milênio a.C., mas foi só algum tempo após a adoção do milho que a agricultura provocou mudanças de vulto na sociedade. No devido tempo, o cultivo do milho difundiu-se amplamente na metade leste dos Estados Unidos.

Como vimos, o milho difundiu-se também rumo à América do Sul; foi cultivado no Equador no segundo milênio a.C. Nessa altura, porém, a agricultura já estava bem estabelecida no Andes centrais. Ali a domesticação de plantas e animais ocorrera provavelmente no quarto milênio a.C. Os principais produtos agrícolas na região andina eram um grão chamado quinoa e a batata; o principal animal era a lhama. O impacto da agricultura sobre a sociedade é claramente visível no terceiro milênio a.C. Na verdade, as paredes que aparecem na figura 2 situam-se em Caral, nas planícies litorâneas do

Peru; ali, plantas domesticadas e uma arquitetura monumental datam de cerca de 2600 a 2000 a.C.

A Amazônia é o curinga do baralho, já que é difícil encontrar bons indícios arqueológicos em florestas tropicais. A mandioca domesticada pode ter — ou não — uma história tão longa quanto os cultivares andinos. A horticultura tropical das planícies amazônicas foi mais bem-sucedida quando praticada nas planícies aluviais dos maiores rios da região, ou nas suas proximidades, sendo que os rios forneciam por sua vez avenidas óbvias para a sua difusão. De fato, povos agricultores equipados com canoas parecem ter sido impelidos não apenas a descer os rios do norte da América do Sul, mas também a navegar entre as cadeias de ilhas ao largo da costa. Assim as filiações lingüísticas dos tainos, que ocupavam as Antilhas Maiores à época da chegada dos espanhóis, apontam para uma origem profundamente mergulhada no interior da América do Sul tropical.

Civilização americana

Se a debilidade da agricultura americana favoreceu a conservação do modo de vida caçador-coletor, prejudicou o despontar e a difusão da civilização. No momento em que o Velho e o Novo Mundo entraram definitivamente em contato, em 1492, a civilização ocupava um vasto território no Velho Mundo, mas apenas uma pequena parte do Novo. De fato, apenas duas áreas nas Américas abrigavam civilizações, embora ambas o tivessem feito por um tempo considerável. Uma era a Mesoamérica, região que combinava as montanhas mexicanas com as planícies adjacentes. A outra, se relevarmos a ausência de escrita, era a região andina central, incluindo as planícies litorâneas — aproximadamente o Peru moderno acrescido de alguns territórios ao norte e ao sul. Embora carecessem da escrita, os povos dessa região tinham algo menos satisfatório em lugar dela (como veremos na seção final deste capítulo). Fora dessas duas regiões, não havia sistemas de escrita, cidades ou Estados de espécie alguma. As sociedades agrícolas mais ricas podiam ser governadas por figuras poderosas a quem podemos chamar de maneira cômoda, embora vagamente, de chefes. No sudeste dos Estados Unidos, por exemplo, sabe-se, pelo testemunho de europeus que ali chegaram nos primeiros tempos, que alguns dos maiores montes artificiais que sobrevivem até hoje eram em geral encimados por residências. Moundville, no Alabama, tem cerca de 20 grandes montes que datam dos séculos XIII ou XIV d.C.; essas obras de aterro atestam o considerável poder que tinham os chefes de mobilizar o trabalho de seus súditos. Sociedades semelhantes seriam encontradas na América do Sul, em especial no norte dos Andes. Mas nenhuma delas era do naipe dos Estados astecas ou incas.

Um fato básico sobre as duas civilizações do Novo Mundo é a ausência de relações entre elas, seja por mar ou por terra. Isso não exclui a difusão de uma ou outra inovação importante de uma região para a outra. Como vimos, o milho (mas não a escrita) chegou à região andina a partir da Mesoamérica; e um pouco de metalurgia (mas não a lhama) espalhou-se na direção oposta em data muito posterior. Não havia, entretanto, quaisquer relações diretas entre as duas civilizações, e a impressão que se tem é de que ignoravam a existência uma da outra. Uma razão para isso era o nível relativamente baixo da tecnologia marítima do Novo Mundo. Só no Pacífico ouvimos falar de canoas, balsas, barcos de junco — nada, porém, que se comparasse às naus que permitiram aos espanhóis vincular as duas regiões no decurso de meros 14 anos. Uma outra razão para a falta de contato era que as civilizações das Américas estavam separadas por latitude, não por longitude como no caso da Eurásia. Portanto, quaisquer ligações entre as duas regiões tinham de atravessas as faixas climáticas.

Isso significa que o contexto das civilizações do Novo Mundo foi marcado não só pela ausência de tecnologias consideradas óbvias no Velho Mundo, como também por um grau muito maior de isolamento. Talvez valha a pena rever algumas características dessas civilizações contra esse pano de fundo.

Podemos começar com algo que em si mesmo não requer nenhuma explicação especial: a ausência de uma tradição forte de unidade política de longo prazo nessas duas civilizações multiétnicas. Ao chegar na Mesoamérica, os espanhóis encontraram uma colcha de retalhos muito irregular. O império asteca, no altiplano, era amplo, mas continha consideráveis lacunas territoriais; as planícies maias estendiam-se fora dele, e estavam divididas em grande número de pequenos Estados. Havia precedentes para ambas as configurações. No altiplano, havia memória de que os toltecas haviam governado um império alguns séculos antes (talvez no século XII), e a arqueologia sugere que a cidade conhecida como Teotihuacán foi o centro de um império nos primeiros séculos de nossa era. Nas planícies, as inscrições maias do primeiro milênio d.C. demonstram uma fragmentação política comparável àquela encontrada pelos espanhóis. Em suma, a organização política em grande escala parece ter sido intermitente, e mais característica dos altiplanos que das planícies. A região andina nos parece muito diferente porque a chegada dos espanhóis coincidiu com o zênite do império inca, um Estado imperial grande e centralizado que havia conquistado recentemente toda a região, altiplanos e planícies. Mas não temos razão alguma para pensar que um Estado de tais dimensões tivesse um dia surgido antes ali, embora certamente tenham existido Estados de tamanho e poder consideráveis.

Um traço mais interessante, porque mais peculiar, das civilizações do Novo Mundo é que em nenhum dos casos foi possível identificar um grupo étnico nuclear como originador ou proprietário permanente da civilização como um todo. É provável que o papel pioneiro no desenvolvimento da civilização mesoamericana tenha sido desempenhado por um povo das planícies ocidentais que os estudiosos modernos decidiram chamar de olmecas. A cultura olmeca já estava tomando forma perto do final do segundo milênio a.C., consideravelmente antes da ocorrência de desenvolvimentos comparáveis em outros lugares da Mesoamérica (embora o primeiro indício de escrita venha não dos olmecas, mas da área zapoteca no altiplano, onde data de meados do primeiro milênio a.C.). A cultura olmeca, porém, durou apenas cerca de um milênio e nenhuma memória dela foi preservada entre os povos historicamente conhecidos da Mesoamérica. O que de fato aconteceu foi que, no momento em que os espanhóis chegaram, a civilização consistia de uma família frouxa de culturas, cada uma delas encravada em seu próprio contexto étnico, sem que nenhuma desempenhasse um papel central. Não havia, por exemplo, nada que se assemelhasse a uma língua clássica partilhada; também não temos nenhuma razão para pensar que as coisas tivessem sido muito diferentes algum dia. Na região andina, poder-se-ia talvez considerar que a cultura chavín, dos altiplanos, desempenhou no primeiro milênio a.C. o papel dos olmecas (embora a arquitetura monumental remonte ao terceiro milênio). Mais uma vez, porém, não há memória posterior da cultura, e nenhuma pista da identidade étnica dos que a desenvolveram.

Isto nos traz à característica final das civilizações do Novo Mundo que vale a pena considerar aqui: a relativa superficialidade de suas memórias históricas.

No caso mesoamericano as questões são obscuras, mas os estudiosos tendem a considerar que os povos da região na época da conquista espanhola possuíam memórias históricas que remontavam talvez ao século X d.C. Assim, no altiplano, as crônicas dos astecas preservaram um registro impressionante de sua própria história remontando a cerca de um século. Eles sabiam também alguma coisa em termos históricos, e não apenas legendários, sobre eventos ocorridos alguns séculos antes disso; e, embora grande parte desse material tratasse igualmente de sua própria história, eles tinham também alguma noção do papel dos toltecas. Contudo, nada tinham a dizer sobre o povo que criara a cidade imperial de Teotihuacán, muito menos sobre seus predecessores; a única informação que temos nesse caso é arqueológica. Nas planícies, os maias do início do século XVI preservavam um registro de eventos comparável ao encontrado no altiplano, mas as informações detalhadas, ainda que fragmentárias, que possuímos sobre a história maia no primeiro milênio d.C. são esmagadoramente derivadas das inscrições monumentais do período, e não de crônicas que ainda estivessem em circulação quando os espanhóis chegaram.

Na região andina a memória histórica era significativamente mais superficial. Os incas empenhavam-se enormemente em lembrar sua própria história; de fato, criavam instituições para preservar um registro da vida e dos feitos de cada um de seus soberanos, a um custo considerável em receita pública e pessoal. Não se tratava de uma atividade desinteressada: a história inca estava estreitamente relacionada não apenas com o prestígio do Estado inca como um todo, mas também com o da linhagem inca particular associada a cada soberano. Como não é de surpreender, os incas não tinham interesse algum em estender essa onerosa historiografia a seus predecessores. Assim Tiahuanaco no sul do altiplano, um plausível centro imperial comparável a Teotihuacán e mais ou menos tão antiga quanto esta, é igualmente conhecida por nós apenas por suas ruínas, e o mesmo pode ser dito de Huari, mais ao norte. A regra na região andina era: a única história do Estado que possuímos é a história inca. Há somente uma exceção: o Estado de Chimú, nas planícies litorâneas, um reino extremamente centralizado que os incas conquistaram por volta de 1470. Os incas não fizeram nada para preservar a história desse reino, mas permitiram à dinastia continuar exercendo certo poder sob sua suserania, e até o início do século XVII a família real conservou um papel sob o domínio espanhol. É sem dúvida a essa sobrevivência da dinastia que devemos o curto, mas valioso, relato de sua história que chegou até nós por meio das fontes espanholas. No caso andino, ademais, não havia escrita para se contrapor ao desaparecimento gradual da memória histórica nos tempos pré-colombianos.

Como já indicamos, parece provável que um fio comum no pano de fundo dessas civilizações do Novo Mundo seja seu isolamento. Nenhuma delas estava em contato com outras civilizações capazes de servir como modelos ou rivais, atuando com isso como um estímulo para a unificação política e para um senso mais elevado de identidade. De fato, nos dois casos, a idéia de uma única civilização abrangente é produto não das próprias culturas nativas, mas da compreensão moderna que temos delas. Essa compreensão, entretanto, não é obviamente errada. Na verdade, a próxima seção mostrará que, no caso de uma instituição-chave das culturas mesoamericanas, nossa compreensão é inquestionavelmente correta.

II. Os calendários mesoamericanos

Consideramos nosso calendário "natural" e em geral não pensamos muito a respeito dele. O resultado é que tendemos a ter pouca noção de sua história, ou do modo como ele se relaciona com o conjunto de todos os calendários possíveis, ou mesmo da importância de ter um calendário. Uma maneira de parar de pensar em nosso calendário como óbvio é vê-lo contra o pano de fundo de um tipo de calendário que prevaleceu outrora em grande parte do Velho Mundo. Os elementos nos são bem conhecidos: dias, meses e anos. O que esse tipo de calendário tem de estranho para nós é sua insistência em que a extensão do mês deve ser sintonizada com as fases da Lua. O principal problema que isso cria está na relação entre o mês e o ano: 12 meses lunares não contêm dias suficientes para fazer um ano, mas 13 deles conteriam dias demais. A solução é variar a extensão do ano, de modo que, aproximadamente, um ano em cada três tenha 13 meses, ficando os dois restantes com 12. Se essa variabilidade o desagrada, só lhe resta romper a relação entre o mês lunar e o ano. Os muçulmanos foram os únicos a fazer essa ruptura, dispensando anos propriamente ditos: tomam um bloco de 12 meses lunares e escolhem chamá-lo de “um ano”. Os europeus, seguindo os egípcios antigos, adotaram outra abordagem: dividem o ano em 12 unidades sem qualquer relação com as fases da Lua, mas continuam chamando-as de “meses”. Há obviamente certa inércia operando aqui. Depois que você cortou o vínculo com a Lua, não há nenhuma boa razão para que o número de seus pseudomeses continue a ser 12, ou para que seu comprimento se aproxime do de um verdadeiro mês lunar.

Outro sistema de cronometragem que nos parece óbvio é a semana, um ciclo de 7 dias com nomes; também isso se generalizou no Velho Mundo muito antes dos tempos modernos. O que não nos ocorre é tomar dois desses ciclos e fazê-los correr conjuntamente. Por exemplo, suponha que instituamos um ciclo de 2 dias e um de 3 dias. Chamemos os dias do primeiro ciclo de “1” e “2”, os do segundo de “vermelho”, “verde” e “âmbar”, e façamos os dois correrem juntos por 6 dias:

Dia 1:	1	vermelho
Dia 2:	2	verde
Dia 3:	1	âmbar
Dia 4:	2	vermelho
Dia 5:	1	verde
Dia 6:	2	âmbar

Aqui os ciclos simples de 2 e 3 dias geram um ciclo complexo de 6 dias, cada um dos quais tem uma designação distinta (“1 âmbar” e assim por diante). Essa maneira de fazer as coisas pode parecer estranha, mas está bem estabelecida no extremo leste do Velho Mundo. Os chineses, em particular, combinam um ciclo de 10 dias com um de 12 para gerar um ciclo de 60 dias (60 sendo o menor número divisível tanto por 10 quanto por 12). Esse ciclo é vital para a cronologia precisa da história chinesa: os meses se sucedem, mas o ciclo de 60 dias vem funcionando com regularidade e precisão desde tempos imemoriais.

Agora estamos equipados para considerar os calendários da Mesoamérica. Como a vida, tanto no Novo Mundo quanto no Velho, é governada pelas estações, faz sentido procurar um conceito mesoamericano reconhecível de ano. Para nossa tranqüilidade, não temos dificuldade em encontrá-lo: um ano de 365 dias, exatamente como o dos egípcios antigos. É claro que, em termos astronômicos, isso é ligeiramente curto demais, problema que Júlio César mal ou bem resolveu para nós com seu sistema de anos bissextos; os mesoamericanos, porém, conviviam com essa discrepância. Supondo que suas mentes funcionassem como as nossas, esperaríamos que eles dividissem seu ano de 365 dias em unidades menores; e mais uma vez eles correspondem à nossa expectativa. Tal como os egípcios antigos, eles punham de lado 5 dias no fim do ano; era uma boa idéia, já que 360 é um número facilmente divisível. O que os egípcios faziam com seus 360 dias era dividi-los em 12 meses de 30 dias — uma escolha pouco inspirada, mas um sistema indubitavelmente mais satisfatório do que o que temos hoje. Os mesoamericanos, em contraposição, dividiam os 360 dias em 18 unidades de 20 dias cada uma. Entre os maias de Yucatán, por exemplo, o 7º de Pop é o 7º dia do "mês" de 20 dias chamado Pop. O número 20 vinha a calhar na Mesoamérica, porque o sistema de contagem era vigesimal (em outras palavras, sua base era 20, não 10 como entre nós). Embora a estrutura resultante do ano de 365 dias possa nos parecer um pouco esquisita, não é desconcertante.

Mas os mesoamericanos não se contentavam com isso. Ao lado de seu ano de 365 dias, tinham um ciclo de 260 dias. Este era complexo: era gerado, como o ciclo hipotético de seis dias exposto acima, pelo curso conjunto de dois ciclos simples; um deles era numérico, e ia de 1 a 13; o outro era um ciclo de 20 nomes de dias. Assim, 7 de Coatl no calendário da capital asteca de Tenochtitlán, não era o 7º dia de um "mês" chamado Coatl; Coatl não era nenhuma espécie de mês, mas sim o 5º no ciclo dos vinte nomes de dias. Você chega a 7 de Coatl percorrendo ambos os ciclos até que 7 e Coatl coincidam, o que acontece no 85º dia do ciclo de 260 dias.

Apesar de terem estruturas internas completamente diferentes, o ano de 365 dias e o ciclo de 260 dias podem ser usados conjuntamente. Uma maneira de fazer isso envolve a relação entre o ciclo de 260 dias e o início do ano de 365 dias. O ponto-chave é que, para qualquer calendário mesoamericano, o início de um ano pode cair em 52 dias, e apenas 52 dias, dos 260 (se você gosta desse tipo de coisa, pode tentar descobrir a razão disso). O resultado final é que, para 52 dias, podemos distinguir cada ano pelo dia em que ele começa no ciclo de 260 dias; quando os 52 dias terminam, retornamos ao nosso ponto de partida. Assim, temos agora um grande ciclo de 52 anos (ou

73 ciclos de 260 dias, ou 18.980 dias). O uso desse ciclo em registros históricos sustenta a cronologia rígida dos relatos da história asteca recente, compostos após a conquista espanhola; essa precisão não está presente nas narrativas correspondentes da história inca recente. Para uma história mais antiga, é claro, o sistema não funciona tão bem — os mesoamericanistas estão sempre em dúvida quanto a que ciclo de 52 anos determinado evento deveria ser atribuído (teria acontecido em 1204, em 1256 ou em 1308...?).

Esta análise apresentou os calendários mesoamericanos como se fossem puramente funcionais. Na verdade, traziam embutido grande volume de bagagem cultural que punha o calendário em relação com a religião e a cosmologia mesoamericana. Na área asteca, cada dia do ciclo de 20 dias tinha seu patrono sobrenatural, e cada dia do ciclo de 260 dias era classificado como de boa sorte, de má sorte ou neutro. Um dia particular podia ser de boa ou má sorte por diferentes razões; precisava-se de um adivinho profissional para resolver essas complexidades (sem dúvida em troca de uma paga). Os 5 dias que sobravam no fim do ano eram perigosos; eram uma boa ocasião para se ficar em casa. Havia concepções semelhantes entre os maias; assim, dias do ciclo de 260 dias podiam ser referidos como se fossem seres inteligentes. Aliás, o ciclo de 260 dias sobrevive entre vários grupos étnicos maias até hoje, inclusive com idéias amplamente divergentes quanto a quais são os dias de boa sorte, de má sorte ou neutros. Tudo isso é comparável, em sua arbitrariedade, à tradicional superstição sobre as sextas-feiras 13 entre nós, mas muito mais sistemático.

A forma básica do calendário não variava muito de um povo mesoamericano para outro. No oeste, na época da conquista espanhola, os tarascanos não possuíam o ciclo de 260 dias. No leste, no primeiro milênio d.C., os maias usavam uma "contagem longa" que fornecia datas absolutas numa era que tivera início (não se sabe por quê) em 3114 a.C. ou perto disso, evitando assim a ambigüidade a longo prazo do ciclo de 52 anos. Mas esses eram desvios inusitadamente grandes. Em geral, as divergências são do tipo que poderíamos esperar, dada a extensão de espaço e tempo sobre a qual esse calendário prevalecia — de fato, o que surpreende é que sua estrutura básica tenha sido tão uniforme. Dada essa relativa uniformidade, e o fato de que o padrão mesoamericano não tem paralelos precisos em outros lugares do mundo, fica claro que estamos diante de um caso de difusão. Como as subseções australianas, este é um sistema que deve ter surgido num determinado lugar e momento, espalhando-se posteriormente para outras regiões. É típico da civilização mesoamericana em geral que não tenhamos a menor idéia de quando ou onde situar essas origens (embora saibamos por inscrições que um calendário do tipo em questão já estava estabelecido na área zapoteca do altiplano mexicano em meados do primeiro milênio a.C.). Tampouco temos idéia do processo pelo qual o sistema se difundiu. O que podemos dizer é que, em todos os casos, o calendário tal como o conhecemos parece estar muito bem aclimatado a seu ambiente étnico local. Assim, ali onde nomes de dias ou "meses" estavam envolvidos, cada povo tinha os seus próprios. E não havia nenhuma sincronia entre os calendários dos vários grupos étnicos; no tempo dos astecas, parece que nem os das diferentes cidades do Vale do México estavam sincronizados.

Essa família de calendários fornece um bom exemplo de fenômeno generalizado nas culturas humanas. Poucas sociedades podem prescindir de algum tipo de calendário, e uma sociedade complexa precisa de um razoavelmente preciso. Uma vez que possui tal calendário, ela pode precisar ajustá-lo de tempo em tempo, mas não há nenhuma necessidade de adicionar-lhe complicações. Nosso próprio calendário ilustra isso bem: ele funciona, e de maneira geral é suficiente para nós. Mas as culturas têm uma maneira de escolher um ou outro aspecto de seus arranjos pragmáticos e elaborá-los de forma que não tenha nenhuma justificação utilitária óbvia. Esse parece ser o caso das subseções australianas; é indubitavelmente o caso dos calendários mesoamericanos. O que vemos aqui é, mais uma vez, uma propensão humana para o bordado cultural gratuito. O que torna esse exemplo bom é simplesmente sua visibilidade flagrante para qualquer pessoa que esteja vindo de uma cultura ocidental: por acaso, nossa contenção em matéria de calendários contrasta acentuadamente com a extravagância dos mesoamericanos.

Entretanto, esses mesmos calendários podem ser usados também para ilustrar os limites da diversidade cultural entre os seres humanos. Um calendário mesoamericano é imediatamente reconhecível pelo que é — um calendário, não alguma prática exótica que exibisse apenas uma pálida semelhança com o que, em nossa cultura, é chamado de calendário. Ademais, trata-se obviamente de um calendário desenvolvido por pessoas que viviam no mesmo planeta que nós; toma o dia naturalmente como unidade básica do calendário e constrói um ano de 365 dias. Nos pontos em que temos dificuldade em apreender o funcionamento desses calendários, isso se dá meramente porque são intricados e desconhecidos; estão longe, porém, de nos parecer tão profundamente estranhos a ponto de nos deixarem sem saber por onde começar a entendê-los.

Apesar disso, o fato é que os calendários mesoamericanos são significativamente distintos dos das civilizações do Velho Mundo. Estes se assemelham uns aos outros mais do que qualquer deles se assemelha aos da Mesoamérica. Isso é interessante: sugere que os calendários do Velho Mundo deveram mais uns aos outros do que jamais poderemos esperar provar a partir de indícios específicos disponíveis em casos particulares. Da mesma maneira, a peculiaridade dos calendários mesoamericanos sugere os efeitos do surgimento de uma civilização isolada de outras.

III. O quipo

Em contraste com os calendários mesoamericanos, o objeto da região andina mostrado na figura 12 é puramente utilitário. O material de que é feito é barbante e mais nada, o que tornava fácil levá-lo para toda parte — vários desses objetos podem ser metidos num saco de pano. No alto fica o cordão principal, ao qual, neste caso, estão atados 90 cordões pendentes; alguns destes, por sua vez, têm "subcordões" atados a eles. O resultado, ainda que elaborado, está longe de ser uma obra de arte. Normalmente um objeto como esse não sobreviveria quando deixasse de ser carregado por seu dono, mas este (como uma porção de outros) deve seu excelente estado de preservação à aridez das planícies litorâneas do Peru, um ambiente em que certa quantidade de têxteis antigos também subsiste. O objeto é um quipo e foi sem dúvida retirado de um túmulo pré-colombiano tardio — até soberanos incas eram enterrados com quipos.

A mensagem de um quipo estava em seus nós. Além disso, só duas outras coisas parecem razoavelmente certas sobre o modo como os quipos funcionavam: eles registravam números e não registravam palavras. O registro de números é de compreensão relativamente fácil. Vários nós diferentes eram usados para codificá-los, e o faziam no mesmo sistema decimal que usamos.

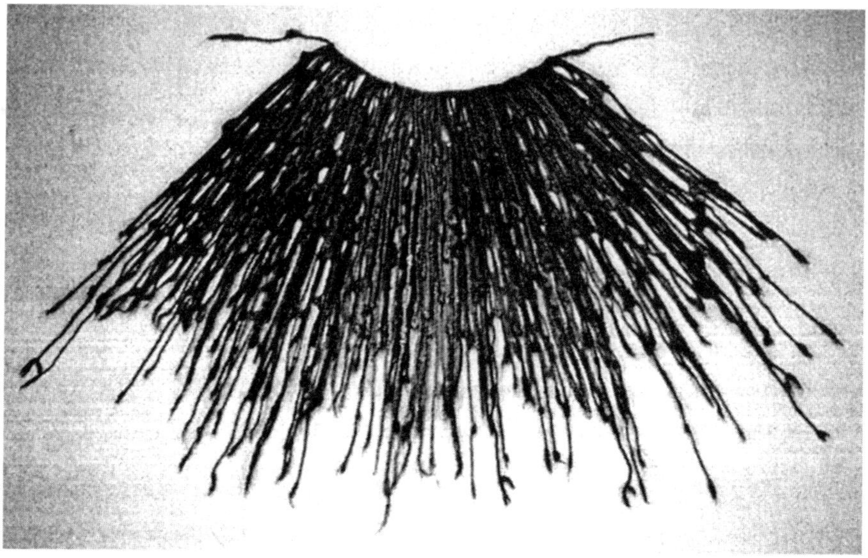

Fig.12: Um quipo.

Isto não é especulação. Por vezes encontramos o que é chamado um "barbante superior" que agrupa um conjunto de cordões pendentes; nesses casos, o número no cordão superior é igual ao total dos números nos cordões pendentes, confirmando assim nossa leitura. Em contraposição, nem o quipo que temos em mãos nem os relatos deixados por observadores espanhóis apóiam a idéia de que os nós eram uma forma de escrita — isto é, de que tinham por função reduzir a linguagem falada a um código visual.

Lamentavelmente, isso nos deixa com uma grande área obscura. Seria possível imaginar que um quipo não continha nada além de números, e que seu dono tinha de depender inteiramente de sua memória para saber a que cada número se referia. Mas isso é improvável. Os cordões pendentes estão presos ao cordão principal de um quipo numa determinada ordem; acima de tudo, muitos quipos (inclusive o que é mostrado aqui) têm cordões numa variedade de cores. Presumivelmente, tudo isso significa alguma coisa para especialistas. Significaria porém que essa codificação permitiria a algum especialista interpretar um quipo ainda que nunca o tivesse visto antes? É difícil conceber tal coisa, e uma fonte espanhola nos diz explicitamente que isso não ocorria. Em outras palavras, ao que parece a compreensão dos conteúdos numéricos de um quipo requeriam uma memória específica dele.

Isso não exclui a idéia de que quipos poderiam ter sido usados como lembretes de material não numérico — isto é, como uma versão extremamente elaborada do truque de amarrar um barbante no dedo. Em relação a isso, muitas fontes espanholas mencionam o uso de quipos em ligação com o registro de narrativas históricas, e é bem possível que estejam certas. O que não podemos dizer, é claro, é que quantidade exata da informação veiculada numa transmissão oral da narrativa poderia de fato ter sido codificada num quipo. Tampouco temos qualquer compreensão do próprio código.

Se alguma coisa está fora de dúvida é que os quipos eram essenciais ao funcionamento do Estado inca. Eram usados para registrar os muitos tipos de informação estatística necessária para fins administrativos: dados censitários, serviços prestados por operários, quantidades de mercadorias em estoque ao longo das estradas e assim por diante. Um dos primeiros observadores espanhóis pediu a um chefe que lhe explicasse o sistema; o chefe mostrou-lhe quipos que registravam todas as mercadorias que entregara aos espanhóis desde que haviam chegado.

Ao que parece, os incas não inventaram a idéia do quipo, e é certo que ela sobreviveu a eles. Décadas depois da conquista, quipos continuavam em uso para propósitos administrativos na sociedade nativa. De fato, no século passado o quipo continuava vivo em áreas remotas — por exemplo, as ilhas do lago Titicaca. Mas a partir do momento em que os espanhóis introduziram a escrita na sociedade andina, o quipo estava fadado a perder terreno.

O que é interessante em relação ao quipo é precisamente essa relação inversa com a escrita. Segundo a tradição chinesa, barbantes com nós eram usados para fins administrativos na China primitiva; mais tarde, porém os letrados substituíram essa prática pela escrita. A sociedade na região andina — ou, mais precisamente, no Estado inca — havia atingido igualmente um nível de complexidade em que precisava colher e conservar grandes quantidades de informação, muito mais do que a quantidade que pessoas poderiam guardar confortavelmente em suas cabeças. Não há dúvida de que a solução mais eficaz teria sido a escrita, a tecnologia adotada não só na China como em todas as sociedades do Velho Mundo dotadas de nível comparável de complexidade (para não mencionar as da Mesoamérica). Mas a civilização andina não teve acesso a algum sistema de escrita já existente, e não inventou um por si mesma. Em vez disso, contentou-se com um sistema que era viável para registrar números, mas que sob outros aspectos devia sobrecarregar significativamente as memórias daqueles que o operavam. Em suma, faltava aos incas algo de que tinham necessidade.

Essa falta não se restringia às necessidades imediatas da burocracia. Era algo que se manifestava também em outro domínio que mencionamos, o registro da informação histórica. Por volta de 1600, um autor que escrevia em quíchua, a língua do império inca, lamentou a ausência anterior da escrita em meio a seu povo nos seguintes termos: "Se os ancestrais daqueles chamados índios tivessem conhecido a escrita em tempos anteriores, até hoje não teríamos perdido de vista as vidas que viviam. Assim como o pujante passado de Vira Cochas [os espanhóis] continua visível até hoje, assim também seria o deles." Naturalmente esse autor fez sua observação ao estabelecer uma comparação com os espanhóis; mas teria podido referir-se à Mesoamérica. É graças ao fato de que tinham a escrita que os maias são o único povo americano cuja história no primeiro milênio d.C. não foi perdida de vista para sempre.

Em suma, o quipo é bastante menos estimulante para a imaginação transcultural que os calendários mesoamericanos, mas tem uma implicação importante, mesmo que hoje muito conhecida. Demonstra os efeitos do isolamento. De fato, o isolamento pode contribuir para uma interessante diversidade, como no caso dos calendários mesoamericanos: diferem dos calendários do Velho Mundo de uma maneira instigante, e, num confronto, nada lhes ficam a dever. Mas o isolamento tem também o efeito de ilhar uma cultura em relação a um campo mais amplo de competição e estímulo; e, a longo prazo, é improvável que isso a favoreça. Assim, ao contrário das civilizações do Velho Mundo, que possuíam todas a escrita, apenas uma das duas civilizações mesoamericanas a conheciam. O que isso certamente reflete é a interconexão do Velho Mundo, mesmo em tempos muito antigos, e a geografia isoladora do Novo Mundo ao longo de sua história independente. O fato de uma civilização que se desenvolveu um dia no Hemisfério Sul não ter inventado nem adquirido a escrita mostra o quanto foi difícil fazer história na América pré-colombiana. Não admira que Atahualpa, o último imperador inca, fosse fascinado pela capacidade de ler e escrever dos espanhóis. Conta-se que na prisão, antes de ser executado, ele arquitetou um experimento para verificar se essa capacidade era inata ou adquirida; foi ao encontro da morte convencido de que a habilidade era culturalmente transmitida.

CAPÍTULO 6

A África

I. A pluralidade cultural africana

A África é o único continente para o qual não temos de quebrar a cabeça com o problema da data da chegada de seres humanos modernos: foi lá que eles evoluíram. Ao sul do Saara, essa antigüidade carrega consigo uma diversidade genética muito maior que a encontrada entre as populações humanas do resto do mundo. Essa diversidade inclui as mais drásticas, ou pelo menos as mais evidentes adaptações a condições climáticas já feitas por uma população humana: a baixa estatura dos pigmeus nas quentes e úmidas florestas pluviais, e o corpo alto e magro moldado por povos dispersos das savanas quentes e secas. Entretanto, seja na África ou em qualquer outro lugar, os principais fatores que explicam as trajetórias diversas das sociedades humanas são mais diretamente ambientais. Que tipo de ambiente a África fornece para seres humanos?

Faz algum sentido pensar a África como um continente meridional. Sua atual posição no globo é ao sul da Eurásia ocidental, e originalmente ela foi o maior fragmento do velho supercontinente meridional de Gonduana. A África não se situa, entretanto, tão ao sul quanto tendemos a pensar. Na verdade, estende-se ligeiramente mais ao norte que ao sul do equador, e sua porção norte é duas vezes mais larga que a sul.

Essa posição dá à África uma simetria climática comparável à das Américas, mas de alcance consideravelmente mais limitado (ver mapa 4). Como nas Américas, há um substancial cinturão tropical em torno do equador caracterizado por florestas tropicais, embora em quantidade bem menos generosa. Ao norte e ao sul dessa faixa há campo aberto, que pode ser pastagem, onde a precipitação pluvial no verão é adequada, ou deserto, onde não é. Na porção norte as pastagens formam um cinturão imediatamente ao

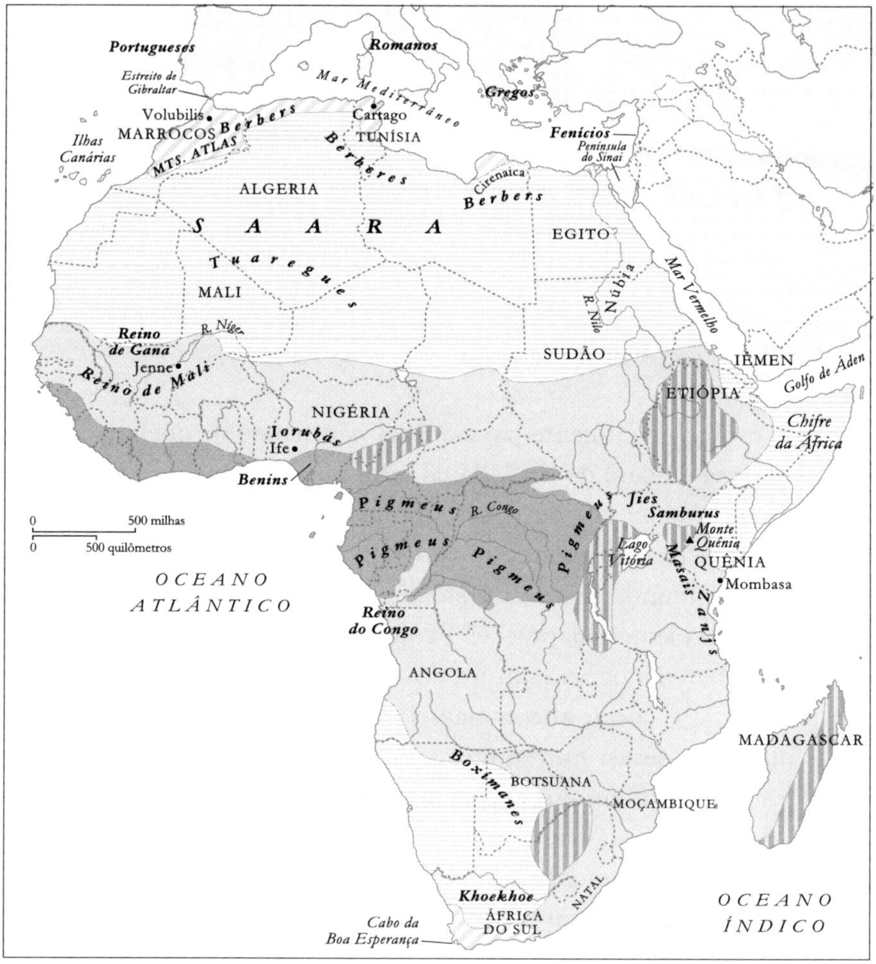

MAPA 4: A ÁFRICA

Fronteiras modernas

ZONAS DE VEGETAÇÃO

- Mediterrânea
- Deserto
- Savana e pastagens
- Floresta pluvial tropical
- Região montanhosa

Como em muitos mapas deste livro, os povos e lugares que aqui aparecem estão relacionados a uma variedade de períodos. Assim, os reinos de Gana e Mali não foram contemporâneos, e as populações berberes de nossos dias estão muito menos vastamente distribuídas do que aparecem no mapa.

norte da floresta tropical; mais ao norte ainda está o Saara, o maior e mais quente deserto do mundo, que se estende continuamente através do continente na sua parte mais larga (essa região, porém, foi significativamente mais hospitaleira vários milhares de anos atrás, quando o clima do Holoceno era mais quente que agora, e conseqüentemente mais úmido). Ao sul da floresta pluvial as áreas desertas encontram-se no sul e no oeste. Além dos desertos situam-se as duas extremidades do continente que gozam de um clima mediterâneo, com suas chuvas de inverno. A África termina ao norte num longo litoral; embora cerca da metade dele seja de deserto, a outra tem índices pluviométricos suficientes para partilhar o clima do Mediterrâneo em geral. Ao sul, uma pequena região na parte inferior da África goza de um clima do mesmo tipo mediterrâneo.

Como no caso das Américas, esse quadro de faixas climáticas é confundido pela presença de montanhas. Mas as semelhanças param aí. A África é um pedaço de crosta continental relativamente livre de perturbações, distante de zonas em que a borda de uma placa tectônica é empurrada sob a de outra, exceto no norte, sendo por isso em geral plana. As montanhas que possui concentram-se em duas regiões. Uma é o noroeste, onde as montanhas Atlas tiveram origem no mesmo período que os Alpes, e resultam do curso de colisão da África com a Europa. A outra, muito maior, é a África oriental, onde a formação de montanhas está associada à rachadura da crosta terrestre que originou a Grande Fenda Oriental. A fratura estende-se de norte a sul, e é um ramo de um enorme sistema de falhas: os dois ramos mais evidentes do sistema são do golfo de Áden e o mar Vermelho. Assim, enquanto as Américas têm suas montanhas no oeste, as da África localizam-se sobretudo no leste; e seu tamanho não se compara com o das imensas cordilheiras do Novo Mundo.

Uma última característica importante da geografia da África estende-se de sul a norte: o Nilo. Diferentemente de rios como o Amazonas ou o Mississipi, o Nilo leva água para uma parte do mundo que precisa desesperadamente dela. O Mediterrâneo é muito avarento com as chuvas que derrama ao longo da metade leste do litoral norte da África; o Egito, se deixado à mercê desse mar, seria puro deserto. O que o Nilo faz é dar ao Egito uma transfusão da precipitação pluvial do leste da África, que por sua vez tem origem na evaporação do oceano Índico.

Vários traços dessa configuração são decisivos para o lugar que a África ocupa na história. Um é a proximidade em que a parte norte do continente encontra-se da metade ocidental da Eurásia. A África liga-se a ela na península do Sinai, e se aproxima dela nos estreito de Gilbraltar e na desembocadura do mar Vermelho. Ademais, o que separa o norte da África da Eurásia ocidental é sobretudo o Mediterrâneo, que foi uma zona de intensa interação marítima nos últimos milhares de anos. Isso significa que o extremo norte da África nada tem de isolado, em acentuado contraste com a Austrália ou as Américas. O mesmo não pode ser dito do extremo sul. Embora também ele partilhe um clima com outras regiões em seu hemisfério — o centro do Chile e o oeste da Austrália —, está a enorme distância delas. Até o desenvolvimento da navegação transoceânica, qualquer contato entre a orla sul da África e um mundo mais amplo tinha de atravessar as faixas climáticas do continente. Aqui as pastagens abertas são propícias à interação, mas os desertos e a densa floresta fluvial, não. Podemos acrescentar ainda que as montanhas da África oriental não formam um corredor comparável ao que encontramos nos Andes. Em suma, podemos esperar que a história do continente seja marcada por uma pluralidade cultural excessiva, com as vantagens indo para o norte. E é realmente isso que encontramos.

Caçadores-coletores e agricultores na África

No sul da África, numerosas pequenas populações de caçadores-coletores ainda sobrevivem, ou o faziam até recentemente. No campo aberto há os boxímanes, populações mais amorenadas que negras como os G/wi de Botsuana — o "/" em seu nome é um estalido nos dentes, como o que fazemos para expressar aborrecimento. Esses grupos estão amplamente espalhados, mas são muito mais freqüentes nas áreas desertas do centro e do oeste que nas pastagens do leste. Suas línguas têm em comum o uso freqüente de estalidos como "/" — fenômeno desconhecido fora do sul da África. Isso faz lembrar os traços comuns das línguas da Austrália; e, do mesmo modo, as línguas dos boxímanes podem ser convincentemente reduzidas a uma única família. Isso sugere que os boxímanes estão na região há muito tempo, e de uma perspectiva histórica podemos considerá-los aborígenes. Ao norte dos boxímanes estão os pigmeus, caçadores-coletores igualmente aborígenes da floresta tropical. Conhecem-se cerca de 20 grupos diferentes de pigmeus; presumivelmente, outrora tiveram línguas próprias, mas agora falam as das populações agrícolas com quem têm ou já tiveram relações. A leste, na regiões montanhosas da África oriental, há numerosas pequenas populações de caçadores-coletores. Em seu conjunto, essas populações dispersas de caçadores-coletores do sul da África parecem resíduos de um tempo em que a região era em grande parte uma reserva à disposição de caçadores-coletores, como foi a Austrália antes do século XVIII. Como veremos, esse período, embora não tão recente quanto no caso da Austrália, ocorreu há não mais de dois ou três mil anos. Podemos contrastar com esse padrão sulista a quase ausência de caçadores-coletores no norte da África, mesmo em regiões ecologicamente semelhantes. Eles praticamente inexistem nos tempos modernos e não se fizeram notar muito nos últimos milênios.

Como não é de surpreender, as origens da agricultura africana situam-se na metade norte do continente. A aparição de gado domesticado deve ter ocorrido muito cedo no Saara, que era então um ambiente mais condescendente do que é hoje; no leste do Saara, isso talvez remonte a cerca de 7000 a.C. Como vimos no capítulo 2, essa domesticação pode ter sido independente. Na costa mediterrânea ao norte do Saara surgiu o pacote agrícola do Oriente Próximo, embora em data um tanto posterior. No cinturão de savana ao sul do Saara, animais domesticados foram introduzidos a partir do norte, mas numa região de chuvas estivais as plantas tinham de ser domesticações locais; aqui o estabelecimento da agricultura parece ter se dado no período 4000-1000 a.C. Mais ao sul, na floresta tropical, apareceu um padrão de agricultura centrado no cultivo de inhame domesticado; como na Amazônia, porém, a cronologia permanece obscura. Assim o aparecimento da agricultura na África mostra alguns casos claros de difusão a partir do Oriente Próximo, mas muitas vezes é difícil decidir entre difusão por estímulo e desenvolvimento independente. Em contraposição, um aspecto da cultura material em que a savana africana teve clara prioridade sobre o Oriente Próximo foi o desenvolvimento da cerâmica por volta de 9000 a.C. (em contraposição a seu aparecimento em torno de 7000 a.C. no Oriente Próximo).

A história da difusão da agricultura até o sul da África é muito mais recente. Aqui não há sinal de domesticação independente, com ou sem estímulo externo. De certo modo isso é surpreendente: as savanas do leste e do sul da África são a única parte do mundo em que herbívoros selvagens do final do Pleistoceno ainda sobrevivem em escala significativa. Mas, fosse lá por que razão, nenhum deles se prestava à domesticação. Assim, foi a partir do norte que animais domesticados entraram na região. Dois processos distintos estiveram envolvidos: a colonização do sul por agricultores do norte e a adoção da agricultura setentrional por populações de caçadores-coletores que já viviam no sul.

O primeiro processo é mais bem conhecido. Seus indícios provêm de duas fontes, a arqueologia e a lingüística. O registro arqueológico mostra que antes do século II d.C. havia uma população agrícola entre o lago Vitória e o litoral leste da África que praticava também a metalurgia do ferro. Essa população se espalhou rapidamente pela costa leste da África abaixo, chegando a Natal em menos de dois séculos. Parou ali, presumivelmente porque seus cultivares estavam adaptados às chuvas estivais dos trópicos, em contraposição às chuvas de inverno do litoral sul. Gradualmente essas populações ou outras semelhantes moveram-se para o interior do sul da África, por vezes chegando finalmente ao oeste da região; mas esta última parte do processo é muito pouco conhecida.

Os indícios lingüísticos consistem de dois pontos. Primeiro, praticamente todas as línguas faladas pelas populações negras do sul da África estão estreitamente relacionadas entre si, pertencendo a uma única subfamília, a das línguas banto. Porém mais ao norte, na África subsaariana, era muito diferente: ali, o mapa das línguas da África negra não mostra tamanha uniformidade e é muito mais difícil estabelecer agrupamentos amplos de línguas com segurança. Em segundo lugar, há boas razões para se situar o berço das línguas banto nessa região mais ao norte, mais precisamente no noroeste, perto da costa atlântica. É ali que o próprio banto se mostra mais profundamente diferenciado e que as línguas não-banto mais estreitamente relacionadas a ele são encontradas. Tomados em conjunto, esses pontos sugerem fortemente que as línguas banto entraram no sul da África, vindo do norte, num passado relativamente recente, talvez nos dois últimos milênios.

A chegada de agricultores que usavam o ferro e a difusão das línguas banto parecem, portanto, dois lados de uma mesma moeda. Mas essa conclusão, por mais irresistível que pareça, suscita um problema. Os indícios arqueológicos concordam com os indícios lingüísticos ao sugerir um movimento de norte para sul; mas enquanto a arqueologia aponta para uma origem no nordeste, a lingüística aponta para o leste. Como unir uma região à outra? Podemos reduzir um pouco a lacuna observando que uma cultura que usava o ferro aparece a oeste do lago Vitória antes de surgir no leste. Mas para transpor o resto da lacuna, somos reduzidos a presumir uma migração precoce de falantes do banto para o leste, na direção do lago Vitória, movimento de que não dispomos de nenhum outro indício. Seja como for, ainda estamos num terreno mais firme que no caso do pama-nyungan.

O outro aspecto da difusão da agricultura para o sul da África diz respeito à sua adoção por caçadores-coletores que já viviam na região. O pastoralismo (mas não o cultivo de plantas) foi adotado em algum momento por povos que tinham o mesmo tipo físico dos boxímanes. Essas populações pastoris amorenadas, conhecidas como os povos khoekhoe, são até hoje uma presença significativa nas regiões central e oeste do sul da África, e estiveram mais espalhados no passado. Falam línguas de estalido de uma família a que várias línguas boxímanes também pertencem. Arqueologicamente, não são bem conhecidas, mas sua maneira de viver parece remontar a uns 2.000 anos. As origens de seu pastoralismo devem estar no norte da África, de onde seu gado provém. A hipótese mais simples seria a de que os ancestrais desses pastoralistas obtiveram seu gado dos agricultores negros que usavam o ferro. Mas há indicações de que seu pastoralismo possa ter chegado ao sul por uma rota diferente.

Cultura escrita na África

Se um dos principais movimentos em direção ao sul foi a difusão da agricultura no sul da África, um outro foi a difusão da cultura escrita no norte da África.

Na África surgiu a civilização que foi provavelmente a segunda mais antiga do mundo, a do Egito antigo. Durante a maior parte de sua pré-história, o Egito fora uma área bastante atrasada. Não há prova de agricultura no vale do Nilo até o sexto milênio a.C., e é somente no quarto milênio que o Egito se torna digno de nota. Mas o desenvolvimento que ocorreu então foi rápido, com indícios arqueológicos de uma crescente estratificação social que culminou no surgimento do Estado egípcio perto do fim do milênio.

Desse ponto em diante, houve uma tradição de monarquia egípcia que ainda se mantinha no século IV a.C. e, sob forma residual, adentrou pelos tempos romanos.

Essa instituição monárquica desempenhou papel de notável destaque na civilização egípcia, ou pelo menos no que conhecemos dela. Como a paleta de Narmer (ver figura 10), os restos do Egito antigo nos dão grande quantidade de informação (ou de desinformação) sobre os feitos dos reis, mas nos contam muito menos sobre qualquer outro assunto. A principal exceção é o modo egípcio de morrer, como veremos na seção final deste capítulo; mesmo nesse tópico, porém, muito do que aprendemos, particularmente com relação ao período inicial, diz respeito à morte de reis. Ao mesmo tempo, a lista dos reis egípcios está no cerne da memória histórica egípcia. Maneto, um sacerdote egípcio que escreveu uma crônica da história de seu país para os gregos no início do século III a.C., ainda tinha à sua disposição um registro histórico autêntico que remontava a cerca de 3000 a.C. — uma profundidade no tempo que talvez só tenha tido equivalente na Mesopotâmia. Na prática, porém, a tradição de governo monárquico não foi ininterrupta. Era rompida a intervalos de alguns séculos por períodos de desunião, e, o que é mais grave, o país foi submetido com crescente freqüência a governos estrangeiros. Nenhum episódio dessa natureza ocorreu no terceiro milênio, e só um no segundo; no primeiro milênio, porém, eles se tornaram tão numerosos que estar sob governo estrangeiro passou a ser a condição normal do país. Isso, por sua vez, minou as bases da cultura elevada que estivera associada ao Estado egípcio. Já em declínio no tempo de Maneto, dentro de mais alguns séculos ela estava morta.

Talvez fosse esperado que uma civilização que durou mais de dois milênios e meio tivesse encontrado muitos imitadores fora de suas fronteiras. Mas isso não ocorreu. Como veremos em capítulos posteriores, as civilizações variam enormemente no grau em que se exportam, ou são importadas; a do Egito antigo ficou mais ou menos confinada ao mercado interno. Para os povos do Oriente Próximo, ela parece ter sido, de certo modo, menos elegível que seu concorrente mesopotâmio. Para os povos da África, ela não era muito acessível. O vale do Nilo é flanqueado por desertos dos dois lados, e habitantes do deserto não têm muito uso a fazer de civilizações. Mais a montante do rio estavam os núbios. Estes, diferentemente dos habitantes do deserto, tinham de fato necessidade de cultura elevada e, em contraste com os povos do Oriente Próximo, foram um público cativo dos egípcios — às vezes de maneira literal. Assim a adoção pela Núbia da cultura de seus vizinhos do norte, com ou sem adaptação étnica, tem uma longa história. Mas a Núbia era um beco sem saída; não estava no caminho para outros territórios em que poderia haver demanda da civilização egípcia, como as pastagens ao sul do Saara. Talvez seja possível encontrar traços da civilização egípcia aqui e ali na África subsaariana, mas não houve nenhum caso de transferência da cultura como um todo.

Foi no primeiro milênio a.C. que a cultura escrita começou a surgir em partes da África que não o vale do Nilo. As origens dessas culturas residem inteiramente fora da África, e o processo que as levou para o continente foi a colonização. Ele começou quando os fenícios, mercadores marítimos da costa síria, fundaram a cidade de Cartago no que hoje é a Tunísia. Cartago preservou uma cultura fenícia (inclusive sua escrita alfabética) desde sua fundação no século IX até sua queda no século II a.C. No final desse período, reinos estavam emergindo entre a população nativa da hinterlândia, e um deles adotou a cultura cartaginesa. Em conseqüência dessa interação uma versão da escrita cartaginesa veio a ser amplamente usada para inscrições nas línguas nativas da antiga África do Norte; essa escrita foi preservada até os tempos modernos pelos nômades tuaregues do Saara, entre os quais era tradicionalmente ensinada pelas mulheres. Mas não houve nenhuma adoção duradoura da cultura escrita fenícia.

Outro exemplo do processo nos leva aos altiplanos etíopes em meados do primeiro milênio a.C. Neste caso, os colonizadores haviam cruzado o mar, vindo do Iêmen, levando consigo sua língua e cultura, que incluía igualmente uma escrita alfabética. Dessa vez a cultura colonial não foi imitada por sociedades africanas independentes, ficando assim confinada à Etiópia; mas, graças à sua associação com uma elástica tradição monárquica, ela sobreviveu até os dias de hoje numa forma peculiarmente africana. O núcleo da população etíope ainda fala línguas derivadas da dos colonizadores iemenitas e usa uma versão da escrita que eles levaram consigo do Iêmen, onde ela morreu mais de mil anos atrás.

Nesse meio tempo, ao longo da costa mediterrânea, os fenícios haviam sido seguidos pelos gregos e os romanos. Os gregos começaram a colonizar

Cirenaica, a oeste do Egito, no século VII a.C., e graças a Alexandre Magno ocuparam o próprio Egito no século IV. Os romanos ocuparam a África do Norte e dominaram o Egito enquanto construíam seu império nos últimos séculos a.C. As ruínas e as inscrições latinas de Volubilis, no atual Marrocos, datam dos primeiros séculos da presente era e mostram membros de uma tribo nativa vivendo uma vida urbana letrada em estilo romano.

No entanto, de todos os forasteiros dos tempos pré-modernos, ninguém provocou impacto cultural de tão grande alcance quanto os árabes. O surgimento do islã no século VII d.C. levou à conquista árabe da costa norte da África, do Egito ao Marrocos; afinal de contas, é graças a essa expansão que a cultura literária árabe prevalece em toda essa área em nossos dias. Mas os árabes tinham também a acrescentar algo que falta a seus predecessores: eram um povo do deserto, para o qual o Saara era um território de tipo familiar. Não se ocuparam, em geral, de enviar exércitos pelos desertos, mas trataram de estabelecer um grau de contato transaariano como não se vira em vários milhares de anos. Quando olhamos pelos olhos dos autores gregos e latinos da Antigüidade, apenas vislumbramos da maneira mais fugaz o mundo que se estende além do deserto; com o aparecimento dos árabes, porém, pela primeira vez na história registrada, o Saara torna-se transparente.

Um efeito imediato disso é revelar a existência, entre as populações negras da savana, de um reino chamado Gana. Ele já estava lá no século VIII; não sabemos quando foi fundado, ou que predecessores pode ter tido, embora haja indícios arqueológicos de vida urbana na África ocidental antes de 300 d.C. Numa fonte do século XI, Gana ainda aparece como um reino bastante pagão: ouvimos falar de ídolos e feiticeiros, e de enterros reais em que víveres eram depositados no túmulo do rei morto, acompanhados dos homens que costumavam lhe servir as refeições. Um lembrete de que estamos na África, onde sistemas de parentesco matrilineares são comuns, é a regra de sucessão: a coroa passava não para o filho do soberano morto, mas para o filho da sua irmã. Não há nenhum sinal de qualquer tradição letrada na língua nativa. Como muitos soberanos que careciam de cultura escrita, porém, os de Gana claramente viam um uso para ela. O tesoureiro do rei e a maioria de seus ministros eram muçulmanos, e presumivelmente sabiam ler e escrever em árabe. Havia também uma cidade muçulmana a poucos quilômetros da capital; sua existência sem dúvida refletia o papel dos muçulmanos do norte no comércio transaariano.

Com o tempo, os africanos pagãos dessa região converteram-se eles próprios ao islã. Assim, Mali, um importante reino da África ocidental, já era um Estado muçulmano nos séculos XIII e XIV. Seus habitantes, no entanto, não eram muçulmanos lá muito bons. Um viajante marroquino em visita à África ocidental em meados do século XIV, que comenta o grau de respeito mostrado às mulheres, ficou chocado quando um juiz local muçulmano apresentou-lhe informalmente a namorada; ela riu do embaraço do viajante. Um século e meio depois, um soberano que levava o islã a sério ficou perturbado com o fato de as garotas mais bonitas da cidade de Jenne andarem nuas por toda parte, inclusive as filhas de juízes muçulmanos. Mas agora o povo da savana da África ocidental fazia parte do mundo muçulmano, e estava sob pressão para assimilar seus costumes.

Embora tenha chegado à África ocidental por terra, foi por mar que o islã atingiu a África oriental. Também aqui os árabes muçulmanos foram mais longe que seus predecessores — suas descrições da região avançam muito pelo Hemisfério Sul. Como na África ocidental, isso logo nos forneceu vívidas imagens de sociedades que, não fosse isso, teríamos conhecido apenas por meio da arqueologia. Uma fonte do século X descreve um reino da África oriental, entre os zanjs, no que é hoje Moçambique; ficamos sabendo que um soberano injusto era morto e seus descendentes impedidos de reinar. O rei tinha uma força de cavalaria de 3.000 homens montados em gado — um relato inteiramente crível, pois essa prática é conhecida em outros lugares do sul da África numa data posterior. Nessa região sul do Chifre da África, a interação entre pagãos nativos e muçulmanos estrangeiros, embora não resultando numa conversão geral ao islã, levou ao surgimento de uma população africana muçulmana ao longo da costa.

O que aconteceu no meio?

Essa visão geral do passado africano diz algo sobre as partes norte e sul do continente, e alguma coisa sobre a costa leste. Mas e o meio? Ali não temos nem a confluência espetacular da arqueologia e da lingüística que encontramos no sul, nem as fontes literárias que iluminam o norte e o leste. Apesar disso, dois fenômenos talvez mereçam ser destacados.

Um é o pastoralismo das regiões montanhosas da África oriental. Pastoralistas aparecem nas planícies do norte do Quênia desde meados do terceiro milênio a.C. Na próxima seção vamos considerar um aspecto de sua organização social em séculos recentes; embora nada típica da África como um todo, ela tem algo de interessante a nos dizer. Por enquanto o que é digno de nota é o contraste entre as regiões montanhosas da África oriental ao sul da Etiópia e o Novo Mundo na mesma latitude. Em contraste com os Andes, essas regiões montanhosas não abrigavam agricultura intensiva, metalurgia relativamente avançada, urbanização ou formação de Estados, e não estavam integradas ao comércio através das longas distâncias do litoral. A principal razão para isso é sem dúvida a aridez da região.

O outro fenômeno que merece rápido exame é a evolução da vida urbana nas fímbrias da floresta tropical na região do baixo Níger — à primeira vista um ambiente pouco promissor, particularmente na ausência de um cenário comercial marítimo comparável ao da costa leste. Apesar disso a região é famosa por um excelente trabalho com o bronze, que data de séculos antes da chegada dos portugueses. Nessa época já havia na região um reino considerável, o de Benim; e, a julgar pelas tradições orais e pelos padrões políticos posteriores, havia também cidades-Estado menores, em que Ife figura como uma das poucas sobre as quais temos conhecimento arqueológico. Por que razão precisa essa área teria abrigado sociedades mais complexas que as que encontramos a leste ou oeste, é difícil dizer; é tentador comparar essas cidades-Estado da África ocidental com as de um outro povo que viveu na orla de uma floresta pluvial tropical, os maias da planície.

No conjunto, o traço mais característico do cenário africano continua sendo sua pronunciada disparidade cultural de norte para sul. Para tomar apenas um exemplo: no sul, os G/wi ainda se arranjavam no século passado com um sistema numérico comparável em simplicidade ao dos arandas; no norte, em contraposição, os egípcios já estavam compilando livros sobre métodos de cálculos matemáticos no início do segundo milênio a.C. Mesmo que se possa dizer que cada cultura tinha aquilo de que precisava para seus propósitos, a diferenças entre os propósitos é impressionante. A África contrasta com as Américas por mostrar não só os custos do isolamento como os benefícios da interconexão.

II. Os sistemas de grupos etários da África oriental

Parece-nos natural e adequado que pessoas de idades diferentes se comportem de maneiras diferentes. Por exemplo, julgamos que um homem na casa dos 30 deveria agir de acordo com a idade que tem, não como adolescente nem como velho. Esperamos igualmente que, à medida que avançam na vida, pessoas da mesma idade sejam de certo modo capazes se compreender umas às outras melhor que as de idades diferentes.

Tudo isso é parte do tecido de nossa vida social, mas não é algo que incorporemos em instituições formais regidas por regras fixas. Se quiséssemos descrever nossa sociedade, poderíamos pensar na infância, adolescência, maturidade e velhice como "faixas etárias" que toda pessoa abençoada com um tempo normal de vida tem de atravessar. Mas, se quiséssemos, poderíamos também descobrir facilmente uma série um tanto diferente, particularmente no meio; e poderíamos, sem cometer absurdos, situar as fronteiras entre as sucessivas faixas etárias onde bem entendêssemos. Nossa sociedade simplesmente não formaliza essas coisas. Do mesmo modo, poderíamos qualificar um conjunto de pessoas atualmente em dada faixa etária (por exemplo, adolescentes) como um grupo — um "grupo etário" — com base no fato de que elas têm algo em comum. Mas seria um tipo de grupo bastante tênue se comparado a um time de futebol.

Há algumas exceções a isso. Na universidade em que ensino, e em muitas outras, os estudantes passam por uma série de quatro faixas etárias, começando como *freshmen* e terminando como *seniors*, antes de se formar e ingressar na faixa etária final, a dos *alumni*. Diferentes regras formais (e informais) aplicam-se a cada faixa etária. Ao mesmo tempo, o conjunto dos estudantes que está presentemente numa dada faixa etária forma um grupo etário — a turma de 1987, ou qualquer outra —, que passa sucessivamente pelas faixas etárias. Nesse contexto há pouca ambigüidade quanto a quem é designado para que grupo de idade, e, sob certos aspectos, quanto ao comportamento que isso exige. Mas nossa sociedade como um todo não opera desse modo, como tampouco o faz qualquer outra no amplo espectro das sociedades modernas.

No mundo pré-moderno, e de maneira residual no mundo moderno, um número considerável de sociedades operava sistemas de grupos etários do tipo que não temos. Exemplos desses sistemas podiam ser encontrados na maioria das regiões mais destacadas do mundo. Em termos de número e de importância na organização social, porém, eles foram particularmente proeminentes em duas regiões: a África e Taiwan (onde eram característicos da população aborígene, não da chinesa). Na África, foram comuns em várias partes do continente, uma delas a África oriental. Ali as tribos com sistema de grupos etários eram sobretudo, mas não exclusivamente, pastoris, ou com origens pastoris. Como um exemplo, podemos tomar os samburus, uma tribo pastoril que vivia ao norte do monte Quênia, nos termos em que seu modo de vida tradicional foi descrito no final da década de 1950. Os membros dessa tribo eram divididos em clãs; não tinham verdadeiros chefes, mas cada clã tinha seus veteranos. Em língua e cultura eram estreitamente relacionados aos famigerados masais, embora lhes faltasse a reputação de ferocidade militar.

No sistema samburu há três grupos etários principais: o dos meninos, o dos *morans* e o dos veteranos. As mulheres não faziam parte do sistema. Quanto ao segundo termo, um *moran* é um homem jovem, solteiro em sua plenitude física; antes de terem surgido governos na África oriental, ele e seus semelhantes teriam sido os guerreiros da tribo. O ingresso no grupo dos *morans* é claramente marcado por um feixe de eventos. Primeiro, o menino é circuncidado, tipicamente aos 15 anos ou por volta disso. Essa é uma ocasião muito estressante, não tanto por causa da dor física real, mas porque qualquer sinal de hesitação trará desgraça para o menino, sua família e seu clã. Pouco depois é celebrada dentro do clã uma cerimônia conhecida como o "*Ilmugit* das Flechas", e nessa ocasião o menino jura para sua mãe que não tocará em alimento visto por qualquer mulher casada — razão por que deverá passar agora grande parte de sua vida no mato. Agora ele é um *moran* júnior, e pode aplicar ocre vermelho a seu corpo. Alguns anos depois, quando tem cerca de 20 anos, um segundo *Ilmugit* tem lugar; este é o "*Ilmugit* do Nome", e assinala a transição para a condição de *moran* maduro. Nessa ocasião o grupo etário a que nosso *moran* pertence escolhe um líder ritual entre seus membros, e o próprio grupo etário ganha um nome. Vários anos depois, quando nosso *moran* tem cerca de 26 anos, é promovido um terceiro *Ilmugit*, o "*Ilmugit* do Touro". Nenhum *moran* deve se casar antes de ter matado seu boi para essa cerimônia (caso seja socialmente bem-sucedido, porém, terá tido uma namorada anteriormente). Tipicamente um homem terá cerca de 30 anos quando de seu primeiro casamento; agora ele está criando juízo e se tornando um veterano. Quando tiver cerca de 34 anos, ele e sua esposa serão abençoados pelos veteranos do clã; deixa então de observar os tabus alimentares de um *moran* e terá se tornado inquestionavelmente um veterano. Em alguma altura desses anos, quando a maioria de seu grupo etário já se casou, um *Ilmugit* final é realizado, o "*Ilmugit* do Leite e das Folhas". Assim como há subgraus para o *moran* (júnior e sênior), há também subgraus para os veteranos (júnior "pau de fogo" e sênior), mas na prática podemos deixá-los de lado.

Acompanhamos a carreira de um indivíduo do sexo masculino através dos primeiros graus etários, mas fica evidente a partir desta descrição que, ao se tornar um *moran*, ele está ingressando num grupo etário permanente dentro de seu clã. Os colegas de grupo etário passam pelos *Ilmugits* juntos, não como indivíduos — embora seja como indivíduos que finalmente deixem a condição de *moran*. A filiação ao grupo tem forte efeito sobre as relações sociais: coetâneos interagem entre si como iguais, e espera-se que demonstrem respeito por membros de grupos etários mais velhos. Um grupo etário sênior, em particular, exerce uma espécie de autoridade sobre um grupo etário júnior que atravessa a condição de *moran*, a saber, o grupo dois subgraus abaixo dele. Os membros desse grupo sênior são os veteranos "pau de fogo" do grupo júnior, guardiões morais com o poder de punir mediante uma maldição extremamente poderosa.

É assim, em linhas gerais, que o sistema é descrito entre os samburus. Sem dúvida não há dois sistemas idênticos, mesmo na África oriental; eles podiam ser organizados de maneira diferente e usados para propósitos diferentes. Provavelmente tampouco havia algum povo com um sistema desse tipo incapaz de prescindir dele. Não há nenhum ambiente conhecido em que seres humanos não possam viver sem um sistema de grupos etários. Isto não significa, é claro, que esses sistemas não serviam para nada. Certamente faz sentido atribuir funções sociais importantes a grupos etários, como a canalização da agressividade dos homens jovens e a mobilização de uma força militar para a tribo. Mas sociedades pastoris (e outras) em diferentes partes do mundo não parecem ter tido dificuldade em alcançar esses mesmos objetivos por outros meios. Os mongóis medievais, por exemplo, não tinham grupos etários, mas em termos militares seriam dificilmente eclipsados pelos masais. Temos aqui, portanto, mais um exemplo da diversidade cultural humana e do modo como as sociedades tendem a tirar partido, de maneira imprevisível, de algum traço particular da vida humana e elaborá-lo de uma maneira em certo sentido gratuita. Vemos também, mais uma vez, o poder da vizinhança no estabelecimento dessas tendências culturais: enquanto em muitas partes do mundo teria sido estranho ter um sistema de grupos etários, na África oriental pastoril era estranho não ter um.

Mais alguma coisa, porém, chama a atenção aqui, e ela surge de uma regra encontrada entre os samburus que relaciona o grupo etário a que o filho pertence ao do seu pai. Isso nos leva de volta para a temível maldição que sanciona a autoridade moral dos "pau de fogo" veteranos. Como, por razões óbvias, esses veteranos deviam relutar em aplicar tal maldição aos próprios filhos, a tentativa de excluir estes últimos do grupo etário júnior em questão faz sentido. Para esse fim, os samburus insistiam em que um jovem devia ser incluído num grupo etário mais jovem do que aquele para o qual seu pai fosse um "pau de fogo" veterano, mesmo que isso significasse, para o jovem em questão, esperar até uma idade bem superior aos 20 anos para se tornar um *moran*.

A busca desse tipo de relação era típica, na verdade peculiar, da África oriental. Em outras partes do mundo, praticamente não se encontram regras para relacionar o pertencimento de pai e filho a um grupo etário em sistemas desse tipo. O papel da vizinhança é particularmente destacado aqui: como nas subseções australianas e nos calendários mesoamericanos, estamos claramente diante de algo que deve ter tido um início único e depois se espalhado, muito embora a região afetada não tivesse unidade étnica nem política.

Essa difusão é notável porque, a longo prazo, um sistema de grupo etário que inclua uma regra desse tipo é em princípio inviável — ou só pode funcionar mediante confusos ajustamentos. Parte do problema já veio à tona em nosso relato sobre os samburus: alguns jovens tinham de esperar vários anos para ingressar na condição de *morans*, uma situação que põe a cultura em conflito com a biologia. A fonte do problema é o simples fato de que homens têm filhos homens em diferentes idades. Tome dois homens da mesma geração. O primeiro tem um filho aos 20 anos, e este por sua vez tem um filho na mesma idade. O segundo tem um filho só aos 40 anos. Os filhos de um e de outro pertencem agora a gerações diferentes, enquanto o neto do primeiro homem e o filho do segundo estão na mesma faixa etária. No entanto, se quisermos manter uma relação direta entre o grupo de idade de um homem e o de seu filho, são os filhos que teremos de incluir no mesmo grupo. Assim, quando formamos um grupo? Se adiarmos sua formação até que o filho do segundo homem esteja pronto para ingressar nele, o filho do primeiro terá passado há muito da flor da idade. Mas se arranjarmos as coisas de modo conveniente para o filho do primeiro homem, a brincadeira estará terminada antes que o filho do segundo esteja pronto para ingressar no grupo. Se preferirmos dividir a diferença meio a meio, teremos ambos os problemas numa escala um pouco menor: um filho terá alguns anos em excesso, o outro alguns anos de menos. E, seja qual for nossa opção, os problemas são fadados a se agravar com o passar das gerações. Ouvimos falar de cerimônias de iniciação numa tribo etiópia que marcavam o ingresso de bebês e velhos de 80 anos num mesmo grupo etário.

O registro etnográfico mostra que esses problemas eram endêmicos na África oriental, embora por alguma razão tenha sido no sul da Etiópia que foram levados à mais séria desordem. Temos indícios também de que os problemas assim gerados incomodavam as pessoas e de que tribos recorriam aos mais diversos expedientes para resolvê-los ou contê-los. Podiam tentar adiar a idade em que os homens se casavam, ou proibi-los de ter filhos após certa idade; algumas tribos recorriam ao infanticídio para implementar regras desse gênero. Ou por vezes afrouxavam um pouco as regras, como fizeram os samburus, permitindo que um filho entrasse em *qualquer* grupo de idade mais jovem que aquele em que seu pai era um veterano "pau de fogo"; isso resolvia o problema do filho que nascia mais tarde, mas não o do que nascia mais cedo, que continuava tendo de esperar.

Até onde sabemos, nenhuma dessas sociedades africanas tinha profissionais incumbidos de cuidar de problemas desse tipo. Uma tribo cujo sistema gerava dificuldades planejava enviar um emissário a outra em busca de conselho; mas no fim das contas, a maioria das tribos, se não todas, estavam no mesmo barco. Como os arandas, tinham seus veteranos. Estes podiam ser experientes e sábios, mas não eram profissionais. Nesse aspecto, a diferença entre os samburus e os arandas era simplesmente que estes últimos não estavam tentando operar um sistema que tinha uma falha inerente. Os mesoamericanos, em contraposição, parecem ter tido especialistas que compreendiam os fundamentos matemáticos e astronômicos de seu calendário. Presumivelmente cabia a esses especialistas aconselhar na eventualidade de o calendário desandar — assim como uma opinião especializada foi decisiva para a tomada das decisões executivas que nos deram os calendários Juliano e Gregoriano. No caso da África oriental, porém, é difícil ver o que mesmo profissionais especializados teriam podido fazer, além de uma aplicação mais criteriosa dos vários expedientes corretivos a que as tribos já recorriam.

Em seu conjunto, os sistemas de grupos etários da África oriental revelam mais que a mera diversidade das escolhas culturais humanas. Fornecem também uma impressionante demonstração da tenacidade com que uma sociedade pode aderir a um projeto inviável que concebeu para si mesma.

III. *Shabtis* e o modo egípicio de morrer

Se há vida após a morte, ela pode ser mais ou menos parecida com a que temos agora, ou completamente diferente. No segundo caso, não há muito que possamos fazer para imaginá-la, muito menos para prever aquilo de que precisaremos nela. Mas se a vida após a morte for razoavelmente próxima em caráter de nossa vida presente, podemos planejar por antecipação, de modo a maximizar nosso futuro conforto nela, tal como as pessoas prudentes fazem com relação à velhice. Era claramente numa vida após a morte assim que o rei tarascano que levou consigo seu criado de quarto, seu cozinheiro, seu "figurinista" (que concebia seus trajes de penas), e assim por diante, acreditava, ou pelo menos supunha, que valia a pena apostar. O mesmo faziam os reis egípcios; já mencionamos a carnificina que acompanhou algumas das primeiras mortes de reis no Egito. De fato, qualquer pessoa rica e poderosa neste mundo provavelmente precisará de servos no que há de vir; civilização significa quantidades extraordinárias de trabalho árduo, e a vida após a morte seria horrível se não se pudesse continuar delegando essa labuta. Meketre, um nobre egípcio

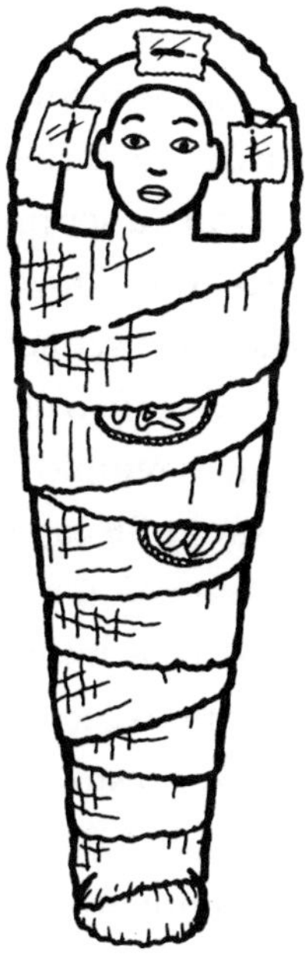

Fig. 13: Um *shabti* típico, com inscrição.

que viveu por volta de 2000 a.C., foi enterrado com uma bela coleção de bonecos de madeira representando servos. Os verdadeiros tiveram a sorte de lhe sobreviver.

Seria natural supor, portanto, que a estatueta egípcia mostrada na figura 13 é desse tipo. Esses objetos são conhecidos como *shabtis*, palavra de origem obscura. Eles começaram a ser encontrados em túmulos dos primeiros séculos do segundo milênio a.C., mas diferem dos modelos que acabamos de mencionar em alguns aspectos. Estão vestidos como múmias, não como pessoas vivas, e podem conter inscrições com o título e o nome da pessoa em cujo túmulo foram colocados. Parece, portanto, que o papel do *shabti* era substituir o falecido — mas em que condição? Felizmente para nós, parece que os *shabtis*, como os servos em geral, não eram de todo confiáveis e que era preciso usar artifícios mágicos para assegurar que fariam seu serviço. A partir do século XVIII a.C., encontramos *shabtis* com encantamentos inscritos, e nos séculos seguintes esta prática tornou-se comum. O que o feitiço realça é uma perspectiva ainda mais inquietante do que ter de labutar para ganhar a própria vida: os falecidos podiam ser chamados para fazer trabalhos pesados no domínio do deus da vida futura, seja cultivando campos, irrigando margens de rios ou transportando "areia do oeste ou do leste". Caso isso ocorresse, os *shabtis* se apresentariam para os serviços em lugar do morto, dizendo: "Eu os farei; aqui estou." Do século XV a.C. em diante, os *shabtis* passaram a ser, além disso, equipados com as necessárias ferramentas agrícolas. Esse feitiço *shabti* é conhecido pelos egiptólogos também a partir de elaborados conjuntos de encantamentos úteis que passaram a ser depositados nas tumbas com os mortos, inscritos em rolos de papiro. É aos conteúdos de um desses rolos que nós (mas não os egípcios antigos) costumamos nos referir como Livro dos Mortos.

Os *shabtis* continuaram sendo um elemento-chave num enterro egípcio decente por muitos séculos. Seus números multiplicaram-se enormemente, e o resultado é que hoje eles estão entre as antigüidades mais comuns do Egito antigo. Chegaram a ser produzidos em massa, com efeitos adversos para sua qualidade artística. Em vez de ser enterrado apenas com um único *shabti*, os mortos passavam a ser acompanhados por coleções inteiras deles. Um documento datado do início do primeiro milênio a.C. mostra um filho comprando 401 *shabtis* num templo para o túmulo do pai; 365 *shabtis* comuns (um para cada dia do ano) e 36 capatazes. Mas no período posterior ao fim do governo egípcio nativo no século IV a.C., os *shabtis* desapareceram gradualmente.

Toda sociedade humana tem de ter uma maneira de morrer, e nem os samburus foram exceção a essa regra. Mas não atribuíam importância demasiada a isso. Mesmo quando veteranos influentes morriam, não realizavam nenhuma cerimônia elaborada; desfaziam-se do cadáver simples e discretamente. É improvável, portanto, que as práticas samburus deixem muito para os futuros arqueólogos. Para nossa sorte, os egípcios antigos tinham uma visão extravagantemente diferente das coisas; na verdade, seus vestígios nos sugerem que passavam suas vidas entregues à obsessão da morte. Há, é claro, um elemento de ilusão aqui. Os egípcios levavam suas vidas nas terras cultiváveis do vale do Nilo, onde restos antigos sobrevivem mal, mas ao morrer se mudavam para os desertos adjacentes, um paraíso arqueológico. Não há sombra de dúvida, porém, de que levavam muito a sério a vida após a morte.

O contraste que vemos aqui entre os egípcios e os samburus prende-se não só às práticas funerárias dos dois povos, mas também às suas políticas. Enquanto os samburus continuavam prescindindo de chefes no século XX d.C., os egípcios já tinham reis 5.000 anos antes. Seu temor de que mesmo após a morte as autoridades pudessem continuar sujeitando-os a exigências peremptórias de trabalho nos dizem alguma coisa sobre sua experiência de serem regidos por um Estado.

TERCEIRA PARTE

A MASSA DE TERRA EURASIANA

CAPÍTULO 7

O Oriente Próximo antigo

I. Vida e morte da mais antiga civilização do mundo

Nos últimos capítulos consideramos os continentes um — ou até dois — por vez. Agora chegamos a uma massa de terra muito maior que qualquer deles, a Eurásia. Em virtude de suas vastas dimensões e de seu papel ainda mais destacado na história, precisamos considerá-la região por região. Convencionalmente a Eurásia é dividida nos dois continentes contíguos da Europa e Ásia. Para a maioria de nossos propósitos, porém, deveríamos provavelmente começar por uma distinção grosseira entre as regiões frias ao norte e as temperadas ao sul. Por enquanto, podemos deixar o frio norte nos bastidores. Pessoas viviam ali, coisas aconteciam ali, e essa atividade podia ter repercussões drásticas mais ao sul; mas não foi no norte que as civilizações eurasianas clássicas se desenvolveram. As regiões que ocupavam o centro do palco estendiam-se numa faixa de limites não muito bem definidos que cruzava a Eurásia, com o Oriente Próximo no meio. A leste estão a Índia e a China, a oeste o mundo mediterrâneo e — em parte sobrepondo-se a ele — a Europa ocidental. Os panoramas a leste e a oeste estão longe de ser simétricos, mas podemos deixar essa assimetria de lado enquanto nos concentramos no Oriente Próximo.

O evento geológico fundamental na formação do Oriente Próximo foi uma colisão entre duas placas continentais. Essa colisão, um evento dos últimos 50 milhões de anos, juntou a Eurásia à borda nordeste do que era então uma África maior. Daí para os contornos da região que nos são familiares foi uma questão de apenas dois passos. O primeiro foi um evento geológico real, a abertura do golfo de Áden e do mar Vermelho ao longo dos últimos 20 milhões de anos, aproximadamente; isso separou parcialmente o Oriente Próximo da África diminuída que hoje conhecemos (por razões de conveniência, estou excluindo o Egito do Oriente Próximo). O segundo passo foi apenas uma mudança superficial: a formação do golfo Pérsico em decorrência dos níveis elevados dos mares no Holoceno. Em tudo isso, o evento mais importante foi sem dúvida a colisão das duas placas. A junção se estende do canto nordeste do Mediterrâneo, perto da ilha de Chipre, até o golfo de Oman, na borda do oceano Índico. O interesse dessa linha é mais que geológico: ela divide o Oriente Próximo em duas partes com características significativamente diferentes.

O sul do Oriente Próximo consiste na Arábia e no Crescente Fértil, este último composto da Síria geográfica (a borda leste do Mediterrâneo e sua hinterlândia) e da Mesopotâmia (aproximadamente o Iraque moderno). Como a placa africana de que originalmente fez parte, essa região é predominantemente plana. Onde há montanhas, isso se deve sobretudo ao sistema de falhas que se estende pelo sul no Oriente Próximo a partir da África oriental. Como o mar Vermelho e o golfo de Áden são ramos desse sistema, não surpreende que o Iêmen, a parte adjacente da Arábia, seja tão montanhoso quanto as regiões montanhosas da Etiópia. Mais ao norte, um outro ramo do sistema corre até o meio da Síria, onde está associado a duas cordilheiras paralelas. Em geral, porém, o sul do Oriente Próximo é uma terra de planícies.

O norte do Oriente Próximo, em contraposição, é a região que exibe as cicatrizes da colisão continental. O resultado é menos impressionante que os Himalaias, mas o Irã e a Anatólia (aproximadamente a Turquia moderna) têm um caráter geral montanhoso. A principal exceção são os platôs relativamente planos no centro de cada uma.

Para compreender o clima do Oriente Próximo, deveríamos observar primeiro como a região fica ensanduichada entre duas grandes massas de terra, a África e o norte da Eurásia. No lado africano, essa proximidade expõe o Oriente Próximo ao ar quente vindo do Saara, do qual o deserto Arábico é de fato uma extensão a leste. No lado eurasiano, o equivalente é o ar frio vindo da Sibéria. Como estes estão entre os sistemas de aquecimento e esfriamento mais eficazes do mundo, explicam em boa parte os extremos de temperatura a que o Oriente Próximo está sujeito. Mas massas de ar continentais, sejam quentes ou frias, tendem a ter uma coisa em comum: são secas.

Isso significa que, para desfrutar de uma cota decente de precipitação pluvial, o Oriente Próximo precisa obtê-la dos mares adjacentes. Aqui podemos ver a região como espremida entre o oceano Índico e o Mediterrâneo. Dos dois, o oceano Índico é à primeira vista o mais promissor. É vasto, tem taxas de evaporação muito elevadas e gera enormes quantidades de precipitação pluvial. Por causa da direção dos ventos prevalecentes, porém, o Oriente Próximo obtém muito pouco benefício de sua proximidade com o oceano — é por isso que a Arábia é um deserto e não uma floresta tropical. Sobra assim, para o Oriente Próximo e o Mediterrâneo, uma fonte pluvial bem menos generosa, e mesmo assim só no inverno. Os principais fatores que permitem à região se beneficiar dessa fonte é a existência de montanhas nela própria e nas suas proximidades. O resultado é uma acentuada aridez por todo o Oriente Próximo: no todo, ele é mais úmido no noroeste e mais seco no sudoeste (ver mapa 5). Assim, só cerca de 3% da área de superfície da Turquia são desertos, ao passo que na Arábia Saudita o número se aproxima de 97% (as coisas eram muitos melhores há alguns milhares de anos). Isso torna a Arábia tão árida que neste capítulo ela ficará praticamente fora de cena — embora num capítulo posterior vá fazer uma aparição espetacular, estreitamente vinculada à sua aridez.

Uma ressalva importante a este quadro é de vital importância para a história da civilização no Oriente Próximo. Como vimos no caso do Egito, uma região que de outro modo seria árida pode receber considerável volume de água graças a um rio. No Oriente Próximo a região assim abençoada é o sul da Mesopotâmia, que, graças aos rios Tigre e Eufrates, se beneficia das chuvas que caem com relativa abundância no norte. Não há nada parecido com esses rios na Arábia.

A civilização do Oriente Próximo

Parece razoável supor que o Oriente Próximo foi a primeira região fora da África a ser colonizada por seres humanos modernos, e é patente que eles estavam presentes ali pelo menos 40.000 anos atrás. Mas a região deve sua importância central na história não ao fato de ter entrado em cena relativamente cedo, mas à sua precocidade em desenvolver a agricultura — tanto assim que não temos nenhum registro da existência de uma população de caçadores-coletores no Oriente Próximo nos últimos milênios. Acrescente a isso a rapidez com que o advento da agricultura transformou a sociedade do

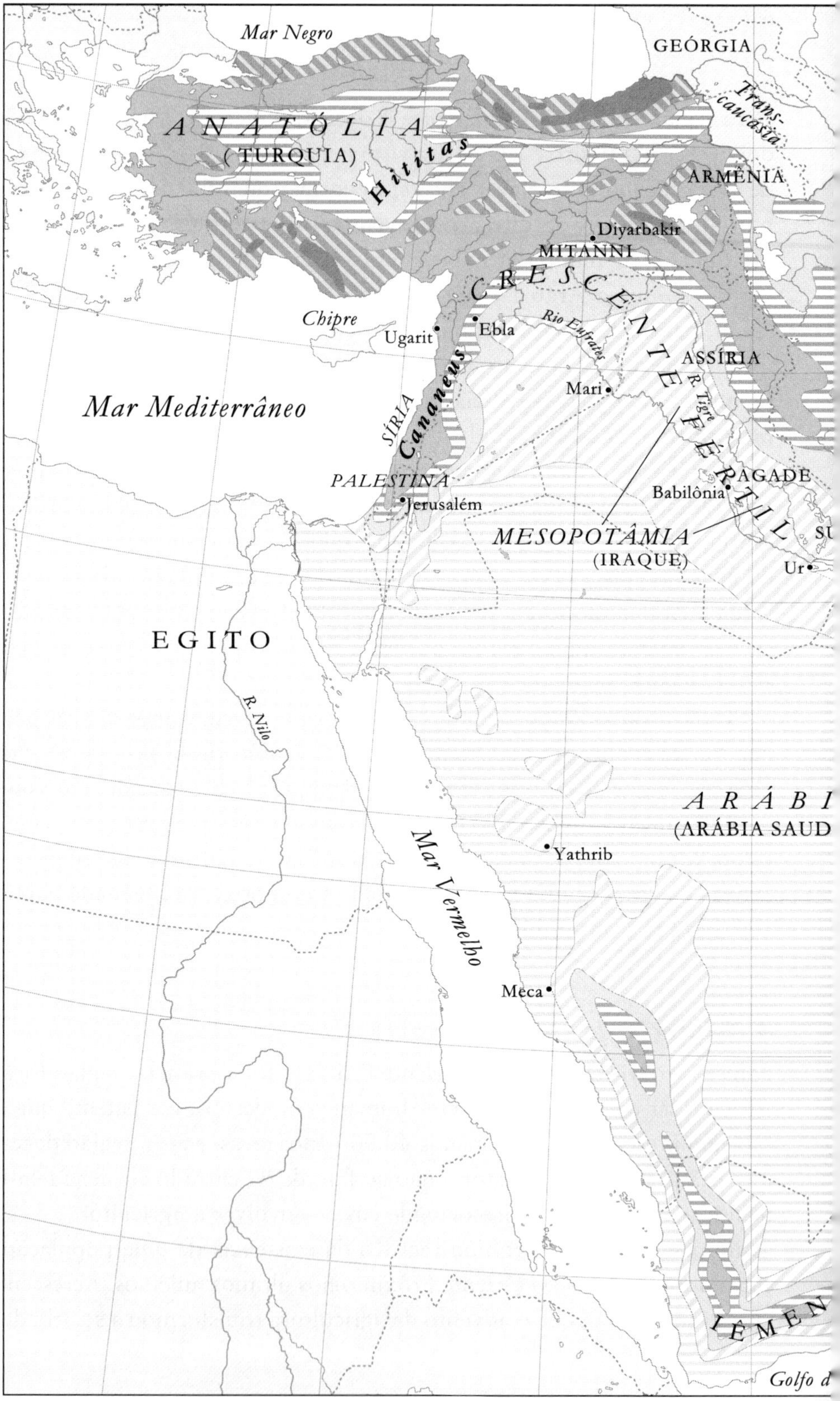

Mar Negro
GEÓRGIA
Transcaucásia
ANATÓLIA
(TURQUIA)
Hititas
ARMÊNIA
Diyarbakir
MITANNI
CRESCENTE FÉRTIL
Chipre
Ugarit
Ebla
Rio Eufrates
ASSÍRIA
Cananeus
Mari
R. Tigre
Mar Mediterrâneo
SÍRIA
PALESTINA
Jerusalém
AGADE
Babilônia
MESOPOTÂMIA
(IRAQUE)
Ur
EGITO
R. Nilo
Mar Vermelho
Yathrib
Meca
IÊMEN
Golfo d

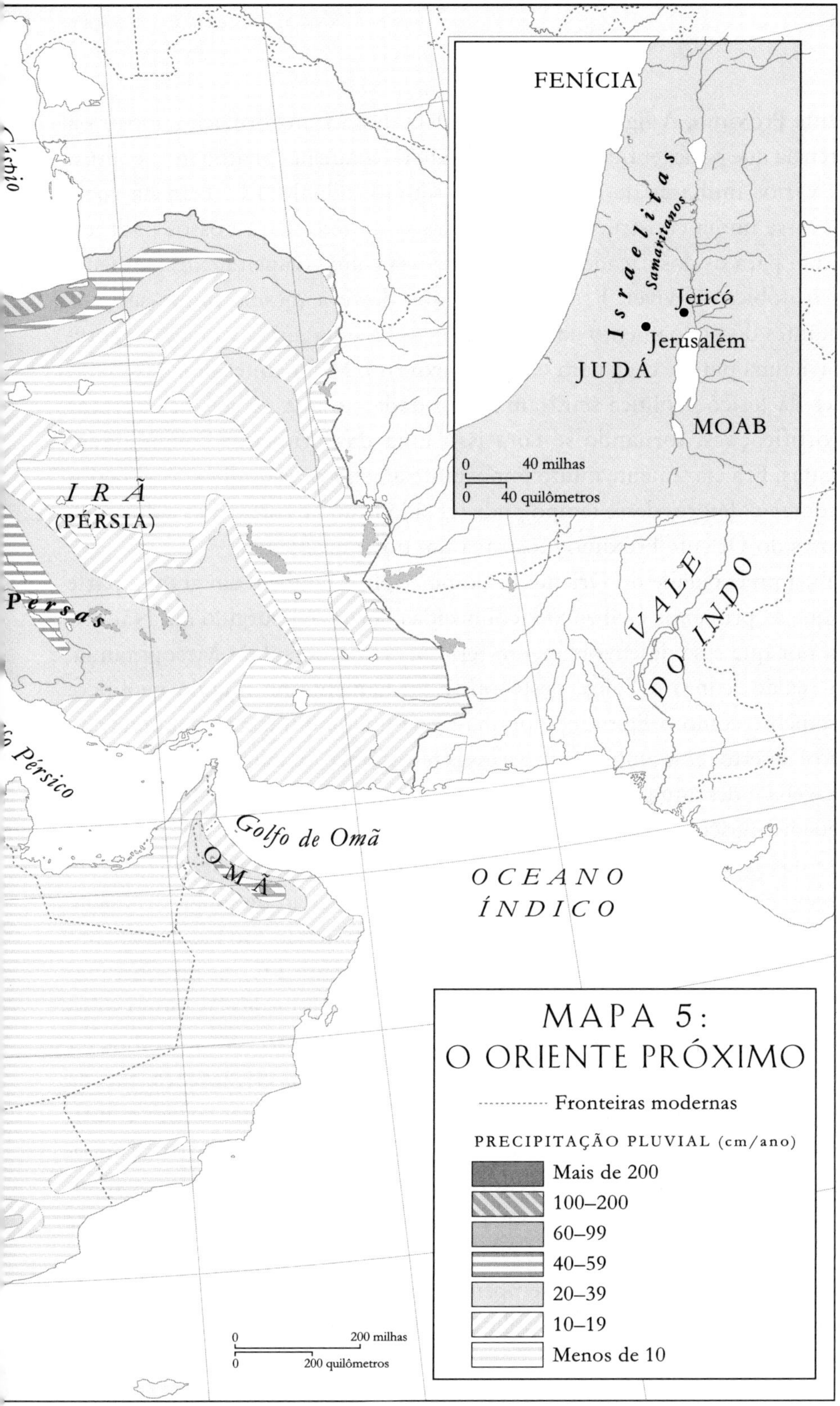

FENÍCIA
Israelitas
Samaritanos
Jericó
Jerusalém
JUDÁ
MOAB
0 40 milhas
0 40 quilômetros
IRÃ
(PÉRSIA)
Persas
VALE DO INDO
Golfo de Omã
OMÃ
OCEANO ÍNDICO
0 200 milhas
0 200 quilômetros
MAPA 5:
O ORIENTE PRÓXIMO
Fronteiras modernas
PRECIPITAÇÃO PLUVIAL (cm/ano)
Mais de 200
100–200
60–99
40–59
20–39
10–19
Menos de 10

Oriente Próximo. A figura 14 dá uma idéia dessa transformação: mostra a aparência que pode ter tido uma parte de um povoamento anatoliano neolítico com vários milhares de habitantes no sétimo milênio a.C. Não há ruas; entrava-se numa construção por um buraco no teto. Para nossos padrões, que dirá para os dos caçadores-coletores, essa é uma maneira extremamente claustrofóbica de viver. É possível até que desse a mesma impressão aos habitantes do povoamento na época, mas tinha uma nítida vantagem: apresentava uma parede cega para o mundo externo. Muito antes disso, os habitantes da Jericó neolítica sentiram necessidade, ao que parece, de se cercar de fortificações, tornando-se com isso uma das primeiras comunidades muradas. Era claramente muito importante afastar os estranhos. A vida dos caçadores-coletores desse tempo pode ter sido brutal e curta, mas a dos agricultores do Oriente Próximo mostrava um novo problema.

Essa precocidade do Oriente Próximo explica também em grande parte por que as primeiras civilizações conhecidas devem ter surgido ali. Não explica por que esse desenvolvimento teria ocorrido no sul da Mesopotâmia. Essa região, como o Egito, destacou-se tardiamente no mundo neolítico. Novamente como o Egito, compunha-se de uma contrastante combinação de rio e deserto. Esse ambiente deu a essas terras uma combinação incomum de vantagens e desvantagens. A vantagem era que a irrigação podia gerar um excedente agrícola mais substancial e acessível que o da agricultura dependente das chuvas. A desvantagem era que outros recursos decisivos eram escassos e só podiam ser obtidos mediante o comércio de longa distância. No caso do sul da Mesopotâmia, estes incluíam materiais tão básicos quanto madeira, metais e até pedra. Assim, no quinto milênio a.C., os desafortunados agricultores estavam usando foices de argila; mais tarde elas foram substituídas, primeiro por sílex e depois por cobre — que precisavam ambos ser importados. De uma maneira ou de outra, as primeiras civilizações, e as da Mesopotâmia em particular, podem ser vistas como respostas sociais e institucionais a esses desequilíbrios. Um traço digno de nota dos registros arqueológicos relacionados a isso são os horizontes comerciais amplamente expandidos do sul da Mesopotâmia nos séculos que levaram ao surgimento de civilizações.

Foram os sumérios que desempenharam papel-chave nesse surgimento. Eles viviam sob uma estrutura política completamente diversa da do Egito

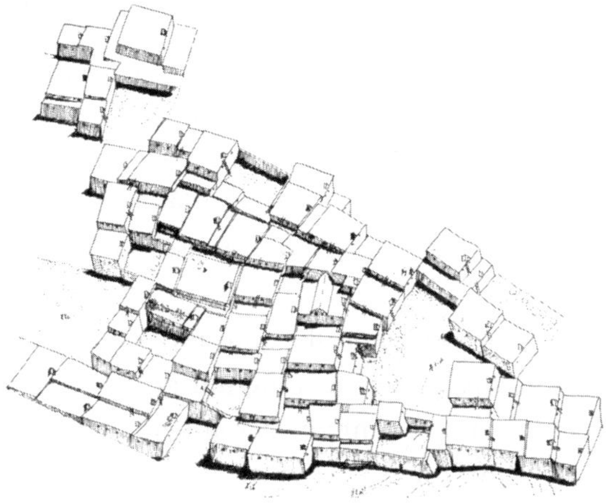

Fig. 14: Reconstrução experimental de casas do povoamento neolítico de Çatal Hüyük.

antigo: longe de formar um reino unificado, estavam divididos em cerca de 30 cidades-Estado. Depois de aproximadamente um milênio, os sumérios desapareceram; foram sem dúvida assimilados por seus vizinhos, como acontece muitas vezes na história, embora não tenhamos idéia da causa disso nesse caso particular. Mas nessa altura sua civilização fora adotada por outros povos, notadamente os acadianos, a noroeste deles. A tradição iniciada pelos sumérios continuaria a ser a cultura da Mesopotâmia até a segunda metade do primeiro milênio a.C.

Uma vez que a civilização mesopotâmia, como a do Egito, estava fadada a morrer, nenhum de seus vestígios literários nos foi transmitido diretamente. Assim como para o Egito antigo, devemos a maior parte do que sabemos a achados casuais ou à arqueologia. No caso do Egito nossa principal dívida é para com as condições do deserto, que preservaram grandes quantidades de papiros antigos. Na Mesopotâmia, papiros não teriam sobrevivido e foi uma sorte para nós que o primeiro material usado por escribas cuneiformes tenha sido a argila. Uma vez levados ao fogo, seja deliberadamente ou por acidente, tabuinhas de argila podem sobreviver tão bem quanto cerâmica. O resultado é termos um corpo fragmentário, mas muito diversificado, de fontes da Mesopotâmia antiga. Boa parte dele é produto de uma administração mais ou menos meticulosa, mas há também material de muitos outros tipos, entre os quais uma tradição textual de considerável interesse literário, a epopéia de Gilgamesh.

Em termos políticos, essa civilização nunca desenvolveu uma tradição de um Estado mesopotâmio unitário. A organização política apresentava, contudo, uma tendência a crescer com o tempo. No terceiro milênio a.C., cidades-Estado eram a norma, enquanto um episódio imperial nos séculos XXIV e XXIII foi exceção; no primeiro milênio a.C. as cidades-Estado tinham desaparecido e impérios como os dos assírios e babilônios haviam se tornado a norma.

Como foi mencionado no capítulo anterior, a civilização mesopotâmia provou-se muito mais exportável que a do antigo Egito. De fato, é provável que influências mesopotâmias tenham desempenhado algum papel na formação das civilizações próximas do Egito e do vale do Indo. Mas o que nos interessa aqui é um processo mais direto, a adoção sem disfarces, por outros povos, da cultura literária criada pelos sumérios. No terceiro milênio, os vizinhos acadianos já tinham feito isso, como também o povo de Ebla, no norte da Síria. Um exemplo do mesmo fenômeno no segundo milênio é fornecido pelos hititas da Anatólia. Tipicamente, o que esses povos fizeram, no nível da cultura literária, foram duas coisas. Adotaram a tradição literária suméria, com o resultado de que o sumério tornou-se a primeira língua clássica do mundo, cultivada por letrados muito tempo após ter morrido como língua da vida cotidiana, mesmo em sua própria terra. Ao mesmo tempo, eles trataram de adaptar os caracteres cuneiformes à escrita de sua própria língua, dando-nos assim nosso primeiro conhecimento direto das famílias de línguas semítica e indo-européia — o acadiano para a família semítica e o hitita para a indo-européia.

Como veremos na terceira seção deste capítulo, um traço notável dessa tradição literária era sua consciência sem precedentes da própria continuidade. Antes do primeiro milênio a.C., na Mesopotâmia como no Egito, essa continuidade estava começando a soar arcaica. O mundo mudara.

Foi no nível do poder político que essa mudança se mostrou mais palpável. Como o Egito, a Mesopotâmia estava exposta ao risco da invasão estrangeira, e, graças à sua localização muito menos protegida, o perigo era com freqüência mais iminente. Sofreu uma invasão significativa no terceiro milênio a.C., e no segundo as coisas se agravaram muito. Às vezes os intrusos eram as tribos montanhesas do oeste do Irã, como os gútios do terceiro milênio e os cassitas do segundo. Às vezes eram os pastoralistas do sul do Oriente

Próximo, com os amoritas por volta de 2000 a.C. e os arameus um milênio depois. Mas todas essas invasões, grandes e pequenas, tiveram algo em comum: até então os recém-chegados não representavam nenhuma ameaça à continuidade cultural da civilização mesopotâmia. Os amoritas, por exemplo, são descritos como um povo que morava em tendas e nada sabia sobre casas ou grãos. Se um povo como esse implantava seu poder na Mesopotâmia, logo descobria que precisava dos acessórios da civilização; não tendo uma própria, adotava a de seus súditos.

No primeiro milênio a.C. talvez parecesse que o padrão continuaria como antes. No século VI a Mesopotâmia foi mais uma vez invadida a partir do Irã, dessa vez pelos persas, que chegaram a criar uma escrita cuneiforme para sua própria língua e a usá-la em inscrições régias. Mas havia uma diferença: a Mesopotâmia era agora apenas uma de várias províncias culturais de um vastíssimo império. O pior ainda estava por vir. No século IV os gregos derrubaram os persas, e dessa vez os invasores trouxeram consigo uma civilização urbana própria.

Operava-se também uma subversão mais sutil que tinha origem na Síria. Diferentemente dos vizinhos Egito e Mesopotâmia, a Síria não era nem embelezada nem oprimida por uma tradição cultural do terceiro milênio. Ao contrário, a nota-chave da história cultural síria era a instabilidade e a inovação. No terceiro milênio, Ebla nos mostra uma adoção local típica da tradição cultural suméria. Antes de meados do segundo milênio, entretanto, a Síria abandonara os incômodos caracteres cuneiformes da Mesopotâmia e adotara o alfabeto. Essa nova tecnologia provou-se imensamente atraente e se difundiu amplamente. Assim foi acatada pelo Iêmen, embora esta remota região nunca tivesse manifestado interesse por sistemas de escrita anteriores. Mas o que nos interessa aqui é o uso do alfabeto para escrever o aramaico, a língua que no curso do primeiro milênio a.C. desbancou os idiomas semíticos da Síria e da Mesopotâmia na vida diária. Lamentavelmente para nós, a escrita alfabética na Mesopotâmia foi feita em geral sobre materiais perecíveis, não sobre argila, com o resultado de que pouco dela sobreviveu. Ao que parece, porém, mesmo na Mesopotâmia a velha tradição cuneiforme estava cedendo terreno à nova cultura alfabética. E o aramaico, não o acadiano, é que viria a ser usado como a principal língua escrita da administração no Império Persa.

Dos persas aos muçulmanos

Um milênio de história do Oriente Próximo transcorreu entre a formação do Império Persa no século VI a.C. e a ascensão do islã no século VII d.C. Como a muitas outras coisas neste livro, não lhe faremos justiça; mas podemos ao menos identificar seus temas principais.

Um é a predominância política, ao longo de todo o período, de povos originários em geral, do norte. Muitas vezes vinham do Irã, como foi o caso do Império Persa do século VI ao IV a.C., do Império Parta do século III a.C. ao século III d.C. e de um segundo Império Persa do século III ao VII d.C. Mas podiam provir também de regiões inteiramente fora do Oriente Próximo, como foi o caso dos gregos a partir do século IV a.C. e dos romanos a partir do século II a.C. De todos esses povos do norte, foram os gregos que tiveram o maior impacto cultural sobre o Oriente Próximo na época.

O segundo tema é a suplantação final do antigo politeísmo da região por uma fé monoteísta, o cristianismo. Esta religião foi uma ramificação de um culto monoteísta desenvolvido por um povo pequeno, mas inovador, do Oriente Próximo, os israelitas. A emergência do monoteísmo israelita é assim o assunto da próxima seção deste capítulo. Mas o fato é que, enquanto ficou confinado aos israelitas e a seus herdeiros étnicos, os judeus e samaritanos, esse fenômeno não teve grande importância histórica. O que transformou uma idiossincrasia étnica num ingrediente fundamental da história do mundo foi sua metamorfose subseqüente em duas religiões mundiais, o cristianismo e o islã; seus fiéis combinados equivalem nos dias de hoje a cerca da metade da população do mundo. Retornaremos inevitavelmente a ambas em capítulos posteriores.

O tema final, como não é de surpreender, é a extinção da antiga civilização da Mesopotâmia. Como a do Egito, ela sobreviveu ao fim do domínio nativo por alguns séculos. A última plaqueta cuneiforme datável que possuímos é um almanaque astronômico relativo aos anos 74-75 d.C. Não podemos datar com precisão a extinção final da civilização mesopotâmia, mas na altura do século III d.C. ela devia estar efetivamente morta. Nesse século, Mani, um reformador religioso, criou uma grande síntese das tradições religiosas do mundo. O cristianismo e o budismo foram reconhecidos, assim como a tradição zoroastriana do Irã. Mas as crenças religiosas da Mesopotâmia antiga não encontraram lugar na nova religião de Mani. Era como se nunca tivessem existido.

II. A redução do Panteão

Segundo a tradição muçulmana, alguns árabes pagãos de Meca mostraram certa vez o quanto a missão do profeta Maomé lhes parecia absurda, perguntando-lhe: "Maomé, queres transformar os deuses em um deus? Mas que idéia esquisita!" Esquisita ou não, a idéia alcançou ampla aceitação e moldou o curso da história. Emergiu do politeísmo do Oriente Próximo antigo, embora seja difícil dizer ao certo por quê.

Quando surgiu o politeísmo? A arqueologia desenterrou abundantes indícios das propensões religiosas do seres humanos pré-históricos. No Paleolítico Superior, há casos bem atestados em que objetos pessoais do morto foram depositados no túmulo. No Neolítico, os indícios são muito mais ricos. Há, por exemplo, espaços claramente reservados para a atividade religiosa; várias das unidades mostradas na figura 14 foram identificadas, a partir de seus conteúdos, como santuários. Mas a arqueologia de povos ágrafos nunca pôde nos contar em que eles realmente acreditavam. A invenção da escrita rompe esse silêncio: pela primeira vez podemos ter certeza de estar lidando com deuses — e, melhor ainda, podemos aprender alguma coisa dos mitos associados a eles.

Desde o início esses registros mostram que os povos do Oriente Próximo acreditavam em muitos deuses. Isso não surpreende muito. Quem quer que pense que o mundo é regido por vontade divina tem de levar em conta o fato de que os resultados, embora não caóticos, parecem um pouquinho desorganizados; isso sugere que mais de um deus está envolvido e que os deuses estão por vezes em mútua oposição. Ademais, a idéia de um único deus zelando por todos os aspectos da vida do universo parece muito pouco prática. Não é óbvio, por exemplo, de que maneira os papéis de um deus da guerra e de uma deusa do amor poderiam ser combinados de uma maneira feliz. Povos que viviam numa sociedade razoavelmente complexa prefeririam certamente pensar em termos de uma divisão do trabalho. O ponto de partida de tudo isto, claro, é um pressuposto: o de que os deuses são muito parecidos conosco. Aliás, com quem mais poderiam parecer?

A narrativa da epopéia babilônia da criação termina com um banquete divino a que comparecem os 50 deuses mais importantes e muitos outros. Eles se reuniram para celebrar, mas há também uma ordem do dia política: os deuses fazem um juramento confirmando que Marduque, o deus da Babilônia, deve ser o rei dos deuses. Na verdade, eles tinham concordado com esse arranjo bastante desagradável num banquete anterior. Nessa ocasião a bebida alcoólica servida em abundância certamente os auxiliara a superar quaisquer restrições. Mas havia uma razão mais premente para sua submissão: eles corriam perigo de vida, e Marduque era sua única esperança de libertação. O problema era uma perigosa guerra civil deflagrada depois que as persistentes arruaças dos deuses jovens os haviam tornado malquistos por seus antepassados primevos. No curso da luta, esses deuses jovens ficaram completamente desmoralizados. Foi a maneira implacável e vitoriosa como Marduque conduziu a guerra que cimentou o novo regime, a tal ponto que os deuses passaram depois um ano cavando e fazendo tijolos para construir a cidade da Babilônia para ele (foi então que o banquete comemorativo teve lugar). Era assim, pelo menos, que os babilônios contavam a história. Quando os assírios adotaram a epopéia, adaptaram-na, transferindo o papel principal para seu deus nacional, Assur.

A julgar por textos do século XIV da cidade de Ugarit, as coisas não se passaram de maneira muito diferente no norte da Síria. A língua desses textos é uma forma de cananeu escrito com caracteres alfabéticos; para nossa sorte, eles foram inscritos em plaquetas de argila. Também aqui os deuses se reúnem, comem e bebem. No panteão ugarítico, o rei dos deuses é El, mas ele não reina com a mesma autoridade que Marduque. Conflitos brutais ocorrem entre Baal, o deus da chuva, e dois de seus pares: Yam, o deus do mar, e Mot, o deus da estação seca. No curso dessas contendas, El nem sempre é tratado com o respeito que talvez julgasse merecer. Em certa altura, Baal se levanta na assembléia divina e cospe; em outra ocasião, uma deusa da guerra apaixonada por Baal pressiona El, ameaçando cobri-lo de pancadas. (O sexo entre os amantes divinos, diga-se de passagem, é tão vividamente descrito quanto a violência.) Baal sai vitorioso de todos esses conflitos Em reconhecimento ao status que agora alcançou, El finalmente atende a uma antiga reivindicação de Baal: manda construir uma residência adequada para ele. Dessa vez, contudo, o trabalho pesado fica a cargo do deus obreiro.

Foi poucos séculos depois disso, e poucas centenas de quilômetros ao sul, que o monoteísmo, ou algo próximo dele, surgiu entre os israelitas. Para reconstituir esse novo desenvolvimento ficamos extremamente dependentes da Bíblia. Esse livro é uma reunião de escritos, a maior parte deles em hebraico, que é, como o ugarítico, uma forma de cananeu. Novamente os caracteres são alfabéticos, mas os textos foram escritos sobre materiais perecíveis; devemos a sobrevivência desses escritos não à boa sorte arqueológica, mas à transmissão literária contínua. A Bíblia é, de fato, o único corpo de textos do Oriente Próximo antigo que nos chegou por esse caminho, e deveríamos ser gratos por isso. Esse modo de transmissão, contudo, envolve problemas próprios. Diferentemente de uma variedade de tabuinhas de argila provenientes de um sítio arqueológico, esse *corpus* é possivelmente produto de um longo processo de peneiramento e reedições. No caso da Bíblia, os papéis-chave nesse processo devem certamente ter sido desempenhados por monoteístas devotos, o que nos obriga a descontar a provável tendenciosidade com que ela relata o passado israelita. Assim, talvez seja melhor reconstruir as origens do monoteísmo começando pelo fim e retrocedendo.

Em 587 a.C. o soberano babilônio Nabucodonosor destruiu Jerusalém e deportou a população israelita ou, mais precisamente, judaica da cidade para a Mesopotâmia. Numa parte do livro de Isaías, escrito algumas décadas mais tarde em meio aos judeus exilados na Babilônia, há várias afirmações divinas na forma: "Sou eu o Iavé e não há outro!", "Um Deus justo e salvador não há fora de mim" (p.ex., Isaías 45:18, 22). O que estas frases afirmam — e elas não parecem ser meramente retóricas — é que não existem quaisquer outros deuses. À primeira vista, isso vai contra a razão: o desastre político e militar é *prima facie* um forte indício de que os deuses de outros povos existem e passam bem. Mas com base nesse e em outros textos podemos ter razoável certeza de que antes do século VI a.C. o monoteísmo já estava plenamente desenvolvido.

Fica claro também que esse monoteísmo absoluto não é a mensagem padrão da Bíblia. Nas palavras dos Dez Mandamentos, Deus diz aos israelitas: "Não terás outros deuses antes de mim" (Êxodo 20:3), sem negar que eles existam. De fato, numerosas passagens falam francamente da existência de outros deuses. Por exemplo, no episódio do êxodo do Egito, Deus diz: "Infligirei castigos contra todos os deuses do Egito." (Êxodo 12:12). Nós os vemos até participar de uma assembléia de deuses: "Deus se levanta na assembléia divina, no meio dos deuses abre o julgamento" — embora os deuses sejam então informados de que morrerão como os mortais (Salmos 82:1, 7). Nessa concepção, a relação dos israelitas com Deus é análoga a um casamento: se você contrai um casamento monogâmico, renuncia a todos os outros cônjuges potenciais, mas ninguém espera que negue a existência deles. O que temos aqui não é exatamente monoteísmo, é antes uma monolatria, a adoração de um deus com a exclusão de todos os outros.

Em que altura da história israelita teria surgido essa monolatria? A julgar pela Bíblia, remontaria aos tempos de Abraão, o que nos leva a tempos pré-israelitas. Mas a Bíblia nos diz também que os israelitas continuaram recaindo na idolatria. Salomão, que no século X construiu um templo para a "perpétua habitação" do deus nacional (1 Reis 8:13), estabeleceu também cultos aos outros deuses para suas esposas estrangeiras, dos quais, ao que parece, ele mesmo participava (1 Reis 11:5-8). No início do século VI a.C., o profeta Jeremias teve contato com judeus exilados no Egito que adoravam a "Rainha do Céu" (Jeremias 44:15-19). Eles lhe disseram taxativamente que continuariam a adorá-la "tal como fazíamos, nós e nossos pais, nossos reis e nossos chefes, nas cidades de Judá e nas ruas de Jerusalém". As mulheres eram as mais renitentes — como convinha, já que estava em jogo o culto a uma deusa. Nenhum dos envolvidos dava o menor sinal de considerar que eles ou seus ancestrais haviam feito algo de impróprio. Mesmo em princípio, portanto, parece que a monolatria estrita esteve longe de ser universalmente assimilada em Israel.

O que sem dúvida podia ser tanto antigo quanto generalizado era um forte — embora não exclusivo — foco no deus nacional. Em contraste com a monolatria e o monoteísmo, uma relação especial dessa espécie não estaria deslocada no Oriente Próximo antigo. Uma inscrição do século IX feita por um rei de Moab, vizinho dos israelitas, ao norte, fala de Camos, o deus nacional (Números 21:29), bem como chama os israelitas de "o povo de Iavé" (Juízes 5:11). Até na Mesopotâmia, como vimos, os babilônios punham Marduque em primeiro plano, enquanto os assírios faziam o mesmo com Assur. Essa relação de um povo com seu deus nacional fornece um ponto de partida plausível para a evolução da monolatria e, ao fim e ao cabo, do monoteísmo. Mas o fato cru e nu é que não sabemos por que um traço tão familiar na religião do Oriente Próximo antigo evoluiu numa direção tão incomum no caso israelita.

Não deveríamos, no entanto, sublinhar em excesso a natureza radical dessa evolução. A tradição monoteísta que nasceu na Israel antiga é, sob todos os aspectos, muito conservadora. Dá por certo que Deus é um deus, como na profissão de fé muçulmana: "Não há deus senão Deus." O monoteísmo partilha assim com o politeísmo do Oriente Próximo antigo a premissa de que existe isso, deus; a divergência restringe-se à questão de quantos são eles. Não foi em Israel, mas no Egito, que essa continuidade irrefletida com a herança politeísta foi posta em questão. Ali, no século XIV a.C. o rei Akhenaton instituiu um culto exclusivo ao disco solar. Não sabemos se ele negava a existência dos deuses egípcios tradicionais ou simplesmente os desdenhava; o certo é que à medida que seu reinado foi se esgotando ele se tornou cada vez menos propenso a aplicar ao objeto de seu culto a antiga palavra politeísta "deus". O que ele adorava, por implicação, era algo diverso. Parece, portanto, que Akhenaton chegou a rejeitar não apenas os deuses particulares do seu país, mas a própria categoria "deus". Cerca de 15 séculos depois de Akhenaton, os egípcios finalmente abandonaram seus deuses tradicionais e adotaram um fervoroso monoteísmo cristão. Ironicamente, a palavra que aplicaram então ao deus cristão foi o mesmo termo politeísta que Akhenaton descartara.

O culto fundado por Akhenaton durou pouco mais que seu reinado, mas o monoteísmo, em suas várias formas — judaica, cristã, muçulmana e outras —, continua muito presente entre nós até hoje. A razão de tamanho sucesso é uma longa história a que faremos menção de quando em quando em capítulos posteriores, embora sem jamais chegar realmente a uma resposta. Mas se formos tomar um aspecto isolado do monoteísmo relacionado a isso, poderíamos tratar menos do que o monoteísmo abraça que daquilo que rejeita: outros deuses e os povos que os cultuavam. É da natureza do monoteísmo comprar brigas. Esse espírito exclusivista, em geral ausente do politeísmo, é conseqüência de uma variedade de fenômenos históricos, desde a notável sobrevivência dos criadores do monoteísmo como grupo étnico até o espectro do terrorismo monoteísta que assombra o mundo no início século XXI.

III. Arcaísmo

As sociedades humanas não surgem do nada; toda sociedade hoje existente é continuação de uma anterior. Naturalmente esse quadro é complicado pelo fato de que sociedades não só se transformam, como se fundem e se dividem. Assim, uma genealogia completa de uma sociedade existente não remontaria ao início de uma única linha. Mas estaria presa a alguma ramificação dela — não temos nenhuma razão para duvidar de que a sociedade humana existiu continuamente por tanto tempo quanto a raça humana.

É claro que nenhuma sociedade existente pode fazer uma descrição remotamente crível de si mesma em tal escala de tempo. As memórias coletivas dos povos ágrafos, que durante a maior parte do passado humano foram os únicos existentes, não parecem remontar a mais que alguns séculos, no máximo. Lembrar coisas é um esforço, e o esforço dificilmente vale a pena quando essas deixaram de ser relevantes. Os incas dão um bom exemplo disso: além de sua própria história dinástica, tinham apenas um mito de origem. Entre os jies da África oriental, o fato de os sucessivos grupos etários terem nomes dava à tribo uma maneira de amarrar os eventos numa estrutura cronológica comparável. Com base nisso, um historiador moderno pesquisou as origens das memórias coletivas deles até o início do século XVIII. Passados poucos séculos, porém, quando sondamos o passado de um povo ágrafo, atingimos um ponto em que há apenas mito ou amnésia.

Foi sem dúvida assim que se passaram as coisas na Mesopotâmia antes do desenvolvimento da escrita, e assim elas teriam continuado se ela não tivesse surgido. Como no Egito, contudo, a escrita acabou por tornar possível ali uma enorme expansão do horizonte da memória coletiva. Como vimos no capítulo anterior, Maneto era capaz de listar, no início do século III a.C., todos os soberanos do Egito desde cerca de 3000 a.C. É provável que seu contemporâneo babilônio Beroso, que também escreveu sobre o passado de sua terra natal em grego, fosse capaz de fazer o mesmo com relação à Babilônia, embora nosso conhecimento muito limitado dos seus escritos nos impeça confirmá-lo.

Um resultado desse horizonte expandido foi permitir às pessoas recuar no passado — o passado *delas* — e recuperar aspectos que tinham caído em desuso havia muito.

A cultura egípcia dos séculos VII e VI a.C. é marcada por um fenômeno conhecido como arcaísmo. Nesse período, numa medida muito maior que em outros da história egípcia, reis e membros da elite não se contentavam em dar continuidade à sua tradição cultural tal como a haviam recebido. De fato, a arte e a arquitetura de seus monumentos funerários retornam a modelos muito anteriores, alguns de tempos tão remotos quanto o terceiro milênio a.C.; e a língua das inscrições a elas associadas é em geral um egípcio clássico muito diferente da língua falada e escrita no cotidiano da época. Não sabemos ao certo o que os arcaizantes pensavam estar fazendo, pois não nos informam. Estariam empenhados em restaurar um passado glorioso no presente? Ou apenas escolhendo o que os encantava nas ruínas que os cercavam? De uma maneira ou de outra, o passado distante tornara-se agora uma fonte de inspiração para eles.

O que encontramos na Mesopotâmia no mesmo período é mais interessante, precisamente porque ali as pessoas por vezes se detinham para se explicar.

A restauração estava claramente no ar na Babilônia do século VI. O último soberano babilônio, Nabonide, deixara um notável relato da restauração por ele promovida de uma instituição que estivera em desuso por mais de um milênio. No século XXIV a.C, o soberano imperial Sargão havia designado a filha (aliás, a primeira escritora de que se tem notícia no mundo) para o cargo de sumo sacerdotisa e consorte humana do deus da Lua, Nana, em seu templo em Ur. Tenha ou não Sargão sido o primeiro a fazer isso, a prática foi seguida por outros soberanos na Mesopotâmia até o século XVIII; dali em diante, não ouvimos mais falar dela até que Nabonide a restaurou. Sua alegação era que o deus da Lua lhe comunicara precisar de uma sacerdotisa e que fora determinado por adivinhação que ela devia ser a própria filha do rei. Nesse ponto, porém, Nabonide enfrentou um problema. Para restaurar a antiga prática era necessário ter mais que uma mera idéia geral do que estivera envolvido outrora, e nesse caso, como Nabonide assinalou, o cargo permanecera esquecido por um tempo muito longo. Felizmente, ele nos diz que conseguira descobrir materiais pertinentes datados do reinado de um rei do século XII (teria realmente os encontrado ou só fingido?). Assim pôde fazer as coisas tal como haviam sido feitas nos tempos antigos.

Declarou que o motivo para tudo isso era sua preocupação com o santuário dos grandes deuses. Podemos aceitar sua pia revelação, mas com a ressalva de que Nabonide tinha boas razões para alardear essa preocupação: ele chegara ao trono de uma maneira bastante duvidosa, e estava tentando estabelecer sua legitimidade por todos os meios. O interessante é que essa preocupação o levou a um arcaísmo extravagante.

Nabonide foi também um escavador infatigável, no que não foi único entre os últimos reis babilônios. Mais uma vez, o contexto foi seu piedoso interesse pelos santuários dos deuses principais: procurou reconstruir templos antigos que haviam se reduzido a ruínas ou desaparecido por completo. Na época, porém, acreditava-se que tal restauração seria inválida, a menos que o novo templo fosse erguido exatamente no lugar do antigo. Era preciso portanto encontrar as velhas fundações. Mas isso ainda dava margem a um problema: o que ocorreria se a nova construção fosse feita sobre fundações erradas, como podia facilmente ocorrer quando a localização precisa do antigo templo estivera esquecida por séculos? Por essa razão, faziam-se grandes esforços no curso dessas escavações para se encontrar as inscrições que reis anteriores haviam mandado fazer nos alicerces. Em um caso, Nabucodonosor havia reconstruído, no início do século VI, um templo num lugar onde encontrara uma inscrição deixada por um restaurador anterior. Mais tarde Nabonide encontrou uma inscrição ainda mais antiga num lugar diferente e pôde reconstruir o templo.

Fig.15: Estátua originária de Mari, cerca de 2000 a.C.

Essas escavações babilônias não eram arqueologia no nosso sentido; eram inspiradas por uma preocupação religiosa da época, não por um interesse acadêmico pelo passado. Mas concluir que os reis babilônios não tinham absolutamente nenhum interesse em antigüidades por si mesmas seria ir longe demais. A figura 15 mostra uma estátua do tempo de um certo Puzur-Ishtar, que era governador (de fato soberano) da cidade de Mari, a alguma distância de Babilônia, a montante do Eufrates, por volta de 2000 a.C. É uma bela peça de museu. Na verdade, talvez já tivesse estado num museu no século VI a.C.; foi encontrada em meio a um grupo de antigüidades que parece ter sido reunido por Nabucodonosor em seu palácio na Babilônia e enriquecido por seus sucessores.

A nova capacidade de reconstituir o passado que surge com a criação e sobrevivência de heranças literárias é mais importante para os negócios humanos do que esses primeiros exemplos babilônios podem sugerir. Remontar ao passado distante pode ser uma maneira engenhosa de escapar do presente. É claro que, quando procuramos algo diferente do que temos no momento atual, dispomos sempre da possibilidade de fazer empréstimos de outras culturas. Mas a vantagem de retornar ao próprio passado remoto é que, embora muito diverso do presente, ele continua não obstante sendo nosso. Daí o notável poder dos renascimentos, das reformas e dos fundamentalismos na história humana.

CAPÍTULO 8

A Índia

I. Por que a Índia não foi apenas um subcontinente

Como o sul do Oriente Próximo, a Índia é uma parte do antigo subcontinente de Gonduana que se uniu à Eurásia. Mas a seqüência dos eventos foi diferente: a Índia separou-se do resto de Gonduana há mais de cem milhões de anos, e até colidir com a Eurásia, há cerca de 50 milhões de anos, levou a existência de uma ilha. Essa história peculiar reflete-se na mais óbvia diferença isolada entre as duas regiões: o subcontinente indiano é uma península, não uma ponte de terra. Há contudo algumas semelhanças físicas gerais. Como o sul do Oriente Próximo, a Índia é em geral relativamente plana. As planícies litorâneas dão lugar, mais para o interior, a cordilheiras resultantes da fissura que originou a região. Mas não há no sul nada que se compare em altitude à combinação de montanhas e platô que fecham a Índia ao norte. Lembrando muito o norte do Oriente Próximo, esse enorme soerguimento é produto não de fissura, mas de colisão. Ainda assim, a escala do soerguimento supera em muito qualquer coisa que o Oriente Próximo tenha a mostrar; de fato, talvez a Terra não tenha sido palco de nada de equiparável no último meio bilhão de anos. Em contraposição, é entre as montanhas do norte e a região montanhosa do sul que a Índia é mais baixa e plana, com planícies aluviais comparáveis às da Mesopotâmia.

Uma das diferenças mais importantes entre a Índia e o Oriente Próximo é climática: a Índia recebe muito mais chuvas (mapa 6). Dados os terrenos elevados no norte e o oceano aberto ao sul, isso é compreensível; na verdade, é essa combinação de traços físicos que gera a monção, o verão úmido tão alheio ao Oriente Próximo. Mas a distribuição das chuvas de verão na Índia é muito desigual. As regiões mais úmidas são a faixa costeira no sudoeste e uma grande área do nordeste; em contraposição, as regiões montanhosas do sul são um pouco secas, enquanto o noroeste partilha a aridez do Oriente Próximo, do qual é de fato uma extensão climática. Em conseqüência, os dois grandes rios que nascem nas montanhas do norte têm efeitos um tanto diversos sobre as terras que banham. Ambos fornecem um valioso recurso agrícola, a saber, lodo. Mas no nordeste o Ganges leva suas águas para uma região de chuvas abundantes, destinada pela natureza a ser uma selva; já no noroeste, o Indo — como os grandes rios do Oriente Próximo — leva a vida para uma terra que, não fosse isso, seria em grande parte deserta.

Para nossos propósitos, faz sentido dividir a Índia histórica em três regiões principais. A primeira é o sul, com suas planícies litorâneas, cordilheiras modestas e altiplano; não lhe faltam de maneira alguma recursos agrícolas, mas eles estão bastante dispersos. A segunda região é o nordeste, centrado no Ganges; esta tem uma extraordinária concentração de ricas terras férteis. Por fim, há o noroeste, hoje o Paquistão, centrado no Indo; aqui a agricultura irrigada é possível, como no Egito ou na Mesopotâmia.

Em tempos passados, essas três regiões diferiam num aspecto importante: seu potencial de contato com o mundo exterior, com todos os seus custos e benefícios. A área mais remota era o sul. Até o desenvolvimento da navegação nos oceanos abertos, ela não tinha nenhum contato direto com regiões fora da Índia, e dentro do subcontinente seu caráter físico a tornava menos acessível que as planícies do norte. O nordeste diferia do sul por ser internamente mais acessível e contíguo a outras partes da Eurásia; mas estava isolado delas por montanhas elevadas no norte e selva densa no leste. O resultado era que seus contatos com o mundo mais amplo se davam sobretudo através do noroeste. Foi essa região noroeste que, até séculos recentes, serviu como o grande portão da Índia — embora estivesse longe de ser um portão cômodo, uma vez que seus usuários tinham de enfrentar montanha e deserto. Mas um olhar de relance à pré-história sugere que o noroeste teve papel fundamental na formação da Índia.

A primeira civilização da Índia

A arqueologia mostra que os seres humanos modernos estão presentes no subcontinente há pelo menos 30.000 anos. Não indica por que rota chegaram, mas se vieram da África parece lógico supor que entraram pelo noroeste.

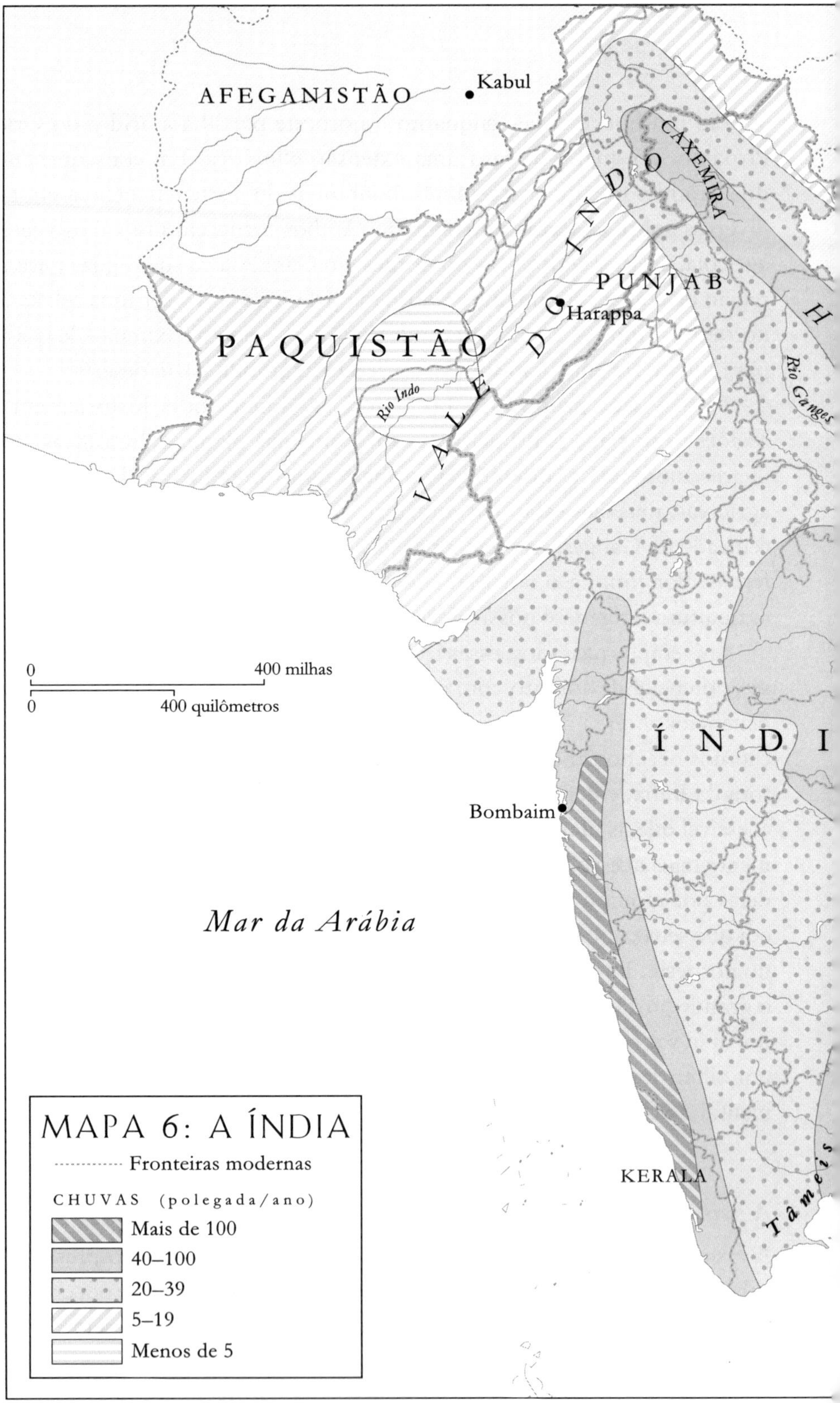

AFEGANISTÃO
Kabul
CAXEMIRA
VALE DO INDO
PUNJAB
Harappa
PAQUISTÃO
Rio Indo
Rio Ganges
0 400 milhas
0 400 quilômetros
ÍNDI
Bombaim
Mar da Arábia
KERALA
Tâmeis
MAPA 6: A ÍNDIA
Fronteiras modernas
CHUVAS (polegada/ano)
Mais de 100
40–100
20–39
5–19
Menos de 5

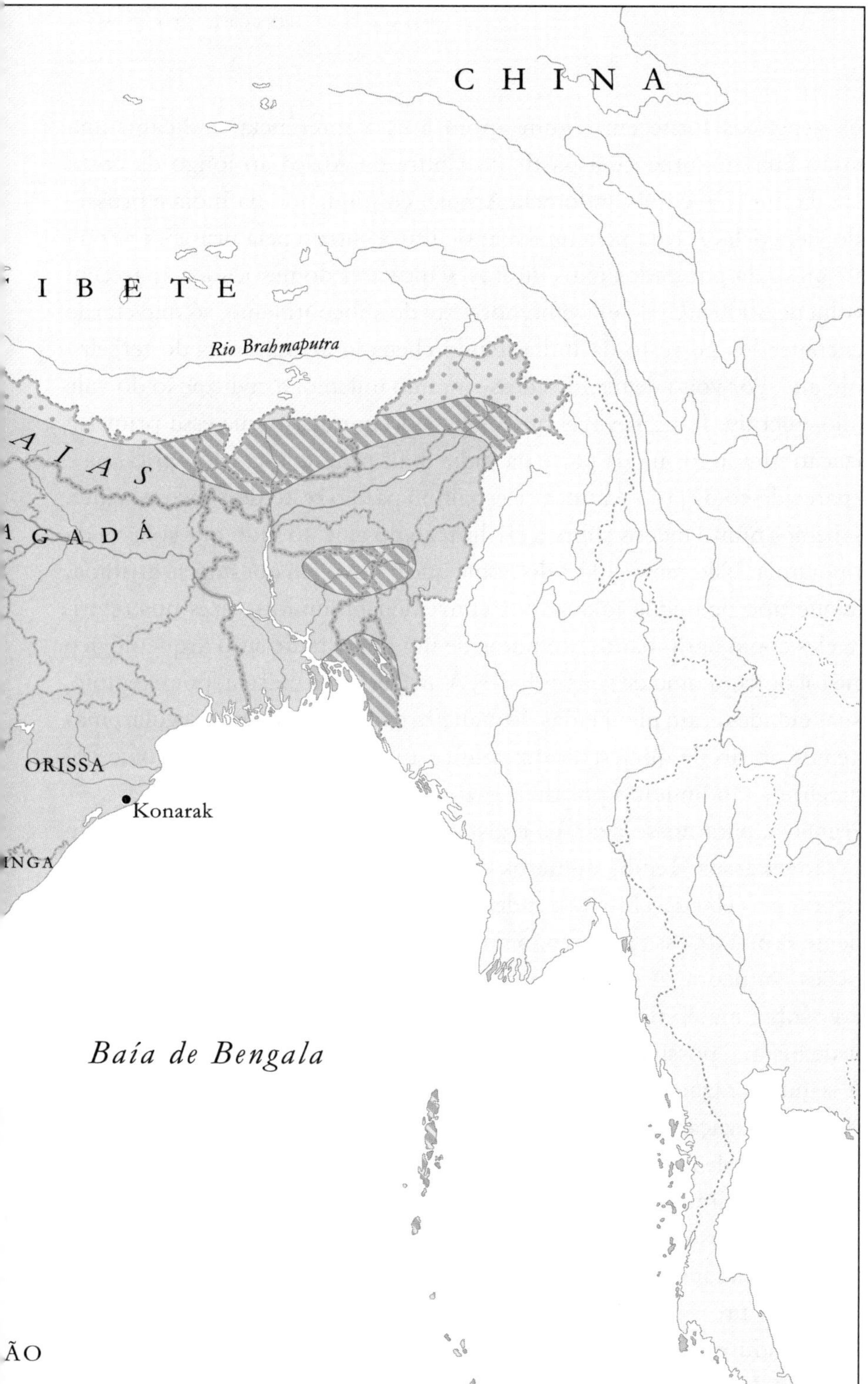

CHINA
IBETE
Rio Brahmaputra
AIAS
GADÁ
ORISSA
Konarak
INGA
Baía de Bengala
ÃO

Dados genéticos fornecem algum apoio a essa inferência: indicam uma expansão humana precoce a partir do Chifre da África ao longo da costa sudeste da Eurásia, começando pela Arábia, continuando na Índia e prosseguindo além dela. A rota pela qual a agricultura entrou pela primeira vez na Índia é atestada por dados mais diretos. Cultivares domesticados aparecem por volta de 6000 a.C. no extremo noroeste do subcontinente, só mais tarde são encontrados no resto da Índia, tendo chegado ao sul antes do terceiro milênio a.C. Por volta de meados desse mesmo milênio, a civilização do vale do Indo emergiu. É improvável que tenha sido por acaso que essa primeira civilização tomou forma na parte da Índia mais próxima da Mesopotâmia e mais parecida com ela — e nunca se espalhou para o resto do subcontinente.

Sabemos muito menos sobre a civilização do vale do Indo que sobre a da Mesopotâmia. Não temos idéia do nome que o povo em questão se atribuía, ou de que tipo de língua falava; por conveniência, muitas vezes nos referimos a eles como harappanos, do nome de um importante sítio arqueológico no que foi outrora uma de suas cidades. A arqueologia mostra, por exemplo, que suas cidades eram planejadas de maneira excepcionalmente regular; mas não temos noção de que estrutura política tornou isso possível. Nosso conhecimento é tão limitado por duas razões principais.

Primeiro, para nosso azar, os registros escritos deixados por essa civilização são escassos. Temos números consideráveis de sinetes de pedra com inscrições; mas elas são breves e indecifráveis. Em acentuado contraste com o Oriente Próximo, essa região não nos deixou plaquetas de argila ou longas inscrições em pedra. A suposição óbvia é que os harappanos costumavam escrever sobre materiais perecíveis; se a prática hindu mais tardia pode nos servir de pista, é possível que tenham usado folhas de palmeira.

A segunda razão de nossa ignorância é a má sorte tanto deles quanto nossa: sua civilização chegou ao fim no início do segundo milênio a.C. Nada há nesse evento de intrinsecamente misterioso — se algo surpreende, é o fato de que as primeiras civilizações não se extinguissem com mais freqüência. Nesse caso, a causa poderia ter sido ambiental (para começar, o Indo é um rio notavelmente instável); ou poderia ser sido uma invasão. Seja como for, essa extinção precoce trabalha contra nós de duas maneiras. Uma é que a tradição hindu posterior não conserva memória alguma da civilização do vale do Indo. Isso não significa que os harappanos não tenham dado nenhuma contribuição para a Índia de tempos futuros; algumas características de sua cultura não desapareceram, entre elas talvez esteja uma predileção pelo número 16 manifestado em seu sistema de pesos. Não há, porém, nenhum equivalente da informação histórica que a civilização chinesa preserva da dinastia Chang. A outra conseqüência do fim precoce da civilização é que nenhum forasteiro nos deixou qualquer descrição dela. Certamente algumas pessoas poderiam tê-lo feito, já que há indícios claros de que a civilização do vale do Indo estava em contato comercial com a Mesopotâmia; nos registros mesopotâmios mais antigos, há referência até a um intérprete. Mas foi só na segunda metade do primeiro milênio a.C. que a etnografia conquistou o devido reconhecimento, e então já era tarde demais.

Os arianos e seu impacto

Nesta altura vale a pena interromper nossa narrativa para considerar o mapa lingüístico do subcontinente em nossos dias. Ele é complicado nas orlas do nordeste pelo transbordamento de línguas de regiões contíguas e, na região montanhosa do centro-leste da Índia, por bolsões de falantes das chamadas línguas mundas, possivelmente uma intrusão antiga a partir do sudeste da Ásia. Sob outros aspectos, porém, o quadro é notavelmente simples. Duas e apenas duas famílias de línguas ocupam a maior parte do subcontinente, o indo-ariano no norte (p.ex., o híndi) e o dravidiano no sul (p.ex., o tâmil). As linhas que as separam correm aproximadamente do sudoeste para o nordeste; há uma divisão nítida no oeste, mas encontram-se ilhas esparsas de dravidiano no nordeste.

A questão a considerar aqui é como essa partição lingüística poderia ter surgido. A hipótese óbvia é que as línguas dravidianas deviam estar lá antes da chegada dos falantes do indo-ariano, e muitas coisas a apóiam. Uma é que não há consenso entre os lingüistas quanto aos vínculos que o dravidiano poderia ter com qualquer língua fora do subcontinente. Outra é que a dispersão de ilhas dravidianas no nordeste sugere a interpretação de que são resíduos de uma presença originalmente mais ampla (embora os falantes do dravidiano no extremo noroeste possam ter sido migrante que ali chegaram por volta do último milênio). Por fim, mas não menos importante, a mais antiga forma de indo-ariano que possuímos já está marcada pela presença de alguns empréstimos tomados do dravidiano; e como esta era a língua falada no noroeste, esses empréstimos são um forte indício de que essa região, também ela, falara anteriormente o dravidiano (seria lícito supor, portanto, que os harappanos falavam uma língua dravidiana). Tudo isto sugere que antes do aparecimento dos falantes do indo-ariano, as línguas dravidianas eram faladas na maior parte da Índia.

As línguas indo-arianas, em contraposição, têm conexões claras com outras faladas fora da Índia. Fazem parte da família indo-européia de línguas a que também pertencem os grupos de línguas celta, germânico, eslávico e vários outros. Como veremos no capítulo 12, é provável que esses vários grupos tenham surgido da desintegração de uma língua-mãe na Europa oriental. Mas, mesmo sem essa reconstrução, o fato de apenas um ramo do indo-europeu ser encontrado na Índia, enquanto todos os demais estão fora dela, faz a presença do indo-ariano na Índia assemelhar-se a uma intrusão.

As línguas difundem-se de duas maneiras: pessoas que as falam podem se deslocar para novas áreas, e pessoas que originalmente não as falavam podem adotá-las. Com freqüência ambos os processos podem estar envolvidos; nesses casos, o problema é decidir o peso relativo de um e de outro. Com relação à Índia, é possível dizer duas coisas com alguma certeza. A primeira é que, para começar, falantes do dravidiano não teriam passado a adotar as línguas indo-arianas a menos que alguns falantes destas as tivessem levado para o subcontinente. A outra é que, para terem tido o impacto que tiveram, os falantes do indo-ariano vindos de fora deviam ser ou numerosos, ou poderosos, ou ambas as coisas. A idéia de que um número significativo de pessoas esteve envolvido encontra certo apoio num corpo limitado de dados genéticos, que apontam para uma marcada afinidade entre indianos de castas elevadas e europeus — particularmente europeus orientais. A idéia de que um grande poder esteve envolvido é corroborada pelo próprio fato de serem indianos de castas elevadas que exibem essa afinidade, e também pela descoberta de que ela é mais forte no lado masculino que no feminino.

Mesmo sem esperança de apontar com precisão o momento da chegada dos falantes do indo-ariano à Índia, podemos fazer alguma coisa para contextualizá-la. O primeiro indício seguro do indo-ariano vem não da Índia, mas do Oriente Próximo. O lugar é o reino de Mitanni, na região que hoje é o sudeste da Turquia, e a data são os séculos XV e XIV a.C. A língua falada e escrita de Mitanni era o hurriano, uma língua local do Oriente Próximo; mas palavras indo-arianas afloram nela em contextos extremamente sugestivos, como nomes de reis, nomes de deuses e na linguagem técnica da condução de bigas. Isso parece resíduo de uma presença militar indo-ariana em alguma data anterior — a menos que estes fossem falantes do indo-ariano que nunca tivessem ido à Índia.

Na própria Índia desse período, e por um longo tempo, procuramos em vão pelo que o Oriente Próximo fornece em abundância — textos contemporâneos arqueologicamente preservados. Na falta deles, devemos trabalhar com duas fontes de caráter diametralmente oposto. Uma são os remanescentes mudos da civilização harappana e de culturas pós-harappanas — um registro arqueológico sem trilha sonora. A outra é a tradição oral dos falantes do indo-ariano — uma trilha sonora que é difícil relacionar com alguma segurança aos registros arqueológicos.

A tradição oral é há muito tempo um traço destacado da vida religiosa indiana. Na principal corrente da tradição hindu, os brâmanes eram os sacerdotes, e um de seus papéis cruciais era memorizar e transmitir para gerações futuras enormes corpos de material textual relacionado ao culto. Os mais antigos e prestigiosos desses textos eram os quatro Vedas, transmitidos em muitas recensões pelos vários grupos brâmanes das diferentes partes da Índia. Dos quatro Vedas, o mais antigo era o Rigveda, uma substancial coletânea de hinos dirigidos aos deuses. Aqui, como em muitos aspectos da história indiana, a cronologia é vaga, mas o consenso dos estudiosos data a composição desse material da segunda metade do segundo milênio a.C. A geografia é um problema menor: estamos no leste de Punjab, uma parte do noroeste onde os vários tributários do Indo ainda não se uniram para formar um único rio — exatamente onde esperaríamos encontrar pessoas que tivessem entrado na Índia recentemente através dos desfiladeiros das montanhas. A transmissão subseqüente desses hinos parece ter sido extraordinariamente fiel. Uma indicação disso é o fato de essas composições da Idade do Bronze não terem sido contaminadas pela Idade do Ferro, em que a grande maioria dos que as transmitiram viveram efetivamente (em contraposição, referências anacrônicas ao ferro infiltraram-se no retrato da sociedade da Idade do Bronze traçado nas epopéias homéricas). A língua dos hinos é uma forma arcaica do sânscrito, a língua indo-ariana clássica da civilização indiana; o

Rigveda nos fornece, portanto, uma primeira janela para uma sociedade falante do indo-ariano na Índia. De fato, podemos chamar esse povo pelo nome que davam a si mesmo: eram os arianos.

A sociedade ariana tinha pouco em comum com a civilização urbana de Harappa. Era, de maneira muito característica, uma sociedade de pastoralistas, orgulhosa de seu gado, seus cavalos, suas bigas e seus ataques; incluía reis e guerreiros ao lado de sacerdotes, mas não possuía nada que pudéssemos chamar realmente de um Estado. Essa sociedade não existiu num vácuo humano, pois ao lado dos arianos aparece um povo de pele escura a que eles votavam desprezo. Não seria difícil, portanto, imaginar essa população pastoril agressiva desempenhando um papel na extinção da civilização do vale do Indo. O surpreendente é a escala de seu impacto mais amplo sobre a Índia. Não se trata só de que a língua que ela levou para o subcontinente continua sendo falada até hoje pela maior parte da população indiana. Trata-se também de que esses pastoralistas grosseiros devem estar na raiz da civilização indiana tal como ela existiu nos últimos três milênios. Este talvez seja um outro caso de uma lição que aprendemos já com o Oriente Próximo: não se deve subestimar o impacto histórico potencial de povos pastoris.

Até este ponto de nossa análise, o papel-chave na configuração da Índia foi desempenhado pelo noroeste. Nos primeiros séculos do primeiro milênio a.C., esse monopólio foi finalmente quebrado. Nesse momento a Índia passou a ingressar em sua Idade do Ferro, e ferramentas de ferro tornaram mais fácil desmatar a selva e arar o solo do nordeste; isso, por sua vez, tornou possível o cultivo em grande escala de um arroz domesticado da Ásia oriental (talvez o único item de importância capital a entrar na Índia pelo leste). O resultado foi uma mudança fundamental na geografia humana do subcontinente: em poucos séculos seu centro de gravidade havia se deslocado para as planícies do Ganges. Ali o surgimento de cidades perto de meados do primeiro milênio a.C. foi igualado pelo de Estados. Nossas fontes nos permitem vislumbrar a existência de numerosos Estados em competição, e no devido tempo um deles, Magadá, passou a dominar toda a região. Alguns desses Estados haviam sido repúblicas tribais (estas eram mais freqüentes no oeste e algumas se desenvolveram o bastante para cunhar moedas); mas a monarquia era dominante. Ao mesmo tempo, o nordeste estava desempenhando o papel-chave na formação da civilização indiana clássica. Foi nesse período que a Índia readquiriu a escrita. Já no século IV a.C., e talvez por algum tempo antes, a Índia estava usando uma forma de escrita alfabética que em nada ficava a dever à escrita esquecida do vale do Indo; esse novo sistema de escrita, o brami, é a fonte de todas as escritas indianas hoje em uso.

Um desenvolvimento-chave no nordeste por volta do século V a.C. foi o surgimento do budismo. Como outros movimentos da época que deixaram menor marca na história, o budismo estava no âmago de uma filosofia destinada a ascetas que — como o próprio Buda — haviam renunciado ao mundo e só desejavam se livrar dele. Por ora, deixemos de lado o conteúdo doutrinário dessa filosofia. O que é preciso dizer aqui é que a história do budismo (e não somente a do budismo) realça o fato de que a renúncia ao mundo pode ser uma técnica eficaz para se florescer nele. Em primeiro lugar, em geral os ascetas budistas não eram solitários. Ao contrário, o fundador deixou atrás de si uma comunidade de monges (à qual deixou-se persuadir, muito contra seu melhor juízo, a acrescentar monjas). A comunidade não conseguiu se manter unida nos séculos que se sucederam à sua morte, apesar de uma série de concílios; mas as várias seitas em que ela se dividiu conformaram-se ao mesmo padrão organizacional básico. Tal como no cristianismo, a existência de monges deu lugar a mosteiros e, de maneira um tanto dúbia, estes se tornaram centros de riqueza e poder. O que gerava riqueza e poder era o sucesso com que os monges atraíam o mundo a que haviam renunciado. Tinham extrema habilidade em obter o patrocínio de soberanos, que, durante um milênio, consideraram os monges budistas tão aptos quanto os brâmanes para fornecer o endosso religioso sem o qual um rei dificilmente é bem-visto. Ao mesmo tempo os monges atendiam às necessidades e desejos religiosos do laicato, que não estava mais ansioso que seus soberanos por renunciar ao mundo. Nesses aspectos, não se poderia dizer que os budistas diferiam muito de seus rivais (os jainistas, por exemplo), exceto por terem sido mais bem-sucedidos; já no segundo concílio que realizaram, reza a tradição, a principal questão em debate foi se monges podiam aceitar donativos em ouro e prata.

Os budistas também fizeram algo que seus competidores não fizeram: exportaram sua religião para além das fronteiras da Índia. Todo aquele que renuncia ao mundo está livre para se desvencilhar das lealdades paroquiais da sociedade que professa abandonar. Os que assim renunciavam não estavam sujeitos a qualquer obrigação de respeitar laços de casta, etnia ou língua. Foram os budistas que souberam tirar proveito dessa liberdade; para difundir sua religião, primeiro traduziram a copiosa literatura que transmitiam em várias línguas indo-arianas e, no devido tempo, transpuseram-na para línguas tão exóticas quanto o chinês, o tibetano e o mongol. O Buda, foi dito mais tarde, era capaz de expressar tudo que desejava em toda e qualquer língua. Ao mesmo tempo, os missionários budistas não entravam em conflito algum com os deuses nativos das sociedades em que se introduziam. Por isso, como veremos, o budismo desempenhou um papel proeminente na exportação da civilização indiana.

Num aspecto crucial, contudo, o despertar do nordeste aparece como um processo muito conservador. Ele perpetuou a tradição ariana do noroeste, como o evidencia a prevalência de línguas indo-arianas na região, e o fato de que arianos dominavam o sistema de castas. Não é óbvio que isso fosse inevitável. Poderíamos facilmente imaginar algum povo nativo não-ariano combinando ferro e arroz para desenvolver o nordeste num estilo étnico e cultural inteiramente diverso. Tivesse isso ocorrido, é difícil dizer que futuro teria tido a cultura dos arianos pastorialistas do fim da Idade do Bronze; provavelmente teria se perdido de maneira tão irremediável quanto a maioria esmagadora das culturas do passado humano. Mas o que ocorreu foi que a herança ariana, filtrada pela civilização urbana das planícies do Ganges, posicionou-se para se tornar a tradição cultural dominante de todo o subcontinente.

Comparativamente, o sul foi um caso bastante diferente. Enquanto o nordeste entrou em cena no início do primeiro milênio a.C., foi só no final desse milênio que o processo teve início no sul. Também ali o surgimento de Estados foi um desenvolvimento crucial, e Estados têm usos para a civilização. Como seria de esperar, eles adotaram a do norte; como os núbios em relação ao Egito antigo, os povos do sul dificilmente poderiam ter conhecido qualquer outra. Isso significou importação em grande escala de apetrechos da cultura do norte da Índia — especialmente os brâmanes, seus Vedas e suas habilidades na escrita. Pode ter havido também um elemento de invasão militar a partir do norte. Mas, a julgar pelo resultado, a expansão do poder ariano não pode ter sido nem de longe tão opressiva quanto no nordeste. Pelo menos em áreas que hoje consideramos como o sul, os povos nativos conservaram suas línguas dravidianas e passaram a usá-las mais cedo ou mais tarde para desenvolver culturas letradas próprias. Eles preservaram igualmente suas identidades étnicas não-arianas, e apesar do papel importante desempenhado pelos brâmanes imigrantes, suas elites políticas eram predominantemente não-arianas. Somente no Ceilão houve um vasto território colonizado permanentemente por um povo de expressão indo-ariana, os cingaleses; e a chave para isso pode ser o fato de terem chegado à ilha antes dos falantes de línguas dravidianas.

Este quadro geral não pretende sugerir que o noroeste havia perdido sua importância na história da Índia. Ele continuou sendo o portão para o subcontinente até o século XVIII d.C. Por esse portão passou uma sucessão de invasores, a começar pelos persas no século VI e os gregos no século IV a.C. Tipicamente, a dominação política desses intrusos limitou-se ao noroeste, padrão que ainda se mantinha até o momento da invasão muçulmana do início do século VIII d.C. Culturalmente, o impacto desses invasores costumava ser absorvido ou contido sem graves deslocamentos. Assim, é provável que o famoso gramático do sânscrito, Panini, tenha vivido sob domíno persa. A presença muçulmana foi menos benigna do ponto de vista cultural, e do século XI em diante, a conquista muçulmana se tornaria uma grande ameaça à cultura tradicional na Índia.

A civilização indiana clássica

Até o fim do primeiro milênio d.C., podemos conceber a Índia como o domínio de uma única civilização. Nem todo mundo no subcontinente fazia parte dessa civilização. Até os nossos dias, há populações tribais consideráveis que estão fora da sociedade hindu, e provavelmente elas eram mais numerosas no passado; algumas delas são de caçadores-coletores. Além disso, muitos aspectos da civilização variavam de uma parte da Índia para outra, mesmo no nível da elite. Assim, se em algumas regiões os meses começavam na lua nova (como na maior parte do sul), em outras começava na lua cheia (como na maior parte do norte). Num nível popular, as variações regionais deviam ser ainda maiores. A despeito disso, havia uma unidade cultural abrangente. Os brâmanes, por exemplo, deslocavam-se com muita freqüência; temos notícia de brâmanes da Caxemira do extremo norte que se instalaram entre os tâmeis no extremo sul. Manuscritos também viajavam; textos sânscritos escritos no sul com os caracteres de Kerala mostram equívocos que só teriam podido surgir no processo de cópia de originais escritos com os caracteres da Caxemira. Em contraposição, não encontramos, na configuração étnica e lingüística da zona cultural mesoamericana, nenhum paralelo desse papel pan-indiano desempenhado pelo ariano e o sânscrito.

A unidade cultural não foi acompanhada, contudo, por unidade política. De tempos em tempos a história indiana tinha seus episódios imperiais, como quando impérios foram criados e mantidos por Estados baseados no nordeste. Os maurias dos séculos IV a II a.C. foram o primeiro exemplo disso, e os guptas dos séculos IV a VI d.C. foram outro. Mas esses impérios não se estenderam até o extremo sul. Os construtores de impérios do segundo milênio d.C. saíram-se melhor sob esse aspecto — mas eles foram muçulmanos ou britânicos. Isso significou que parte da Índia durante todo o tempo, e a maior parte dela na maior parte do tempo, esteve dividida numa pluralidade de Estados regionais. Apesar disso, enquanto esses Estados prodigalizaram proteção aos brâmanes a unidade mais abrangente da Índia não correu perigo.

Um traço frustrante, mas também de interesse, da história da Índia é que nosso conhecimento da sorte desses Estados, grandes e pequenos, é bastante exíguo. Não temos, com relação à Índia pré-muçulmana, nenhum equivalente da rica historiografia da China ou do mundo islâmico. Por isso, só nos resta tentar reconstruir a história desses Estados a partir dos indícios fornecidos por inscrições, moedas e referências perdidas em fontes literárias. Em geral esses indícios são, na melhor das hipóteses, fragmentários, embora haja uma exceção notável: o imperador mauriano Asoka, em meados do século III a.C., é uma figura indubitavelmente histórica. Devemos isso às muitas inscrições em pedra remanescentes, nas quais esse grande patrono dos budistas e de seus rivais explica-se num idioma de um universalismo vegetariano. Assim, ele nos conta que outrora centenas de milhares de animais eram abatidos diariamente nas cozinhas dos reis, mas que agora isso fora reduzido a dois pavões e, lá uma vez ou outra, um veado, e que até isso cessaria aos poucos; descreve seu remorso ante a matança e a deportação em massa que havia acompanhado sua conquista do Estado independente de Kalinga; e afirma que é seu dever promover o bem-estar do mundo inteiro, e assim saldar sua dívida para com todos as criaturas. Mas Asoka é um caso único, e suas inscrições, por mais interessantes que sejam, não substituem uma boa crônica. Por que, então, temos tão pouco em matéria de escritos históricos para nos informar sobre o curso dos eventos na Índia? A explicação óbvia seria que os indianos não a escreveram. Esse não seria um caso singular: o Egito antigo não produziu nada que pudéssemos realmente chamar de crônica. Mas um visitante chinês do século VII d.C. refere-se aos funcionários indianos encarregados de registrar a história, e o verdadeiro problema talvez tenha sido que a sociedade hindu, e mais especialmente a elite cultural brâmane, não preservou o que esses historiadores escreveram depois do término da dinastia a que serviam. Omissão que, quando se considera tudo que as dinastias haviam feito pelos brâmanes, parece curiosamente ingrata.

O que essa sociedade de fato preservou, e em quantidades enormes, foi uma literatura de caráter geral religioso. Como essa preservação gerou uma transmissão contínua, os textos de que dispomos hoje são em geral os das escolas de pensamento que sobreviveram. Mas não podemos nos queixar dos resultados. A tradição dos brâmanes, componente-chave da religião hindu dominante, preserva não só os quatro Vedas como grande variedade de textos sânscritos de conteúdo variado; o atomismo indiano antigo, por exemplo, está bem representado (não há nada de especificamente moderno na idéia de que a matéria é composta de átomos). O próprio budismo acabou por desaparecer da Índia, mas uma ampla literatura budista, composta originalmente ali, ainda sobrevive entre budistas do Ceilão e de outros países numa variedade de línguas. O jainismo, um movimento religioso com o mesmo caráter do budismo mas um pouco mais antigo, está hoje restrito a duas comunidades muito distantes entre si na Índia; uma delas preservou uma herança literária que remonta ao primeiro milênio a.C. A documentação referente à história religiosa da Índia antiga é portanto tão rica quanto aquela referente à sua história política é pobre. O problema é que, como seria de esperar, esse material sofre de certa falta de contextualização histórica. Por exemplo, as escrituras budistas do Ceilão estão numa língua indo-ariana conhecida como páli; é razoável supor que esta deve ter sido outrora a língua vernacular de pessoas de carne e osso que viviam num lugar real, mas só podemos conjeturar que lugar do norte da Índia poderia ter sido esse.

A sobrevivência de textos budistas fora da Índia nos traz ao tema final deste panorama: a difusão da civilização indiana para regiões além do subcontinente. Isso não envolveu conquista. O noroeste foi sempre, de fato, um portão pelo qual estrangeiros invadiram a Índia, e nunca serviu no sentido inverso. Na verdade, o processo parece ter sido bastante semelhante ao do acolhimento dado à cultura indiana no sul. Podemos vê-lo em ação em duas áreas muito diferentes nos primeiros séculos de nossa era: o interior da Ásia e o sudeste da Ásia.

O legado duradouro da influência indiana no interior da Ásia foi a difusão do budismo para a China, e daí para outras partes da Ásia oriental. Entretanto, já tendo uma civilização própria, a China não tinha nenhuma necessidade de tomar a hindu emprestada. Mas fora exatamente um processo de empréstimo como esse que levara o budismo do noroeste da Índia, contornando o topo do Tibete, até as fronteiras da China. Nessa região, temos indícios do século II d.C. de Estados culturalmente indianizados entre povos que anteriormente não possuíam cultura escrita. Vários séculos depois algo semelhante aconteceria no Tibete.

Mais ou menos no mesmo período, um ou dois séculos após a virada da nossa era, a civilização indiana começou a fazer sentir sua influência em partes do sudeste da Ásia. A precondição para isso foi o rápido desenvolvimento de um comércio de longa distância no oceano Índico, espetacularmente demonstrado pela presença de artefatos romanos em Go Oc Eo, no que é hoje o Vietnã (um deles é um medalhão de ouro do imperador Antonino Pio, datado de 152 d.C.). Como no sul da Índia, o processo significou um enorme aumento das oportunidades de emprego para brâmanes bafejados pela sorte. Uma fonte chinesa do século V d.C. menciona um reino do sudeste da Ásia com mais de mil brâmanes indianos, aos quais o povo do lugar costumava dar suas filhas em casamento. Parece, porém, ter havido menos indianização da sociedade em geral; assim, diferentemente dos povos do sul da Índia, os do sudeste da Ásia não têm sistemas de castas bem desenvolvidos. Era sobretudo para as elites e os soberanos da região que a civilização indiana tinha alguma serventia. Esta, entretanto, foi considerável. Inscrições atestam a emergência de Estados indianizados a partir do século III d.C., e no final do milênio muitos desses Estados já haviam aparecido no continente e em algumas das ilhas.

Podemos encerrar este quadro geral observando uma interessante assimetria na exportação da cultura indiana: ela foi bem-sucedida na direção leste, e não a oeste. Ao leste, povos que, graças às suas posições geográficas, tinham escolha entre a cultura hindu e a chinesa escolheram esmagadoramente a hindu. Os tibetanos fornecem um exemplo adicional dessa preferência: sabemos que, em certa altura, eles se interessaram por ambas as culturas, mas mais tarde abandonaram a opção chinesa. Por outro lado, essa difusão da cultura hindu não se deu na direção oeste. Tal como a China, o Oriente Próximo já possuía, é claro, uma cultura letrada; mas a enorme difusão do budismo na China não teve paralelo na região, ainda que Mani tenha incluído respeitosamente o Buda em sua síntese.

II. Os brâmanes nambudiris de Kerala

Kerala é a chuvosa faixa litorânea do sudoeste da Índia. A leste estende-se a região de Tâmil, de que anteriormente fizera parte; o malaiala, a língua dravidiana de Kerala, surgiu como um dialeto tâmil. A sociedade de Kerala é uma colcha de retalhos de castas e subcastas extremamente diferenciadas, a tal ponto que a região foi qualificada de um "hospício de castas". Um elemento pequeno, intrigante e outrora muito prestigioso dessa colcha de retalhos foram os nambudiris; eles eram cerca de 60.000 em meados do século passado. Examiná-los mais de perto é uma maneira de penetrar no labirinto de castas.

Os nambudiris são brâmanes e, nessa condição, herdeiros distantes da tradição ritual ariana da Idade do Bronze Punjab. Os nambudiris que conservaram suas tradições védicas o fizeram com muito mais fidelidade do que a maioria das comunidades brâmanes hindus dos tempos modernos. Eram versados em sânscrito; entre si, transmitiram três dos quatro Vedas, juntamente com grande quantidade de material litúrgico associado; e oficiavam rituais védicos complexos. Tudo isso exigia uma longa formação. Um menino nambudiri iniciava a memorização do Veda de sua família, fosse ele qual fosse, em tenra idade. Mais tarde os meninos aprendiam a recitar seus textos na ordem normal e de trás para frente segundo padrões elaborados; o efeito foi assegurar a transmissão oral permanente de um texto inalterado. Essa fidelidade não foi vã. Filólogos comparativos inferiram a existência na língua-mãe indo-européia de uma entonação mais aguda que desapareceu em todas as línguas derivadas remanescentes; só subsistiu numa forma especial de recitação védica nambudiri. Menos impressionante, mas de interesse para os indólogos, é o fato de que os nambudiris transmitiram uma recensão do Rigveda que não foi preservada em nenhum outro lugar.

Mas os nambudiris do século passado não foram apenas um fóssil vivo. Eles se distinguem entre os brâmanes não apenas pelo que preservaram, como também pelo que se tornaram. Seus costumes diferiam dos geralmente adotados pelos brâmanes no restante da Índia (um deles, como veremos, foi fundamental para sua relação com a sociedade nativa de Kerala). A visão padrão desses costumes era que, em princípio, os brâmanes só podiam ter uma maneira correta de fazer as coisas em toda a Índia; na prática, porém, divergências regionais existiam e tinham de ser aceitas, como era o caso do costume de comer carne dos brâmanes da Caxemira. Dizia-se que os nambudiris tinham 64 dessas práticas divergentes (observe, de passagem, o múltiplo de 16). Ademais, em alguns aspectos eles haviam se deixado absorver pelo ambiente de Kerala. O malaiala, que era sua língua-mãe, influenciou profundamente a maneira como pronunciavam o sânscrito (muito mais do que o fez o tâmil entre os brâmanes mais a leste). Em vários aspectos semelhantes a este, pertenciam muito mais à Kerala da época que ao Punjab pastoril do Rigveda.

Como os nambudiris conseguiram se tornar parte orgânica da sociedade keralana sem perder sua herança ariana? Sempre é possível combinar duas culturas; o problema é assegurar a estabilidade a longo prazo de tal combinação. Aqui a história nos desaponta. Não sabemos quando os nambudiris chegaram a Kerala, embora certamente já estivessem lá no século IX d.C., nem de onde vieram, embora, direta ou indiretamente, devam ter vindo de algum lugar ao norte; também não estamos suficientemente informados sobre os primórdios da vida dos nambudiris em Kerala, embora seja claro que a proteção dos reis e a riqueza agrícola depositada em suas mãos foram decisivas para seu sucesso. Quanto ao problema da estabilidade cultural, a sociedade nambudiri tradicional, tal como a conhecemos nos tempos modernos, o havia solucionado de maneira engenhosa, e os elementos dessa solução eram sem dúvida antigos. Um dos costumes peculiares dos nambudiris era que só o primogênito tinha permissão para contrair um casamento legal; isso significava que somente ele podia desposar uma mulher nambudiri, e assim só os filhos dele podiam ser nambudiris como o pai. Isso era decisivo, porque apenas nambudiris herdavam as terras da família. O efeito foi assegurar que os transmissores da tradição védica fossem uma linhagem monogâmica com direitos garantidos à fortuna de que precisavam para levar uma vida de ócio cultural. Pelo menos esse foi o efeito até o desbaratamento do sistema nos tempos modernos.

Essa solução deixava dois grupos em óbvia desvantagem. Um era o dos filhos mais jovens. Felizmente, porém, o sistema cuidava deles de uma maneira ligeiramente irregular. Os nambudiris gozavam de boas relações com uma respeitada casta militar nativa, os naiares, que se dispunham a lhes ceder as filhas em casamento; e, diferentemente de outros grupos brâmanes, os nambudiris aceitavam isso de bom grado. As alianças que disso resultavam eram propriamente falando uma forma de concubinato, não casamento. As crianças geradas por esses casais não eram reconhecidas pelos nambudiris; eram consideradas naiares, pertencendo ao mesmo grupo matrilinear que suas mães. Não herdariam, é claro, as terras nambudiris, nem participariam dos rituais deles (um naiar não tem direito a recitar, nem mesmo a ouvir, os Vedas). Do ponto de vista do filho mais novo, esse arranjo tinha seus inconvenientes: a rigor, as regras da pureza ritual o impediam de comer alimento cozinhado por sua consorte naiar, ou de comer ou banhar-se com seus filhos naiares. De todo modo, um arranjo desse tipo era melhor que nada. Na verdade, na tradicional Kerala era uma maneira de desenvolver vínculos valiosos com famílias naiares de escol, e foi em boa parte graças a arranjos desse tipo que os nambudiris cimentaram sua posição na sociedade keralana. Um nambudiri sintetizou a relação de sua própria família com uma família naiar na década de 1960: "As mulheres eram bonitas, alimentavam bem os maridos [!], e eram pessoas úteis para se ter por perto."

O outro grupo adversamente afetado era o das meninas nambudiris, que enfrentavam uma escassez de maridos potenciais. Neste caso, é claro, nenhum arranjo análogo podia ser feito, já que teria sido inadmissível para os nambudiris entregar suas filhas a homens de uma casta inferior. Isso não significava, no entanto, que as filhas excedentes estavam condenadas a virar solteironas: um primogênito nambudiri podia ter até três mulheres de uma vez, e uma moça podia sempre ser dada em casamento a um velho que tivesse enviuvado de uma de suas mulheres. Percebe-se, contudo, que uma concubina naiar talvez fosse mais afortunada que uma esposa nambudiri. A concubina naiar continuava morando com a própria família e participando intensamente da vida desta, ao passo que os laços entre uma mulher nambudiri e sua família de origem tendiam a ser rompidos por ocasião do casamento, o que a deixava isolada entre os parentes do marido. Além disso, a concubina naiar, diferentemente da esposa nambudiri, podia ter vários consortes ao mesmo tempo, e, dentro de certos limites, podia escolhê-los com bastante liberdade; mas essa prática, como seria de esperar, caiu em desuso nos tempos vitorianos.

Temos aqui um pequeno exemplo do funcionamento de uma sociedade de castas. Alguns de seus temas são específicos do relacionamento entre os nambudiris e os naiares, mas outros aparecem juntos em qualquer descrição de um sistema de castas indiano. A sociedade é dividida em castas assinaladas por um nome, afora grupos como as tribos da montanha ou da floresta que estão completamente à margem do sistema. Este, ao mesmo tempo em que estimula um grau notável de diversidade social, tende a ser fortemente hierárquico: como vimos, os nambudiris eram uma casta superior à dos naiares, que por sua vez se sobrepunham a muitas outras castas em Kerala. As pessoas pertenciam a uma ou outra casta exclusivamente em virtude de seu nascimento: não era possível ingressar numa casta ou ser escolhido para uma (embora fosse possível ser expulso de uma). O casamento é estritamente determinado pela casta, sendo que várias delas são endógamas. A atividade das pessoas está associada à sua casta, embora muitas vezes de maneira frouxa: os nambudiris são sacerdotes, os naiares são guerreiros (havia até castas criminosas na Índia, assim como havia deuses criminosos). Concepções de pureza e contaminação desempenham papel-chave na manutenção da distância entre as castas: como vimos, um nambudiri não deve comer alimentos cozinhados por uma naiar, e regras desse tipo são costumeiras entre castas mais altas e mais baixas. De fato, cada uma dessas características poderia encontrar um sem-número de paralelos no contexto indiano.

Ao lado desses traços recorrentes deve-se destacar um fato de outra ordem: a sustentação do sistema pela religião. Segundo uma antiga tradição que remonta aos Vedas, a sociedade se dividia em quatro castas (literalmente, “cores”). No topo estava a casta dos sacerdotes (os brâmanes), em seguida vinham os guerreiros (os xátrias), depois a classe economicamente produtiva (os vaixás) — todas estas eram arianas. No último patamar estava a classe não ariana dos servos (os sudras). Esse esquema talvez tenha sido outrora uma descrição fiel de uma sociedade particular, mas sua importância para a maior parte da história indiana não decorre disso. O que ele fornecia era sobretudo um arquétipo em cujos termos os indianos em diferentes momentos e lugares podiam compreender, criticar ou justificar os sistemas particulares de castas em que viviam. Por exemplo, a multiplicidade das castas de fato existentes era explicada como conseqüência de uma variedade de cruzamentos irregulares entre as quatro classes originais. Não eram apenas os brâmanes versados na tradição védica que faziam uso do esquema; Kabir Das, um poeta da Idade Média tardia numa tradição religiosa popular, que não tinha absolutamente nenhuma necessidade de fazer uso dos Vedas, expressou sua mensagem tecendo loas a uma terra em que não havia nenhum brâmane, nenhum xátria, nenhum vaixá e nenhum sudra.

Em que medida o fenômeno "casta" é peculiarmente indiano? Biruni, um observador muçulmano do século XI, contrastou o sistema de castas hindu com o igualitarismo religioso muçulmano, que só reconhece desigualdades interpessoais na piedade. Observou que essas diferenças formavam a maior barreira que se interpunha entre os indianos e o islã. É fácil para alguém socializado no igualitarismo secular do Ocidente moderno reagir de maneira semelhante. Mas se remontarmos ao feixe de características tipicamente associadas ao sistema, ficará evidente que nenhuma das idéias subjacentes é peculiar à Índia. Estamos habituados a sociedades que contêm uma variedade de grupos que diferem em prestígio. Tais grupos podem ser ligados pelo nascimento (se você não nasceu cigano, dificilmente poderá optar por tornar-se um) e pela atividade (um brâmane de Boston não ganha a vida limpando banheiros). Eles podem também influir nos casamentos possíveis para seus membros (você estará mais propenso a estimular sua filha a se casar com um membro de um grupo de alta categoria do que com um de baixa categoria). Embora seja grosseiro, não é muito raro que pessoas de muitas sociedades se refiram a outros grupos como sujos. Assim, nesse nível, seria difícil afirmar que os elementos do sistema de castas hindus estão acima de nossa compreensão.

Além disso, há alguns paralelos significativos, embora parciais, com os modos de funcionar de outras sociedades. Eles tendem a ser mais visíveis nos extremos, como entre as aristocracias de sangue no topo e os grupos proscritos no nível mais baixo. Não é por acaso que os dois termos hindus para casta que entraram no vocabulário inglês padrão são *Brahmin* e *Pariah* (os párias integravam um grupo tâmil proscrito que tradicionalmente tocava tambores nos funerais para afugentar os espíritos malignos). Focalizemos por ora os proscritos do sistema de castas. Em termos do esquema ortodoxo eles se situavam abaixo dos sudras. Na Índia antiga, não se permitia aos membros de tal categoria viver nas mesmas povoações que os arianos, e eles tinham de comer em vasilhas quebradas; exerciam tal contaminação que se exigia que avisassem os arianos de sua aproximação tocando uma matraca de madeira. Em tempos mais recentes os proscritos representavam 15% da população indiana e, como todos os demais, dividiam-se eles mesmos em numerosas classes. Assim, em Kerala, os pulayas, que tradicionalmente podiam ser comprados e vendidos, eram obrigados a dar gritos a intervalos de poucos passos para alertar outros de sua presença contaminadora; se ouvissem uma resposta na voz de uma classe mais alta, tinham que descer para a sarjeta. Mas pelo menos estavam em melhor situação que os nayadis — a simples visão de um nayadi contaminava membros de castas superiores. Ocorre que, se deixarmos de lado detalhes desse tipo, não é difícil encontrar, em outras sociedades, grupos a que poderíamos aplicar facilmente o termo "proscritos" no mesmo espírito, de modo a expressar a exclusão e a humilhação a que estão sujeitos. Um famoso exemplo da Ásia oriental é o grupo tradicionalmente conhecido no Japão como eta; uma população semelhante na Coréia atraiu menos atenção. Na Europa, os ciganos são um exemplo igualmente bom.

O que, então, torna a Índia diferente? Ao que parece, duas coisas. A primeira é que elementos bem conhecidos foram reunidos num sistema formal que molda a sociedade de alto a baixo. No Japão, em contraposição, é tomar alguma liberdade chamar os etas de "proscritos", uma vez que não há um conjunto mais amplo de castas de que teriam sido excluídos; e os paralelos não-hindus em geral tendem a nos deixar a impressão de serem fragmentários e incompletos. A segunda coisa que distingue a Índia é a profundidade do suporte religioso tradicional ao sistema de castas. Qual é então a relação entre essas duas coisas? Elas sem dúvida podem existir separadamente, como o demonstram os casos contrastantes de duas ilhas. Uma é a ilha vizinha do

Ceilão, ou, mais precisamente, a região montanhosa cingalesa no interior: ali as castas estão vivas e passam bem como instituição social, em meio a uma população de origem indiana, apesar de mais de mil anos de indiferença doutrinária budista a ela. A outra ilha é Bali, no sudeste da Ásia, com uma população de origem muito diferente: apesar do hinduísmo ali estabelecido de há muito, ela tem apenas a aparência de um sistema de castas. Na grande parte do subcontinente indiano, porém, a associação entre castas como sistema social e a tradição religiosa hindu é antiga e estreita; e embora as duas possam viver separadas, dão a impressão de ter evoluído juntas.

A pergunta óbvia que fica em aberto é por que a estrutura social da Índia teria se desenvolvido dessa maneira peculiar. A isso, como a tantas questões desse tipo, não podemos sequer começar a responder. A única coisa que podemos dizer é que a geografia bastante isoladora do subcontinente se presta à evolução, à difusão e à preservação de idiossincrasias culturais não partilhadas pelo resto da Eurásia. Não temos, portanto, razão para nos surpreender ante o fato de a sociedade indiana ter seguido um rumo próprio. Mas por que esse rumo e não outro?

III. Sobre deuses e cortesãs

Um grande e imponente templo do deus-Sol construído no século XIII d.C. em Konarak, em Orissa, ficou conhecido desde então como o Pagode Negro. Esse templo é famoso, ou famigerado, pela sexualidade despudorada de suas esculturas. A escultura erótica não é, em si, incomum na decoração de templos indianos; pares são livremente representados em enlace mais ou menos íntimo. Mas, por consenso unânime, o prêmio vai para o Pagode Negro. Em seus dias de glória, no entanto, é possível que suas esculturas tenham se empenhado numa batalha perdida pela atenção de adoradores do sexo masculino. Os deuses indianos medievais mantinham cortes de estilo igual ao dos reis da época, o que significava que eram servidos por belas e consumadas cortesãs. Essas mulheres não só cantavam e dançavam diante do deus como podiam também se dispor a conceder seus favores aos que o cultuavam. Assim, quando um general no sul fundou um templo em memória de sua mãe por volta de 1100 d.C., equipou-o com aposentos para as mais requintadas cortesãs. Da mesma maneira, os templos da Kerala medieval, que eram bastiões da opulência e do poder dos nambudiris, eram bem equipados sob esse aspecto. Talvez, na época, as esculturas do Pagode Negro fossem uma propaganda das cortesãs do templo. Talvez fossem símbolos edificantes de união mística com o divino. Ou talvez fossem ambas as coisas. O fato é que não temos como saber, já que aqueles que instalaram as esculturas não nos deixaram nenhum registro de suas intenções. Mais uma vez, falta-nos uma trilha sonora.

Antes de sairmos à procura de uma, deveríamos voltar por um minuto à longa e ramificada história da religião hindu. Numa primeira abordagem, é útil pensar sobre isso em termos de três importantes desenvolvimentos, dois dos quais já nos são um pouco familiares.

O primeiro foi a tradição védica transmitida pelos brâmanes. Esta, como vimos, tem raízes no segundo milênio a.C. e está viva até hoje. Seu principal elemento era o ritual. Os que apreciam essas coisas podem extrair imensa satisfação da fiel reencenação, em todos os detalhes, de um culto antigo, mesmo que o significado original da cerimônia tenha sido esquecido há muito tempo. Para outros, uma tradição desse tipo pode parecer intelectualmente sem sentido e espiritualmente vazia.

O segundo desenvolvimento foi o estilo filosófico da religião surgida no primeiro milênio a.C. nas planícies do Ganges. Esse novo modo de pensar surgiu dentro da ampla tradição dominante transmitida pelos brâmanes, mas também ele assumiu a forma de novos movimentos religiosos, notavelmente o jainismo e o budismo, que se desvencilharam da herança védica. Pelo menos de início, essas religiões tendiam a oferecer a seus adeptos explicações materialistas do mundo em que o papel dos deuses era bastante trivial. A má notícia que transmitiam era que a vida é um ciclo infindável de renascimentos; a boa notícia era que aquele que renunciasse ao mundo e praticasse um ascetismo apropriado poderia tornar-se capaz de pôr fim à sua participação nesse ciclo entediante e alcançar a extinção. Esse modo de pensar fornece uma visão cósmica sistemática em grande escala, algo que faltava à herança védica original, e vem a calhar para todos os que almejem ser extintos. Mais uma vez, porém, nem todos partilham dessa ansiedade; a maioria de nós preferiria um quinhão melhor na próxima vida, seja como astro do cinema ou como atleta olímpico.

O que tendia a faltar a ambas essas formas de religião, no entanto, era fervor emocional. Essa seria a contribuição central do terceiro grande desenvolvimento na história da religião indiana, a ascensão dos cultos devocionistas hindus no primeiro milênio d.C. Nesse processo o sul desempenhou papel preponderante, embora as raízes dele remontassem a desenvolvimentos ocorridos no norte no milênio anterior (entre os quais um poema religioso que se tornou famoso nos tempos modernos mesmo fora da Índia, o *Bhagavad Gita*). Os adeptos desse tipo de culto amavam seu deus, e tão intensamente que, com freqüência, não adoravam quaisquer outros; em troca, o deus deles os amava tão intensamente que lhes perdoava os pecados e chegava até a se encarnar para o benefício deles. Este, portanto, é um outro caso de monolatria, e por isso mesmo pôde dar origem a uma virulenta tendência à intolerância. O devoto de Siva no século XIII recusava-se até a olhar quem não pertencesse à sua seita, que dirá tocá-los ou falar-lhes; sustentava que livros que se referiam a Siva em temos depreciativos deveriam ser queimados sem hesitação e seus autores mortos. Tanto a devoção quanto a intolerância nos são conhecidas a partir do cristianismo; talvez a principal diferença seja que, enquanto um deus hindu pode se deixar encarnar repetidamente por amor a seus seguidores, para o deus cristão uma vez foi o bastante.

Como não é de surpreender, o amor profano fornecia um modelo pronto para se imaginar o amor divino. Mas o amor profano apresenta-se sob várias formas e tamanhos; qual é, então, o modelo apropriado? Cristãos devotos, por exemplo, adoram Jesus, mas não flertam com ele e muito menos desejam dormir com ele. Algumas poesias devocionistas tâmeis se harmonizariam muito bem com uma sensibilidade cristã (contanto que não fosse feminista): o adorador é representado como uma mulher que vive esquecida e alimenta um amor sem esperança, consumindo-se por seu amante ausente. Assim, no mundo profano invocado pelo poeta, "os que nascem como mulheres vivem muitas tribulações", e pouco podem fazer senão suspirar e suportá-las.

Numa tradição devocionista posterior, no entanto, encontramos uma sensibilidade bem diferente. O poema em questão foi composto em télugo, outra língua dravidiana do sul, entre os séculos XV e XVIII. Dois exemplos bastante extremos ilustrarão a idéia. Num poema, cujo refrão é "És belo, não és?", a mulher diz ao deus que, mesmo que ele fosse o príncipe dos sedutores, não a conquistaria com meras juras: "Podes fazer amor melhor que ninguém, mas não faças promessas que não podes cumprir. Paga à vista, é errado faltar com a própria palavra." Em outras palavras, ela lhe diz que ele pode entrar em sua casa, mas só com dinheiro na mão. Em seguida dá seu preço: "união total" é o item mais caro, e para isso ela exige ser banhada num chuveiro de ouro. A referência profana aqui não é ao tédio e às limitações da condição feminina respeitável, mas à liberdade sexual da cortesã. Isso não era obra do acaso, porque esses poemas télugos foram cantados em primeiro lugar pelas cortesãs nos templos. Mais tarde o gênero foi adotado pelas cortesãs da corte real, um desvio fácil já que os reis da época eram considerados divinos. Em ambos os contextos, o poema podia ser compreendido em mais de um nível. Talvez houvesse algo um pouco parecido em Konarak.

Que grau de exotismo tem isso por padrões europeus? Como já observamos, não precisamos ir além do cristianismo na busca da analogia entre amor sagrado e profano. O que os poemas télugos têm de diferente é seu extremo erotismo — um erotismo que, na sociedade cristã, só se espera encontrar na poesia profana. Isto, por sua vez, está relacionado com o cenário institucional. Cortesãs como tais não são em absoluto, é claro, um monopólio indiano. Mas cortesãs de templos, com seu papel dual como companheiras de deuses e de homens, fundem o sagrado e o profano de uma maneira mais inusitada. Não que arranjos desse tipo fossem exclusividade indiana; no Oriente Próximo antigos templos ofereciam prazeres comparáveis. No templo de Jerusalém, homens serviam como prostitutos (e sem dúvida para outros homens, não para mulheres) até o final do século VII a.C., quando o rei Josias destruiu suas moradas (2 Reis 23:7). Na mesma linha, a Bíblia proíbe a profissão de prostituta do templo a israelitas, homens ou mulheres (Deuteronômio 23:17); ainda assim, o próprio termo que ela usa para esses prostitutos sugere um status sagrado. Mesmo no cristianismo e no islã, partir em peregrinação continuou sendo uma boa estratégia para homens que queriam passar algum tempo longe de suas esposas. Não há, porém, no mundo monoteísta posterior, nenhum paralelo para a confluência total e absoluta do sagrado e do profano que envolvia templos indianos medievais.

CAPÍTULO 9

A China

I. As origens da China

Como muitas partes do mundo, a China é uma miscelânea do ponto de vista geológico. O norte é um bloco, e particularmente antigo — ali podem ser encontradas algumas das rochas mais antigas do mundo. O sul — ou, mais precisamente, a China central e do sul — forma outro bloco, ele próprio produto de uma fusão. No entanto, como esses elementos se tornaram parte do que é hoje a Eurásia muito antes que a Pangéia se cindisse em Laurásia e Gonduana, a China é, nesse sentido — em contraposição ao sul do Oriente Próximo ou à Índia —, uma parte original da Laurásia. Apesar disso, foi fortemente afetada pelo aparecimento da Índia graças ao soerguimento do platô tibetano, a que, como a Índia, é contígua. O fato de ambas as regiões darem as costas para o Tibete significa que possuem muitos traços em comum; mas, como podemos ver ao compará-las, as diferenças são igualmente importantes, e remontam sob um aspecto às heterogêneas raízes da China.

Uma primeira comparação diz respeito aos limites. A Índia é bastante bem delimitada pela combinação de montanhas ao norte e oceano ao sul. No caso da China, montanhas de fato assinalam o limite da região a oeste, e o oceano faz o mesmo ao sul e a leste (embora a fronteira oceânica seja muito mais sensível a alterações do nível do mar que no caso indiano, o que torna a China muito maior em eras glaciais). Mas isso ainda a deixa com duas importantes fronteiras terrestres não bloqueadas por montanhas altas. Uma delas fica a sudoeste, onde a China é contígua à Ásia do Sudeste; é a menor das duas, e a selva impede a passagem através dela. A outra é a longa fronteira norte, que corre através de campo aberto. Foi essa a fronteira que teve maior relevância para a história chinesa em termos tanto de risco quanto de oportunidade — o risco de conquista por nômades vindos das estepes ao norte, e a oportunidade de contato com outras civilizações a oeste.

Outra comparação diz respeito à distribuição de montanhas e planícies. Como a Índia, a China tem suas regiões montanhosas, embora, mais uma vez, elas sejam modestas se comparadas às do Tibete. Mas enquanto a Índia tem um só bloco de regiões montanhosas no sul e uma única concentração de planícies aluviais no norte, a configuração da China é mais complexa: à medida que nos deslocamos do norte para o sul, vales de rios se alternam com faixas de terrenos montanhosos. Tal como na Índia, o quadro é dominado por dois rios nascidos no platô tibetano; aqui, porém, ambos fluem do oeste para o leste. O norte da China é o território do Huang He, ou rio Amarelo. No nordeste ele flui em meio a grandes depósitos de um solo amarelado conhecido como *loess* (daí o seu nome). Mais a leste, segue um curso instável através de vasto acúmulo de aluvião transportado por ele próprio dos depósitos de *loess* a montante. A China central é dominada pelo Yangtze, que criou igualmente uma extensa planície aluvial. Ambos os rios são perigosos, mas seus vales — especialmente os do Yangtze — têm notável potencial agrícola. As terras montanhosas que os separam são um resíduo da junção dos dois blocos principais de que a China foi formada. Ao sul do Yangtze, não faltam à China rios com vales cultiváveis, mas nenhum tem a sua escala.

Uma comparação final diz respeito ao clima. Como o da Índia, grande parte do território da China situa-se na Ásia das monções. Ela partilha com a Índia a tendência geral a invernos secos e verões úmidos, sendo as chuvas estivais trazidas por ventos que sopram a partir do oceano no sudeste. A distribuição geográfica das chuvas, no entanto, é um pouco diferente (ver mapa 7). Tal como a Índia, a China tem um noroeste árido, mas o nordeste chinês também é relativamente seco, de modo que o contraste geral se dá entre um norte seco e um sul úmido (embora no Holoceno o norte fosse menos seco do que é agora). A mais notável diferença entre a Índia e a China, porém, liga-se à severidade do inverno. Enquanto o Tibete protege a Índia dos ventos cortantes da Sibéria, a China está escancarada para eles. Por isso, o inverno é brutal no norte e frio mesmo no centro.

Indícios arqueológicos sugerem que foi originalmente a partir do norte que seres humanos modernos entraram na China. Há provas da presença na Sibéria de populações com uma cultura de caráter paleolítico superior desde

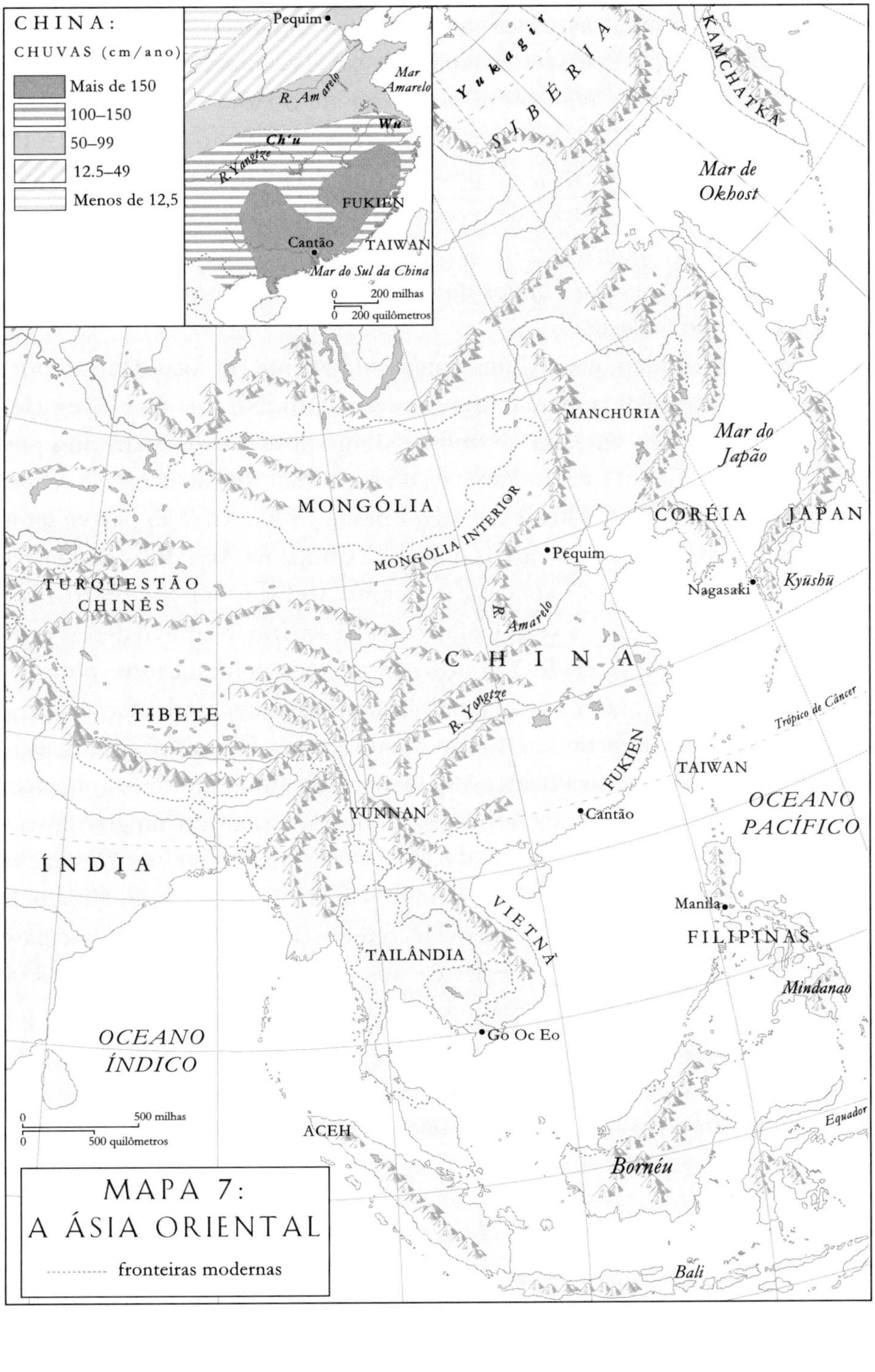

MAPA 7:
A ÁSIA ORIENTAL
fronteiras modernas

cerca de 40.000 anos atrás, e elas parecem ter se espalhado rumo ao sul para o norte da China, a Coréia e o Japão. O sul da China, como a Ásia do Sudeste, foi um espaço mais ou menos vazio até o Holoceno. Mas, ao que parece, até o século XIX houve em Taiwan uma população de habitantes de cavernas, chamados negritos, e é possível que ela fosse um resíduo de uma entrada precoce, pelo litoral, de seres humanos modernos provenientes da Ásia do Sudeste. Alguns grupos negritos sobrevivem ali, e guardam mais semelhança com os povos nativos da Nova Guiné do que com a população atual da Ásia do Sudeste.

É com o Neolítico que a China entra nitidamente em foco. Dois importantes desenvolvimentos marcaram seu surgimento. No vale do Huang He, uma agricultura fixa baseada no milhete domesticado havia aparecido por volta de 6000 a.C. No vale do Yangtze, o arroz domesticado já estava sendo cultivado por volta de 5500 a.C., e talvez desde 7500 a.C. (esta parece ser a fonte do cultivo posterior do arroz no sul da China, na Ásia do Sudeste e na Índia, embora ainda não haja certeza quanto ao lugar em que o arroz foi domesticado pela primeira vez). Como seria de esperar, o cultivo desses produtos passou a ser associado à criação de animais domesticados, notavelmente a galinha, o porco e o chamado búfalo-asiático; ainda não é claro, porém, quando exatamente eles foram domesticados. Os dois produtos agrícolas diferiam significativamente: o milhete cultivado no norte adaptava-se às condições áridas, ao passo que o arroz cultivado no vale do Yangtze florescia na água rasa. Mas o padrão geral parece bastante semelhante ao do início da agricultura em outras partes do mundo. Uma característica do Neolítico chinês, entretanto, é indubitavelmente incomum: desde o início os principais desenvolvimentos se deram em vales de rios. Não foi assim que as coisas se passaram no Egito, na Mesopotâmia, ou — até onde podemos saber — no vale do Indo. Eis talvez uma razão pela qual a formação subseqüente da vida aldeã estável foi tão forte na China neolítica. No fim do terceiro milênio, bases sólidas para o surgimento de uma civilização já haviam sido lançadas.

O surgimento da civilização chinesa

A civilização chinesa deve ter tomado forma na primeira metade do segundo milênio a.C. Foi um produto do vale do Huang He, não do vale do Yangtze;

mais ou menos como na Índia, a civilização apareceu pela primeira vez na parte da China que provavelmente mantinha um contato distante com o Oriente Próximo e que mais se assemelhava a ele. Embora não tenhamos muitas informações sobre os primeiros séculos dessa cultura, temos uma visão razoavelmente boa do seu aspecto no final do milênio, durante a última fase do domínio Chang, dinastia que parece ter chegado ao poder por volta de 1600 a.C.

Nesse estágio tardio de sua história (c.1200-1050 a.C.), a cultura Chang combinava elementos de origens impressionantemente diversas. Como se poderia esperar, houve substancial continuidade com o Neolítico chinês do norte. O uso de terra batida como fundamento de construções é um exemplo óbvio, pois está bem atestado para culturas neolíticas anteriores na região. Outro é a forma, com três pés, de alguns tipos de vasilhas de bronze Chang (como várias das mostradas na figura 16); isso já é encontrado na cerâmica neolítica.

Pelo menos um traço da cultura tinha origens muito distantes, no oeste. Tratava-se da biga, um instrumento de guerra que proliferara de maneira alarmante nos primeiros séculos do segundo milênio. De fato, era das bigas da Transcaucásia que elas mais se aproximavam nos detalhes de seu projeto. Não sabemos por que rota a biga chegou à China, mas é muito provável que essa transferência de tecnologia militar tenha sido obra de nômades de expressão indo-européia; falantes de uma língua indo-européia arcaica ainda viviam no nordeste da China no final do primeiro milênio d.C. e sepulturas escavadas nessa região sugerem que seus ancestrais já eram enterrados ali no segundo milênio a.C.

Certos elementos cruciais do complexo do Chang tardio tinham também origens de determinação mais difícil. Uma é o bronze. É perfeitamente concebível que o trabalho chinês no bronze tenha sido um desenvolvimento nativo, uma vez que a China neolítica já possuía a tecnologia do cozimento da cerâmica em altas temperaturas. Mas ele poderia ter sido igualmente uma importação do nordeste, onde data de cerca de 2000 a.C., um milênio após o desenvolvimento do bronze no Oriente Próximo e meio milênio antes de seu aparecimento no vale do Huang He. Outro desses elementos é a escrita, que subsiste em grande número de ossos oraculares e em algumas curtas inscrições encontradas em bronzes. Teria a escrita chinesa emergido de forma

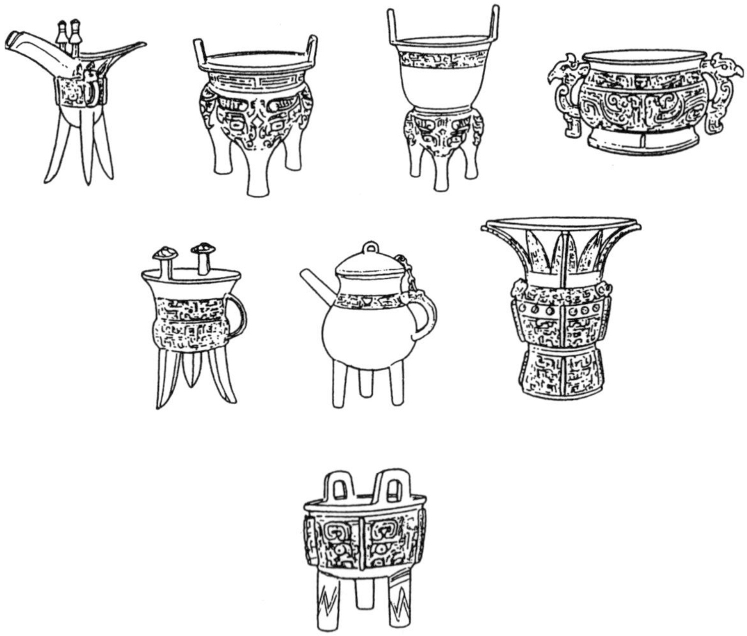

Fig.16: *Acima*, um *chia* do período Chang inicial; *abaixo*, desenhos de vários tipos de vasos de bronze feitos nos tempos Chang; o último deles é um *ting*.

independente, como ocorreu claramente na Mesoamérica? Ou teria surgido por influência da escrita já existente em outro lugar, como talvez tenha ocorrido no Egito e no vale do Indo? Em qualquer das hipóteses, a nova tecnologia combinou-se, em todos os casos, com tradições neolíticas estabelecidas havia muito; por exemplo, ossos oraculares haviam sido usados para a adivinhação muito antes de os Chang começarem a escrever neles.

Voltando os olhos para trás a partir do final do período Chang, é frustrante não saber quando e como essas e outras características da sua cultura se uniram. Teriam os Chang possuído bigas e a escrita desde sempre, por exemplo, ou só as adquiriram em algum estágio secundário de sua história?

Mas se lançamos os olhos, não desse período para trás, mas dele em diante, nada nos obstrui a visão. Diferentemente do Oriente Próximo e da Índia, nunca foi dada à China a oportunidade de apagar sua civilização mais antiga e começar de novo: essa civilização é a única no mundo que existiu continuamente desde o segundo milênio a.C. Isso não significa que os chineses de um milênio posterior teriam se sentido particularmente em casa no mundo da dinastia Chang; a continuidade cultural, como a memória, é seletiva. Mas a escrita da China hoje, no início do terceiro milênio d.C., é descendente daquela usada na capital Chang no fim do segundo milênio a.C. e a mesma relação vigora no tocante à língua. Essa continuidade é decisiva para nossa capacidade de compreender os vestígios de escrita da cultura Chang tardia. Significa que os caracteres e as palavras que representam podem com freqüência ser identificados com os de períodos posteriores e mais bem conhecidos. Significa também que fontes literárias posteriores preservam no mínimo um esqueleto da história Chang que pode ser aplicado na interpretação de textos do período dessa dinastia. Em grande parte, como no Egito antigo e na Mesopotâmia, um dos usos a que a continuidade literária servia era a preservação de uma memória histórica centrada na sucessão de dinastias que reinaram sobre o país — salvo que, na altura dos tempos modernos, a extensão dessa memória na China era substancialmente maior que entre os egípcios ou os mesopotâmios.

A espinha dorsal da história chinesa subseqüente pode ser expressa, num esquema nítido, como uma série de períodos alternantes de unidade e falta de unidade. O primeiro período de unidade teve lugar no início da dinastia Chou (ou Zhou, de cerca de 1050 a 771 a.C.); seguiu-se então um longo período de desagregação (771-221 a.C.), em cuja maior parte o governo nominal Chou mal subsistiu. O segundo período de unidade foi iniciado pelos Ch'in (ou Qin, 221-206 a.C.) e continuou sob os Han (206 a.C.-220 d.C.); depois vieram vários séculos de franca desunião (220-581). O terceiro período de unidade foi iniciado pela dinastia Sui (581-618) e mantido pela dinastia T'ang (ou Tang, 618-907); seguiram-se então algumas décadas de desagregação (907-60). O quarto período de unidade (960-1127) foi obra da dinastia Sung (ou Song), mas a fase final de seu governo (1127-1279) foi novamente marcada pela falta de unidade. O último período de unidade durou até o fim da história tradicional da China, sob os Yüan (ou Yuan, 1260-1368), os Ming (1368-1644) e os Ch'ing (ou Qing, 1644-1912).

Esse esquema, por tosco que seja, nos alerta para duas características interessantes da história chinesa. A primeira é que na China, em acentuado contraste com o que se passou na Índia, a unidade política foi a norma; podemos incluir grande parte do passado chinês sob a rubrica "China imperial", o que é impossível no caso da Índia. A segunda característica é que, no correr dos milênios, os períodos de falta de unidade tenderam a se encurtar; a China foi se tornando mais, não menos, imperial. Mas o esquema, a despeito de sua utilidade como uma primeira aproximação, oculta tanto quanto revela, mesmo no nível da história política. O fato mais importante que ele deixa de registrar é o divisor de águas na história chinesa representado pela unificação promovida pelos Ch'in no século III a.C.

O divisor de águas dos Ch'in

É talvez em termos da geografia política da China que a importância desse divisor de águas é mais óbvia. A China do tempo dos Chang pode não ter abrangido mais do que parte do vale do Huang He; é possível que seus vizinhos fossem não-chineses. A ordem política Chou se estendeu por uma região muito maior do norte, mas não chegou até o vale do Yangtze, ao sul. Nesse sentido, até o século III a.C., a China ainda era o que hoje concebemos como o norte. Nessa altura, contudo, o povo do vale do Yangtze, na China central, já havia sido fortemente afetado pela civilização chinesa, ou porque ela lhes fora levada por invasores vindos do norte, ou porque suas próprias elites a estavam assimilando rapidamente. Em meados do primeiro milênio a.C., o Estado de

Ch'u (ou Chu), no vale médio do Yangtze, parece um exemplo do primeiro processo, enquanto o Estado de Wu, na região mais baixa do Yangtze, parece refletir mais o segundo. É possível, porém, que esses processos não tenham sido suficientes para tornar essas regiões plenamente chinesas. No final do século III a.C., ainda persistia a idéia de que os homens de Ch'u "não passavam de macacos de chapéu" — embora um homem tenha sido fervido vivo por ter tido a imprudência de fazer esse comentário. E além do Yangtze, ao sul, estendiam-se vastos territórios não-chineses. O paradigma imperial estabelecido pelos Ch'in foi de particular importância porque teve o efeito de pôr a expansão da cultura chinesa rumo ao sul num pé completamente diferente, tendo a dominação direta do norte passado a ser acompanhada por imigração em grande escala. Mas o processo foi lento; no século IX d.C., um burocrata do norte continuava encarando o desterro no distante sul como uma sina quase pior que a morte. No último milênio, porém, Cantão estava tão integrado à China quanto o vale do Huang He.

O mapa das línguas da China da época revela o grau dessa incorporação. Na maior parte do sul e do centro da China, as línguas não-chinesas foram reduzidas a pequenas ilhas num mar de chinês; só no extremo sudoeste línguas nativas se sustentavam num grau significativo. Ao mesmo tempo, a distribuição dos dialetos chineses — na verdade, poderíamos chamá-los de línguas — tem algo a nos dizer. O mandarim era falado numa vasta área do norte e do oeste, enquanto o chinês de uma ampla região no sudeste estava fragmentado em dialetos muito diferentes. De certo modo isso é paradoxal: como o chinês vem do norte, é ali que, as outras coisas mantendo-se iguais, ele deveria estar mais profundamente diferenciado. Claramente, as "outras coisas" não foram iguais. Um aspecto disso é ambiental: as planícies abertas do norte são um ambiente homogeneizante, em contraste com a paisagem do sul, que favorecia a fragmentação. O outro ponto importante é que, tipicamente, foi o norte e não o sul que constituiu o núcleo do Estado chinês; e o mandarim, como a palavra indica, é o linguajar dos que mandam, das autoridades. Esses fatos, no entanto, tornam ainda mais notável que o sudeste tenha, afinal de contas, passado a falar chinês. Ademais, o estudo dos dialetos falados nessa região pode nos dar uma idéia da época em que o processo ocorreu: à exceção dos dialetos de Fukien (a região litorânea fronteira a Taiwan), eles parecem descender do chinês padrão da dinastia T'ang.

Tudo isso está em flagrante contraste com o que encontramos na Índia. Um tema central na formação da zona de cultura indiana foi a adoção da civilização setentrional pelos Estados politicamente independentes e etnicamente distintos do sul. Em última análise, esse tipo de processo só desempenhou papel limitado na configuração da China: em se tratando da importação da civilização chinesa por elites nativas, o Estado de Wu revelou-se a exceção e não a regra. Foi só em poucas áreas fora do alcance de um governo imperial constante, ou de qualquer tipo de governo imperial, que tal processo teve resultados duradouros. A dominação do norte tornou o resto do território etnicamente chinês. A diferença ressalta claramente nos mapas lingüísticos da Índia e da China. Enquanto línguas não-chinesas são residuais no sul da China, línguas não-indo-européias dominam no sul da Índia. Da mesma maneira, a fragmentação do chinês em línguas regionais no sul encontra seu paralelo indiano na fragmentação lingüística do norte indo-ariano; assim também, nenhuma língua da Índia tradicional se difundiu de maneira comparável ao mandarim.

Se foi fundamental para a geografia política da China, o divisor de águas Ch'in teve também importância central para sua história cultural. Um aspecto disso surgiu das atitudes Ch'in diante do passado. Todas as culturas antigas estão sujeitas a um desgaste gradual, à medida que fragmentos de suas heranças vão se perdendo — um ritual aqui, um livro ali. (Na China do tempo dos Han, antes da invenção do papel, os livros eram escritos em tiras de bambu presas com barbante; imagine o que acontecia quando o barbante arrebentava.) Mas a experiência Ch'in mais se assemelhou a um corte abrupto. Não foi apenas a convulsão militar e política — o tumulto inevitavelmente associado à transição violenta de uma pluralidade de Estados para um império — que provocou isso. Houve também um elemento calculado de revolução cultural. Os estadistas Ch'in eram guiados por um único valor: a maximização da eficiência e do poder do Estado. Tudo que a atrapalhava devia ser eliminado. Daí a padronização que promoveram de muitos elementos anteriormente diversificados na cultura chinesa: pesos, medidas, leis, escrita. Além disso, as autoridades Ch'in trataram de reprimir qualquer aspecto da cultura herdada que lhes parecesse hostil ao novo estilo de Estado. Um de seus teóricos formulou essa política da seguinte forma: "No Estado de um soberano inteligente, não há nenhuma literatura de livros e tiras de bambu; não há nenhum dito de reis antigos; ali os únicos modelos são os mandarins." Assim, um eminente estadista Ch'in fez a seguinte recomendação prática: "Os que usam o passado para criticar o presente deveriam ser condenados à morte junto com sua família." Em outras palavras, o passado em si não tinha nem autoridade nem valor, e os que afirmavam o contrário estavam subvertendo a ordem. Por conseguinte, o Estado passou a queimar livros e, segundo consta, também a enterrar vivos os sábios. O resultado de tudo isso foi que só uma parte limitada da herança da China pré-imperial sobreviveu.

Essa atitude impiedosamente negativa em face do passado não durou muito. Sob os Han e dinastias posteriores, o Estado imperial renunciou a seu radicalismo cultural, e as antigüidades que restavam passaram a ser cuidadosamente reunidas e preservadas. O que não se abandonou, porém, foi o projeto de governar a China mediante uma ordem imperial unitária. Tal como corporificada em sucessivas dinastias ao longo dos séculos, essa ordem imperial não foi totalitária, nem mesmo particularmente intolerante. Mas sua própria existência tendia a circunscrever o âmbito da cultura de elite aprovada.

Foi por essas razões que a unificação promovida pelos Ch'in marcou uma ruptura-chave na história cultural da China. Os séculos anteriores a essa ruptura foram um período de notável fermentação cultural. Duas coisas contribuíram para isso. Uma foi a existência de um grande número de pequenos Estados, em vez de um grande — lembrando muito o que ocorreu na planície do Ganges no período formativo da civilização indiana. A outra foi que, por volta do século V a.C., a China ingressou na Idade do Ferro. O efeito disso foi solapar a dominação aristocrática que marcara a sociedade chinesa durante a Idade do Bronze. As batalhas deixaram de ser vencidas por aristocratas com suas bigas e seus dispendiosos armamentos de bronze; quando os Ch'in finalmente se impuseram, fizeram-no graças à infantaria de massa, cada vez mais equipada com armas de ferro. No intervalo, os chineses gozaram de inusitada liberdade para pensar.

Esse foi, em conseqüência, o período das "cem escolas", quando os seguidores de Confúcio (m.479 a.C.) formavam apenas uma escola entre muitas. Culturalmente, eles eram os conservadores, empenhados em preservar a tradição política de elite da Idade do Bronze tardia tão bem quanto possível num ambiente modificado; mas, revelando-se também homens de seu tempo, procuravam manter a relevância de sua tradição submetendo-a a uma reinterpretação moralizante (veremos uma amostra disso na próxima seção, ao tratarmos do culto dos ancestrais). No seio da elite política, a antítese do pensamento confuciano era o pensamento legalista, que inspirava os estadistas Ch'in. Fora dessa elite, que tinha raízes entre os artesãos das cidades em expansão, havia os mohistas — antiaristocráticos, moralistas e puritanos (seus princípios incluíam a "economia em funerais" e a "condenação da música"). Escritos remanescentes de mohistas mostram uma preocupação com a lógica formal e o pensamento científico rigoroso que não haveria de ter lugar na China imperial. Em antítese a tudo isso havia os taoístas, cuja filosofia provocativa, mística e anti-racionalista propunha a espontaneidade e a não-participação na vida pública.

Essa pluralidade da China em seus primórdios nunca foi plenamente restaurada após a unificação Ch'in. A questão, dali em diante, passou a ser que escola de pensamento seria estabelecida como parceiro ideológico da ordem imperial. Apesar da dominação inicial dos legalistas sob os Ch'in, já no século II a.C., sob a dinastia seguinte, a dos Han, ficou claro que a escolha recairia sobre os confucianos. Agora, ter uma formação confuciana passaria a ser um requisito decisivo para o ingresso na burocracia oficial e antes do tempo dos T'ang esse vínculo já estava institucionalizado mediante um sistema formal de concursos públicos. De tempos em tempos a supremacia confuciana podia ser ameaçada, como ocorreu em certa medida quando da ascensão do budismo, em meados do primeiro milênio d.C., como uma religião que combinava serviços aos soberanos com apelo de massa; mas os confucianos viraram a mesa, auxiliados por um sensacional ataque aos mosteiros e às suas fortunas promovido pelo imperador em 845. Vários séculos mais tarde, sob o domíno da dinastia mongol Yüan, pareceu por algum tempo que os confucianos poderiam ser completamente derrotados; mas no início do século XIV o soberano mongol restaurou o sistema tradicional de concursos, e os funcionários públicos voltaram a ser escolhidos por sua mestria comprovada na tradição confuciana. A principal mudança que resultou dessas várias comoções foi a formação e a crescente supremacia do chamado neoconfucionismo, uma remodelagem da tradição confuciana para fazer frente ao desafio espiritual e filosófico do budismo.

A fronteira norte e a China imperial tardia

O papel transitório dos mongóis nesse drama intelectual nos leva a mais um tema que ganhou proeminência pela primeira vez na história chinesa com os Ch'in, embora neste caso o momento possa ser um tanto fortuito. Trata-se da ameaça dos bárbaros à fronteira norte. A característica fundamental do território ao norte da China é sua adequação para nômades pastoralistas. Isso significou que os chineses não tinham muito como se expandir nessa direção; conquistar uma sociedade nômade é uma tarefa ingrata para um Estado estabelecido, e terras habitadas por nômades costumam ter poucos atrativos para camponeses. Foi só em séculos recentes que a Manchúria e a Mongólia Interior se tornaram realmente parte da China, e não mera franja imperial. Não houve portanto, ao norte, nenhum equivalente da antiga expansão da China rumo ao sul. Ao contrário, a China sofreu repetidas ameaças militares nessa zona norte a partir do final do século III a.C. Finda a dinastia Han, no período de desagregação que a seguiu, dinastias de origem bárbara vindas do norte estabeleceram-se dentro das fronteiras da China. Isso voltou a acontecer no século X, e novamente no XII. No século XIII ocorreu a invasão mongol, quando pela primeira, mas não pela última vez, nômades vindos do norte conquistaram toda a China. A dinastia Ming representou uma orgulhosa restauração do governo chinês nativo, mas no século XVII os Ming sucumbiram a mais um povo pastoril vindo do norte, os manchus; foram eles que estabeleceram a dinastia Ch'ing, a última dinastia imperial da China.

Isso soa como um registro bastante desastroso, e de um ponto de vista étnico chinês, foi mesmo. Mas uma característica decisiva dessas conquistas da China por nômades, fossem parciais ou completas, foi que os novos soberanos acabavam por chegar a um acordo com a civilização chinesa, e em geral isso não demorava a ocorrer. A principal exceção foram os mongóis, únicos que tinham uma perspectiva geográfica que os tornava cônscios das alternativas. Assim, por algum tempo os mongóis restringiram o papel da elite chinesa nativa e promoveram um grupo compósito de lamas tibetanos, coletores de impostos muçulmanos e toda sorte de estrangeiros. Os chineses detestavam os lamas tibetanos por sua arrogância e os coletores de impostos muçulmanos por sua ganância, e, no devido tempo, foi com alívio que viram os próprios mongóis pelas costas; mas nesse meio tempo, como vimos, os mongóis haviam chegado a um entendimento com a elite chinesa. Do ponto de vista militar, a fronteira norte era mais perigosa para a China do que o portão noroeste era para a Índia; culturalmente, porém, a China nunca sofreu, por essa fronteira, nada parecido com uma invasão muçulmana.

Contra esse pano de fundo, lancemos um olhar para a China, sob a dinastia Ch'ing, no período entre a conquista manchu que a estabeleceu em meados do século XVII e os cataclismos que a apearam do poder em meados do século XIX. A origem bárbara dos conquistadores manchus da China sempre representou um certo problema, mas sobretudo no início e no final de seu domínio; a dinastia era odiada como estrangeira pelos legalistas Ming, que resistiram a seu estabelecimento, assim como o seria pelos nacionalistas que finalmente a derrubaram no início do século XX. Diante de tamanha hostilidade, os manchus tomaram a medida notável de obrigar todos os adultos chineses do sexo masculino a professar lealdade à nova dinastia adotando o corte de cabelo manchu, a cabeça raspada e uma trancinha ou rabicho; como, segundo o expressaram os chineses, a escolha era entre "conservar o cabelo e perder a cabeça, ou perder o cabelo e conservar a cabeça", eles não titubearam. Mas, visto do ângulo oposto, o problema manchu ganhava um aspecto muito diferente: o problema não foi que os manchus eram estrangeiros demais, mas que logo se tornaram chineses demais. Um imperador Ch'ing do século XVIII julgou necessário obrigar os manchus a prestar exames no idioma manchu, um sinal claro do quanto a contaminação já se espalhara — bárbaros que se prezem não prestam exames, muito menos para provar seu conhecimento da própria língua. Talvez os únicos que se sentissem à vontade durante o período que a China passou sob o domínio manchu fossem os coreanos; agora que a China se debilitava sob o tacão bárbaro, eles podiam se gabar de terem se tornado o último repositório da verdadeira cultura chinesa. Isso não significou que tenham cometido a imprudência de recusar a suserania dos Ch'ing; enviavam missões com seus tributos a Pequim, mas eram capazes de aproveitar essas oportunidades para se queixar das referências depreciativas feitas à Coréia nos livros de história chinesa.

O que quer que os coreanos pensassem, a sociedade chinesa prosperou sob o domínio Ch'ing. A população chinesa cresceu substancialmente e a economia cresceu com ela, aproximando-se de um tamanho e de uma complexidade sem precedentes em todos os seus setores importantes — agrícola, industrial e comercial. Essas tendências não eram novas, mas foi sob os Ch'ing que se consumaram. Assim, no final do século XVIII, a sociedade chinesa representava um acúmulo maior de pessoas e riqueza do que tudo que já se vira em qualquer tempo na Antigüidade. Isso se aplicava tanto ao país como um todo como, e sobretudo, à região do delta do Yangtze; em termos econômicos e sociais essa parte do país tornara-se seu centro inconteste de gravidade, ainda que a capital se localizasse muito ao norte, em Pequim. Mas, a despeito desse crescimento, o caráter fundamental da sociedade chinesa não mudara. Ela continuou sendo dominada por uma elite fundiária, e as interfaces decisivas punham em confronto a aristocracia e o campesinato, por um lado, e a aristocracia e o Estado, por outro. Embora a expansão econômica tivesse gerado uma burguesia comercial considerável, seu poder não tinha medida comum com sua riqueza.

No tocante à cultura, o quadro era parecido: havia mais cultura, e mais sofisticada que nunca, sobretudo na região do delta do Yangtze. Por exemplo, foram escritos e impressos mais estudos da história local do que em qualquer outro tempo no passado; havia mais romances para se ler em chinês coloquial, mais peças de teatro eram encenadas para o público, e assim por diante. As tendências intelectuais prevalecentes continuaram sendo em linhas gerais neoconfucianas, na tradição do filósofo Chu Hsi (ou Zhu Xi, m.1200), mas isso não significou ausência de inovações e reviravoltas importantes. O século XVI viu o nascimento de um novo classicismo, que condenou o estilo de prosa do período Sung e procurou retornar a modelos antigos; em séculos posteriores esse movimento foi muito esquecido na China, mas ele haveria de ter considerável impacto no Japão no século XVIII. Um desenvolvimento mais duradouro foi o surgimento de uma escola de exegese textual rigorosa, de um tipo que nunca existira na China. Foi um filólogo do século XVII que estabeleceu que quase metade de um reverenciado clássico chinês, o *Livro dos documentos*, era uma falsificação de época posterior. Um estudioso do século XVIII nessa tradição extraviou-se na filosofia, campo em que rejeitou por completo a síntese neoconfuciana; mas foi uma figura isolada. Além disso, a abertura maior, ainda que superficial, para o saber europeu que se desenvolvera com a chegada dos jesuítas no período Ming tardio ficou em menor evidência nessa altura. Mesmo assim, ela teve uma curiosa repercussão entre os muçulmanos chineses: eles aprenderam com os jesuítas como defender uma religião monoteísta contra a acusação de ser incompatível com o confucionismo. Um erudito muçulmano do século XVII que vivia em Yunnan, no extremo sudoeste, escreveu um livro nessa linha; chegou mesmo a fazer uma viagem a Pequim, num esforço de obter para os descendentes do profeta muçulmano o mesmo status que fora tradicionalmente conferido aos de Confúcio. Fracassou: a China imperial tolerava a diversidade, mas tinha coisas melhores a fazer do que celebrá-la.

No final das contas, a China sob a dinastia Ch'ing é um fenômeno instrutivo na história da Eurásia. Mostra o quanto uma civilização agrária podia ir longe sem se transformar em alguma outra coisa.

A cultura chinesa além das fronteiras imperiais

Em vários pontos do quadro geral que traçamos da China imperial tardia, defrontamo-nos com a adoção da cultura chinesa por povos não-chineses além das fronteiras da China. Não há dúvida de que a influência chinesa disseminou-se pela Ásia oriental, mas casos de acolhimento duradouro de uma cultura chinesa integral por elites não-chinesas de Estados independentes foram relativamente raros. O norte, apesar de alguns desenvolvimentos interessantes, não era um território propício a um processo desse tipo, e no oeste e no sul, como vimos no capítulo anterior, os que tinham a alternativa de escolher a cultura hindu em geral a preferiram — talvez porque a forma da cultura chinesa exigia que toda a elite se instruísse, ao passo que a forma da cultura hindu significava que bastava que ela importasse monges e brâmanes e patrocinasse seu saber. Não surpreende, portanto, que dois dos três casos que nos interessam tenham tido lugar nas terras agrícolas colonizadas do extremo nordeste, uma delas sendo a península da Coréia e a outra sua ilha vizinha, o Japão. A geografia assegurava que esses dois países só poderiam estar expostos à cultura hindu através da China, e foi por essa rota que eles adotaram o budismo. Nesses dois casos o período decisivo para a adoção da cultura chinesa em grande escala ocorreu por volta de meados do primeiro milênio d.C.; no caso japonês, os coreanos desempenharam importante papel como intermediários (embora isso fosse por vezes convenientemente ignorado, como já o assinalou Imbe no Hironari, um sacerdote xintoísta do século

XIX). O terceiro caso foi o Vietnã, o canto da Ásia do Sudeste mais afastado da Índia e mais próximo da China. (A expansão do Vietnã para o sul só ocorreu em séculos recentes, e no seu curso os vietnamitas se impuseram a regiões que haviam adotado anteriormente a cultura hindu.) No Vietnã, o período crucial ocorreu talvez meio milênio mais tarde que no nordeste. Dos três países, foi a Coréia que levou a adoção da cultura chinesa mais longe. Ali o século XV viu o Estado fazer uma tentativa radical para confucionizar as estruturas de parentesco coreanas, e no início do século XVII um soberano manchu pôde comentar que a única diferença entre chineses e coreanos era a língua que falavam.

Foi no Japão, entretanto, que a interação da cultura chinesa com a sociedade nativa teve os resultados mais idiossincráticos e historicamente significativos. É inegável que a influência chinesa ali foi muito profunda — tão profunda que o sistema numérico básico atual dos japoneses é composto de palavras tomadas do chinês. Do século VII ao IX, a instituição imperial japonesa foi sob muitos aspectos uma réplica provinciana daquela da dinastia T'ang; textos jurídicos japoneses desse período foram usados por historiadores para reconstruir a legislação T'ang que se perdera na China. Duas coisas, porém, tornaram a evolução japonesa em relação à China muito diferente da coreana.

Uma delas foi política. Em vez de ter uma sucessão de dinastias de estilo chinês, os japoneses desenvolveram um curioso dualismo: embora tenha se prolongado para sempre, sua dinastia imperial original conservou apenas as aparências exteriores do poder; na realidade, este passou para as mãos de governantes militares que vieram a ser chamados de xóguns. Em certa medida, isso se explica pela insularidade do Japão: estando bastante a salvo de invasões, as ilhas são menos sujeitas às severas disciplinas continentais que compelem à formação de Estados unitários e varrem instituições obsoletas. Antes do século XIX, houve um único e curto período em que um imperador tentou recuperar seus antigos poderes, a abortada restauração Kemmu de 1333-36. Sua figura mais impressionante, pelo menos num retrospecto histórico japonês, foi o desditoso líder restauracionista Kusunoki Masashige. De fato o retrospecto iria se provar mais importante que os próprios eventos.

A outra divergência entre os caminhos trilhados pelo Japão e a Coréia foi cultural. Como língua da literatura, o chinês conservou uma hegemonia inconteste na Coréia até os tempos modernos. Também no Japão ele foi uma língua literária prestigiosa; mas, num grau maior que os coeranos, os japoneses passaram a "lê-la" mediante um processo de tradução mecânica para sua língua nativa. Sem dúvida seguindo o precedente coreano, os japoneses logo adaptaram os caracteres chineses à escrita do japonês; mas o *corpus* de literatura que compuseram em sua própria língua foi muito maior que o análogo da Coréia. Seu produto mais famoso foi a *Lenda de Genji*, uma aventura romanesca escrita no início do século XI por uma das várias escritoras mulheres do período. Em suma, embora tenha sofrido enorme influência chinesa, o Japão continuou significativamente mais japonês que a Coréia coreana. Era também uma sociedade intelectualmente mais plural: foi na Coréia, não no Japão, que um eminente erudito do século XVII afirmou que "um homem que não acredita em Chu Hsi é um bárbaro".

II. O contato com os ancestrais

Na segunda metade do século IX d.C., o filho de um muçulmano piedoso aceitou do califa uma nomeação como juiz na cidade iraniana de Isfahan. Ocupar esse cargo significava depender do califa para viver. Envolvia também a obrigatoriedade de trajar-se de preto, cor associada à dinastia reinante. Para uma pessoa de formação devota, a inclusão na folha de pagamento da dinastia e a obrigação de usar sua cor eram fonte de mal-estar; mas dívidas e uma família muito numerosa haviam forçado o homem a aceitar o posto. De fato, este o fazia sentir-se tão mal que, ao chegar em Isfahan, ele chorou em público ao pensar que seu pai poderia estar vendo-o naquelas circunstâncias. Ora, na vida real não havia a menor possibilidade disso, pois seu pai estava morto; era o pensamento que contava. Esse tipo de pensamento, que poderia ocorrer a qualquer um de nós, nada tem de especificamente muçulmano, para melhor ou para pior: "Que diria meu pai (ou avô, ou bisavô) se pudesse me ver agora?" Mas não ocorreria a nós, muçulmanos e outros, elaborar esse simples pensamento num ritual formal. Na China, no entanto, isso nos leva ao cerne de uma prática tão característica da cultura do país quanto a casta é característica da cultura da Índia — o culto dos ancestrais.

O filósofo neoconfucionista Chu Hsi escreveu um breve guia para a realização dos rituais de família padrão dos chineses, em parte para desestimular o recurso a cerimônias budistas. Seu livro tornou-se muito influente na China (como também na Coréia — embora não, de maneira significativa, no Japão). Um dos temas que ele abordou foi o relato de acontecimentos para os ancestrais. Suponha, por exemplo que, como nosso infeliz muçulmano, você foi nomeado para um cargo. Fará então uma visita respeitosa ao salão de oferendas onde as plaquetas de seus ancestrais estão dispostas, e seguirá um ritual padrão. Depois de oferecer chá e vinho aos espíritos dos ancestrais, você faz o relato ser lido de uma tábua de orações. Ele deve anunciar aos ancestrais que em tal e tal data o "filial filho" deles foi nomeado para tal e tal cargo. "Em virtude dos ensinamentos de seus ancestrais, ele agora desfruta de posição e salário. Pelos benefícios que recebeu, está dominado por gratidão e admiração. Sinceramente, com vinho e frutas, ele apresenta este devoto relato." As notícias, é claro, nem sempre são tão boas, e você pode se ver obrigado a revelar aos seus ancestrais que foi rebaixado ou exonerado. Nesse caso, um tom um pouco diferente se impõe: "Tendo negligenciado os ensinamentos ancestrais, estamos perturbados e constrangidos. Sinceramente etc."

Algo que emerge na história do homem muçulmano é uma atitude marcadamente divergente em face da ocupação de um cargo no governo. Era a nomeação para tal cargo, não sua perda, que enchia nosso juiz de perturbação e constrangimento. As atitudes chinesas tradicionais eram muito diferentes, o que se revela também em outros aspectos dos rituais do culto dos ancestrais. Naturalmente, você não visitaria o salão de oferendas para fazer um relato a menos que estivesse convenientemente vestido; se ocupa um cargo público, isso significa que usará sua toga oficial e segurará sua placa oficial. (Nosso juiz muçulmano, em contraposição, costumava tirar suas roupas oficiais assim que saía do tribunal.) Seus ancestrais podem ter eles mesmos uma participação permanente na vida oficial. Com sorte, você poderia ter a honra de lhes comunicar os títulos e cargos que lhes foram conferidos após as suas mortes, caso em que suas tábuas deveriam ser reinscritas de acordo. Confúcio, por exemplo, foi honrado com substanciais promoções póstumas sob a dinastia T'ang; isso sem dúvida agradou seus descendentes, alguns dos quais gozavam de grande proeminência na época. O Estado, em suma, é levado muito a sério como um agente moral. De fato, Chu Hsi nos informa em seu curto prefácio que um de seus propósitos ao escrever seu guia era "dar uma pequena contribuição ao esforço do Estado para tranformar e orientar o povo".

Há outro ponto de interesse nesse prefácio, a saber, a atitude que revela com relação aos clássicos confucianos transmitidos a partir do período Chou. Naqueles tempos antigos, Chu Hsi nos conta, os textos clássicos sobre ritual eram perfeitamente adequados. Mas, diz ele, as regulações e instruções que constam dos textos que sobreviveram, "não mais se adequam a nossa era". Ao adaptar o que eles dizem, ele enfatiza, é preciso alcançar um "justo equilíbrio"; de outra maneira, correríamos o risco de nos concentrar em elementos secundários, esquecendo os que realmente importam. Ele nos diz que, em vista disso, procedeu, em primeiro lugar, identificando as estruturas fundamentais que não podem ser alteradas, e fazendo depois "pequenas emendas". Em outras palavras, sua atitude em face dos detalhes dos textos clássicos é flexível, em reconhecimento ao fato de que os tempos mudaram. Confuciano fiel, Chu Hsi segue a idéia de Confúcio de "passar adiante o que nos veio de nossos predecessores"; mas está longe de ser um fundamentalista. Em séculos posteriores, ele foi criticado pelos modos específicos como se desviou dos clássicos, mas não com base no argumento de que nenhum desvio em relação a eles seria admissível; nesse aspecto, sua posição geral é plenamente representativa da corrente dominante do confucionismo. Tu Yu (ou Du Yu, m.812), confuciano do período T'ang, expressou idéia semelhante: "Sempre que consultamos os livros dos antigos, é porque desejamos trazer à tona novos significados e formar instituições compatíveis com as circunstâncias presentes. A liberdade que oferecem é inesgotável. Planos para maquinações e expedientes estão ainda mais sujeitos a mil mudanças e dez mil alterações. Imitar em detalhes é como fazer um risco num barco para marcar um ponto fixo no oceano."

Por fim, nota-se nesse prefácio certo silêncio metafísico. Cristãos cortam fios de cabelo ao comprido para tentar determinar em que sentido preciso Jesus era ou não Deus (seria admissível dizer que Deus teve mãe e morreu na cruz?). Os muçulmanos e os budistas têm preocupações doutrinárias comparáveis. Chu Hsi, porém, muito embora um filósofo, não suscita nenhuma questão desse teor sobre o culto ancestral. Diz que concedeu "um lugar elevado para o amor e o respeito", que a seu ver estão entre "os elementos fundamentais". Mas não demonstra nenhum interesse em questionar em que sentido exato se pode dizer que os espíritos dos ancestrais estão presentes no salão de oferendas e compreendem o que lhes é relatado; fica-nos a suspeita de que a resposta talvez não tenha verdadeira importância. Não que Chu Hsi fosse cético: a partir de observações que faz em outras passagens, sabemos que ele acreditava que os espíritos dos ancestrais tinham algum tipo de existência e que se podia ter real contato com eles no curso dos rituais. Mas esta não é uma questão que lhe interesse explorar. "Esta", diz ele a seus discípulos para calá-los, "é uma matéria difícil de abordar, por isso peço-vos simplesmente que reflitam sobre ela por vós mesmos". Seja como for, a barganha direta que está subjacente ao culto chinês dos ancestrais primitivo — alimento em troca de bênçãos — dificilmente pode ser detectada nos rituais que ele propõe. Não encontramos neles nada comparável às palavras de um poema antigo: "O espírito desfrutou sua bebida e sua comida, e concederá ao nosso senhor uma longa vida." Sob esse aspecto, os ritos que Chu Hsi expõe diferem significativamente dos rituais védicos. Estes pretendem obter resultados influenciando o comportamento dos deuses; em contraste, como estimular ancestrais a conceder bens não é uma preocupação profunda de Chu Hsi. Isso era apropriado para um confuciano. Confúcio nos aconselhara a reverenciar os fantasmas e os deuses, mas mantendo-os à distância. Essa ambivalência irritava os mohistas, que gostavam de coisas já mastigadas e prontas: um confuciano, queixou-se um fundador do mohismo, caía em contradição ao afirmar que "deuses e fantasmas não existem", e sustentar ao mesmo tempo que "os cavalheiros devem aprender as cerimônias sacrificiais" — era como fazer uma rede de pesca sem se acreditar na existência de peixes. Mas se havia uma contradição nisso, os confucianos parecem ter convivido muito bem com ela.

O que está em jogo no culto dos ancestrais não são as minúcias dos rituais antigos, ou a metafísica da desmaterialização, mas valores de família (e, mais amplamente, das relações humanas). Confúcio diz, "Quando nossos pais estão vivos, nós lhes servimos em conformidade com os ritos; quando estão mortos, os enterramos em conformidade com os ritos e lhes oferecemos sacrifícios em conformidade com os ritos." A pedra de toque moral aqui é a piedade filial. "Enquanto o pai de um homem está vivo, observe suas intenções. Depois que ele perdeu o pai, observe suas ações. Se por três anos ele continuar vivendo segundo os costumes do pai, merecerá ser chamado respeitoso." O confucionismo, poder-se-ia dizer, é a verdadeira ética dos valores da família. Jesus, em contraposição, disse às multidões que viajavam com ele: "Se alguém vem a mim e tem mais amor ao pai, à mãe, à mulher, aos filhos, aos irmãos, às irmãs e mesmo à própria vida do que a mim, não pode ser meu discípulo" (Lucas 14:25-26). Um homem a quem ele aconselhou que o seguisse rogou-lhe: "Senhor, deixa-me ir primeiro enterrar meu pai". Jesus, porém, lhe respondeu: "Deixa que os mortos enterrem os seus mortos; tu, porém, vai e anuncia o reino de Deus" (Lucas 9:59-60). O reino de Deus é a chave dessa exortação à impiedade filial: Jesus tinha algo a dizer que lhe parecia muito mais importante que os valores da família. O mesmo se aplica a Buda; não espanta que uma crítica padrão chinesa ao budismo fosse que ele incitava os homens a abandonar os pais, fazendo-se monges. Jesus e Buda proclamaram ambos uma mensagem que buscava arrancar as pessoas do nexo social em que tinham nascido. O confucionismo, em contraposição, diz respeito à fidelidade a esse nexo. Seja como for, Confúcio não trouxe nenhuma mensagem enfática. Certa vez ele disse "Gostaria de não precisar dizer nada." Um de seus discípulos objetou, "Se não falares, que mensagens teus discípulos receberão de ti?" Ao que Confúcio respondeu, "Acaso o Céu fala? As quatro estações procedem segundo ele, as cem coisas são geradas por ele. Mas o Céu fala?"

O culto chinês dos ancestrais envolvia, é claro, muito mais do que pode ser percebido a partir das falas de Confúcio e das prescrições de Chu Hsi. Ele já estava presente numa forma elaborada na vida ritual dos últimos reis Chang, tal como documentada nos ossos oraculares, e essas formas dinásticas do culto continuaram proeminentes na China imperial. Estatísticas do século I a.C. revelam que por trás do desvelo pelos ancestrais imperiais podia existir uma verdadeira politicagem, dando ensejo a farta distribuição de empregos: envolvia 343 santuários, com 45.129 guardas e 12.147 sacerdotes, cozinheiros e músicos; era servido aos ancestrais dinásticos um total de 24.455 refeições por ano. Compreensivelmente, foi preciso fazer cortes drásticos nas verbas destinadas a assegurar o bem-estar dos ancestrais para equilibrar o orçamento. Mas o culto permeou também a sociedade chinesa em seu todo, em formas que podiam se aproximar ou divergir das mais diversas maneiras daquelas recomendadas por Chu Hsi. Tratava-se, afinal de contas, de uma sociedade que devotava grande respeito aos idosos; os ancestrais eram ainda mais idosos. Quando os jesuítas se empenharam em converter os chineses ao cristianismo nos séculos XVI e XVII, um grande problema que enfrentaram foi o que fazer do culto dos ancestrais.

Hoje estamos acostumados a idiossincrasias culturais regionais como o culto chinês dos ancestrais. Volta e meia perguntamos por que elas existem, e em geral não obtemos resposta. Como no caso da casta na Índia, podemos buscar na geografia uma pequena parte da explicação. Como a China estava impedida de desenvolver conexões densas com outras sociedades por todos os lados, exceto o norte, e como seus contatos diretos ao norte se deram com nômades pastoris e não com outra civilização, não chega a ser enigmático que a sociedade chinesa tenha se desenvolvido ao longo de linhas bastante peculiares. Mas isso não ajuda em nada a explicar por que o culto dos ancestrais se tornou característica tão proeminente e ubíqua da sociedade.

III. Bronzes Chang: o que um nome encerra?

A figura 16 mostra um recipiente de bronze — especificamente um *chia* (ou *jia*) — datado do século XV ou XIV a.C. Como mostram os desenhos que o acompanham, esse é um tipo particular de uma família de vasos de bronze; na verdade, fabricava-se uma variedade muito maior deles que a mostrada aqui. Os grandes museus estão cheios de exemplares. O *chia*, entretanto, pode ser distinguido com relativa facilidade graças ao par de protuberâncias semelhantes a cogumelos que se erguem na sua beirada. Qual era, então, sua importância?

Em certo nível a resposta é fácil. O *chia* e os vasos aparentados eram acessórios de um estilo de vida aristocrático a que enormes recursos foram destinados na China durante cerca de mil anos. Como mencionado acima, artefatos de bronze haviam aparecido no extremo noroeste da China por volta de 2000 a.C., embora não haja indicação de que seu papel na época estivesse vinculado à existência de uma aristocracia. Poucos séculos depois, porém, o bronze estava sendo produzido bem mais a leste, na parte do vale do Huang He associada à dinastia Chang. Ali, o empreendimento teve um caráter inteiramente diverso. Ao tirar proveito da excepcional riqueza da

China em recursos minerais, essa sociedade vinha produzindo artefatos de bronze numa escala sem paralelo em lugar nenhum do mundo na época; muitos deles eram vasos como os mostrados na figura 16. Ao mesmo tempo, empregava uma tecnologia inusitadamente extravagante: em vez de trabalhar o bronze malhando-o para transformá-lo em folhas finas, como era a prática normal em sociedades da Idade do Bronze que levavam custos em conta, ela fundia seu bronze em moldes de argila. A generosidade era evidente também na grande quantidade de metal que se dispunha a enterrar com seus mortos. Uma rainha Chang foi sepultada com 195 vasos de bronze, e o número total de vasos recuperados em sepulturas do período Chang deve estar na casa dos milhares. Essa escala de atividade pressupõe uma sociedade fortemente estratificada, em que o trabalho das pessoas comuns era incessantemente mobilizado para sustentar o estilo de vida aristocrático da elite.

Mas qual era o papel exato do *chia* nesse modo de vida? Os vasos de bronze eram encontrados em conjuntos nos túmulos, o que sugeria que cada um tinha um propósito particular. Sabe-se também, a partir das inscrições que alguns vasos exibiam, que eles desempenhavam um papel no culto dos ancestrais. Parece que uma classe de vasos, que incluía o *chia*, destinava-se a oferendas de vinho, enquanto outra classe, que incluía o *ting* (ou *ding*), era para comida. De fato, encontrou-se um *ting* contendo ossos de animais numa sepultura bastante tardia, mas não temos esse tipo de confirmação direta para o *chia*. Se era de fato usado para vinho — para aquecê-lo ou servi-lo —, em que sua função diferia da de outros vasos da mesma classe? Não temos descrições da época para nos ajudar quanto a isso; tampouco podemos buscar informação confiável em alguma tradição posterior, já que o *chia* (diferentemente do *ting*) cedo caiu em desuso no período Chou.

Se sabemos tão pouco sobre a função ritual precisa desse vaso, como chegamos a saber que era chamado de *chia*? O fato, não muito surpreendente, é que não sabemos. A palavra *chia* é bastante autêntica (embora seja difícil saber como era pronunciada nos tempos dos Chang). Não há, porém, nenhuma boa razão para se pensar que era aplicada pela gente da época ao tipo de vaso a que agora a associamos. Poderíamos suspeitar, portanto, que a palavra foi fruto de um erro moderno de denominação, pecado que os arqueólogos cometem com freqüência. Diante de um objeto para o qual lhes falta um termo técnico, tendem a se valer de alguma palavra da cultura em questão e a aplicam mal. Assim, estudiosos modernos da cerâmica da Grécia antiga usam uma série de termos autóctones de uma maneira que pareceria talvez esquisita para um falante nativo do grego antigo. O *chia* é um caso análogo. O que o torna interessante é que o culpado não foi um arqueólogo moderno: foi um antiquário chinês do século XI d.C. que deu ao termo *chia* seu sentido atual.

Muito antes dos tempos Sung, os chineses haviam começado a demonstrar um intenso interesse por antigüidades. Vasos de bronze, especialmente *tings*, tiveram importante papel nisso. Já em 113 a.C., a descoberta de um antigo e precioso *ting* causou sensação na corte Han. Em século posteriores, soberanos e outros começaram a colecionar antigüidades em grande escala, de uma maneira que lembra o que se fizera nas últimas década da antiga monarquia mesopotâmia. Mas em geral esse interesse não tinha um caráter erudito; por isso o comentário aduzido pelos funcionários da corte em 113 a.C. não ia além do oco palavreado mitológico. Na verdade, esses objetos eram mais valorizados como talismãs do que como antigüidades. O outro lado da moeda revela-se num evento de 591 d.C., quando alguns vasos antigos que a nova dinastia Sui adquirira de um inimigo derrotado foram destruídos; a razão alegada para essa medida drástica foi que se descobrira que os objetos possuíam propriedades mágicas malignas. Atitudes desse tipo foram notavelmente persistentes. O autor de um manual bastante sério para colecionadores publicado em 1388 observa que muitos vasos de bronze antigos têm o poder de afugentar maus espíritos, razão por que convinha mantê-los em casa.

Na altura dos tempos Sung, porém, os eruditos mais eminentes já estavam impondo um tom bastante diferente. Ainda usavam uma retórica segundo a qual os objetos do passado forneciam modelos para o presente, mas pareciam entusiasmados sobretudo com o desafio filológico representado pelas inscrições antigas por vezes encontradas nos vasos. Ali, como assinalou um estudioso, estavam fontes da época que podiam ser usadas para corrigir erros nos livros de história. Um antiquário que procurava bronzes antigos mandava gravar desenhos que figuravam neles e distribuiu decalques das inscrições a outros estudiosos (havia um animado mercado de decalques na época — comerciantes costumavam comprá-los no norte e vendê-los no sul). Em 1092, outro estudioso publicou um catálogo de bronzes em dez

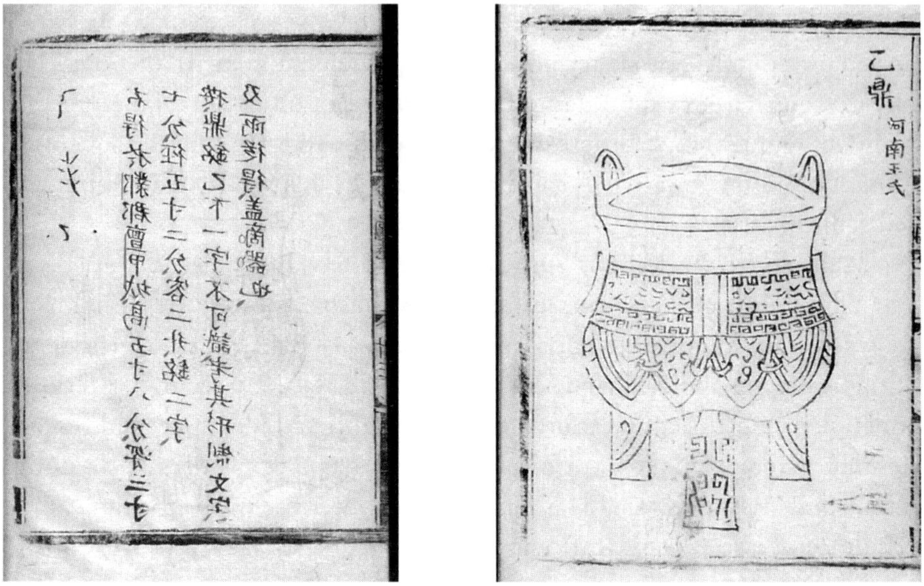

Fig.17: Texto sobre um *ting* num catálogo Sung de bronzes.

volumes, com desenhos de nada menos que 65 coleções. A figura 17 mostra o texto sobre um *ting* encontrado no sítio da antiga capital Chang, tomada da edição de sua obra feita em 1229 — a mais antiga de que ainda temos cópias (a imprensa remonta na China pelo menos ao século VII). O próprio Chu Hsi escreveu um curto ensaio intitulado "A coleção de inscrições antigas de nossa família".

Depois dos tempos Sung, vários séculos foram marcados pela falta de novos estudos, embora obras antigas fossem freqüentemente reeditadas e, ao que parece, continuassem sendo colecionadas com igual intensidade. Mas sob a dinastia Ch'ing o estudo sério de bronzes antigos reviveu e um catálogo publicado por ordem do imperador em 1775 chegou a 40 volumes. Dessa vez, no entanto, o interesse da elite chinesa por antigüidades havia produzido um efeito pernicioso em grande escala: muitos dos 1.500 vasos de bronze incluídos no novo catálogo eram falsificações do período Ming. Na verdade, é bastante surpreendente que os autores do catálogo não tenham feito trabalho melhor, extirpando os vasos espúrios, pois o autor do manual de 1388 já estava atento ao problema. Ele descreve os métodos que estavam sendo usados para dar a bronzes novos um aspecto antigo e observa que vasos que mostrassem traços do uso do cinzel eram falsos. Seja como for, a China foi uma das poucas partes do mundo em que o mercado de antigüidades já era animado o suficiente para induzir falsificações em grande escala em tempos pré-modernos. Já no século V d.C., temos uma descrição dos métodos que estavam em uso da China para falsificar caligrafias de gênero antigo. O fato não era inédito: cinco séculos antes, obras de arte falsas, exibindo assinaturas espúrias de mestres do classicismo grego, estavam sendo vendidas por alto preço na Roma antiga. Nada semelhante, porém, foi detectado na Mesopotâmia antiga.

CAPÍTULO 10

O mundo mediterrâneo antigo

I. "Rãs em volta de um poço"

Como vimos no capítulo 4, houve outrora um oceano no meio do mundo, separando os dois supercontinentes da Laurásia e de Gonduana. Ao longo de grande parte da orla sul da Eurásia, esse oceano desapareceu: os vários fragmentos de Gonduana ou colidiram com a Eurásia e se uniram a ela, ou recuaram. Mas há uma grande exceção a esse padrão, a saber, a região limitada pelo terço oeste da Eurásia ao norte e pela África ao sul. Ali um segmento do antigo oceano que cortava o mundo pelo meio foi preservado (embora tenha secado no passado geológico, quando foi bloqueado pelo estreito de Gibraltar). As regiões leste e oeste do Velho Mundo contrastam assim marcadamente: enquanto no leste a característica geográfica central é o enorme platô tibetano, no oeste é o mar Mediterrâneo.

Essa explicação do Mediterrâneo como remanescência de uma época anterior é, evidentemente, uma simplificação. A Eurásia e a África não permaneceram simplesmente paradas desde que o oceano intermediário se abriu; assim também, o Mediterrâneo há dez milhões de anos tinha um aspecto extremamente diferente do que tem hoje. O que vemos agora é o resultado de uma evolução geológica complexa, para não dizer caótica. Em alguns lugares a crosta continental desmoronou; em outros, fragmentos dela espalharam-se pelo mar na forma de ilhas e penínsulas. Efeitos de colisões provocaram a formação de muitas montanhas em tempos geologicamente recentes, e os níveis dos mares no Holoceno provocaram outras alterações no mapa. Para completar, nenhum desses processos operou de maneira geograficamente simétrica.

A maneira mais simples de sintetizar os resultados é comparar a geografia física das costas norte e sul do Mediterrâneo (podemos deixar de lado a costa da Síria, que barra o oceano a leste). Há quatro grandes penínsulas no norte: a Espanha (também chamada península Ibérica), a Itália, a Grécia e a Anatólia. A Itália e a Grécia estão inteiramente contidas no Mediterrâneo, ao passo que a Espanha e a Anatólia gozam de uma condição peninsular graças a outros corpos de água adjacentes: o oceano Atlântico no caso da Espanha e o mar Negro no da Anatólia (embora durante algum tempo antes do Holoceno inicial esse mar pareça não ter passado de um lago de água doce). Todas as quatro penínsulas são montanhosas, mas a Espanha e a Anatólia distinguem-se das puramente mediterrâneas por possuírem grandes platôs no interior. A costa sul, em contraposição, carece de penínsulas comparáveis, e embora seja montanhosa no oeste, é plana em sua maior parte.

Já falamos do clima mediterrâneo no contexto do Oriente Próximo. Graças à sua orientação leste-oeste, o Mediterrâneo é bastante homogêneo do ponto de vista climático; o modelo geral é marcado por verões quentes e secos e invernos amenos e úmidos, embora não muito. Mas as chuvas de inverno são desigualmente distribuídas (ver mapa 8). Como a localização das montanhas nos levaria a esperar, o norte é mais bem aquinhoado que o sul, e o sudoeste é mais bem servido que o sudeste. Grandes rios podem, é claro, levar água para áreas áridas; mas no Mediterrâneo só encontramos um rio assim: o Nilo.

O que significou tudo isso para o potencial do mundo mediterrâneo como ambiente para seres humanos? Claramente tornou-o muito diferente das regiões a leste, e isso de duas maneiras principais. Em terra, afora o Egito, não havia nada que se comparasse aos grandes vales de rio do Oriente Próximo, da Índia e da China; assim, a agricultura mediterrânea foi praticada em planícies pequenas e esparsas, ou, na falta destas, nos morros, e uma viagem pela região podia ser lenta e penosa. Mas o mar era outra história. A presença de seres humanos em algumas ilhas nos tempos mesolíticos mostra que, mesmo antes do início do Neolítico, algum tipo de navegação já se desenvolvera ali. Depois que embarcações capazes de enfrentar mares entraram em uso, a existência do Mediterrâneo tornou possível um mundo precocemente interconectado (como "rãs em volta de um poço", como Platão o expressou); e as condições ambientais partilhadas por esse mundo significaram que o que funcionava bem numa parte dele provavelmente o faria igualmente em outra. A leste, em contraposição, era muito mais difícil contornar o platô

Irlandeses
OCEANO ATLÂNTICO
0 200 milhas
0 200 quilômetros
Galegos
Bascos
PIRENEUS
GÁLIA
ALPES
Vene
ESPANHA
Salamanca
Toledo
ARAGÃO
PORTUGAL
PENÍNSULA IBÉRICA
ANDALUZIA
Etruscos
R
ITÁ
Cartago
Berberes
NORTE DA ÁFRICA
Berberes

MAPA 8:
O MUNDO
MEDITERRÂNEO
Fronteiras modernas
CHUVA (cm/ano)
Mais de 100
50–100
30–49
20–29
Menos de 20
G o d o s
Mar Negro
MACE-
DÔNIA
TRÁCIA
Hititas
G R É C I A
Mar
Egeu
LÍDIA
ANATÓLIA
(TURQUIA)
ÁTICA
Atenas
Micênicos
Esparta
CÁRIA
SÍRIA
Chipre
ORIENTE
PRÓXIMO
Creta
Minóicos
FENÍCIA
Tiro
Mar Mediterrâneo
Israelitas
Jerusalém
Cirenaica
Berberes
EGITO
Rio Nilo

tibetano ou enfrentar a vastidão do oceano Índico, e as condições geográficas ao longo do caminho eram muito mais variadas.

Apesar da relativa homogeneidade do mundo mediterrâneo, foi significativo para sua história que o norte tendesse a ser mais favorecido que o sul. Com exceção do Egito, a distribuição das chuvas significava que as condições da costa norte eram em geral mais propícias, ou menos ingratas, para a agricultura que as da costa sul. O norte era igualmente mais bem-dotado do ponto de vista marítimo: sua linha litorânea tinha menos reentrâncias, sendo assim mais favorável à navegação primitiva, e suas chuvas mais abundantes o dotavam de mais madeira para a construção de barcos. Sob este último aspecto, o Egito partilhava a mesma desvantagem do sul.

Pré-história mediterrânea

Embora não tenhamos considerado o Mediterrâneo como um todo nos capítulos anteriores, defrontamo-nos com grandes partes dele em conexão com a África e o Oriente Próximo. Por isso, o foco principal deste capítulo será o setor europeu das regiões costeiras mediterrâneas. Mas é preciso ver o que ocorre nessa região no contexto mais amplo. Um fator-chave acerca da pré-história do mundo mediterrâneo, por exemplo, é que ele inclui a margem oeste do Oriente Próximo, para não mencionar o Egito.

O papel do Oriente Próximo já é evidente no Paleolítico Superior. A arqueologia sugere que seres humanos modernos apareceram na Europa por volta de 40.000 anos atrás e que sua chegada foi seguida, durante os primeiros 10.000 anos de sua presença ali, pela extinção de populações autóctones paleolíticas do Neandertal. Os dados genéticos confirmam esse quadro e apontam para uma ocupação paralela do norte da África, mais ou menos no mesmo período, por uma população relacionada. Indicam também que ambas essas populações humanas modernas originaram-se no Oriente Próximo — o que seria de esperar no caso da Europa, embora talvez não no do norte da África.

É igualmente claro que a agricultura difundiu-se para a Europa a partir do Oriente Próximo, tal como parece ter feito no norte da África. Várias das espécies domesticadas envolvidas só poderiam ter tido origem no Oriente Próximo. Além disso, as datas relativas em que aparecem indicam uma expansão a partir dessa região; assim, já encontramos a agricultura na Grécia no oitavo milênio a.C., ao passo que ela não aparece na Espanha até o sexto. Na altura de 5000 a.C. porém, a agricultura estava firmemente estabelecida na maior parte do mundo mediterrâneo. O que se tornou controverso recentemente é o processo pelo qual essa difusão se teria dado: teria a agricultura sido levada para a Europa por uma população originária do Oriente Próximo, ou teria se expandido através da Europa mediante sua adoção por caçadores-coletores? Durante uma geração, foi amplamente aceito que a migração foi o processo dominante, mas hoje em dia os dados da genética indicam que a população da Europa tem uma origem predominantemente paleolítica. Um padrão de difusão similar, em linhas gerais, provavelmente teria sido seguido pela metalurgia. A costa norte do Mediterrâneo já ingressara na Idade do Bronze no final do quarto milênio, no caso da Grécia, e no final do terceiro milênio, no da Espanha; assim também, a Grécia ingressou na Idade do Ferro no século XI e a Itália por volta do VIII.

Os primórdios da civilização na Europa mediterrânea apontam novamente para o leste. Por volta de 2000 a.C., a civilização minóica apareceu na ilha de Creta; a escrita surge por volta do século XVIII. Cerca de um século depois, a cultura micênica, estreitamente relacionada, apareceu no continente grego, mas até então nenhuma cultura comparável estava em evidência mais a oeste. Essa tradição de civilização não foi uma adoção local direta de nenhuma cultura do Oriente Próximo. Por exemplo, tanto os minóicos quanto os micênicos escreviam em plaquetas de argila, mas os caracteres que usavam, embora obviamente relacionados entre si, não seguem nenhum modelo conhecido do Oriente Próximo. Dificilmente teria sido por obra do acaso, entretanto, que essas civilizações surgiram na parte da Europa mediterrânea mais próxima do Egito e do Oriente Próximo, e de fato a cronologia da civilização minóica se funda em artefatos egípcios e do Oriente Próximo encontrados em associação com sua cerâmica.

A primeira civilização européia é conhecida sobretudo pelas ruínas de palácios onde devem ter residido os soberanos de Estados bastante pequenos, e pelo limitado *corpus* de registros administrativos neles encontrado. No caso micênico, esses registros foram suficientemente decifrados para definir um ponto-chave: foram escritos numa forma primitiva de grego, a língua falada na região desde então. O grego, que é uma língua indo-européia, provavelmente foi levado para a Grécia em algum momento da Idade do Bronze — embora só possamos tentar adivinhar em qual. Como a língua das plaquetas minóicas anteriores não parece ser grego, a presunção é que a cultura micênica representa uma adoção pela Grécia da cultura dos não-gregos minóicos. Perto do fim do segundo milênio a.C., toda essa tradição de civilização ruiu; e quando a civilização reapareceu na Europa mediterrânea no primeiro milênio, representou um novo começo. Só em Chipre uma escrita de origem micênica sobreviveu, talvez levada para lá por refugiados, e dali não sairia. Há um paralelo óbvio aqui com a extinção da primeira civilização da Índia. Mas pelo menos duas coisas foram diferentes: houve continuidade lingüística através do divisor de águas, e uma memória do mundo micênico subsistiu, ainda que nebulosamente, para encontrar seu lugar nas epopéias de Homero.

Primórdios da história mediterrânea

A nova civilização que surgiu no primeiro milênio a.C. tem raízes, pelo menos num aspecto-chave, entre os fenícios, que foram talvez o primeiro povo a estabelecer uma presença marítima por toda a extensão do Mediterrâneo. Mencionamos suas atividades do capítulo 6 em conexão com o impacto cultural que tiveram sobre o noroeste da África. Em sua terra natal, na costa da Síria central, os fenícios viviam numa pluralidade de pequenos Estados, e em geral as modestas colônias litorâneas que fundaram em outras partes do Mediterrâneo foram o limite de suas ambições territoriais. Não eram construtores de impérios, nem ávidos por terra arável. Seu negócio era comerciar com povos autóctones.

Um desses povos eram os gregos, e foi dos fenícios que, no século VIII a.C. — ou antes —, eles, gregos, assimilaram a escrita alfabética que usam até hoje. Como observamos no capítulo 3, os gregos transmitiram o alfabeto a povos mais a oeste, para regiões em que até então não se conhecia nenhum tipo de escrita. Assim, antes do século VII, uma forma do alfabeto grego já estava sendo usada pelos etruscos na Itália central. Estes, por sua vez, a transmitiram para alguns pequenos povos italianos entre os quais, já no século VI, incluíam-se os romanos. Um pouco mais tarde, uma escrita de origem obscura, talvez mista, passou a ser usada entre as populações nativas da Espanha; e, como vimos no capítulo 6, a população nativa do norte da África acabou por adotar a escrita fenícia. Nessa altura a escrita estava estabelecida em toda a volta do Mediterrâneo, embora, fora do leste, apenas os gregos e os romanos tenham produzido heranças literárias que sobreviveram às vicissitudes da história.

Algo que essa epidemia de escrita revela, sobretudo no tocante aos primeiros tempos, é a composição étnica do mundo mediterrâneo. Como ambiente para o desenvolvimento de homogeneidade étnica, uma península é quase tão boa quanto uma ilha; mas no primeiro milênio a.C. esse potencial ainda estava, de maneira geral, por se realizar. No leste, a Anatólia era habitada por numerosos povos distintos que falavam línguas diferentes, e os registros hititas mostram que o mesmo ocorria no segundo milênio. A oeste, a muito mais estreita península italiana era quase igualmente variada. No extremo oeste do Mediterrâneo, a população nativa da Espanha era menos heterogênea, mas ainda abrigava uma pluralidade de povos e línguas (uma delas sem dúvida ancestral do basco). Em todas essas penínsulas, pelo menos uma das línguas era indo-européia e pelo menos uma não o era. Uma situação desse tipo talvez tenha caracterizado também a Grécia no segundo milênio: o grego era indo-europeu, ao passo que o minóico claramente não o era; e, no continente, os gregos lembravam mais tarde de ter partilhado seu país com um povo que chamavam de pelasgianos. No primeiro milênio, porém, povos e línguas não-gregos não tinham mais que uma presença residual na Grécia, e o próprio grego era uma língua única dividida apenas em dialetos. O gregos possuíam, portanto, rara homogeneidade étnica e lingüística, e tinham consciência disso. Chamavam a si mesmo de helenos, viam-se como um povo que partilhava a mesma ancestralidade, a mesma língua e os mesmos costumes; chegavam até a possuir algumas instituições pan-helênicas, como o Oráculo de Delfos e os Jogos Olímpicos.

Política mediterrânea

Outra característica do cenário mediterrâneo que fontes escritas iluminam é a organização política de seus povos. Encontramos ali uma disparidade notável à medida que nos movemos do leste para o oeste. O Estado hitita, na Anatólia central, com dimensões consideráveis pelos padrões do segundo milênio, foi um sério competidor nos negócios políticos e militares do Oriente Próximo; no milênio seguinte, o Estado lídio chegou a governar a maior parte do oeste da Anatólia, até que, em meados do século VI, foi conquistado pelos persas e tornou-se parte de um Estado ainda maior. Mas em lugar algum a oeste da Anatólia seria possível encontrar algo nessa escala. Os micênicos tinham seus Estados, a julgar por seus palácios e sua tradição épica posterior, mas eram um povo pequeno; e quando a Grécia voltou ao foco alguns séculos depois, a escala da organização política era no mínimo menor. A mesma falta de unidade marcou a Itália na maior parte do primeiro milênio. Enquanto isso, tanto na Espanha como no norte da África a oeste do Egito, não temos notícia de nada que mereça o nome de Estado. Em termos comparativos, tudo isso é bastante surpreendente. Com base em nossa descrição geral das civilizações do Velho Mundo até agora, arriscaríamos a generalização de que um povo civilizado tende a produzir um número razoável de Estados de certo tamanho: Egito, Magadá, Ch'u e outros mais. Assim, pelo menos sob esse aspecto, o Mediterrâneo central e ocidental foi uma região excepcionalmente atrasada. Sua extrema fragmentação política tinha claramente muito a ver com suas terras ingratas e a limitação de seus recursos agrícolas, embora, como veremos dentro em pouco, estas não tenham impedido a formação de Estados maiores em tempos posteriores.

Tão importante quanto o grau de fragmentação é a natureza dos fragmentos. No Mediterrâneo oriental, deparamos regularmente com reinos poderosos, como nos casos da Lídia e do Egito; os Estados micênicos tinham talvez estruturas semelhantes em menor escala. No outro extremo do Mediterrâneo, na Espanha, como na maior parte do norte da África, percebemos vagamente tribos e povos sob o comando de chefes. Mas o traço isolado mais característico da organização política do Mediterrâneo nesse período é o destaque que tinha a cidade-Estado.

Cidades-Estado não eram desconhecidas no Oriente Próximo antigo; de fato, estavam presentes na Mesopotâmia na aurora da história. O que é mais diretamente relevante para nossos interesses é o surgimento das cidades-Estado fenícias na segunda metade do segundo milênio. Como vimos no capítulo 6, pelo menos num caso os fenícios reproduziram a cidade-Estado no Mediterrâneo ocidental, a saber, em Cartago. Mas a instituição foi mais amplamente adotada, talvez sob influência fenícia, pelos povos nativos da

Grécia e da Itália. Os gregos, por sua vez, a espalharam ao estabelecer numerosas colônias ultramarinas nas costas da Anatólia, na Cirenaica, no sul da Itália, no sul da França e até no nordeste da Espanha. O mundo mediterrâneo ficou assim pontilhado de cidades-Estado independentes. Era relativamente fácil implantá-las e mantê-las em regiões em que a hinterlândia carecia de organização política efetiva, como foi por muito tempo o caso do Mediterrâneo ocidental. No Mediterrâneo oriental, em contraposição, o ambiente político era menos propício. Ao longo da costa egípcia simplesmente não apareceram cidades-Estado, e o soberano egípcio afunilou o comércio grego, fazendo-o passar por um único empório. Em outras regiões, elas perderam sua independência com a ascensão de cidades-Estado fortes na hinterlândia. Esse foi o destino dos povoamentos gregos no oeste da Anatólia com a ascensão da Lídia, e sua subseqüente conquista pelos persas. Nesse meio tempo, as cidades da própria Fenícia tiveram de estabelecer acordos com séries inteiras de suseranos.

As cidades-Estado eram muitas vezes monárquicas, ou pelo menos começavam assim. As cidades fenícias, por exemplo, tinham seus reis, tal como as cidades etruscas, embora esses monarcas pudessem não ser lá muito imponentes; um assassino romano não conseguiu matar um rei etrusco porque não conseguiu distingui-lo de seu secretário. Em geral, porém, as cidades-Estado monárquicas não eram meros reinos insignificantes. Nas cidades fenícias, apesar do poder efetivo exercido pelos reis, ouvimos falar também de conselhos de anciãos, num caso com cem membros; havia, pois, instituições formais que davam certo status no processo político aos cidadãos mais eminentes, senão aos cidadãos em geral. Uma cidade, Tiro, foi por algum tempo uma república governada por um par de juízes. Lamentavelmente, o que sabemos sobre a política fenícia não nos permite dizer muito mais que isso. Mas instituições do mesmo gênero são encontradas em cidades-Estado em outros locais do Mediterrâneo, e em alguns casos temos considerável conhecimento dos soberanos que as regiam. A informação é naturalmente mais rica no caso das cidades-Estado situadas no centro das duas únicas heranças literárias que restam do mundo mediterrâneo antigo fora do Oriente Próximo, isto é, Atenas e Roma. Mas temos também descrições bastante detalhadas das constituições de cidades como Esparta e Cartago. Como veremos na próxima seção, foi no contexto dos dispositivos constitucionais de cidades-Estado que democracias fizeram sua primeira aparição.

Uma debilidade óbvia das cidades-Estado, já observada por nós, era a dificuldade que tinham em fazer frente ao poder de grandes Estados territoriais. Uma única cidade-Estado era em geral pequena demais para resistir eficazmente, e rivalidades entre cidades tendiam a impossibilitar alianças ou provocar seu rompimento. De fato, o Mediterrâneo tinha potencial para abrigar um número muito maior de grandes Estados do que o até então existente, e isso significava que o mundo das cidades-Estado seria insustentável a longo prazo. Ou grandes Estados as ocupariam e controlariam, ou uma cidade-Estado se expandiria e sujeitaria outras.

O que aconteceu na Grécia foi, no cômputo geral, uma ilustração do primeiro processo. No início do século V a.C., a região foi invadida pelo Império Persa, mas a Grécia conseguiu resistir graças a uma aliança liderada pelas suas duas cidades-Estado mais poderosas, Atenas e Esparta. O papel ateniense nessa aliança, por sua vez, lançou os alicerces para uma hegemonia marítima da Grécia; mas esta foi rompida por uma guerra entre Atenas e Esparta nas últimas décadas do século V. As cidades-Estado gregas haviam portanto sobrevivido a uma ameaça tanto externa quanto interna a seu tradicional modo de vida político. O século IV, porém, viu a ascensão de uma nova ameaça na forma do reino macedônio, situado a norte, e em 338 a.C. estabelecera-se sobre a Grécia uma hegemonia macedônia que reduziu drasticamente a atividade política das cidades-Estado. O fim veio com a incorporação da Grécia ao império em expansão dos romanos no século II a.C. Foi portanto a formação de grandes Estados nas bordas do mundo grego que condenou as cidades-Estado da Grécia. O que espanta talvez é que o processo tenha levado tanto tempo para se completar.

Na Itália, em contraposição, foi a ascensão de uma cidade-Estado que pôs fim à independência das outras. Roma começou sua vida nas fímbrias do mundo etrusco, regida por uma dinastia de reis etruscos. Numa data tradicionalmente dada com 510 a.C., os romanos expulsaram a família real e instituíram uma república. Nos séculos seguintes, deram mostras de uma rara combinação de agressividade militar e disposição para incorporar inimigos derrotados, sempre buscando expandir-se. Estabeleceram sua hegemonia sobre a Itália e em seguida derrotaram Cartago, sua principal rival no Mediterrâneo ocidental, submetendo assim a região em sua totalidade a seu domínio direto ou indireto. Depois estenderam seu controle ao Mediterrâneo oriental, completando todo o processo no século I a.C. Um mundo de cidades-Estado independentes transformara-se num império pan-Mediterrâneo.

O contraste em escala entre essas duas formas de organização política, a cidade-Estado e o império, é notável. A longo prazo, nenhuma das duas provou-se viável. No final do primeiro milênio a.C., as cidades-Estado haviam desaparecido como atores militares e políticos, e, embora a instituição tenha ressurgido na Idade Média, no mundo mediterrâneo ela ficaria restrita à Itália. O Império Romano, em que a forma republicana tradicional de governo logo deu lugar à autocracia, continuou unido até quase o fim do século IV d.C., mas nessa altura foi dividido; a parte oriental caiu nas mãos de invasores vindos do norte no século V, enquanto a parte ocidental sobreviveu de certa maneira até 1453, embora perdendo territórios para a invasão muçulmana. Desde o século IV, o Mediterrâneo nunca mais foi unido sob um único Estado, romano ou outro.

Cultura mediterrânea

Foi contra esse pano de fundo político cambiante que a história cultural do mundo mediterrâneo se desdobrou. Em 1000 a.C. o Mediterrâneo devia ser um mundo de muitas culturas, embora nenhuma delas, afora o Egito e o Oriente Próximo, pudessem ser chamadas de civilização. Na época, teria parecido muito pouco provável que a mais importante dessas culturas em termos históricos provar-se-ia ser a dos gregos. A civilização micênica da Idade do Bronze desmoronara uns dois séculos antes, e a Idade do Ferro ainda estava por gerar uma nova; não há indícios de que os gregos desse período possuíssem qualquer forma de escrita. Mas talvez seja possível identificar duas coisas que deram um grau de vantagem à sua cultura. Uma foi a relativa homogeneidade étnica e lingüística da Grécia, e a outra o início da colonização grega além-mar. Esses traços significaram que a cultura grega teria uma clientela maior e uma distribuição mais vasta que quaisquer prováveis competidores.

A cultura literária que se desenvolveu entre os gregos em meados do primeiro milênio a.C. tinha alguns traços significativos em comum com as da Índia e da China da época. Em todas as três, a Idade do Bronze desempenhara papel central na cultura — os equivalentes gregos dos Vedas e dos clássicos chineses mais antigos sendo as epopéias homéricas. Mas, ao lado dessa herança arcaica, em todas as três culturas um novo interesse surgiu por volta de meados do milênio: o pensamento filosófico e científico rigoroso. Um traço da cultura grega, no entanto, a distinguia da indiana, da chinesa e de outras culturas da época: sua estreita relação com a cidade-Estado. Faltava à sociedade grega o tipo de burocracia poderosa que em outros lugares fornecia um *locus* para a formação de uma cultura de elite (como, por exemplo, no Egito antigo); seus templos não se destacavam na apropriação de recursos econômicos (como era o caso no Oriente Próximo antigo), e não havia nenhuma classe sacerdotal entrincheirada e hereditária (como na Índia antiga). A cultura grega era, portanto, marcada por um foco no político que está em geral ausente da cultura hindu tal como chegou até nós; renunciar ao mundo só se tornou um tema de relevo entre os gregos com a extinção da cidade-Estado, e mesmo então uma filosofia da renúncia, como o epicurismo, nunca chegou a se tornar um movimento de massa à maneira do budismo. Ao mesmo tempo, esse foco foi significativamente diferente daquele da reflexão política na China antiga, onde, mesmo sob condições de fragmentação, a escala da organização política era muito maior. Desse modo, a cultura da Grécia projetou-se como sendo o que poderíamos chamar de uma cultura do cidadão.

A difusão da cultura grega entre não-gregos foi um tema proeminente na história do mundo mediterrâneo antigo, e podemos considerá-la nos termos de uma distinção que usamos antes. Um importante processo pelo qual a cultura se espalhou foi a conquista levada a cabo pelos próprios gregos, ou, mais precisamente, por seus suseranos macedônios. Em 334 a.C. o soberano macedônio Alexandre deu início à tentativa de conquistar o Império Persa. Quando morreu na Babilônia, em 323, ele havia levado o domínio macedônio, e com ele a supremacia cultural grega, para uma região que se estendia da Anatólia e do Egito, a oeste, à Ásia central e ao noroeste da Índia a leste, tendo estabelecido povoamentos gregos urbanos em grande parte desse território. Assim, a cultura de elite grega teria uma longa história nessa região, mas, com o correr dos séculos, haveria de perder gradualmente sua ascendência. Foi apenas na Anatólia que a maioria da população passou a falar grego, e mesmo esse ganho acabou por ser revertido.

No fim das contas, a adoção da cultura grega por sociedades não-gregas politicamente independentes provaria ter uma importância histórica muito maior. Ao que parece, os soberanos da Lídia eram membros honorários do mundo cultural grego, e há indícios, tanto ali quanto em torno do Mediterrâneo, da adoção de elementos da cultura grega por elites nativas nas vizinhanças das colônias gregas; assim, diz-se que os gauleses do sul da França aprenderam dos gregos "um modo de vida mais civilizado", passando a lavrar seus campos, a murar sua cidades, a substituir a força pela lei e a cultivar a vinha e a azeitona. Um exemplo particularmente rematado dessa assimilação teve lugar na primeira metade do século IV a.C., quando Mausolo, rei de Cária, a sudoeste da Anatólia, decidiu impor o modo de vida grego a seu povo, obrigando-o, entre outras coisas, a instalar-se em cidades. Mas o acolhimento decisivo da cultura grega ocorreu na Itália. Como vimos, os etruscos adotaram o alfabeto dos gregos e o transmitiram aos romanos. Mas esse empréstimo inicial, embora longe de ter sido isolado, não parece ter feito parte de uma adoção por atacado da cultura literária grega, e seu resultado foi sobretudo o estabelecimento do latim como língua literária local. Foi num estágio posterior que os romanos estabeleceram um contato muito mais estreito com o mundo grego, mediante sua conquista da Grécia e do Mediterrâneo oriental. A elite romana do século II a.C. empreendeu então uma intensa assimilação da civilização que havia conquistado. Em conseqüência, todo romano instruído passou a saber grego, e a herança grega tornou-se parte integral da cultura romana. A língua literária mais importante dos romanos continuou, contudo, sendo seu latim nativo. Foi essa cultura grega em roupagem latina que se difundiu, em virtude da conquista romana, por todo o Mediterrâneo oriental.

À primeira vista, o surpreendente em tudo isso é que as terras de civilização mais antiga, o Egito e o Oriente Próximo, não tenham desempenhado papel mais destacado na difusão da civilização rumo ao oeste no primeiro milênio a.C. A Mesopotâmia, é claro, estava a alguma distância do Mediterrâneo, e o Egito, embora situado em sua margem sudeste, nunca mostrara grande interesse pela expansão marítima; faltavam-lhe recursos em madeira para construir embarcações, e, de todo modo, sua civilização nunca se espalhou muito além de suas próprias fronteiras. É mais intrigante que os fenícios não tenham um tido papel maior no resultado do processo, em contraste com o que tiveram em seu início. Mas faltou-lhes claramente, como estímulo para sua expansão, a pressão demográfica que estimulou a dos gregos;

ademais, sua única colônia importante, Cartago, foi derrotada em sua luta com Roma. O resultado foi que o legado cultural do Mediterrâneo antigo para a Europa foi a cultura grega sob sua forma latina.

Mas isso ainda não foi o fim do episódio. Como vimos no capítulo 7, a religião a que o Império Romano haveria de sucumbir no século IV d.C. era, em última análise, o legado de um povo cuja língua era praticamente idêntica à dos fenícios.

O cristianismo é um exemplo excelente do modo como uma religião pode transformar derrota em vitória, fazendo de sua maior vulnerabilidade um atributo positivo. A figura fundadora da religião cristã, Jesus de Nazaré, foi um pregador popular e milagreiro judeu. Ele dizia a seus seguidores que o reino do céu estava próximo (Mateus 4:17) e instava-os a adotar um moralidade comoventemente altruística (Lucas 6:27-35). Por razões em grande parte políticas, Jesus foi submetido à cruel, mas não rara, punição romana da crucifixão. Isso significou que morreu como um criminoso comum no meio de um par de ladrões, incapaz de salvar a si mesmo — como escarneceram os espectadores —, muito menos outros homens (Mateus 27:42). No entanto, esse fiasco provou-se o início e não o fim de uma nova religião. Os seguidores de Jesus sustentaram que, apesar das aparências, ele era o Filho de Deus, ou Deus encarnado, e que morrera voluntariamente na cruz para redimir a humanidade. Naturalmente, os que responderam de início a essa mensagem foram em sua maioria judeus locais, mas a ocorrência de uma diáspora judaica amplamente espalhada significou que ela se difundiu muito rápido por todo o Império Romano. Ao mesmo tempo, a Igreja primitiva foi astuta o bastante para adaptar a nova fé para os gentios, permitindo-lhes converter-se sem assumir os desconfortáveis ônus da lei religiosa tradicional dos judeus (Atos 15:19-20). O resultado foi que, pouco a pouco, o movimento se tornou esmagadoramente gentio.

Como os budistas, os primeiros cristãos brigavam entre si e, no devido tempo, dividiram-se em várias seitas irreconciliáveis, apesar (ou por causa) das deliberações de uma série de concílios. Em termos organizacionais, porém, os cristãos diferiam dos budistas em aspectos importantes. Enquanto os monges constituíram o núcleo da comunidade budista desde o início, o monasticismo cristão só apareceu cerca de três séculos depois da morte do fundador. Tornou-se então uma característica padrão da vida cristã, ainda que tenha acabado por ser rejeitada pelos protestantes; mas nunca foi preponderante. O núcleo da Igreja era e continuou sendo um conjunto de congregações laicas sob a autoridade de sacerdotes que, por sua vez, passaram a estar sujeitos a um bispo local. Um outro contraste com os budistas era a extensão da abrangente hierarquia que se desenvolveu no cristianismo acima desse nível local. Nas seitas budistas dos primeiros séculos havia algum tipo de sucessão de patriarcas; mas foram figuras bastante obscuras, que não parecem ter tido poder equiparável ao do punhado de patriarcas cristãos que vieram a dominar a Igreja a partir de suas sés em cidades importantes do império. Entre estes, os de longe mais bem-sucedidos foram os papas, que, de sua base em Roma, foram capazes de consolidar sua autoridade sobre a metade ocidental do império. Assim, eles foram os criadores da Igreja católica. A notável instituição do papado, apesar de fortemente influenciada por interesses de soberanos e de outros, provou-se a mais impressionante e duradoura organização não-governamental na história do mundo.

Nesse ínterim as relações da Igreja com os imperadores romanos e seus sucessores mudaram drasticamente. Os cristão nunca haviam tramado para derrubar o império pagão; não eram como os zelotes judeus, cuja intransigência monoteísta insuflara uma rebelião extravagantemente imprudente contra o domínio romano em 66-70 d.C. Mesmo assim, os cristãos entravam em conflito com o Estado romano: como parte de sua rejeição monoteísta a outros deuses, recusavam-se a participar como súditos leais nos rituais padrão de culto do imperador. Atitudes como essas os tornaram vítimas de perseguições intermitentes de um tipo de que os budistas foram em geral poupados, mas não provocaram uma catástrofe terminal para eles. Assim, no início do século IV, havia claramente cristãos em número suficiente para justificar a identificação de Constantino, um pretendente ao trono envolvido em conflitos com seus rivais, com a causa cristã. Ele ganhou sua guerra civil, e no fim do século o cristianismo estava firmemente estabelecido como a religião do Estado.

II. As circunstâncias do surgimento da democracia ateniense

Em sua maior parte, as obras da literatura grega que chegaram até nós o fizeram, de algum modo, por transmissão literária contínua desde o tempo em que foram escritas. Mas há um outro caminho através do qual obras antigas ocasionalmente emergem: o deserto egípcio. Por exemplo, quatro rolos de papiro que vieram à luz ali no final do século XIX revelaram conter a maior parte de uma breve obra de Aristóteles (m.322 a.C.) sobre a Constituição ateniense. Em certa altura, esse acadêmico arquetípico sintetizou a história da Constituição de Atenas com uma listagem bastante seca das 11 ocasiões em que fora alterada — o tipo de coisa que faz bem a estudantes aprender de cor. A primeira dessas mudanças fora um ligeiro desvio em relação à monarquia absoluta, feito no reinado de Teseu, figura mais ou menos lendária da Idade do Bronze. As outras haviam se acumulado entre 621 a.C., quando Draco redigiu seu famigerado código legal ("draconiano"), e 403 a.C., quando a democracia foi restaurada após uma década de desordem na geração anterior ao nascimento de Aristóteles; neste caso os eventos são históricos, embora as datas mais remotas sejam um tanto arbitrárias. Mas por que os atenienses mudaram sua Constituição dez vezes nesse período? E por que, aliás, tinham uma Constituição?

O melhor lugar para começar a procurar uma resposta é a crise de 596 a.C. Nessa altura a monarquia dinástica no estilo da Idade do Bronze já era coisa do passado. Ainda havia um "rei" em Atenas, mas ele era apenas um numa trinca de magistrados que exercia o poder por uma década e, mais tarde, por um ano; os outros dois membros da trinca eram um comandante militar e um alto funcionário com ampla gama de encargos, chamado arconte. Os magistrados eram escolhidos por seu berço e sua fortuna, e depois de cumprir seus mandatos ingressavam no Conselho do Areópago, um poderoso corpo cuja missão formal era zelar pela observância das leis. Assim, diferentemente dos romanos, os atenienses não expulsavam seus reis, mas haviam há muito podado sua importância. Atenas no início do século VI era o que nós, usando um termo romano, chamaríamos de república.

O problema em 596 não foi o despotismo régio, mas o descontentamento do povo. Isso é interessante. No quadro geral que traçamos das civilizações do Velho Mundo até agora, o povo foi um mero pressuposto como parte indispensável da infra-estrutura da cultura de elite. Sem camponeses mourejando, como teriam os reis do Oriente Próximo construído seus palácios, os brâmanes cultivado seus Vedas, ou os aristocratas Chou acumulado aquela enorme tonelagem de vasos de bronze? Em nenhum momento, porém, fomos forçados a perguntar como a massa da população poderia ter se sentido com relação a seu papel nisso tudo; e se tentássemos agora corrigir essa omissão, não encontraríamos muitos dados para nos ajudar — embora na China, uma vez atingido o período imperial, encontremos explosões cataclísmicas ocasionais de rebelião camponesa. Em Atenas, em contraposição, o povo era uma força a ser continuamente considerada, e em 596 ele tinha muitas razões para estar descontente.

Nessa altura a Constituição de Atenas era, na expressão de Aristóteles, uma forma extrema de oligarquia. As terras estavam nas mãos de poucos, e os plebeus eram seus arrendatários; se atrasavam seus pagamentos, ficavam sujeitos a ser escravizados, juntamente com os filhos. Essas condições eram mais do que as pessoas comuns estavam dispostas a tolerar em Atenas, e o resultado foi prolongada luta civil. Fica claro a partir disso que a elite ateniense não podia alimentar a esperança de suprimir a rebeldia das massas de uma vez por todas, nem simplesmente esperar que a tempestade se acalmasse; algum ajuste drástico se impunha. Assim, por acordo entre as duas partes, um certo Sólon conhecido por sua sabedoria, foi feito arconte com o poder de reformar a Constituição. No tocante ao problema agrário, sua promessa foi cancelar as dívidas e proibir a escravização dos devedores, deixando porém a terra nas mãos dos ricos e poderosos, de tal modo que, como ele expressou, "eles não sofram nenhuma humilhação inconveniente". Ao mesmo tempo, Sólon promulgou um novo código legal para substituir o de Draco, liberalizando as normas que regiam a escolha dos magistrados, e instituiu um novo conselho de 400 membros; a classe mais pobre teve permissão para fazer parte da assembléia popular e ter um papel nos tribunais de justiça. Tendo feito isso, Sólon deixou a cidade para dez anos de exílio auto-imposto. O resultado foi tumulto.

O homem que livrou os atenienses desse impasse foi o tirano Pisístrato. Um tirano numa cidade-Estado grega era alguém que se apoderava do poder e implantava seu governo pessoal. Foi o que Pisístrato fez pela primeira vez em 560, e o regime que acabou por estabelecer durou até 510. Mas a maneira como ele exerceu seu poder foi tão instrutiva quanto a desordem precedente. Uma das bases de seu sucesso foi o controle sobre as espadas; desarmou o povo mediante um truque e disse às pessoas que voltassem para casa e cuidassem de sua vida enquanto ele cuidava dos assuntos do Estado. A outra foi sua prática de emprestar dinheiro aos pobres, de tal modo que pudessem deixar a cidade e se ocupar da agricultura (ele próprio fizera fortuna numa parte da Trácia conhecida por suas minas de ouro). Essas medidas, juntamente com a personalidade atraente, a escrupulosa observância das leis e consideráveis habilidades políticas de Pisístrato, valeram-lhe o apoio dos mais notáveis e da maioria da plebe. A chave de seu sucesso foi, portanto, manter o povo fora da política, enquanto o satisfazia economicamente — uma troca que muitos de nós poderíamos nos sentir propensos a aceitar.

Os filhos de Pisístrato não herdaram as qualidades pessoais do pai e, com a ajuda de Esparta, os atenienses acabaram se livrando da família. A política da elite foi retomada, com duas facções e dois líderes. Clístenes, o líder que estava perdendo, decidiu lançar mão de uma cartada conhecida, oferecendo democracia às massas em troca de seu apoio. Seu antagonista oligarca reagiu com a cartada espartana, mas a intervenção espartana saiu pela culatra: o populacho pegou em armas — obviamente as haviam recuperado em algum momento nesse intervalo — e os espartanos, depois de uns dois dias sitiados na Acrópole, concordaram em partir. O povo vencera, e em 508 a.C. Clístenes levou a cabo uma elaborada reforma da Constituição. Com alguma sintonização fina posterior, a ordem democrática assim instituída durou por quase um século, até ser desestabilizada em 413 a.C. por uma grande derrota ateniense durante a guerra com Esparta. Isso levou a regimes oligárquicos instáveis e a um novo desarmamento do povo. Terminada a guerra, a democracia foi restaurada em 403 — a última mudança registrada por Aristóteles — e continuava florescendo décadas depois, quando os macedônios dominaram a cidade-Estado. A instituição central dessa ordem democrática era a assembléia soberana dos cidadãos de Atenas.

Na turbulenta política das cidades-Estado gregas, as democracias não eram em geral em nada mais estáveis que outros regimes. Por que, então, a de Atenas foi tão bem-sucedida? Sem dúvida parte da explicação residia numa Constituição bem planejada, que explicitava os papéis dos magistrados, do conselho, da assembléia e dos tribunais de justiça. Mas a razão subjacente pela qual essa Constituição teve a oportunidade de ser efetiva por um longo período era muito simples: para uma cidade-Estado, Atenas estava prestes a se tornar muito rica. Em 483 a cidade começou obter grande riqueza das minas de prata localizadas em seu território e em 478 começou a receber tributos dos membros da liga das cidades-Estado gregas que se formara contra os persas — numa designação menos polida, o império ateniense. (De fato, as duas fontes de renda estavam vinculadas: as primícias das minas de prata haviam sido prudentemente reinvestidas na potência naval de que o império ateniense passaria a depender.) Com tantos recursos, Atenas podia manter feliz um grande número de cidadãos potencialmente descontentes sem investir contra os ricos, e manter o conflito entre elite e massas dentro de limites. Aristóteles enfatiza isso em seu costumeiro estilo professoral: "Examinai a história de outros Estados, e vereis que quando uma democracia chega ao poder, longe de remexer nos próprios bolsos, quase sempre faz uma redistribuição geral da terra."

Qual é a moral de tudo isso? Primeiro, um tema recorrente é a vulnerabilidade peculiar de uma cidade-Estado à indignação socioeconômica de seu povo. Para um político ambicioso, condoer-se com ele poderia ser o caminho para o poder político, e não o fazer poderia ser desastroso. A riqueza e o poder de Atenas deram lugar à presença de grande número de escravos e residentes estrangeiros sem nenhuma participação na política da cidade; as mulheres também estavam excluídas dela. Mesmo que ponhamos esses grupos de lado, porém, ainda havia uma plebe a levar em conta. Não era assim nas monarquias do Oriente Próximo, da Índia, da China, nem seria no mundo Mediterrâneo posterior. Nisso, portanto, reside uma razão para o foco característico do pensamento político grego (e romano). Em segundo lugar, o efeito dessa vulnerabilidade, em circunstâncias normais, era tornar as cidades-Estado em grande medida ingovernáveis. Só em condições especiais encontramos exceções significativas. Em Esparta o corpo de cidadãos como um todo explorava uma grande população rural conhecida como os hilotas; assim, eram os hilotas, não os espartanos, que volta e meia se rebelavam. Em Cartago os lucros das atividades marítimas da cidade no Mediterrâneo ocidental deviam fornecer recursos abundantes; Aristóteles, que tinha a Constituição cartaginesa em alta conta, observou com aprovação que ela sabia conservar a lealdade das massas. No entanto até Roma, locupletada com os despojos da expansão imperial, atravessou períodos de aguda tensão social. No mundo das cidades-Estado em geral, a democracia parece ter sido ainda menos conducente à estabilidade que a monarquia ou a oligarquia. Sob condições como essas, era necessário um notável compromisso com a liberdade política para preferir o tumulto da democracia à tirania benigna de um Pisístrato.

III. Figuras pretas e figuras vermelhas áticas

A cerâmica, como sabemos a partir de outros contextos, é um dos elementos da cultura material que mais bem resiste. A figura 18 mostra quatro vasos áticos; a Ática é a região da Grécia onde Atenas se localizava, de modo que esses vasos são de fato atenienses. O mais recente (à direita) é sem dúvida um vaso de bom gosto, nada feio. Mas não nos revela muito, senão sob o aspecto técnico, sobre a cultura que o produziu. Pelo que a maioria de nós sabe, ele poderia provir igualmente do Equador ou do Camboja.

Uma extraordinária janela para a cultura ateniense se abre com o surgimento da "figura preta" e se fecha com a desaparição da "figura vermelha". Durante algumas décadas os dois estilos foram produzidos ao mesmo tempo, mas para a maioria dos propósitos a figura vermelha substituiu a preta. A diferença entre figura preta e vermelha era simples: na figura preta aplicava-se pigmentação às figuras e deixava-se o fundo sem ela, na figura vermelha fazia-se o contrário. As exigências técnicas para o fabrico desses tipos de vasos não eram tão simples. Se quisessem produzir artigos de qualidade superior, os oleiros precisavam de duas coisas: boa argila e capacidade de cozê-la a altas temperaturas. A argila da Ática era de boa qualidade, mas o que a tornava especial era seu teor de ferro. A química do ferro é tal que ele forma óxidos de várias cores. O traço característico do processo de cozimento para figuras pretas e vermelhas era que os oleiros tinham de manipular essa química combinando o controle da temperatura com mudanças entre atmosferas oxidantes e redutoras. Quando bem-sucedidos, o óxido correto ficava na parte correta do vaso. Os vasos mal cozidos que subsistem deixam evidente que nem sempre eram bem-sucedidos.

Cerâmicas de figuras pretas e vermelhas são consideradas uma bênção até pelo mais vulgar dos arqueólogos. Essas formas de decoração em alto-relevo prestam-se a mudanças de estilo freqüentes, quase poderíamos dizer a modas. O resultado é que um vaso de figura preta ou de figura vermelha pode ser datado com rara precisão. É por isso que, na figura 18, a datação

Fig.18: Dois vasos áticos. *À esquerda*, poncheira sinoidal (c.470 a.C.); *à direita*, ânfora (primeira metade do século II a.C.).

do pote da esquerda deixa uma margem de erro muito menor que a do pote da direita. Recentemente foram encontrados num cemitério antigo em Atenas as ossadas de cerca de 200 rapazes; a cerâmica que fora enterrada com eles (inclusive vasos de figuras vermelhas) permitiu datar suas mortes da década de 420, a primeira após a longa guerra entre Atenas e Esparta. Em muitas partes do mundo, em contraposição, a cerâmica pode não variar muito de um século para outro.

Um aspecto mais empolgante dessa forma de cerâmica decorativa é sua capacidade de nos revelar cenas que de outro modo nos teriam sido negadas. O detalhe da figura vermelha na figura 19, por exemplo, mostra que aspecto tinha um tear na Grécia antiga (diferentemente do tipo que os cultores de artesanato conhecem hoje, ele é vertical: a urdidura fica pendurada no alto dele). Como é comum em pinturas de vasos, a cena é situada na Idade do Bronze, a mulher junto do tear sendo Penélope, a esposa de Ulisses. Mas é provável que os objetos representados sejam contemporâneos do pintor.

Especialmente interessante é que as cenas nos vasos nos mostram às vezes para que fim os próprios vasos serviam. Na antiga Atenas, como em muitas sociedades, embriagar-se em boa companhia era uma arte de que nenhum homem da elite podia prescindir. Vasos de figuras pretas ou vermelhas tinham papéis decisivos nisso. Como os vasos de bronze chineses, eram produzidos em conjuntos. Era preciso haver um decantador — chamado ânfora — para o vinho, uma jarra para a água, uma tigela em que misturar o vinho e a água, um cântaro com que servir a mistura, e taças para todos os convivas. A mistura requer uma palavra de explicação: os gregos antigos cortavam seu vinho com água, exatamente como seus descendentes continuavam fazendo no século passado. Quanto às taças, tendiam a ser largas e rasas (como na figura 20, no alto); somos tentados a imaginar que os esforços dos que bebiam para segurá-las na vertical dava ensejo a crescente diversão, à medida que a noite avançava.

Naturalmente, mulheres de boa família não participavam dessas festas, mas cortesãs podiam estar presentes. A figura 21 (à esquerda) mostra uma que não veste nada além de um colar e uma faixa em torno de um dos punhos; compare seu olhar impudente com os olhos timidamente abaixados de uma mulher respeitável ao dar adeus a um guerreiro (à direita). Mas os serviços que as cortesãs prestavam nessas ocasiões não se limitavam à companhia sexual. A figura 20 (embaixo) mostra um rapaz que obviamente bebera demais e estava vomitando; uma solidária cortesã segura-lhe a cabeça, mantendo-se embora, prudentemente, a certa distância (ela apenas trabalha ali).

Se você visitar hoje um museu que tenha uma coleção expressiva de antigüidades gregas, verá sobretudo vasos. A razão disso é simples. Afora o

Fig. 19: Penélope ao tear. Figura vermelha ática, c.440 a.C.

Fig.20: *No alto*, taça de vinho de figura vermelha ática (c.490-480 a.C.). *Abaixo:* a cena representada no interior da taça, vista de cima.

Fig.21: *À esquerda,* caco de uma taça de vinho de figura vermelha ática mostrando uma cortesã com um jovem (c.500-490 a.C.) *À direita:* caco de um vaso de figura vermelha ático mostrando uma mulher dando adeus a um guerreiro (c.430 a.C.).

mármore — seja o usado em escultura ou em arquitetura —, a argila é o único meio de arte que sobreviveu em quantidade. Na verdade, de certa maneira ela se provou muito mais capaz de sobreviver que o mármore: habitantes posteriores da Grécia freqüentemente reciclavam mármore antigo para fazer cal, mas não tinham nenhum uso comparável para cerâmica antiga. O resultado disso é que temos uma impressão bastante enganosa do prestígio da pintura de vasos em sua própria época. A pintura em painéis de madeira e paredes era uma arte séria na Grécia, e devia haver muitos belos exemplos dela em Atenas; nesse grupo, a pintura em vasos era uma espécie de primo pobre. Ademais, os próprios potes de cerâmica talvez fossem primos pobres dos potes de bronze usados pela nata da elite. Com raras exceções, também estes pereceram; o bronze, mais ainda que o mármore, convida à reciclagem, e para os gregos, como para a maior parte dos povos que não os chineses, ele era um material valioso demais para ser enterrado em grande escala com os mortos. Assim, os ancestrais dos gregos tinham em geral de se contentar com cerâmica, e é por isso que temos tantos vasos gregos intactos hoje.

Os artesãos que pintavam esses vasos sem dúvida tinham seu orgulho. Alguns assinavam suas obras, e um até incluía nelas propagandas negativas dirigidas contra um rival. Ao mesmo tempo, belos vasos eram amplamente apreciados. Assim, no século V a.C., a cerâmica ática era exportada para todo o mundo grego e chegava a cruzar suas fronteiras. Mas a cultura literária grega dava pouca atenção à cerâmica, e, não fosse pela arqueologia, não saberíamos coisa alguma sobre figuras pretas e figuras vermelhas áticas. Nenhum antiquário medieval tampouco jamais se entusiasmou com elas. Somente nos séculos XVII e XVIII começou a se desenvolver na Europa ocidental um interesse sério por vasos gregos, e mesmo então a idéia de que eram etruscos levou algum tempo para se dissipar. A moral da história é que estivemos considerando um aspecto da cultura grega que tem muito mais importância para nós do que tinha para os gregos antigos.

CAPÍTULO II

A Europa ocidental

I. Um canto improvável do mundo?

A Europa ocidental é, como a Índia, uma península da Ásia, mas a geografia não nos diz onde essa península realmente começa. Para nossos fins, uma definição máxima incluiria todo o território que veio a fazer parte da cristandade ocidental na Idade Média (menos os frutos passageiros de suas aventuras no Mediterrâneo oriental). Esse domínio estende-se da Espanha e da Itália no sul à Escandinávia no norte, da Irlanda no oeste à Lituânia no leste. Mas a Escandinávia e a Europa oriental terão relativamente pouco interesse para nós, e o sul mediterrâneo já nos é conhecido. A maior parte de nossa atenção neste capítulo se voltará, portanto, para o noroeste da Europa; trata-se de uma região com que ainda não deparamos e que desempenhará papel-chave num capítulo posterior. Mas outras partes da Europa farão também suas aparições, particularmente o sul.

Estamos acostumados a pensar na Grã-Bretanha, nos Países Baixos e no norte da Alemanha como algumas das partes mais densamente povoadas do mundo. Em termos geográficos, porém, isso é bastante espantoso. Estamos falando de uma região que se situa na mesma latitude que Labrador e a Kamchatka, duas penínsulas desoladas e gélidas que tipificam uma vasta faixa de território próxima demais do Ártico para ser compatível com o bem-estar humano. A América do Norte e a Ásia em geral são, na melhor das hipóteses, esparsamente povoadas nessa latitude; parece difícil admitir que haja lugar nesse grupo para a "terra verde e aprazível da Inglaterra". No entanto a Europa, e especialmente o noroeste da Europa, contrasta fortemente com a América do Norte e a Ásia. Diferentemente de Labrador e da Kamchatka, essa região goza de um clima temperado: um inverno que não é tão frio a ponto de impedir a sobrevivência de uma população densa, um verão que permite a maturação dos plantios, e muita chuva. Esse clima é a dádiva do Atlântico ou, mais precisamente, do modo como a água dos mares nele circula, levando água tropical tépida para os litorais da Europa. Como tantas outras coisas no mundo, é provável que esse sistema seja acidental. Talvez não tenha havido nenhum padrão de circulação como esse na última era glacial, e talvez passe a não haver nenhum quando o clima der sua próxima guinada. É possível que em nenhum lugar a idéia de uma efêmera oportunidade seja mais apropriada do que no noroeste da Europa.

Nesse intervalo, ainda por cima, essa parte do mundo cumulava várias vantagens geográficas. Como o norte do Mediterrâneo, tinha uma costa muito cheia de reentrâncias, que estimulava a navegação; como a China, tinha bons rios navegáveis. A norte dos Alpes e dos Pireneus, estava isenta de grandes cordilheiras; as colinas e platôs da França e da Alemanha, e mais ainda os do extremo noroeste, eram muito mais velhos que os Alpes e por isso intensamente erodidos (ver mapa 9A). As planícies eram abundantes. As que haviam sido cobertas por geleiras na última idade do gelo tendiam a ter solos mais pobres, mas estendiam-se sobretudo a nordeste; grande parte do noroeste estava livre disso, e seus solos incluíam áreas consideráveis de *loess*, tal como o vale do Huang He da China. Ao mesmo tempo, a região não sofria a desvantagem de estar distante do Oriente Próximo. Era menos distante dele que a China, e estava ligada a ele pelo Mediterrâneo, e não separada dele pelo deserto, como a África subsaariana.

O noroeste da Europa como uma região retardatária

Apesar de todas essas vantagens, o noroeste da Europa figura na história da civilização como uma região retardatária. Nunca desenvolveu civilização própria; nada que emergiu nas planícies do norte ali durante a Idade do Bronze foi comparável à China dos Chang ou à civilização ainda mais antiga do vale do Indo. O noroeste da Europa tampouco importou uma civilização estrangeira por iniciativa própria, como o fez o sudeste da Ásia. Teve, é claro, contatos com as culturas mais avançadas que apareceram no Mediterrâneo ocidental no primeiro milênio a.C., mas a helenização dos gauleses do sul da França não parece ter penetrado suficientemente na hinterlândia. Quando os romanos conquistaram a Gália no século I a.C., conquistaram

ISLÂNDIA
Mar da Noruega
ESCÓCIA
Mar do Norte
Nórdicos
(vikin
IRLANDA
GRÃ-BRETANHA
INGLATERRA
PAÍS DE GALES
OCEANO ATLÂNTICO
Clacton
Canterbury
KENT
PAÍSES BAIXOS
HOLANDA
Holandeses
Flamengos
ALEMANHA
Aachen
BÉLGICA
NORMANDIA
BRETANHA
0 200 milhas
0 200 quilômetros
Paris
Francos
FRANÇA (GÁLIA)
Bordeaux
Bascos
PIRENEUS
ALPES
PORTUGAL
ESPANHA
ARAGÃO
PENÍNSULA IBÉRICA
Mar Mediterrâneo
Roma
ITÁLI

MAPA 9A: A EUROPA OCIDENTAL E DO NORTE: ASPECTOS FÍSICOS
Fronteiras modernas
ACIDENTES GEOGRÁFICOS
Montanhas e colinas da Escandinávia e norte da Europa
Terras baixas e planícies
Planícies cobertas por geleiras
Colinas e platôs da Europa central
Montanhas do sistema alpino
Platô espanhol
Lapões
Á V I A
Golfo de Bótnia
Golfo da Finlândia
MOSCÓVIA
Moscou
Búlgaros do Volga
RÚSSIA
Báltico
LITUÂNIA
LÔNIA
Rio Volga
Kiev
Godos
UNGRIA
Mar Negro
BULGÁRIA

tribos, não cidades-Estado; e tal como ocorreria com os britões no século seguinte, não tiveram então impacto civilizatório sobre eles. Mais a leste estavam os alemães. Estes mostraram a mesma falta de interesse em adotar a civilização dos romanos, e os romanos tinham mais o que fazer do que impingi-la a eles. Que prazer poderia haver em tentar conquistar uma terra de "paisagens desabridas e clima desagradável", como o escritor romano Tácito descreveu a Germânia no século I d.C., "ingrata ao cultivo e desoladora ao olhar"? A beleza, sem dúvida, está nos olhos de quem vê, mas voltaremos à questão de por que as florestas da Germânia — e não só as dela (ver mapa 9B) — eram ingratas ao cultivo.

Na pré-história anterior, o noroeste da Europa não fora em absoluto tão pachorrento. Seus registros no Paleolítico foram tão notáveis quanto os de qualquer outra parte do mundo, e não apenas por terem sido os mais bem estudados. A região não inventou a agricultura ou a metalurgia por si só, mas sua adoção dessas técnicas foi rápida pelos padrões do tempo. Um exemplo é a difusão da agricultura sobre os solos de *loess* da Hungria até a Bélgica numa questão de uns dois séculos no sexto milênio a.C.; tal como no Oriente Próximo, não temos provas da presença de caçadores-coletores na Europa em tempos históricos. Outro exemplo é a chegada da metalurgia do ferro na Grã-Bretanha no século V a.C., apenas dois ou três séculos depois de seu estabelecimento na Itália. De fato, no tocante a culturas ágrafas, as do noroeste da Europa distinguiram-se por considerável sofisticação. Mas, definitivamente, não eram civilizações.

A conquista romana foi, portanto, um evento de fundamental importância para a parte do noroeste da Europa em que se deu. O mapa lingüístico atual da região ainda revela seu impacto. Ele é composto de traços de antigüidade variada. O mais antigo, porém, é provavelmente a existência do País Basco, hoje confinado num pequeno território no sudoeste da França e norte da Espanha, mas outrora consideravelmente mais extenso. É possível que o basco, única língua não indo-européia da Europa ocidental, estivesse mais ou menos onde está hoje desde o Paleolítico Superior. O extrato seguinte em antigüidade é o das línguas celtas, um ramo do indo-europeu de safra muito posterior. Com a presença celta chegamos ao primeiro período no passado da Europa do norte para o qual começamos a ter dados arqueológicos que correspondem a fontes históricas — embora até este momento estas fontes provenham unicamente do Mediterrâneo e ainda sejam muito fragmentárias. Desse modo, sabemos que em meados do primeiro milênio a.C. os celtas passaram a ocupar uma vasta área do norte da Europa e infiltraram-se também em todas as penínsulas mediterrâneas — violentamente nos três casos em que temos testemunho histórico direto, e presumivelmente também na Espanha. Por isso as línguas celtas estavam bem estabelecidas na Gália e nas Ilhas Britânicas por ocasião da conquista romana. Contudo, na França, tal como na Itália e na Espanha, e muito provavelmente no sudeste da Grã-Bretanha, o efeito da conquista foi difundir o latim em detrimento da língua local; de início isso deve ter afetado sobretudo a elite urbana, mas o latim acabou por substituir o celta até entre os camponeses. Hoje, tudo que resta da outrora enorme supremacia celta no noroeste da Europa é a "franja celta" da Bretanha e das Ilhas Britânicas — o resto da região fala línguas originárias do latim ou do germânico. Fica claro, portanto, que a conquista romana rompeu a continuidade cultural da Europa celta; uma cultura celta integral só sobreviveu em regiões periféricas além das fronteiras imperiais — sobretudo na Irlanda.

Uma mudança importante que afetou a região perto do final do período romano foi a difusão do cristianismo. Como em outras regiões do império, foi a adoção da nova religião pelo imperador Constantino na primeira metade do século IV que deu início a uma conversão geral. Quando o Império Romano no Ocidente chegou ao fim, no século V, a Igreja cristã era uma força institucional e intelectual considerável na Gália. O estabelecimento da Igreja foi decisivo para o futuro da cultura européia. Deu status canônico a uma herança que de outro modo teria sido inteiramente irrelevante para os povos da região, a da antiga Israel. Mas conservou também a herança literária do mundo greco-romano. Sem dúvida o cristianismo baixou o tom da vida da elite; mas graças a seus bispos e mosteiros, à sua elasticidade institucional e a seu empenho na sobrevivência da cultura letrada, talvez tenha impedido o tipo de descontinuidade que se seguiu ao colapso das civilizações do vale do Indo ou da Grécia micênica. Sem a Igreja teria havido, na melhor das hipóteses, a lenta expansão de uma nova herança literária em torno das runas germânicas e do ogamo irlandês — modos folclóricos de escrita que os germânicos e irlandeses primitivos extraíram de algum modo dos sistemas de escrita do mundo mediterrâneo.

ISLÂNDIA
Mar da Noruega
0 200 miles
0 200 kilometers
OCEANO ATLÂNTICO
ESCÓCIA
Mar do Norte
IRLANDA
GRÃ-BRETANHA
INGLATERRA
PAÍS DE GALES
Clacton
Canterbury
KENT
PAÍSES BAIXOS
HOLANDA
Holandeses
Flamengos
BÉLGICA
ALEMANHA
Aachen
Nórdicos (viking
ESCAN
NORMANDIA
BRETANHA
Paris
Francos
FRANÇA (GÁLIA)
Bordeaux
Bascos
PIRENEUS
ALPES
ESPANHA
ARAGÃO
PENÍNSULA IBÉRICA
Mar Mediterrâneo
Roma
ITÁLIA

Lapões
Vogules
VIA
Golfo da Finlândia
MOSCÓVIA
Moscou
Búlgaros do Volga
RÚSSIA
Rio Volga
LITUÂNIA
NIA
Kiev
Godos
IA
Mar Negro
BULGÁRIA
MAPA 9B: A EUROPA OCIDENTAL E DO NORTE: VEGETAÇÃO NATURAL
Fronteiras modernas
VEGETAÇÃO
Montanha e tundra
Floresta nórdica (taiga)
Floresta temperada
Vegetação mediterrânea
Estepe
Charneca

Afora a Igreja, a civilização estabelecida pela conquista romana do noroeste da Europa não foi particularmente robusta. Não há dúvida de que os romanos deixaram rastros por toda parte onde estiveram. As principais estradas da Inglaterra anglo-saxã originaram-se como estradas romanas. Mas Roma era uma potência mediterrânea, e no noroeste da Europa a presença romana, a despeito de seu impacto lingüístico, não teve a mesma densidade cultural que no sul. E, de todo modo, abarcou apenas um território limitado; não se estendeu à Germânia, muito menos à Escandinávia ou à Europa oriental.

Foi esse território tenuemente civilizado e extremamente circunscrito que foi dominado, juntamente com a metade ocidental do mundo mediterrâneo, por uma variedade de povos germânicos no século V d.C. Na Itália, Espanha e África do Norte, os conquistadores estabeleceram reinos que duraram aproximadamente dois séculos; deixaram a língua, a identidade étnica e as tradições culturais das populações romanas um tanto desajeitadas, mas em geral quase inalteradas. Na Grã-Bretanha, em contraposição, o impacto foi drástico, embora fosse de esperar que o mar tivesse fornecido alguma proteção contra uma colonização germânica intensa. Fora das bordas ocidentais da ilha, o germânico substituiu o latim ou o celta, e identidades étnicas germânicas prevaleceram; no sul da Escócia e no leste do País de Gales, a terra foi dividida numa meia dúzia de reinos insignificantes, que só se uniriam ao país que conhecemos como Inglaterra no século IX. No curso dessa transformação, a cultura romana e o cristianismo haviam sido efetivamente extintos, e ambos tiveram de ser reintroduzidos por missionários vindos do continente europeu no final do século VI. A Gália — ou a França, como hoje se chama — apresenta um interessante caso intermediário. O latim prevaleceu sobre a língua germânica dos conquistadores, embora, no processo de se tornar francês, tenha sofrido forte influência do germânico. Em termos étnicos, porém, foram os conquistadores frâncicos que prevaleceram: os habitantes da França tornaram-se finalmente o povo que veio a ser conhecido como os francos ou, como dizemos agora, os franceses — não tão romanos, menos ainda gauleses. Depois que o rei frâncico e seu povo se converteram ao cristianismo em 493, o que restou da cultura romana sob sua forma cristianizada passou a ocupar um lugar razoavelmente seguro; mas não sobrara muito dela no norte da França, onde estava localizado o centro do poder frâncico.

Durante quase três séculos o reino frâncico foi governado, de certa maneira, pela dinastia merovíngia (os reis de longa cabeleira, em belo contraste com os reis de cabeça raspada que eram seus contemporâneos entre os búlgaros). Em 751, porém, essa dinastia foi substituída por uma família que já exercia um poder efetivo no reino, os Carolíngios. O longo reinado do soberano carolíngio mais bem-sucedido, Carlos Magno (768-814), tem incontestável importância na história do noroeste da Europa. Pela primeira vez, desde a queda do Império Romano ocidental, sentimos a emergência de uma nova ordem na região. O reino frâncico, já um Estado de tamanho considerável, foi agora ainda mais aumentado para o leste e o sul. Grandes esforços e considerável patrocínio foram empenhados na restauração da cultura latina. E num belo momento simbólico, em 800, Carlos Magno fez uma visita a Roma em que foi coroado imperador romano pelo papa. Não houve, entretanto, nenhuma tentativa de restaurar qualquer aparência geopolítica de um Império Romano em torno do Mediterrâneo, um mar que era agora dominado em grande parte pelos muçulmanos. Em vez disso, Carlos Magno reinou a partir de Aachen, uma cidade tão ao norte que pertence à mesma faixa latitudinal em que se encontram Labrador e Kamchatka. Este talvez seja o primeiro indício de que essa região poderia até mesmo ocupar um lugar no centro de uma civilização, e não apenas em sua remota periferia setentrional.

Mas a nova ordem introduzida por Carlos Magno teve curta duração. A unidade do Estado frâncico não sobreviveu à sua morte, e as condições políticas no noroeste da Europa tornaram-se cada vez mais caóticas no curso dos séculos IX e X. Além da desordem interna, a região sofreu várias ameaças externas e demonstrou-se obviamente incapaz de evitá-las. Ao sul estavam os muçulmanos. Tendo conquistado a maior parte da Espanha no início do século VIII, eles seguiram em frente, para se apoderar da maioria das ilhas do Mediterrâneo ocidental. Não ameaçavam uma conquista em grande escala do território frâncico, mas, durante a maior parte de um século, um grupo de saqueadores árabes com base no sul da França promoveu devastações no território circunvizinho. Ao norte havia os escandinavos — os vikings, ou nórdicos — cujos ataques marítimos aterrorizavam os litorais do continente e as Ilhas Britânicas. Em algumas regiões eles se instalaram em número significativo; na França, deram seu nome à Normandia, onde contribuíram para a formação de uma aristocracia militar de um estilo frâncico particularmente eficaz. A leste estavam os húngaros, invasores nômades das estepes que chegaram ao território que se tornaria a Hungria no final do século IX e dali em diante, por algum tempo, passaram a promover ataques por amplo território. Sob essas condições, as grandiosas pretensões culturais do reinado de Carlos Magno mostraram-se insustentáveis.

Isso nos leva mais ou menos a 1000 d.C. Como deveríamos sintetizar o terreno que abrangemos até este ponto? Como o sudeste da Ásia, o noroeste da Europa não desenvolvera civilização própria, tendo adquirido uma de fora — só que, enquanto os asiáticos do sudeste adotaram voluntariamente a sua, a dos europeus do noroeste lhes foi imposta. Tal como no caso do sudeste da Ásia nos primeiros tempos, não havia nada na história do noroeste da Europa até esse momento que sugerisse que ele estava destinado a desempenhar um grande papel na história. Liquidamos relutantemente o sudeste da Ásia num parágrafo enquanto considerávamos a Índia, e nesta altura é difícil ver por que não deveríamos ter tratado o noroeste da Europa da mesma maneira, isto é, como um apêndice do mundo mediterrâneo. Somente a localização da capital de Carlos Magno no extremo norte sugere coisa diferente, e esta poderia ter sido tanto uma anomalia passageira quanto um sinal das coisas que estavam por vir.

O noroeste da Europa acerta o passo

Se o primeiro milênio foi um período pouco inspirador na história do noroeste da Europa, por que o segundo teria sido diferente? Parte significativa da resposta reside num desenvolvimento escassamente documentado ocorrido nos primórdios da Idade Média e que teve enormes implicações para o futuro. Isto nos leva de volta ao desprezo que Tácito votou à Germânia como "ingrata ao cultivo". O pacote agrícola adotado no norte da Europa nos tempos neolíticos tinha sido produto de um clima mediterrâneo. Nas condições bastante diferentes do norte, é talvez notável que ele tenha funcionado tão bem quanto o fez (compare com a necessidade de domesticar novas plantas localmente sentida na África subsaariana). A limitação básica de que essa herança agrícola sofreu foi de fato mais tecnológica que biológica: o simples arado, tão conveniente nos solos secos e leves da Europa mediterrânea, mostrava-se ineficaz quando cravado nos solos mais pesados das planícies e vales do norte. A agricultura primitiva do norte tendeu assim a se concentrar em terras que hoje seriam consideradas marginais, deixando incultos os solos mais ricos. O desenvolvimento de um arado mais pesado, próprio para as condições do norte, parece ter ocorrido por volta do século VI d.C. À medida que o novo arado se difundiu nos séculos seguintes, e que uma sociedade camponesa ganhou forma em torno dele, a produtividade da agricultura no norte cresceu enormemente. É claro que os efeitos disso não ficaram restritos aos camponeses. A nova capacidade do noroeste da Europa de abrigar populações e elites urbanas tornou possível a formação de uma sociedade diferente da que a precedera sob muitos aspectos.

Talvez a mais óbvia dessas mudanças tenha sido a eficiência militar muito maior adquirida pela sociedade do noroeste da Europa do século XI em diante, pois uma defesa frágil dava lugar a agressões temíveis. Isso foi evidente sobretudo nas fronteiras da cristandade. Cavaleiros do noroeste desempenharam papéis de variada proeminência na reconquista da Espanha e da Sicília das mãos dos muçulmanos, no estabelecimento dos Estados cruzados no Mediterrâneo oriental e na conquista de território pagão no nordeste. Mas a vantagem militar do velho berço setentrional, o Estado frâncico, manifestou-se também dentro das fronteiras do mundo cristão por meio de conquistas na Inglaterra, na Irlanda, e no sul da França. A base militar desses desenvolvimentos foi um uso particular de uma invenção do início da Idade Média que chegara à Europa vinda do Oriente — o estribo. Os francos e os que lutavam à maneira deles usaram-no para aperfeiçoar um estilo de guerra em que a arma suprema era o ataque disciplinado de cavalaria sob armaduras pesadas. Como uma princesa bizantina comentou acerca dos francos, "um cavaleiro montado é irresistível; seria capaz de atravessar as muralhas da Babilônia". Um exército desse tipo combinava bem com o domínio de uma sociedade camponesa por uma aristocracia guerreira.

Outra tendência significativa nesse período foi o surgimento ou consolidação de Estados mais poderosos e centralizados. Talvez o caso mais óbvio tenha sido o da Inglaterra, onde o processo foi acelerado pelo estabelecimento de um reino de origem continental por meio da conquista normanda de 1066. Nas Ilhas Britânicas, esse reino cresceu com a conquista do País de Gales e da maior parte da Irlanda, embora não da Escócia, que conseguiu conservar sua independência mediante um processo de normandização defensiva. No continente, o Estado inglês conservou por muito tempo seus territórios e por vezes expandiu-os enormemente. Mas acabou por perdê-los em meados do século XV, e o que despontou da Idade Média foi uma monarquia forte, mas insular. O surgimento e consolidação do Estado francês foram mais lentos e bastante instáveis — o que era bom para a Inglaterra era mau para a França —, mas finalmente produziu um domínio estável de um grande e populoso território. Ambos esses reinos eram em certo sentido Estados nacionais nos primórdios dos tempos modernos. A Espanha que emergiu da extinção do poder muçulmano na península Ibérica seguiu na mesma direção, mas a unificação formal de toda a península só durou poucas décadas; mesmo então, o reino português nunca foi inteiramente absorvido, e o de Aragão só o foi no século XVIII. Na Alemanha e nos Países Baixos o fracasso final dos soberanos em estabelecer reinos sólidos e substanciais levou a uma fragmentação política muito maior, e a Itália continuou igualmente fragmentada. Mas isso não anulou a importância dessas regiões: elas incluíam as duas sociedades mais urbanizadas da Europa, as do norte da Itália e dos Países Baixos.

Mas a característica mais interessante dos Estados do noroeste europeu não foi seu tamanho, foi o caráter de suas relações com seus súditos. Pelo menos dois temas estiveram em jogo aí, ambos sintetizados no termo "feudalismo". Um foi a questão de equilíbrio de poder dentro dos Estados. Os soberanos se defrontaram com o poderio entrincheirado da aristocracia militar fundiária em condições iniciais de pouco desenvolvimento da sociedade urbana; na realidade, até o surgimento dos burgos, os únicos recursos fiscais substanciais a que os soberanos tinham acesso efetivo tendiam a ser os gerados por suas próprias propriedades. O outro tema foi um estilo característico de vida política, um estilo que valorizava enormemente direitos e privilégios de origens diversas, tanto individuais quanto corporativos. Ele conferiu textura bastante peculiar ao conflito político na região. Um exemplo impressionante disso, num nível nacional em vez de local, foi a instituição de parlamentos. Em toda parte, soberanos pedem conselhos, e tende a ser mais ou menos compreendido a quem os pedirão e em nome de quem os conselheiros podem falar, se é que podem falar no nome de alguém. Mas na Inglaterra medieval tardia, por exemplo, o Parlamento era muito mais que isso.

Era uma instituição por meio da qual coletividades rurais e urbanas se faziam representar formalmente; o soberano não podia decretar novo imposto ou promulgar nova lei sem o seu consentimento, e os funcionários do governo podiam ser destituídos por ela. Os conflitos subseqüentes entre soberanos empenhados em fazer o que sempre haviam feito em toda parte e súditos cheios de direitos e privilégios podiam ter uma variedade de desfechos. O soberano podia ser paralisado, como ocorreria na Polônia; ou podia encontrar meios de contornar o matagal de direitos e implantar uma monarquia absoluta, como ocorreria na França. O mais significativo dos desfechos possíveis, porém, mais se pareceria com uma tensa simbiose, como no caso da Inglaterra.

Os séculos que se seguiram à virada do milênio foram também um período em que a cultura do noroeste da Europa, especialmente a das regiões nucleares no antigo Estado frâncico, tornaram-se, mais que no passado, uma força ponderável. Dois contextos principais devem ser focalizados. Um é o mundo tradicional do saber. O que aconteceu ali não explodiu a robusta estrutura eclesiástica que havia preservado a cultura do mundo romano tardio por tantos séculos, mas expandiu enormemente o repertório dessa tradição. O saber adquiriu um novo foco institucional, a universidade, e um novo estilo intelectual, a escolástica, marcado por uma abordagem implacavelmente sistemática à exposição e à discussão. Nesse ínterim, o limitado *corpus* de literatura latina herdado foi enriquecido por uma transfusão de materiais em árabe e grego anteriormente inacessíveis. Na altura do século XIV, um erudito muçulmano pôde relatar um rumor segundo o qual as ciências filosóficas estavam sendo amplamente cultivadas na terra nos francos, com abundantes professores e numerosos estudantes.

Outro importante contexto de mudança cultural nesse período foi a aristocracia leiga. Ao norte dos Alpes, o colapso do mundo romano parece ter engendrado uma sociedade em que a condição normal da aristocracia era o analfabetismo — um declínio espantoso pelos padrões das civilizações eurasianas da época. Nem Carlos Magno, um destacado patrono da cultura literária, chegou realmente a aprender a ler; seu biógrafo nos conta que não foi por falta de querer e tentar; o rei teria simplesmente se iniciado tarde demais na vida para conseguir fazer muitos progressos. Por volta do século XIII essa situação estava mudando. Não que a aristocracia leiga tenha se tornado versada em latim clássico, como os chineses bem-nascidos eram em chinês clássico. O que surgiu foi, isto sim, uma solução de compromisso: o francês, a língua vernácula que se tornara a língua internacional da aristocracia européia, tornou-se uma língua literária, e os aristocratas (e não somente eles) alfabetizaram-se nela. A poesia em francês já tinha uma história considerável, mas o desenvolvimento de uma substancial literatura em prosa substancial foi um fato novo. Grande parte do conteúdo dessa literatura era cavaleiresco. Mas no século XIII leitores da língua francesa já podiam consultar uma enciclopédia; no final do século XIV podiam ler obras de Aristóteles em tradução francesa em muitas cortes reais. Em parte por um processo de imitação e emulação, literaturas vernáculas comparáveis desenvolveram-se em outras partes da Europa ocidental. O aparecimento da imprensa na Alemanha em meados do século XV, e sua rápida difusão, deu um impulso adicional a esses desenvolvimentos.

O papel do sul da Europa

Essas indicações do crescente destaque do noroeste não significam que o sul perdera a importância. A Itália, ou a maior parte dela, continuara sendo um território cristão durante toda a Idade Média. Era a sede do papado, e portanto a metrópole eclesiástica da cristandade ocidental. Foi também abençoada com uma sobrevivência mais rica da cultura romana que o norte; foi ali que uma continuidade ininterrupta de conhecimento, fora do contexto eclesiástico, pôde ocorrer, se é que ocorreu em algum lugar. Além disso, um aspecto importante da fragmentação política da Itália foi o ressurgimento de cidades-Estado, algumas das quais configuraram nações mercantis e navais agressivas que lembravam mais Cartago que Roma. Tudo isso levou ao Renascimento italiano do século XV, com sua extravagante revitalização da herança cultural da Antigüidade num contexto muito mais secular que o das universidades da Europa medieval. O noroeste da Europa provou-se muito receptivo ao Renascimento, mas não há muitas razões para se pensar que a região poderia ter chegado a ele por si mesma.

A Espanha cristã, eclipsada pelos longos séculos de domínio muçulmano, foi muito menos influente que a Itália na história cultural do noroeste da Europa, apesar de seu papel de vanguarda na tradução de textos árabes. Foi a partir da península Ibérica, no entanto, que, no final do século XV, foram lançadas as expedições que contornaram a África e descobriram o Novo Mundo. Também nesse caso os europeus do noroeste mostraram-se atentos e logo começaram a participar; mais uma vez, porém, não mostraram nenhum sinal de que estavam prestes a iniciar o processo por si mesmos.

Apesar de tudo isso, chegamos a um ponto em que não faz mais nenhum sentido pensar no noroeste da Europa como uma extensão provinciana do mundo mediterrâneo. Como vimos em várias conexões, essa era agora uma região em que importantes desenvolvimentos históricos poderiam se iniciar. Houve mais um exemplo no início do século XVI: a Reforma protestante. Esse movimento começou na Alemanha e se estabeleceu amplamente no noroeste da Europa. Ocasionou assim uma mudança drástica na paisagem da cristandade ocidental, despedaçando irreversivelmente sua unidade religiosa e desencadeando um surto prolongado de guerra e fanatismo. Desempenhou também papel importante ao enfraquecer o domínio institucional e intelectual da Igreja, com seu elevado nível de organização, que fora tão central para a vida cultural da Idade Média. A Reforma significou, entre outras coisas, que a Igreja se viu despojada da maior parte de seus bens; como um imperador chinês já descobrira no século IX, dissolver mosteiros era, para um soberano, uma boa maneira de enriquecer.

II. O monstruoso governo das mulheres

John Knox (m.1572), principal figura da Reforma na Escócia, foi longe em matéria de fanatismo. Em 1558, publicou também um panfleto a que deu o famoso título *The First Blast of the Trumpet against the Monstruous Regiment of Women* (O primeiro toque da trombeta contra o monstruoso governo das mulheres). De fato, seus dois papéis estavam estreitamente vinculados. O fator-chave que determinava se a Reforma seria ou não adotada numa região da cristandade ocidental era a atitude do monarca reinante, e na Grã-Bretanha dessa época os soberanos tanto da Inglaterra como da Escócia eram fiéis à causa católica. Por uma estranha coincidência, ambos eram também mulheres: Maria Tudor reinou sobre a Inglaterra de 1553 a 1558, período em que Maria de Guise foi regente da Escócia em nome de sua desditosa filha Maria Rainha dos Escoceses — "nossas daninhas Marias", como Knox as qualificou. Assim, exilado no continente, Knox empenhou-se em promover a causa protestante com uma retumbante condenação do governo feminino. Mas escolheu mal a hora para seu ataque, e o resultado foi talvez o maior desastre das relações públicas no século XVI. Nove meses depois Maria Tudor estava morta, e Deus, em seus misteriosos desígnios, havia salvado a Inglaterra do papado mediante a ascensão ao trono de Elisabete, a meia-irmã protestante de Maria. De uma hora para outra, as idéias de Knox sobre a monstruosidade do governo das mulheres tornaram-se um embaraço para a sua causa, e seus companheiros pró-Reforma tiveram de tentar consertar o estrago o melhor que podiam.

Reinos deviam ser governados por reis, e em geral assim era. Em muitas sociedades, no entanto, os caprichos da reprodução dinástica e da política da corte resultavam de tempos em tempos no governo de uma mulher. Até a China, terra de credenciais patriarcais impecáveis, foi governada de 690 a 705 d.C. pela imperatriz Wu. Houve igualmente uma rainha hindu que reinou no sul da Índia no século XIII d.C., uma muçulmana no Iêmen no século XII, e assim por diante. A longa história do Egito gaba-se de várias soberanas, como Hatshepsut no século XV a.C., Cleópatra no século I a.C. e Shajar al-Durr no século XIII d.C. A Europa medieval teve também suas rainhas, que governaram por direito próprio, talvez até ultrapassando-o.

Mas, de uma maneira ou de outra, costumava ser claro para todos que essa era uma situação anômala. As rainhas reinantes e os que as apoiavam punham-se muitas vezes visivelmente na defensiva. Em alguns casos tendia-se a usar o gênero masculino para se referir a governantes do sexo feminino, ou a atribuir-lhe títulos masculinos, ou reservar-lhes o uso de roupas de homem; em outros, seu governo era justificado por argumentos que pretendiam provar que elas só eram mulheres na superfície. Assim, uma interpolação espúria de uma das escrituras budistas numa tradução chinesa apresenta a condição feminina da imperatriz Wu como mero acessório de seus renascimentos recorrentes: "na realidade serás uma Bodhisattva", prediz o Buda para ele (ou ela) em tempos antigos, mas "manifestarás um corpo feminino". De maneira semelhante, os inimigos dessas rainhas tiravam proveito de sua condição de mulher. Quando Shajar al-Durr tornou-se rainha do Egito, o califa de Bagdá enviou a seguinte mensagem aos egípcios: "Se não vos sobra um homem para designardes como vosso soberano, basta que nos avisem, e vos mandaremos um." Assim, o governo feminino podia ser um fato ocasional da vida, mas, em maior ou menor medida, contrariava a própria essência de todas as instituições fundamentais da civilização eurasiana. "O país em que reina uma mulher, uma criança ou um jogador afunda irremediavelmente como uma balsa de pedra num rio", é o que nos assegura uma epopéia indiana.

Dessa maneira, quando Knox começou a mobilizar os recursos misóginos da civilização européia, encontrou-os em abundância. Por um lado, obteve forte apoio na Bíblia cristã. Não havia Deus imposto uma punição especial à mulher pelo egrégio papel que ela desempenhara na queda do homem, dizendo-lhe: "A paixão arrastar-te-á para o marido e ele te dominará" (Gênesis 3:16)? E não proferira o Espírito Santo, falando pela boca de são Paulo, as palavras: "Não permito que a mulher ensine nem se arrogue autoridade sobre o marido, mas permaneça em silêncio" (1 Timóteo 12)? Por outro lado, Knox pôde invocar a relevante autoridade da Grécia e de Roma. Aristóteles havia enfatizado ameaçadoramente os efeitos perniciosos da influência indevida que as mulheres de Esparta exerciam sobre os homens de suas famílias; havia alguma diferença real, perguntara ele, entre o governo de homens dominados por mulheres e o das próprias mulheres? Que não teria Aristóteles dito "daquele reino ou nação em que uma mulher coroada tinha assento no parlamento em meio a homens"? Knox remeteu seus leitores igualmente à grande codificação do direito romano elaborada sob o imperador Justiniano no século VI d.C.; lemos ali que "as mulheres estão excluídas de todo cargo civil e público". Uma vez que a Igreja cristã representava a confluência dessas tradições mediterrâneas, Knox não teve dificuldade em encontrar "autores piedosos" cujas diatribes pôde aduzir para respaldar sua argumentação. Santo Agostinho (m.430) forneceu-lhe uma questão retórica que sintetiza a "anuência uniforme" dessas sábias autoridades: "Como pode uma mulher ser a imagem de Deus, visto que está sujeita ao homem e não tem nenhum poder, nem para ensinar, nem para prestar testemunho, muito menos para governar um Estado ou responsabilizar-se por ele?" Para arrematar essa chamada de machos mediterrâneos mortos, Knox afiançou a seus leitores que o exercício do governo pela mulher era "repugnante à natureza".

Aqui e ali, no entanto, surgiam alguns problemas. Um que Knox considerou explicitamente dizia respeito à herança bíblica: não havia Débora sido ao mesmo tempo profetisa e juíza na antiga Israel (Juízes 4:4-5)? Knox já se preparara para essa incômoda contestação. Após observar acerca de "todas as mulheres" que "sua opinião sobre governo civil não passa de cegueira, seu conselho de tolice e seu juízo de loucura", detivera-se para fazer uma exceção para mulheres "tais que Deus, por singular privilégio e para certas causas que só Ele conhecia, isentara da condição comum das mulheres". Débora era um bom exemplo disso; com ela, teve de admitir, Deus operara "potente e miraculosamente". Mas seria completamente errado, afirmou, inferir desses casos "uma lei tirânica e mui repulsiva" que permitiria às mulheres governar.

Um problema que Knox deixou de enfrentar em seu panfleto surgia da herança grega. O mestre de Aristóteles, Platão (m.347 a.C.) foi o autor da *República*, uma discussão sobre o Estado ideal que estava amplamente disponível sob forma impressa em meados do século XVI; nessa obra Platão pusera na boca de seu próprio mestre, Sócrates (m.399 a.C.), uma idéia sobre as mulheres incomum na Atenas da época. Obviamente, admitiu Sócrates, os homens tendem a ser melhores na maioria das coisas que as mulheres; mas isso não impede que algumas delas sejam superiores a alguns homens. Não havia portanto razão para que, na cidade ideal, as mulheres fossem categoricamente excluídas de todo papel social. Evidentemente, as pessoas precisariam de tempo para se acostumar com a nova ordem; de início, muito se zombaria da idéia de mulheres recebendo instrução, empunhando armas e cavalgando — para não mencionar exercitando-se nuas junto com homens nas academias de luta. Mas afinal, Sócrates salienta, não fazia muito tempo que os gregos haviam considerado a nudez vergonhosa até para homens; com o tempo as risadas haviam cessado e a razão prevalecera. Assim seria também com as mulheres. Uma mulher, ele sustentou, pode ter talento natural para a medicina, a música, a guerra, o atletismo ou a erudição; da mesma maneira, concluiu, podia ser apta por natureza para se tornar um dos guardiões da cidade. Os gregos portanto, como Deus, não estavam livres de ambigüidade.

Knox omitiu também o testemunho da etnografia, embora este pudesse certamente ser considerado relevante para sua afirmação de que o governo da mulher era repugnante à natureza. Assim, Tácito comentara favoravelmente o padrão inusitado de relações entre homens e mulheres vigente em meio a povos antigos do norte da Europa, os germanos. Embora as mulheres se vistam um tanto sumariamente, ele nos diz, ambos os sexos observam uma moralidade estrita. Não se apressam em se casar e, quando o fazem, a mulher torna-se a companheira do homem na labuta e no perigo. De fato, diz ele, os homens não consideram indigno pedir conselho às mulheres nem o desdenham quando dado. Essa descrição dos germanos feita por Tácito foi redescoberta em 1455, e gerou considerável alvoroço — inclusive na Alemanha, onde avivou sentimentos nacionalistas. Em 1558, já fora reeditada muitas vezes. De fato, Tácito foi invocado como testemunha por uma feminista italiana que publicou um panfleto para demonstrar a superioridade das mulheres sobre os homens em 1600 (naturalmente, ela invocou também Platão). Mas Knox não fez menção a Tácito. Tampouco considerou a informação etnográfica sobre povos do mundo extra-europeu que começava a se acumular na Europa de seu tempo.

Além disso, Knox descartou de maneira bastante precipitada os registros de governos exercidos por mulheres na história européia. Uma refutação de seu panfleto publicada em 1559 explorou muito esse aspecto, apontando numerosos exemplos de que "mulheres reinaram, e não foram poucas", acrescentando ainda que "muitos países foram bem governados por mulheres". A sociedade medieval européia alimentava rotineiramente a expectativa de que mulheres nobres e rainhas representassem seus maridos ausentes, ou exercessem o poder em nome de menores de idade, às vezes por longos períodos; Penélope ao tear não lhes teria fornecido um modelo muito conveniente. Além disso, às vezes mulheres herdavam tronos por direito próprio (uma razão para isso era a monogamia bastante atípica das famílias reais européias, prática que elevava o risco de reis deixarem apenas uma filha como herdeira). Isso incomodava mais as pessoas, mas quando a misoginia e os princípios da sucessão hereditária colidiam, os últimos tendiam a falar mais alto. Era uma situação que todos os envolvidos tinham de enfrentar da melhor maneira; como disse um clérigo do século XII à rainha Melisenda de Jerusalém: "Embora mulher, deves atuar como um homem."

Os aspectos da herança européia que Knox teve de isolar, ignorar ou colocar de lado não deveriam nos cegar para a harmonia geral entre suas idéias e as tradições mais amplas da civilização européia. Mas seu panfleto silenciou algo de muito significativo: em nenhuma passagem ele usou o argumento da segregação. Nas sociedades em que se espera que as mulheres — em particular as da elite — não tenham nenhum contato com homens de fora de seu núcleo familiar, e que se mantenham longe da esfera pública, é difícil refutar a idéia de que os cânones da decência seriam violados se uma mulher, por mais talentosa que fosse, viesse a exercer poder político. Para azar de Knox, não havia na sociedade do noroeste da Europa quaisquer normas estabelecidas desse tipo que pudesse invocar. Isso era parte de um padrão de relações entre homens e mulheres que, havia muito, parecia deveras estranho a observadores muçulmanos. Ao descrever os francos na Síria do século XII, um autor muçulmano comentou a liberdade com que uma esposa frâncica que saía para caminhar com o marido podia tagarelar com outro homem enquanto o primeiro esperava pacientemente a conclusão da conversa. Ao comparar Paris e Istambul, um embaixador otomano enviado à França em 1720-21, observou que Paris dava a impressão de ser muito mais populosa do que realmente era; explicou que as mulheres, em vez de ficar em casa, estavam sempre a perambular pelas ruas, e que era essa mistura de homens e mulheres que fazia o centro da cidade parecer tão apinhado.

De fato, as atitudes vigentes no noroeste da Europa em face da mistura dos sexos não eram particularmente inusitadas por padrões etnográficos — podiam ser prontamente equiparadas às encontradas na África ocidental, por exemplo. Era no contexto das grandes civilizações da Europa que elas se destacavam como exóticas. O que talvez distinguisse os europeus no noroeste era a extensão em que conservavam suas atitudes incivilizadas mesmo depois de se terem civilizado sob outros aspectos. Dar às mulheres acesso ao espaço público não significa por si só dar-lhes poder, mas torna isso indubitavelmente mais fácil, ao mesmo tempo em que dificulta um pouco o trabalho de polemistas como Knox.

Em última análise, tudo isso remete à idéia óbvia de que os seres humanos partilham o padrão de reprodução sexual dos mamíferos. Ao examinar-lhes a história, tomamos isso como ponto pacífico. Em todas as sociedades dotadas de um futuro, é possível encontrar seres humanos de duas formas biologicamente distintas; e, com poucas exceções, eles pertencem de maneira não ambígua a uma ou a outra. Só mulheres engravidam, e só homens são capazes de engravidá-las. As diferenças biológicas evidentes entre os sexos estão ao mesmo tempo claramente relacionadas a traços comportamentais mais difusos; por exemplo, ninguém duvida seriamente de que os homens têm em geral uma disposição mais forte para a violência e são mais propensos a se arriscar quando competem entre si. Mas se homens e mulheres são diferentes, não são tão diferentes assim. Exceto seus papéis imediatos na reprodução sexual, há poucas coisas que um sexo possa fazer e o outro não. Em contraste com a perturbação que ocorre nos exércitos modernos, a presença de mulheres rematadas como guerreiras está bem comprovada no passado em locais tão distantes entre si como a África ocidental, o Oriente Próximo e a China. Todas as culturas, portanto, têm de conviver ao mesmo tempo com a realidade e com os limites da diferença. Ao estipular suas normas, teriam talvez mais facilidade se homens e mulheres fossem ou muito mais ou muito menos parecidos do que realmente são. Sendo as coisas como são, as culturas podem superestimar as diferenças, como o faz a maioria das civilizações das Eurásia, ou subestimá-las, como vem sendo cada vez mais a tendência no Ocidente moderno. De uma maneira ou de outra, as culturas acabam chegando, como Knox, a algum tipo de trapalhada. Mas a ênfase na variedade, na confusão e na indignidade fez com que regularidades impressionantes fossem atingidas transculturalmente: pelo menos na esfera pública, os homens sempre tenderam a controlar uma parcela desproporcional de poder, e a competição entre eles desempenhou papel equivalente na condução do curso da história. É por isso que em capítulos anteriores deste livro não nos detivemos para nos espantar ante o fato de que os soberanos costumam ser homens, de que o único deus verdadeiro dos monoteístas era geralmente referido por todo mundo como "Ele" e não "Ela", de que só brâmanes do sexo masculino transmitem os Vedas, de que os homens desempenham o papel dominante no culto chinês dos ancestrais, de que mulheres respeitáveis não compareciam às bebedeiras atenienses, e assim por diante. É sempre a mesma toada.

Considere, por exemplo, um movimento que os arandas — quer dizer, os arandas do sexo masculino — faziam por vezes na diplomacia intergrupal. Quando um grupo queria chegar a um entendimento com outro, deixava uma mulher junto ao acampamento dele; com isso, comprometia-se a aceitar as exigências que esse outro grupo lhe fizesse. Essa prática pode nos surpreender e até chocar, mas é prima distante do uso mais decoroso que os reis costumavam fazer de suas filhas, arranjando casamentos régios para elas no intuito de cimentar alianças com outros soberanos (em contraposição, não se espera que presidentes dos Estados Unidos ofereçam suas filhas como recurso diplomático). Mas teríamos ficado muito mais surpresos (talvez, alguns de nós, agradavelmente surpresos) se fossem as mulheres arandas que optassem por deixar seus homens disponíveis como meio de promover os interesses diplomáticos de seu grupo. E no entanto, o que os homens podem fazer, as mulheres também podem: hoje pelo menos temos embaixadoras. Temos também uma porção de cientistas mulheres, algo que faltou flagrantemente num dos mais espetaculares desenvolvimentos europeus dos séculos XVI e XVII: a revolução científica.

III. Os amantes de Júpiter

Sob alguns aspectos, a estrutura em grande escala do universo é facilmente acessível à observação, mesmo sem o auxílio de tecnologia avançada. O universo é transparente e contém numerosas fontes de luz visível. Em conseqüência disso, recebemos grande quantidade de informação; não estamos em absoluto no meio de uma nuvem espessa ou dentro de uma caverna escura. Isso significa que é possível seguir o rastro dos movimentos aparentes de uma variedade de corpos celestes com grande precisão, e usar os resultados para construir uma astronomia matemática que preveja as posições futuras desses corpos com considerável precisão. Como o céu está escancarado para qualquer pessoa com vista boa (exclua os habitantes modernos das cidades poluídas por excesso de luz), algum nível de astronomia popular foi generalizado, se não universalizado, nas culturas humanas. As civilizações, com seu potencial maior para dividir o trabalho e manter registros, tenderam a se sair consideravelmente melhor. Assim, todas as civilizações do Velho Mundo possuíram uma astronomia razoavelmente avançada, e não parecem ter hesitado muito em fazer empréstimos umas das outras; na Idade Média tardia, por exemplo, tanto a Europa como a China deviam muito aos astrônomos do mundo islâmico.

Hoje a astronomia tradicional do Velho Mundo pode nos parecer primitiva, mas no início dos tempos modernos ela estava longe de se ser um capítulo encerrado. A pergunta mais interessante que podia ser feita a ela dizia respeito ao modelo físico que mais bem explicava os movimentos observados dos corpos celestes. Um problema era que corpo estava situado no centro do universo (presumindo que havia algum nessa posição). Na Grécia antiga houvera duas teorias rivais. Segundo a visão predominante, sustentada por autoridades como Aristóteles, no século IV a.C., e Ptolomeu, no século II d.C., a Terra estava no centro. A concepção minoritária, proposta como hipótese por Aristarco de Samos no século III a.C., punha o Sol ali. Essa disputa antiga foi revivida em 1543 quando Copérnico, um astrônomo polonês moribundo, finalmente publicou um livro em que defendia a visão heliocêntrica. Com isso, pôs de novo em voga essa antiga hipótese, mas não se pode dizer que provou sua correção. Foi o astrônomo alemão Kepler (m.1630) que, no início do século XVII, usou as mais recentes observações a olho nu para mostrar que a concepção heliocêntrica era não uma mera alternativa à de Ptolomeu, mas um grande aperfeiçoamento em relação a ela. Sua percepção-chave foi que a órbita dos planetas era uma elipse cujo foco era o Sol. Não havia nenhum precedente antigo para essa idéia; a astronomia tradicional, fosse geocêntrica ou heliocêntrica, havia pensado em termos de órbitas circulares, o que gerava muita complicação. As leis do movimento planetário propostas por Kepler não eram, porém, apenas mais elegantes que o sistema tradicional; também previam melhor, e a partir de então a vitória do heliocentrismo foi somente uma questão de tempo. Copérnico e Kepler haviam mostrado que a astronomia a olho nu ainda podia promover uma reviravolta espetacular.

Poderia a astronomia ter ido muito mais longe sem uma mudança claramente impactante no nível da informação que lhe era disponível? Sob um aspecto sim, e pode-se sustentar que ela o fez. Foi possível desenvolver uma compreensão das leis do movimento na Terra e depois aplicá-las aos movimentos dos corpos celestes — para explicar não apenas *como* eles se moviam, como fez Kepler, mas *por que* se moviam daquela maneira. Esse foi um aspecto da obra do cientista italiano Galileu (m.1642). Em 1687 ela encontrou sua consumação na teoria da gravidade de Newton. Mas o outro aspecto importante da obra de Galileu foi a maneira brilhante como tirou partido de uma inovação tecnológica recente. A capacidade de fazer e polir vidros já fora desenvolvida nos tempos antigos, e com ela se adquirira algum conhecimento das propriedades ópticas dos mesmos. A partir do século XIII começou-se a falar do uso de lentes para fazer objetos distantes parecerem próximos. Mas, para todos os fins práticos, o telescópio parece ter sido inventado por um holandês no início do século XVII. Galileu ouviu falar dessa invenção e começou e fazer telescópios para seu uso próprio, de tal modo que, no final de 1609 e no início de 1610, conseguiu voltar seus toscos instrumentos para o céu. O resultado foi uma cascata de descobertas simples, mas sensacionais, que até então haviam estado fora do alcance até dos astrônomos mais sofisticados. Quando as publicou, na primavera de 1610, Galileu provocou instantaneamente um furor internacional — em mais um testemunho do efeito do desenvolvimento da imprensa sobre a cultura européia.

Uma das descobertas de Galileu disse respeito ao bem conhecido planeta Júpiter. Quando o astrônomo italiano voltou seu mais recente telescópio para ele em janeiro de 1610, o planeta propriamente dito já não tinha segredos para lhe revelar, afora o fato de que — como os demais planetas — aparecia em seu telescópio com a forma de um globo (ver figura 22). Ele percebeu também três estrelas na vizinhança imediata de Júpiter, duas a leste e uma a oeste (7 de janeiro; o leste está à esquerda). Mas isso não o surpreendeu particularmente, já que uma de suas maiores descobertas fora a de que havia um vasto número de estrelas fixas das quais os astrônomos anteriores não se haviam dado conta. Mesmo assim, sua curiosidade foi atiçada pelo fato de que Júpiter e as três estrelas próximas a ele estavam alinhadas quase exatamente numa linha reta. Na sua observação seguinte, viu de novo as três estrelas perto de Júpiter, mas desta vez todas estavam a oeste (8 de janeiro). A explicação óbvia era que Júpiter se movera um pouquinho para o leste contra o pano de fundo das estrelas fixas — o problema era que, segundo os cálculos dos astrônomos, o planeta deveria naquele momento estar se movendo para oeste. Dois dias depois, Galileu viu só duas estrelas, agora ambas a leste de Júpiter, mas sempre na mesma linha reta (10 de janeiro).

Nessa altura estava claro para Galileu que o movimento de Júpiter não podia explicar as constelações cambiantes que ele estava vendo; por assombroso que isso soasse, eram as próprias estrelas que tinham de estar se movendo. Após mais uma observação, Galileu concluiu que, longe de serem estrelas fixas, aqueles objetos estavam de fato girando em torno de Júpiter da mesma maneira que os planetas Mercúrio e Vênus giravam em torno do

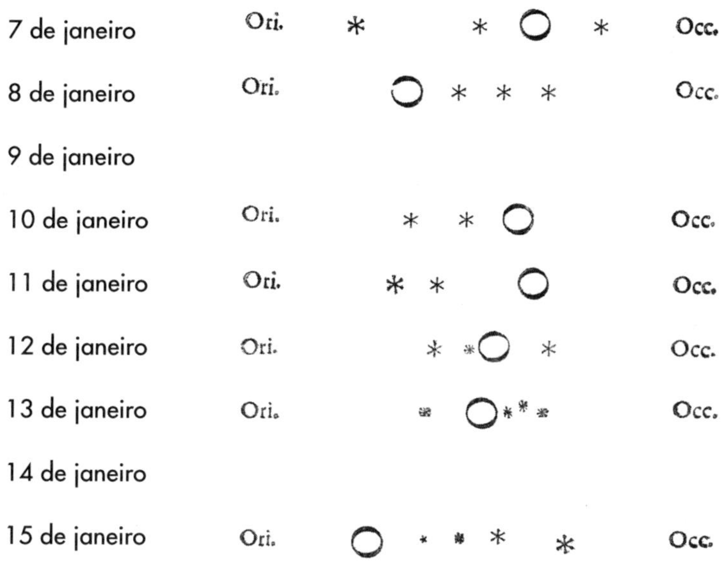

Fig.22: Os satélites galileanos de Júpiter tal como observados por Galileu.

Sol. Mais tarde confirmou que, à medida que Júpiter se movia contra o pano de fundo das estrelas fixas, levava consigo companheiros, ou satélites. Nesse meio tempo, percebera mais alguma coisa: vez por outra uma quarta companheira era visível (13 e 15 de janeiro). Mais ou menos corretamente, presumiu que todas estavam se movendo em órbitas circulares. Pôde inferir do que vira que algumas órbitas eram maiores que outras, e que os satélites mais próximos de Júpiter tinham os períodos mais curtos. Mas ainda não foi capaz de determinar o período real de cada satélite, tão parecidos eles eram; dois anos haveriam de se passar antes que resolvesse esse problema. Tampouco batizou os satélites individuais. Foi um rival alemão que os denominou Io, Europa, Ganimedes e Calisto, em homenagem aos quatro amantes do deus Júpiter na mitologia greco-romana (dos quatro, três eram mulheres e um, Ganimedes, era homem). Dar nomes como esses aos companheiros celestes de Júpiter foi uma piada renascentista maliciosa, mas erudita.

A descoberta dos quatro satélites de Júpiter por Galileu foi um feito assombroso, coisa de que ele — que não era conhecido pela sua modéstia — tinha perfeita consciência. Foi também água para seu moinho: ele era, ou logo se tornou, um audacioso e franco defensor do heliocentrismo copernicano contra o tradicional sistema geocêntrico do mundo. Um aspecto do copernicanismo que havia incomodado as pessoas era uma perturbadora anomalia presente nesse modelo do sistema solar. Os planetas, na concepção copernicana, giravam todos em torno do Sol; só a Lua continua girando em torno da Terra. Isso parecia no mínimo uma arrumação malfeita. Agora a descoberta de Galileu mostrava que, na condição de um satélite que girava em torno de um planeta, a Lua estava em boa companhia — idéia que ele já propusera ao relatar suas observações em 1610. De fato, o uso que Galileu fizera do telescópio propiciara-lhe toda uma série de descobertas que podiam ajudá-lo a demolir a visão geocêntrica do mundo, e ele as usou com audácia, verve e perspicácia notáveis.

Isso acabou por criar dificuldades entre ele e a Igreja católica. Em 1616, Galileu, que agora gozava do status de celebridade, foi bem recebido em Roma, mas seus argumentos heliocentristas tiveram o efeito de chamar a atenção dos censores para o livro que Copérnico publicara em 1543; a obra foi devidamente proibida e Galileu recebeu ordens de não propagar a doutrina por ela veiculada. Isso não lhe causou nenhum dano pessoal, e em 1624 ele estava de volta a Roma sendo homenageado pelo papa. Em 1632, porém, ele publicou seu *Diálogo sobre os dois sistemas do mundo*, uma esplêndida justificação do heliocentrismo. Foi só aí que a situação ficou grave: ele foi levado a julgamento por ter violado os termos da injunção de 1616, e forçado a renegar suas idéias sob ameaça de tortura. Tivesse Galileu sido um pouco mais discreto, ou a Igreja um pouco mais tolerante, esse famoso julgamento poderia nunca ter acontecido. Afinal, os censores haviam levado quase três quartos de século para prestar atenção em Copérnico.

Mas, se não era inevitável, o julgamento tampouco foi um acidente. No curso dos longos séculos transcorridos entre o colapso da civilização romana e o início do Renascimento, fora sobretudo a Igreja que tomara a si o papel de guardiã do que sobrevivera da cultura literária da Antigüidade. Nesse processo, a Igreja investira pesadamente na herança dominante de Aristóteles, que agora Galileu estava subvertendo com tamanho desembaraço. Mas a afinidade entre a Igreja e o geocentrismo era mais que mero fruto de uma associação secular. O geocentrismo emaranha-se com o pressuposto irrefletido das cosmologias mais tradicionais segundo o qual a raça humana é suficientemente importante para ocupar um lugar no centro do universo.

Mesmo antes do surgimento da ciência moderna, nem todo mundo pensava dessa maneira bastante egocêntrica. No século I a.C., o poeta romano Lucrécio, zeloso propagandista da filosofia materialista grega conhecida como epicurismo, ousara afirmar que "não para nós e não para os deuses este mundo foi feito; há muito de errado com ele". Essa asserção foi depois fielmente copiada pelos monges medievais, a quem, paradoxalmente, devemos a sobrevivência da polêmica virulentamente anti-religiosa de Lucrécio; mas ela virou letra morta, ainda que o poema tenha sido incessantemente reeditado a partir da década de 1470. Agora, na esteira do reflorescimento do heliocentrismo, visões semelhantes começaram a reaparecer, realçadas pela compreensão adicional de que o Sol não passava, ele próprio, de mais uma estrela como outra qualquer. "Não podemos duvidar", escreveu o filósofo francês Descartes (m.1650), "que uma infinidade de coisas existe, ou existiu, embora agora já não exista mais, que jamais foi contemplada ou compreendida pelo homem, e nunca foi de nenhuma valia para ele".

Para retornar ao canto do cosmo que é nosso modesto interesse neste capítulo, há um aspecto geográfico que merece ser sublinhado. A vida de Galileu girou em torno das cidades do norte da Itália, região que era, havia já muito tempo, a mais urbanizada da Europa. Mas o futuro da astronomia, e da revolução científica em geral, residia no noroeste da Europa, sobretudo nos Países Baixos, na França e na Inglaterra. A condenação de Galileu em Roma pode ter sido uma das razões pelas quais a astronomia passou então a florescer em países onde a autoridade de Roma era fraca ou inexistente. Na verdade, a perseguição de Galileu pela Igreja católica assegurou-lhe um status de mártir na Europa protestante, conferindo maior prestígio às suas idéias. Mas a outra razão por que a astronomia se deslocou para o norte, e talvez a principal, foi que chegara finalmente, para o noroeste da Europa, sua hora de brilhar.

QUARTA PARTE

RUMO A UM SÓ MUNDO?

CAPÍTULO 12

A civilização islâmica

I. Do mar ao mar cintilante

O quadro geral que traçamos da massa de terra eurasiana deixou duas grandes lacunas (bem como várias outras pequenas). A primeira é geográfica. As regiões que consideramos representam os núcleos das civilizações clássicas da Eurásia, mas não incluem as vastas áreas que permaneceram fora dessas civilizações, pelo menos até séculos recentes. Isso se aplica a uma densa faixa de território inexplorado ao norte das civilizações, e a certa quantidade de terras ao sul. A outra lacuna é temática. Quais eram as perspectivas, se é que havia alguma, de que as civilizações da Eurásia fossem reunidas numa estrutura mais estreitamente integrada? Poderia a Eurásia unir-se em algum sentido, e, nesse caso, como isso se daria? As duas lacunas são de natureza bem diversa, mas há um vínculo surpreendentemente próximo entre elas. É pela questão da unificação eurasiana que devemos começar.

Como vimos, as várias civilizações eurasianas mantinham relações entre si nos tempos antigos. Bigas do período Chang sugerem algum tipo de contato com o Oriente Próximo; o alfabeto espalhou-se visivelmente do Oriente Próximo até as costas do Atlântico e do Pacífico; um medalhão romano do século II d.C. foi parar no que é hoje o Vietnã; o papel saiu da China e chegou à Europa, passando pelo mundo islâmico. Exemplos desse tipo podem ser multiplicados facilmente, e tornam-se cada vez mais freqüentes com o passar do tempo. Mas isso era infiltração transcultural; não era um fluxo capaz de eliminar as profundas diferenças que separavam as civilizações da Eurásia e lhes davam suas identidades distintas. Talvez a integração por osmose cultural pudesse ter acabado por ocorrer, se a história tivesse tido paciência para esperar o bastante. Mas evidentemente ela não teve.

Uma maneira extremamente mais drástica de mudar paisagens culturais é a conquista. Quais eram, então, as perspectivas de unificação cultural da Eurásia pela espada? A coisa óbvia a procurar nesse caso seria uma única civilização eurasiana com a vontade e os meios para conquistar as outras. Mas a história militar das civilizações eurasianas clássicas não apontava nessa direção. Não faltavam Estados com dimensões imperiais formados por meio de conquista, mas em geral eles conservavam um firme caráter nacional. A principal exceção foi a carreira de Alexandre Magno no século IV a.C., que levou à imposição de uma cultura grega de elite a grande parte do Oriente Próximo. Mas as conquistas de Alexandre não foram muito além disso. A invasão da Índia por ele empreendida equivaleu a uma mera incursão, embora os gregos tenham mais tarde controlado certo território no noroeste; a China estava além de seu horizonte; e, o que é mais surpreendente, nem ele nem seus sucessores jamais conquistaram o Mediterrâneo ocidental. Nenhum outro conquistador que partiu de qualquer das civilizações mais antigas da Eurásia foi comparável a Alexandre.

À primeira vista faria ainda menos sentido esperar que um processo como esse fosse iniciado nas regiões periféricas da Eurásia, com suas sociedades muito menos complexas. Parece-nos natural, hoje em dia, que, todo o resto permanecendo igual, sociedades ricas e avançadas façam guerra de maneira mais eficaz que sociedades pobres e primitivas. Mas Ciro, fundador do Império Persa no século VI a.C., tinha uma visão diferente do assunto. "Terras brandas", ele disse, "geram homens brandos; um único solo nunca acumula a propriedade de produzir excelentes frutos e também bons soldados." Ciro foi buscar seus homens nas ásperas regiões montanhosas da Pérsia, mas essa não era a única possibilidade.

As tribos nórdicas

Território agreste era o que não faltava na parte mais alta da Eurásia. No extremo norte, os ermos áridos e abertos da tundra estendiam-se numa faixa estreita da Escandinávia à Sibéria; imediatamente ao sul situava-se uma faixa mais larga de floresta, a taiga. O território ártico era povoado sobretudo por caçadores como os yukagirs do norte da Sibéria e por pastores de renas como os lapões do norte da Escandinávia. Esses povos tendiam a deixar a história passar ao largo. Mas entre esse mundo nórdico e as civilizações muito mais ao sul situavam-se as estepes eurasianas, que chegavam à Manchúria no leste e à Hungria no oeste. Tal como as regiões montanhosas da Pérsia, esse cinturão de pastagens não dava bons frutos. Mas ele foi a terra natal dos cavalos e sem dúvida o cenário de sua domesticação. Já no tempo de Ciro as estepes estavam cheias de pastores nômades. Esses pastores eram homens duros, e aqueles cujas economias foram construídas em torno dos cavalos tinham duas vantagens militares adicionais. Em primeiro lugar, eram cavaleiros por natureza. Um autor latino do século V d.C. teve o seguinte a dizer sobre um desses povos, os hunos, que na época estavam invadindo o Império Romano: "Mal a criancinha aprendeu a se levantar sem a ajuda da mãe, já está montada num cavalo. Tem-se a impressão de que os membros do homem e do cavalo nasceram juntos, tal a firmeza com que o cavaleiro está sempre colado ao cavalo, como se estivesse amarrado no lugar: qualquer outra gente é carregada no cavalo, essa, vive ali." Em segundo lugar, os pastores gozavam de suprema mobilidade. Estudiosos são tentados a identificar os hunos com os hsiung-nu, que ameaçaram a fronteira norte da China a partir do final do século III a.C. Mas há registros de que no século XIII d.C. os mongóis atacaram tanto a Germânia quanto o Japão.

Os indo-europeus foram o primeiro povo das estepes a ter forte impacto sobre o mundo exterior, embora não estivessem longe de ser exclusivamente pastoralistas. No quadro geral que traçamos das civilizações regionais da Eurásia, encontramos várias vezes povos que falavam línguas da família indo-européia; já na Antigüidade essas línguas podiam ser encontradas em terras tão distantes quanto as Ilhas Britânicas e o nordeste da Índia, e o fato de constituírem uma família significa que remontam a uma única língua ancestral — proto-indo-européia. Como vimos, alguma expansão antiga das línguas indo-européias ocorreu ainda no primeiro milênio a.C., mas boa parte dela deve ter ocorrido em tempos muito mais remotos. Quando ela começou? Um conjunto de pistas é lingüístico. Embora não tenhamos nenhum conhecimento direto da língua ancestral, é possível reconstruir algo de seu vocabulário mediante a análise sistemática dos elementos comuns nos vocabulários das línguas derivadas conhecidas (descartando empréstimos de palavras posteriores no processo). Esse tipo de reconstrução aponta para uma economia em que a agricultura estava bem desenvolvida, especialmente no aspecto pastoril, que incluía o cavalo domesticado; veículos com rodas estavam certamente em uso, mas a metalurgia existente talvez estivesse limitada ao cobre, em contraposição ao bronze. Quando e onde isso teria tido lugar? De um ponto de vista arqueológico, os elementos mais característicos são os cavalos domesticados e os veículos com rodas. O cavalo certamente deve ter sido domesticado em algum lugar de sua área natural de pastagem; isso nos leva às estepes, onde tanto o cavalo domesticado como a carroça fazem sua aparição nos registros arqueológicos no quarto milênio a.C., antes do início da Idade do Bronze. Nas estepes, há razões para distinguir a região ao norte dos mares Cáspio e Negro como a terra natal mais provável do indo-europeu. Nada disso passa de hipótese, mas esta é sem dúvida a melhor disponível. O que ela tem de satisfatório é que fornece também certo grau de explicação para a expansão do indo-europeu que deve ter se seguido no terceiro milênio. Um povo cujo modo de vida inclui cavalos e carroças é móvel; ao mesmo tempo, tem uma vantagem militar sobre povos que andam a pé, os quais tende a repelir ou assimilar.

Entretanto, de todos os povos das estepes da história, só os mongóis chegaram perto de criar um império eurasiano. Suas conquistas extremamente destrutivas no século XIII d.C. incluíram grandes extensões da Ásia oriental, do Oriente Próximo e da Europa oriental (a ausência de estepes a oeste da Hungria contribui para explicar por que esse povo não conseguiu avançar pela Europa ocidental). No final, contudo, essa aventura imperial deu em nada. O vasto império mongol durou apenas poucas décadas; já no século XIII, foi dividido em Estados cada vez mais autônomos, a maioria dos quais desapareceu durante o século XIV. Igualmente relevante é o fato de que os mongóis não levavam nenhuma civilização para difundir entre seus súditos golpeados, tendendo antes a se deixar finalmente assimilar ao meio local. No fim das contas, o mapa cultural da Eurásia depois da expansão dos mongóis não parecia muito diferente do que fora antes.

Houve algo, contudo, que os mongóis fizeram pela Eurásia. Durante algumas décadas, depois de suas conquistas iniciais e antes da desintegração de seus Estados, os mongóis tornaram possível viajar de um extremo da Eurásia ao outro. Assim, o monge cristão Rabban Sauma, nascido num povo turco que vivia na fronteira norte da China, conseguiu se deslocar de Pequim a Bordeaux, enquanto o veneziano Marco Polo viajou com o pai e o tio para a China, onde conseguiu um emprego no serviço do soberano mongol. A bênção da mobilidade tinha o seu reverso — provavelmente ajudou a espalhar uma devastadora epidemia de peste de uma ponta da Eurásia à outra em meados do século XIV. Mas não há dúvida de que forneceu às civilizações da Eurásia uma oportunidade sem precedentes para aprenderem mais umas sobre as outras. No Irã, por exemplo, nos tempos mongóis era possível a um leitor do persa consultar relatos sistemáticos das histórias da China e da Europa ocidental (ver figura 23; o fato de todas as pessoas terem aparência oriental reflete a força da influência artística chinesa no Irã nesse período). Voltaremos às implicações dessa expansão dos horizontes eurasianos no próximo capítulo.

Fig.23: *No alto*, Carlos Magno (*à direita*) e o papa Estêvão IV (*à esquerda*), ilustração de uma história persa dos francos do início do século XIV. *Abaixo*, a imperatriz (*extrema direita*) e seus sucessores imediatos, de uma história paralela da China (claramente, o artista não sabia que a imperatriz era uma mulher).

As tribos meridionais

Se os povos do norte não iriam unificar a Eurásia, que dizer dos povos do sul? Ali a configuração da terra parece ainda menos propícia. Ao sul das terras da metade oriental da Eurásia está o oceano Índico, um cenário comercial importante desde a Antigüidade, mas não um objeto de conquista em si. Ao sul das terras civilizadas da metade ocidental da Eurásia há deserto — em especial a vasta extensão do Saara. Esse era um território deplorável para agricultores, exceção feita a um punhado de oásis, mas fornecia vegetação suficiente para uma esparsa e intrépida população de pastores nômades. Um povo berbere do Saara ocidental saiu do deserto do século XI para conquistar grande parte da África do Norte e do sul da Espanha; mas era muçulmano como os povos que conquistou, e seu impacto foi efêmero. Isso nos deixa com a Arábia, essencialmente um fragmento do Saara separado do corpo principal do deserto pelo mar Vermelho. Embora pareça não valer a pena preocupar-se no presente contexto com território tão limitado e pouco promissor, a força isolada que mais contribuiu para unificar a Eurásia antes dos tempos modernos veio precisamente da Arábia.

Antes de passarmos à ascensão do islã entre os árabes, deveríamos retornar à difusão do cristianismo no início da Idade Média. O evento decisivo, como vimos no capítulo 10, foi a adoção da fé cristã como religião oficial do Império Romano. Isso a tornou muito mais atraente, e não apenas dentro dos limites do império. Do século IV em diante, a conversão tornou-se epidêmica nas terras além das fronteiras romanas, com a adesão de povos tão diversos como irlandeses, godos e etíopes. É claro que havia resistências. Em 1128, os pomerânios, um povo eslávico do litoral Báltico, ainda continuavam pagãos. Significativamente, porém, um grupo entre eles afirmava "ser incrivelmente tolo desgarrar-se como crianças extraviadas do regaço da Santa Madre Igreja quando todas as províncias das nações circundantes e todo o mundo romano haviam se submetido ao jugo da fé cristã". Sendo assim, por que deveriam os árabes ver as coisas de outra maneira?

Algo que a Arábia tinha de diferente era a pobreza de seu ambiente desértico. A pobreza milita contra a complexidade. A sociedade árabe pré-islâmica era tribal, tinha uma forma de organização social baseada na família extensa. Não possuía uma aristocracia abastada distinta das massas, e menos ainda soberanos poderosos. Isso tornava a mecânica da conversão significativamente mais difícil. Nas sociedades situadas nas bordas do mundo mediterrâneo, o rei costumava ser o ator-chave no processo de conversão. Assim, quando santo Agostinho de Canterbury chegou a Kent em 597 para converter os ingleses, não teve necessidade nem oportunidade de se envolver pessoalmente na micropolítica dos clãs locais. Foi para o rei de Kent, Etelberto, que pregou. Etelberto não era nenhum noviço, vinha ocupando o trono desde 560. Sem dúvida reconheceu uma combinação decisiva de perigo e oportunidade, e decidiu prudentemente contemporizar; mas as regras básicas que estabeleceu para a missão de Agostinho abriram a porta para a rápida conversão de seu povo. Teria sido difícil encontrar soberano com esse tipo de autoridade na Arábia.

Etelberto teve boas razões para facilitar a adoção do cristianismo em seu reino. Do ponto de vista dos ingleses pagãos, o cristianismo ocidental era civilização, e a civilização tinha muito a oferecer a um rei — burocracia letrada, por exemplo. Mas a adoção do cristianismo tinha um preço, como esse rei sabia muito bem. Em sua primeira audiência com Agostinho, ao contemporizar, disse: "As palavras e promessas que trazes são realmente justas, mas como são novas e incertas não posso concordar com elas, abandonando as práticas que eu, como todo o povo inglês, observamos por tanto tempo." Pode haver boas razões para deixarmos de acreditar na religião de nossos ancestrais e adotarmos uma forasteira; na verdade, pode ser incrivelmente tolo não o fazer. Mas o processo é necessariamente perturbador e lesivo para o orgulho étnico. Esse era o dilema de Etelberto, dilema a que a missão cristã a Kent não era de maneira alguma insensível. O papa, após longa deliberação, reconheceu que não podia esperar dos teimosos ingleses que rompessem com todo o seu passado pagão, e endossou uma solução de compromisso pela qual eles poderiam conservar seus templos intactos desde que removessem deles seus ídolos pagãos. Assim os ingleses abriram mão de seus ídolos, mas, pelo menos por algum tempo, mantiveram seus templos. Isso mostra, aliás, que eram povo sensato; alguns dos vogules do século XVIII — povo que vivia no norte da Rússia e tinha uma relação distante com os húngaros — relutaram em se converter, a menos que seu ídolo ancestral fosse batizado com uma cruz de ouro e recebesse um lugar na igreja ao lado dos ícones cristãos. Mas voltando aos árabes: a ausência de um rei poderoso para tomar a dianteira na Arábia tornou muito mais difícil para eles aceitar os custos étnicos da conversão.

Nesse caso, iriam os árabes dar o passo decisivo e adotar o cristianismo, ou permaneceriam renitentemente pagãos? A importância histórica incomparável deles decorre do fato de que não fizeram uma coisa nem outra; em vez disso, adotaram uma religião monoteísta própria. A figura-chave na formação do islã foi Maomé. Sua trajetória é narrada nos mínimos detalhes nas fontes islâmicas, embora seja difícil definir seu grau de confiabilidade. Aqui está a essência do que elas nos dizem. A cidade natal de Maomé foi Meca, povoação na Arábia ocidental habitada por uma tribo árabe; escassa em recursos agrícolas, possuía um santuário renomado, a Caaba. A tribo se dividia em vários clãs. Não tinha chefe e não reconhecia autoridade superior nem em Meca nem em qualquer outro lugar. No início do século VII d.C., Maomé começou a receber as revelações que no devido tempo foram incorporadas no Corão, a escritura muçulmana. Sua mensagem, embora claramente monoteísta, não era nem judaica nem cristã. Embora tenha conseguido converter algumas pessoas em Meca, sua descortesia monoteísta para com os deuses pagãos ofendia gravemente a maioria pagã. Maomé pessoalmente não corria muito perigo, mas seus seguidores passaram a precisar terrivelmente de proteção e não era óbvio de onde ela poderia vir. O rei da Etiópia mostrou-se solidário e Maomé enviou alguns de seus seguidores para se refugiar junto dele; mas se o islã pretendia combater na Arábia, esse rei estava distante demais para ser de alguma ajuda. Assim, Maomé procurou uma tribo mais próxima de Meca que se dispusesse a estender sua proteção a seus fiéis; para isso, passou a freqüentar feiras em que membros de diferentes tribos se reuniam para comerciar. Mas não teve sucesso.

Finalmente deparou com uma oportunidade. O oásis de Yathrib (hoje Medina) ficava a cerca de 300km ao norte de Meca. Era muito maior e tinha uma população muito mais complexa: duas tribos árabes e três judaicas. Como Meca, não era dominado por nenhum chefe ou soberano; diferentemente de Meca, estava em desordem política. Ao visitar uma feira, Maomé encontrou alguns membros de uma das tribos árabes dali e falou-lhes sobre o islã. Eles reagiram de maneira positiva, em parte porque viram em Maomé a solução para seu problema político. Contaram-lhe que, quando haviam deixado Yathrib, seu povo estava mais cindido por inimizades entre famílias que qualquer outro; "é possível", disseram-lhe, "que Deus o una através de ti". Comprometeram-se a voltar para junto de seu povo e convocá-lo para o islã, acrescentando: "Se Deus os unir nele, não haverá homem mais poderoso do que tu!" E foi o que aconteceu. Mais precisamente, depois de se mudar para Yathrib com seus seguidores em 622, Maomé uniu as tribos árabes e eliminou as judaicas. Quando morreu, em 632, a guerra e a diplomacia haviam feito dele o soberano de um Estado islâmico. Todo esse processo foi muito diverso daquele pelo qual outros povos da época estavam se convertendo ao cristianismo. Enquanto Agostinho encontrara Kent como um Estado já firmemente controlado, Maomé criara um. E era um Estado de tipo muito diferente: ele não era um rei, mas um profeta.

Como então Maomé enfrentou o dilema de Etelberto? Suas palavras e promessas eram bastante justas, mas como podiam os pagãos da Arábia adotá-las sem abandonar as antiqüíssimas crenças de todo o povo árabe? Aqui temos de retornar à mais antiga escritura monoteísta, a Bíblia. Esse importante livro fala detidamente sobre muitas coisas, mas não chega a fazer menção a povos tão valorosos como os ingleses, os irlandeses ou os pomerânios. Tem, contudo, algo de muito significativo a dizer sobre os árabes, especialmente quando se sabe (como todos sabiam na época da ascensão do islã) que quando Deus fala dos ismaelitas, é aos árabes que está se referindo. Eles eram chamados ismaelitas porque, segundo a genealogia bíblica, descendiam de Ismael, um filho do patriarca Abraão — ao passo que os israelitas descendiam de um outro filho de Abraão, a saber, Isaac. Surgiu, como é comum em situações desse tipo, a questão de qual filho receberia o quê, e a resposta foi dada por Deus numa conversa com Abraão. Ele prometeu abençoar Ismael e fazer de seus descendentes "uma grande nação", mas, insistiu, "meu pacto, hei de estabelecê-lo com Isaac" (Gênesis, 17:20-21). Os árabes eram portanto uma linhagem colateral, embora relativamente favorecida. Era o que dizia a Bíblia.

Muitos séculos mais tarde, o islã contou a mesma história, mas de maneira diferente. No Corão lemos sobre Abraão e Ismael construindo uma casa para Deus; a Bíblia não faz nenhuma menção a essa casa, mas a tradição muçulmana a identifica como a Caaba, em Meca. Enquanto trabalhavam, rogavam a Deus que fizesse de sua semente uma nação submissa (muçulmana) a ele, e que por fim enviasse para o meio deles "um mensageiro, um deles mesmos" para instruí-los e purificá-los (Corão 2:127-29). Os árabes estavam portanto destinados a ser mais que uma grande nação. A Caaba, embora tenha vindo a se assemelhar a um santuário pagão, teve origem como um templo monoteísta; não espanta que o islã não tenha tido dificuldade em conservar a peregrinação pré-islâmica a Meca sob uma forma islamizada. Foi como se os ingleses pudessem ter santificado um templo pagão em Canterbury como uma fundação abraâmica. Ao mesmo tempo, Maomé era obviamente o profeta que Abraão pedira em suas preces e um árabe como o povo a quem foi enviado. Os ingleses deveram sua evangelização a um monge vindo de Roma, ao passo que os irlandeses americanos que marcham em Nova York no dia de são Patrício estão celebrando a conversão de seus ancestrais nas mãos de um escravo britânico. Maomé, em contraposição, era um árabe, e enviado com um "Corão árabe" (Corão 12:2). Em suma, adotar o islã não significava abandonar as crenças antiqüíssimas de todo o povo árabe; era preciso descartar apenas o revestimento pagão que viera obscurecer o monoteísmo prístino de seus ancestrais. Para um árabe, converter-se ao islã era ser autêntico.

O mundo islâmico

O que Maomé fizera era notável, mas não teve praticamente nenhum efeito sobre quem quer fosse fora da Arábia. Isso mudou logo após sua morte. Sob seus sucessores, os califas, os árabes começaram a atacar o Crescente Fértil, região contígua à Árabia, ao norte. Eles sempre tinham tido o hábito de efetuar ataques de pequena escala ali, mas o novo Estado permitiu-lhes coordenar seus esforços de maneira sem precedentes. No curso das décadas de 630 e 640, esses ataques desdobraram-se numa série de conquistas que incluíram todo o Império Persa e a maior parte das províncias do sul da metade do Império Romano que sobrevivia, a oriental. Posteriormente os muçulmanos expandiram seu domínio sobre todas as terras ao longo do norte da África, e no início do século VIII empreenderam a conquista da maior parte da Espanha; nesse ínterim, no leste, haviam avançado na Ásia central e no noroeste da Índia.

Nenhum império na história se estendera sobre tamanha distância, e até pleno século IX a maior parte desses territórios estava sendo mantida coesa sob o domínio de um Estado único, o califado. A história desse Estado foi turbulenta, com numerosas rebeliões, vários períodos de intensa guerra civil e uma importante mudança de dinastia em meados do século VIII; além disso, os valores políticos surgidos no islã estavam longe de ser tão simpáticos ao Estado quanto os dos confucianos da China (lembre-se do muçulmano do século IX que chorou à idéia de que seu pai o estaria vendo a servir ao califa na condição de juiz). Mas a duração desse califado unido foi muito maior que a do império mongol, e os muçulmanos tinham algo de que os mongóis não podiam oferecer nenhum paralelo: uma nova religião monoteísta. O resultado foi que uma nova civilização ganhou forma em torno do islã, e quando o califado se fragmentou, ela estava firmemente estabelecida por terras que anteriormente haviam manifestado lealdades culturais muito diferentes. Houve uma conversão em grande escala de não-árabes ao islã; à exceção das franjas sulistas da Europa, a população não-muçulmana foi gradualmente reduzida a minorias dispersas que não mais ameaçavam a supremacia islâmica. No Crescente Fértil, no Egito e, por fim, na maior parte do norte da África, a massa da população passou também a falar a língua árabe, e suas línguas pré-islâmicas caíram em desuso. Ao mesmo tempo, estabeleceu-se uma nova cultura de elite, centrada na religião islâmica e na língua árabe; o árabe tornou-se a língua clássica de uma civilização, tal como o chinês clássico ou o latim, e tudo que uma elite instruída poderia desejar ler tornou-se disponível em traduções árabes. Num certo sentido, a civilização islâmica não era nova: grande parte da matéria-prima de que era feita derivava das culturas que os árabes haviam conquistado — razão pela qual uma nova civilização pôde vir à luz com singular rapidez, e numa medida extraordinária, como conseqüência da carreira de um único homem. Mas a remodelação dos diversos materiais incorporados produziu uma civilização bastante distinta de qualquer de suas predecessoras, a que substituiu em vastas áreas.

Depois que o califado se desintegrou no século IX, as terras do islã nunca voltaram a ser governadas por um único Estado. O que mais se aproximou de uma restauração da unidade original do mundo islâmico veio com o Império Otomano. Esse Estado teve seus primórdios na Anatólia, território introduzido no mundo muçulmano pelos turcos da Ásia central, que o conquistaram no século XI. O Estado otomano emergiu no final do século XIII e durou até o início do século XX. Em seu apogeu, no século XVI, incluiu os Bálcãs, a Anatólia, o Crescente Fértil, partes da Arábia, o Egito e o Norte da África até as fronteiras do Marrocos; ao mesmo tempo, suas atividades estendiam-se de Mombaça ao Volga, da Andaluzia a Aceh. Mesmo nesse período, porém, houve pelo menos dois outros Estados muçulmanos que podiam ser descritos como impérios. Um foi o Estado Safawid, no Irã, onde, no século XVI surgiu o xiismo, uma forma do islã heterodoxa em relação à confissão sunita dominante. O outro foi o império mogul, que representou o zênite de uma extensão adicional do domínio muçulmano sobre a Índia que tivera início no século XI.

As incursões do islã na Índia foram sobretudo resultado de conquista. Em várias outras áreas, porém, a difusão islâmica teve mais a ver com as atividades de comerciantes muçulmanos e as escolhas culturais de povos nativos. Como vimos no capítulo 6, foi isso que ocorreu em duas regiões da África: o interior da África ocidental, ao sul do Saara, e a costa da África oriental. Houve uma difusão comparável do islã em partes do norte da Ásia. Já no século X os búlgaros que viviam em torno da curva do Volga (primos daqueles que deram seu nome à Bulgária) estavam fazendo tentativas bem-intencionadas de adotar o islã; um embaixador muçulmano enviado a eles pelo califa fez o que podia para livrá-los de seu gosto nada islâmico por banhos nus e mistos nas águas do Volga. Em séculos posteriores, o islã espalhou-se entre as tribos das estepes a leste do Volga e, mais ao sul, estabeleceu-se no Turquestão chinês. Enquanto isso, na alta Idade Média, ocorreu uma penetração substancial do islã em partes do continente e das ilhas do sudeste da Ásia. Em meados do século XVI havia uma importante presença islâmica na ilha de Mindanao, no sul do que hoje chamamos as Filipinas; sem dúvida o islã teria acabado por se espalhar por todo o arquipélago filipino se a Espanha não o tivesse conquistado e rebatizado em homenagem a seu rei em 1565.

A civilização islâmica tornara-se portanto a cultura prevalecente do Marrocos a Mindanao, do Atlântico ao Pacífico (ver mapa 10), e estava em vias de dominar todo o Velho Mundo. Havia, sem dúvida, extensas regiões em que o islã não se estabelecera. Entre estas estavam a maior parte do sul da África, particularmente no oeste, em cujo litoral não houvera nenhuma difusão do islã equiparável à que ocorrera na faixa litorânea oriental; toda a

Europa ocidental, uma das poucas regiões em que o islã perdeu terreno na Idade Média; vastos tratos do norte da Eurásia, incluindo a continuação eslávica da tradição romana oriental na Rússia; a China e a maior parte de seus vizinhos, apesar da emergência de uma minoria chinesa islâmica; grandes partes da Ásia do Sudeste, como a Tailândia budista e Bali hinduísta; e a Índia, no sentido de que a maior parte da população permaneceu hinduísta. Tudo isso correspondia a um território vastíssimo, mas no mapa do Velho Mundo como um todo ele aparecia como fragmentos desunidos sem nada em comum afora o fato de não serem muçulmanos. Contra esse pano de fundo, teria sido fácil imaginar uma história em que o islã tivesse continuado a se difundir por alguns séculos no Velho Mundo, até chegar ao Novo Mundo e aos Antípodas. O que de fato aconteceu foi muito diferente, como veremos no próximo capítulo. Mas se estamos à procura de uma cultura potencialmente global nos séculos anteriores à expansão européia, é sem dúvida a civilização islâmica que mais se aproxima disso.

Terá sido por acaso que a civilização centrada no islã desempenhou esse papel na história da Eurásia? Ou será que a própria religião possui características — além da intransigência tradicional do monoteísmo — que ajudaram a civilização a levar a cabo sua impressionante expansão e a conservar sua unidade cultural por distâncias sem precedentes?

Uma característica relevante era o destaque que tinha a guerra santa (*jihad*) na herança islâmica. O Corão, embora longe de ser um manifesto pacifista, é um tanto ambíguo no modo como trata a luta armada contra os infiéis. Algumas passagens parecem ordenar apenas a guerra defensiva: "Combatei ao modo de Deus aqueles que vos combatem, mas não agredi: Deus não ama os agressores" (Corão 2:190). Outras passagens, no entanto, sugerem a guerra agressiva: "Matai os idólatras onde quer que os encontreis, e capturai-os, confinai-os, e emboscai-os onde puderdes" (Corão 9:5). Da mesma maneira, consta que Maomé teria declarado: "Recebi ordens de lutar contra os povos até que atestem que não há deus senão Deus e Maomé é Seu profeta, e façam a prece e paguem o donativo." Em algum momento durante sua luta com os pagãos de Meca, contudo, Maomé estabeleceu uma trégua com eles, e consta também que teria dito aos seus seguidores: "Deixai os turcos em paz enquanto eles vos deixarem em paz." Com base em materiais como estes, o estudiosos muçulmanos medievais elaboraram uma com-

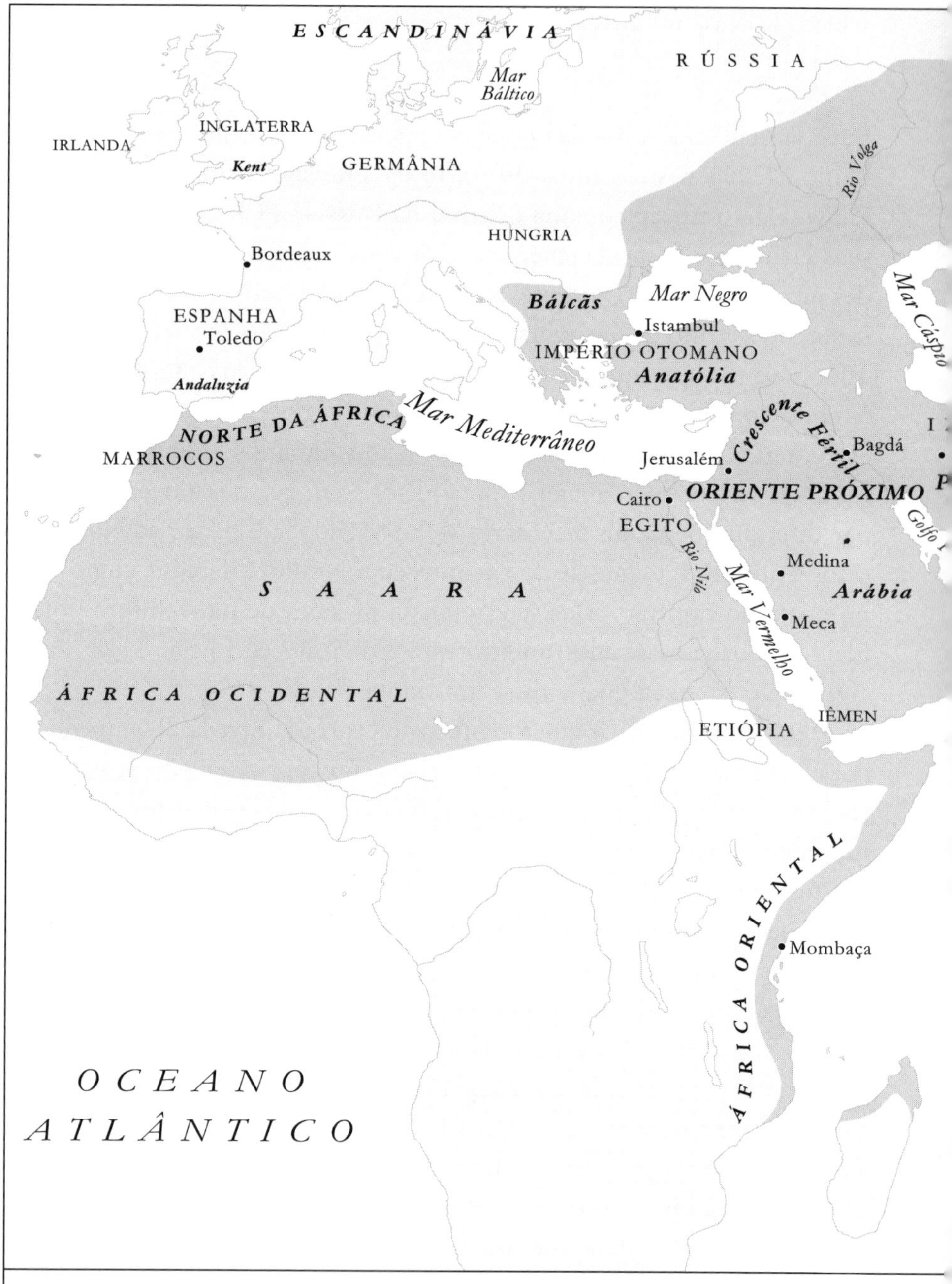

MAPA 10:
O MUNDO ISLÂMICO POR VOLTA DE 150

Limites aproximados do mundo islâmico por volta de 1500

…pós 1500 o islã continuou a se expandir, especialmente na África subsaariana e …o sudeste da Ásia insular, onde chegou a Mindanao. Na Europa oriental e na Índia, …tretanto, o mundo islâmico encolheu em regiões em que, apesar do prolongado …mínio muçulmano, a maioria da população permaneceu não-muçulmana.

plexa doutrina legal da guerra santa. Endossaram a idéia fundamental da guerra agressiva destinada a estender o domínio do islã, mas cercaram-na com uma variedade de condições e restrições. Em condições normais, os infiéis deviam ser chamados a aceitar o islã antes de serem atacados, mulheres e crianças deviam ser poupados, os inimigos não deviam ser torturados nem seus corpos mutilados, tréguas podiam ser pactuadas, judeus e cristãos que se submetessem ao governo islâmico deviam ser tolerados, e assim por diante. Por outro lado, houve muitos assuntos sobre os quais os estudiosos discordaram: se outras categorias de não-combatentes podiam ser mortas, se o inimigo podia ser morto com fogo, se o uso de catapultas era permitido, se o gado e as árvores frutíferas dos infiéis podiam ser destruídos, se pagãos não-árabes que se submetessem ao domínio islâmico podiam ser tolerados, e outras coisas do gênero.

Obviamente, o fato de o islã esposar uma doutrina da guerra santa contra os infiéis não significava em absoluto que os muçulmanos iriam realmente se empenhar em tais guerras. Mas isso deve ter atuado como um talismã na mobilização dos anárquicos membros das tribos da Arábia no século VII. Em geral, contudo, os seres humanos não são capazes nem de viver segundo os seus princípios, nem de anulá-los. A falta de uma doutrina desse tipo também não significa em absoluto que povos se absterão de conquistas. Os mongóis, por exemplo, conquistaram mais território que os muçulmanos, e mataram muito mais gente, sem estarem sob inspiração de nada que pudesse passar por uma doutrina. Ainda assim, o lugar central que o valor da guerra santa ocupava na herança islâmica certamente tornava disponível para os muçulmanos uma licença moral para a conquista permanente de terras infiéis, e eles a invocaram com muita freqüência. Nesse sentido, havia claramente no islã algo que se prestava à criação de uma cultura global.

Um outro dever islâmico que merece atenção é de tipo muito diferente. Peregrinos são lugar-comum nas religiões do mundo. Os adeptos de determinada fé costumam considerar certos lugares mais sagrados que outros. As razões para isso podem variar: o lugar pode ter alguma significação cósmica, ou ter sido a cena de um evento importante na vida do fundador, ou abrigar a sepultura de um santo reverenciado. O que os crentes fazem com relação a esses lugares também pode variar: podem viajar até eles para participar de concorridos rituais comunais, ou visitá-los individualmente, ou até fazer questão de evitá-los. Esse tipo de coisa é tão generalizada no islã como em outras religiões mundiais. Sendo assim, o que a peregrinação islâmica tem de diferente?

Das muitas formas de peregrinação praticadas no mundo islâmico, uma se destaca: a peregrinação a Meca (*hajj*). Há várias razões para que Meca seja um lugar mais importante para o islamismo que um oásis árabe comum, mas a mais fundamental delas é a que já mencionamos: ali se ergue a casa de Deus. Em algumas religiões, os deuses têm múltiplas moradas, mas no caso islâmico a residência de Deus é única. Esse, portanto, é um lugar sagrado que tem prioridade para todos os muçulmanos, como Jerusalém para todos os judeus. Em contrapartida, não é claro em absoluto que lugar singular desfrutaria de status semelhante para os adeptos das outras religiões mundiais, sejam eles cristãos ou budistas. Afinal, ir a Meca em peregrinação não é apenas um ato de piedade; é uma obrigação do crente expressa no Corão: "É dever do crente para com Deus fazer a peregrinação à Casa, se ele tiver recursos para ali chegar" (Corão 3:97). Mais uma vez, os estudiosos empenharam-se em produzir uma exposição legal completa desse dever. Um muçulmano é obrigado a fazer a peregrinação uma vez na vida (embora não haja inconveniente algum em fazê-la várias vezes). Algumas categorias de pessoas estão isentas, como os escravos, os loucos e as mulheres desacompanhadas. A insegurança nas estradas e a falta de condições eximem os que de outra forma estariam obrigados (o Corão diz "se ele tiver recursos"). Os estudiosos elucidaram também os rituais tradicionais que os peregrinos devem realizar quando se reúnem na vizinhança de Meca na segunda semana do último mês do ano muçulmano. O nítido efeito disso tudo foi conferir à peregrinação a Meca o status de uma instituição fundamental do islã.

Isso significava que no islã, numa medida muito maior que no cristianismo ou no budismo, havia um lugar e uma época do ano em que crentes oriundos dos componentes mais diversos da comunidade islâmica se reuniam. No mundo muçulmano, como em qualquer outro de seu tempo, a maioria das pessoas vivia em horizontes muitos estreitos. As notícias viajavam lentamente por paisagens política, étnica e culturalmente fragmentadas. Num mundo como esse, a peregrinação desempenhava papel incomum ao criar uma consciência mais ampla da amplitude geográfica do islã e ao tornar possível a manutenção de contato regular entre populações muçulmanas distantes entre si. Meca estava reconhecidamente longe de ser perfeita sob esse aspecto. Nos tempos mais propícios, era um lugar de difícil acesso — os peregrinos para lá viajavam sob o risco de serem roubados pelos nômades no deserto ou de sofrerem naufrágios no mar Vermelho. E quando a peregrinação recaía no auge no verão, Meca era um lugar cruel para os peregrinos perambularem ao ar livre. Como um meio de manter uma civilização em contato consigo mesma, porém, foi uma instituição ímpar nos tempos pré-modernos.

Nenhuma religião mundial pode ser monolítica: é da natureza de uma religião com essa abrangência reunir pessoas diferentes que vivem vidas diferentes. Mas isso não significa que ela deva ser um amontoado de entulho. Como seria de esperar, as religiões variam. Por exemplo, tanto o cristianismo quanto o budismo são muito mais fragmentados por divisões sectárias que o islã, ambos tiveram níveis significativamente menores de contato interno em tempos pré-modernos, e nenhum dos dois tinha o mesmo grau de uniformidade litúrgica que o islã. Assim, se queremos situar o mundo religioso ao longo do espectro que vai do amontoado de entulho ao monólito, há pouca dúvida de que é o islã que mais se aproxima do pólo monolítico. Isso não impedia, no entanto, que existissem grupos pequenos, mas rixentos, de muçulmanos para quem o islã dos tempos pré-modernos não era monolítico o bastante. Para eles, grande parte de sua diversidade local ia além dos limites da tolerância. Historicamente, o mais importante movimento desse tipo foi o wahhabismo, fundamentalismo que surgiu no século XVIII no interior da Arábia em aliança com o Estado saudita. Naquele estágio os sauditas foram capazes de impor o wahhabismo a grande parte da Arábia, promovendo uma guerra santa contra os adversários que consideravam infiéis; faltou-lhes porém capacidade militar para difundi-lo mais. Posteriormente, porém, esse movimento reformista havia de empolgar grande parte do mundo muçulmano.

II. Etnografia muçulmana

Foram os gregos que criaram a primeira literatura que tentou descrever com rigor as maneiras e os costumes de outros povos. Embora, naturalmente, todo corpo de textos literários tenda a conter referências acidentais a tais assuntos, isso não equivale a uma etnografia. Nada que pudesse ser chamado por esse nome nos chegou do Egito ou do Oriente Próximo antigos. As outras civilizações clássicas do Velho Mundo tampouco contribuíram muito para o campo: o interesse dos chineses por outros povos era limitado e o dos indianos, mínimo. Tácito escreveu seu livreto sobre os germânicos em latim, mas nessas matérias os romanos eram discípulos dos gregos. A literatura etnográfica dos gregos e dos romanos fornece-nos assim um registro interessante, que se estende até a Índia. Mas não pode ser comparado em amplitude geográfica ao que os muçulmanos puderam empreender e empreenderam. Hoje a principal língua da etnografia em âmbito mundial é o inglês; no Velho Mundo dos tempos medievais, era o árabe.

Os muçulmanos herdaram dos predecessores gregos uma teoria geral da etnologia. Ela está claramente presente numa obra de Said al Andaluzi, erudito muçulmano que, no século XI, serviu como juiz na cidade espanhola de Toledo, pouco antes de sua reconquista pelos cristãos (m.1070). Sendo um juiz, devia ser versado no direito islâmico, mas a paixão que o consumia era a ciência. Via a ciência como um empreendimento cosmopolita e escreveu uma pequena obra estabelecendo sistematicamente as contribuições que lhe haviam sido dadas pelos vários povos do mundo. Seu ponto de partida foi o fato — ainda era mais ou menos um fato em sua época — de que o empreendimento científico era uma característica dos povos das latitudes temperadas: os indianos, os persas, os caldeus, os gregos, os romanos, os egípcios, os árabes e os hebreus. Os outros povos do mundo não haviam contribuído para o desenvolvimento da ciência, embora os chineses e os turcos estivessem um degrau acima dos demais (os chineses, em particular, eram superiores a todos os outros povos em engenhosidade, mas mera tecnologia não contava como ciência). A razão para essa distribuição geograficamente restrita do talento científico era climática. Ao norte da faixa temperada, os raios do Sol eram fracos demais, em conseqüência, os povos que viviam nessas latitudes elevadas eram louros e estúpidos. Ao sul da banda temperada o Sol era forte demais, de modo que os habitantes dessas baixas latitudes eram pretos e tolos. Os raios de Sol que incidiam na faixa intermediária tinham a intensidade exata, daí o papel glorioso dos povos que ali viviam na história da ciência.

Duas coisas se destacam nessa teoria etnológica do "louro burro". Uma é que seu racismo era ambiental, não biológico. Nosso autor não explicitou isso, porém, a partir de outra exposição da mesma teoria — desta vez pelo famoso teórico da história Ibn Khaldun (m.1406) —, fica claro que negros que se instalavam nas terras dos louros acabavam por se tornar louros também, e presumivelmente vice-versa; nosso destino está na nossa latitude, não nos nossos genes. A outra coisa a notar é que toda essa concepção nada tem a ver com o islã. Poderíamos perfeitamente imaginar uma visão do mundo que encarasse os muçulmanos como um povo civilizado e todos os demais como bárbaros. Mas não é isso que vemos aqui. A lista dos povos científicos é esmagadoramente composta por povos não-muçulmanos; os indianos, por exemplo, eram conhecidos como idólatras repulsivos. No entanto, nosso autor vê esses oito povos como "a elite de Deus". Por outro lado, ainda que na altura do século XI houvesse muçulmanos tão ao norte quanto na curva do Volga e tão ao sul quanto em Gana, ele nada faz para protegê-los do alcance de suas generalizações. Foi só em seu próprio canto do mundo que se viu obrigado a fazer exceções, admitindo que os berberes e os galegos eram povos absolutamente bárbaros. O interessante aqui é a irrelevância, para nosso autor, do fato de que os berberes eram muçulmanos e os galegos cristãos. O problema dele era simplesmente explicar como povos tão horríveis podiam ser encontrados em tão excelente latitude; sua resposta é dar de ombros e explicar que Deus faz o que bem entende.

Essa teoria solar era amplamente conhecida no mundo muçulmano, mas, quando forneciam descrições concretas de povos exóticos, os autores muçulmanos tendiam a esquecê-la. Assim, a idéia de que os negros eram tolos não desempenhou papel algum nas descrições de Gana ou da África oriental mencionadas no capítulo 6; na verdade, a descrição da África oriental chega mesmo a atribuir eloqüência aos pregadores nativos entre os zanjs — sendo a eloqüência uma qualidade a que os árabes costumavam atribuir valor alto demais para associá-la a qualquer outro povo que não eles mesmos. Mas há uma incursão na etnografia sobre a qual a teoria lança certa luz.

Biruni era um contemporâneo mais velho do juiz de Toledo (deve ter morrido um pouco depois de 1050), mas viveu no outro extremo do mundo muçulmano. Vastamente erudito numa variedade de campos, é talvez mais conhecido como astrônomo. O que nos interessa aqui é que ele gozou da proteção da dinastia que estava retomando a expansão muçulmana na Índia, e isso o pôs em contado com a cultura hindu. Apesar do contexto de seu acesso à Índia, Biruni não escreveu como um missionário empenhado em livrar os indianos das trevas da idolatria e levá-los para a luz do islã; menos ainda deixou-se converter a uma religião hinduísta, como os monges chineses que em séculos anteriores chegaram à Índia à procura de escrituras budistas e nos deixaram relatos de suas viagens. Sua preocupação foi pura e simplesmente fazer uma descrição objetiva dos indianos. Com esse propósito, fez algo que, até onde sabemos, nenhum etnógrafo anterior, grego ou não, jamais fizera: aprendeu a língua literária do povo sobre o qual estava escrevendo no intuito de ler seus livros. Assim podemos qualificar apropriadamente Biruni de o primeiro orientalista do mundo.

Os orientalistas estudam povos com heranças literárias. Não estão interessados nos esquimós ou nos arandas, nem se importam muito com cultura popular. Nesse sentido, são elitistas, tal como Biruni e o juiz de Toledo. Biruni achou que valia a pena estudar a cultura hindu porque os indianos formavam uma das nações científicas. De fato, fez questão, em seu livro, de comparar as idéias dos indianos com as dos gregos. É claro que teria visto pouco sentido em dedicar anos de sua vida ao estudo de um povo não científico como os germânicos; e a esmerada etnografia de povos primitivos escrita pelos antropólogos modernos o teria deixado perplexo. Assim também, não tinha nenhum respeito pelas superstições das massas indianas. Nisso, não discrepava dos próprios indianos; assinalou que o mesmo estilo cru de pensamento grassava entre as massas da Grécia antiga, para não mencionar o mundo islâmico. Eram as culturas de elite dos povos civilizados que mereciam ser estudadas; o resto era ruído.

Biruni, em suma, não se propõe como ícone da diversidade. Na verdade, era capaz de ser bastante rude mesmo com relação à elite indiana; afinal, não esperava que ela lesse seu livro, o que ela realmente só fez depois que ele foi traduzido para o inglês do século XIX. Mas tanto a grande teoria unificada do juiz de Toledo como a etnografia substantiva de Biruni provaram algo de significativo, ainda que óbvio, acerca da cultura do mundo islâmico: que os muçulmano podem ter pensamentos que nada têm a ver com o islã. Na vida real, a religião não abarca tudo.

III. O calendário muçulmano

O mundo muçulmano surgiu da formação e da expansão de um único Estado. Sem essa origem política e militar singular, é difícil imaginar que uma civilização que se estendia de oceano a oceano pudesse ter mantido não só sua unidade cultural, como um grau considerável de uniformidade. Nenhuma civilização de tal extensão, porém, poderia continuar a ser governada por um Estado; o território era simplesmente grande demais, e, como vimos, a fragmentação política tornou-se a condição normal do mundo islâmico. Uma estrutura que teria podido ajudar a manter a unidade dessa civilização em face de tal fragmentação teria de ser uma organização grande, poderosa, semelhante à Igreja européia medieval: uma hierarquia que incluísse padres, bispos e cardeais, com um papa no topo e concílios ocasionais em momentos críticos. Mas está longe de ser fácil manter organizações desse tipo coesas. Seu próprio poder tende a gerar conflito e resistência, e disso podem resultar divisões mais intratáveis que as que se teriam produzido na ausência da organização. Papas são um convite para antipapas ou, pior ainda, para protestantes. Faz sentido portanto que o islã, que manteve sua unidade ao longo de séculos de maneira muito mais eficaz que o cristianismo, tenha tomado um caminho diferente, e mais sutil. Já consideramos uma instituição que ajudou a manter o mundo islâmico coeso, a peregrinação a Meca. Outra foi o calendário muçulmano.

Dois aspectos desse calendário são de interesse nessa conexão. Um é uma maneira de identificar os anos que nos é tão familiar a ponto de termos dificuldade de avaliar sua importância. Escolha um ano, de preferência um em que tenha ocorrido um evento que lhe parece significativo, e o chame de ano 1; depois rotule todos os anos subseqüentes continuando a conta. O sistema que prevalece hoje no mundo é desse tipo. Ele surgiu na Europa medieval, e seu cálculo parte de uma datação errônea do nascimento de Jesus. O sistema muçulmano também é desse tipo, mas a conta começa no ano em que Maomé partiu de Meca para Yathrib. Uma era desse tipo parece a maneira óbvia de identificar os anos, mas está longe de ser a única possível: os atenienses rotulavam os anos com os nomes de seus magistrados, muitos povos da Eurásia oriental usavam o ciclo animal de doze anos, e os árabes pré-islâmicos contavam a partir de algum evento do passado recente, que descartavam após algum tempo em favor de outro, ainda mais recente. Mas se a contagem numa era fixa não é a única maneira de fazer as coisas, é obviamente a melhor. Os muçulmanos, embora tenham chegado lá antes dos cristãos, não tiveram nenhuma prioridade na adoção de semelhante sistema. O mundo antigo era cheio de eras. Aliás, o problema era exatamente esse — havia eras demais. Os hindus tinham várias eras e freqüentemente deixavam de explicitar qual delas estavam usando; cidades individuais no Mediterrâneo antigo muitas vezes tinham suas próprias eras. De fato, introduzir ordem no caos da cronologia antiga foi uma façanha e tanto dos estudiosos no início da Europa moderna. O que distingue os muçulmanos nesse contexto é que, desde o princípio, eles escolheram uma única era e aferraram-se a ela. Isso é um grande benefício para historiadores: ao longo de uma vasta extensão de tempo e espaço, eventos e documentos são datados em termos de uma única e mesma era. A posse dessa era comum contribuiu também num grau pequeno, mas significativo, para a manutenção da coesão da civilização islâmica.

O outro aspecto relevante do calendário muçulmano é mais complexo. Como mencionamos no capítulo 5, os muçulmanos descobriram uma solução única para um problema enfrentado por todo fabricante de calendários na face da Terra. Trata-se do incômodo fato de que — astrologicamente falando — o número de dias num mês, de meses num ano, e de dias num ano não são números inteiros. O que o calendário muçulmano fez de singular foi abandonar o ano solar: um "ano" muçulmano é simplesmente um bloco de 12 meses lunares. Os muçulmanos também deixaram o mês flutuar, por assim dizer: um novo mês começa quando você vê uma lua nova, assim como um novo dia começa quando o Sol se põe (isso gera complicações, como as especificações e o modo de levar em consideração o mau tempo, mas podemos deixá-las de lado). O resultado disso é um calendário claramente empírico.

Como todo calendário na Terra, o muçulmano é um misto de vantagens e desvantagens. Há duas desvantagens óbvias. Uma é que o calendário é dissociado das estações. Assim, o ramadã, mês do jejum, começa cerca de 11 dias mais cedo a cada ano solar, percorrendo o ciclo completo das estações durante o tempo de uma vida (é por isso que a peregrinação a Meca pode cair no auge do verão). Mesmo numa sociedade industrial moderna as estações fazem diferença; numa sociedade em que a maioria das pessoas é pastoralista, e o Estado se sustenta cobrando-lhe impostos, um calendário em descompasso com as estações é muito inconveniente. A solução para esse problema foi que, na prática, as sociedades muçulmanas tinham dois calendários: ao lado do calendário muçulmano, adotava-se também um calendário secular; este variava de região para região e era tipicamente de origem pré-islâmica.

A outra desvantagem é que o calendário muçulmano não é rígido, já que um mesmo mês pode conter seja 29 ou 30 dias, dependendo de quando a lua nova é avistada. Pode-se saber que um novo mês começará por volta do meio da próxima semana, mas não se isso acontecerá na terça ou na quarta-feira. Além disso, a lua nova pode ser avistada em dias diferentes de lugares diferentes, especialmente se eles forem muito distantes em longitude. Assim, num dado momento, o mundo islâmico pode ser uma colcha de retalhos em matéria de calendário: pode ser o primeiro dia do ramadã em Meca mas não em Bagdá, no Cairo mas não em Jerusalém, nesta aldeia mas não naquela. Nas condições modernas, essa falta de rigidez é intolerável; é impossível manter uma companhia aérea em funcionamento em tais condições. Mas nas condições pré-modernas, em que as comunicações eram muito mais lentas que hoje, essa falta de rigidez não importava muito.

Qual era, então, a vantagem do calendário muçulmano? Convém aqui observar que, historicamente, as civilizações da Eurásia tenderam a preferir calendários de difícil manutenção. Manter o calendário no devido curso significava tipicamente tomar e pôr em vigor decisões, o que por sua vez exigia uma combinação de perícia e autoridade executiva. Mas especialistas tendem a discordar, e a autoridade executiva costuma fragmentar-se. Quando a China era dividida entre mais de uma dinastia, como aconteceu em meados do século XVII, passava a haver mais de um calendário em vigência em diferentes partes do país. Quando o papa implementou uma reforma eminentemente sensata do calendário cristão em 1582, ela foi adotada por toda a Europa católica em menos de dois anos; mas a adesão dos protestantes demorou quase dois séculos. Uma estratégia alternativa era conceber um calendário muito complexo, tão cuidadosamente arquitetado que não precisaria de nenhum ajuste num futuro previsível. Mas se um calendário automatizado depende da aplicação correta de regras complexas, cedo ou tarde alguém comete um erro. O calendário persa pré-islâmico tinha uma regra que exigia a intercalação de um mês a cada 120 anos. Quando o Império Persa foi destruído pelos muçulmanos, deixou de haver um Estado persa para implementar a regra. Em nenhum lugar a confusão resultante é mais evidente que na tríplice divergência de calendários que aflige os parses em Bombaim, uma comunidade que permanece fiel à religião zoroastriana do Irã pré-islâmico.

A elegância do calendário muçulmano estava em sua imunidade a tudo isso. Enquanto os muçulmanos não perdessem de vista o pôr-do-sol e o aparecimento de uma lua nova, e calculassem os anos pela contagem dos meses por dúzia, nada poderia dar errado com seu calendário. O único papel que restava à autoridade executiva era solucionar algumas das divergências que surgiam quando a lua nova era vista um pouco mais cedo ou mais tarde. Mas nem essas divergências, nem nenhuma ação oficial que pudesse limitá-las, envolvia o risco de descompassos mais longos no tocante ao calendário, já que este era reajustado para todos os muçulmanos pela visão da lua nova seguinte. Seria difícil imaginar um calendário mais propenso a preservar a unidade de uma civilização politicamente fragmentada e territorialmente extensa.

CAPÍTULO 13

A expansão européia

I. O que os europeus fizeram

Pontos de partida das expansões do Velho Mundo

Ao considerarmos as perspectivas de uma mudança no sentido da unificação territorial da Eurásia, concentramo-nos em suas periferias norte e sul. Neste capítulo, em contraposição, nosso interesse será a expansão da Eurásia rumo ao Novo Mundo e aos Antípodas, e neste caso os fenômenos de interesse concentram-se nas extremidades leste e oeste da massa de terra eurasiana. Já mencionamos a maioria deles em um ou em outro contexto, mas pode ser útil reuni-los aqui (ver mapa 11).

Antes de começarmos, vale a pena sublinhar uma ou duas coisas que não aconteceram. Primeiro, salvo uma exceção irrisória, a Eurásia não foi objeto de expansões marítimas em contraposição às que promoveu. Segundo, os povos da África desempenharam apenas papel limitado no processo. Cartago, de longe a potência marítima mais importante localizada na África, foi uma colônia fenícia. Os egípcios antigos navegavam no mar Vermelho, mas não foram mais longe. No início dos tempos modernos muitos africanos cruzaram o Atlântico rumo ao Novo Mundo, mas somente porque haviam sido capturados num tráfico de escravos iniciado pelos europeus. Essa passividade marítima da África é realçada pela história de algumas das ilhas situadas ao largo de suas costas. Madagascar permaneceu desabitada até ser colonizada por uma população proveniente de Bornéu no primeiro milênio d.C., e foi só no curso dessa colonização que um elemento africano vindo do continente apareceu na ilha. Diferentemente de Madagascar, as Ilhas Canárias, ao largo do litoral do Marrocos, foram colonizadas a partir do continente na Antigüidade, mas o contato foi perdido, como demonstra o fato de o islã não ter chegado às ilhas; foram os europeus, não os norte-africanos, que redescobriram as Canárias na Idade Média tardia e as conquistaram durante o século XV. Tudo isso se combina num par de idéias bem conhecidas: as vantagens desfrutadas pelo Velho Mundo em contraposição ao Novo Mundo e os Antípodas, e, dentro do Velho Mundo, pela Eurásia em contraposição à África.

A primeira expansão marítima eurasiana talvez tenha sido aquela que levou os esquimós, ou seus precursores paleo-esquimós, a cruzar o estreito de Bering cerca de 5.000 anos atrás. Diferentemente de migrantes anteriores que usaram essa rota, eles não esperaram por uma idade do gelo; presumivelmente tinham canoas comparáveis às que ainda usavam em tempos recentes, ou talvez tenham atravessado o mar enquanto ele estava congelado num inverno. Como vimos no capítulo 5, os esquimós possuíam uma cultura material bem adaptada às regiões costeiras árticas da América do Norte, e ocuparam todo esse nicho até a Groenlândia. O que não fizeram em nenhuma escala foi deslocar-se para o interior nas Américas. Tal movimento teria requerido considerável alteração de sua cultura ártica especializada; e, ao que parece, a mera presença de caçadores-coletores mais ao sul foi suficiente para inibir semelhante adaptação ou para limitar seu sucesso. Assim, a expansão esquimó a partir do nordeste da Ásia ficou confinada ao Ártico americano.

A expansão significativa seguinte iniciou-se no sudeste e foi muito mais espetacular. Podemos chamá-la expansão austronésia, a partir da família de línguas a que esteve associada. Como a migração esquimó, ela foi obra de uma população pré-histórica da Idade do Ferro, e temos de reconstruí-la com base numa combinação de testemunhos lingüísticos, arqueológicos e — mais recentemente — genéticos. Esses dados se combinam para revelar um processo de migração rumo ao leste, avançando pelo Pacífico, a partir das ilhas da Ásia do Sudeste, que se iniciou no segundo milênio a.C. e chegou à ilha de Páscoa, no limite leste da Polinésia, por volta de 500 d.C. Como vimos em capítulos anteriores, correlações entre indícios lingüísticos, arqueológicos e genéticos podem ser desordenadas. Neste caso, porém, grande parte do quadro é de uma simplicidade incomum. A leste das ilhas satélites da Nova Guiné, não houvera nenhuma presença humana anterior, e tampouco há indicação de migrações posteriores a partir do oeste numa escala significativa. Assim, aqui a difusão da família de línguas austronésias, o aparecimento da cultura

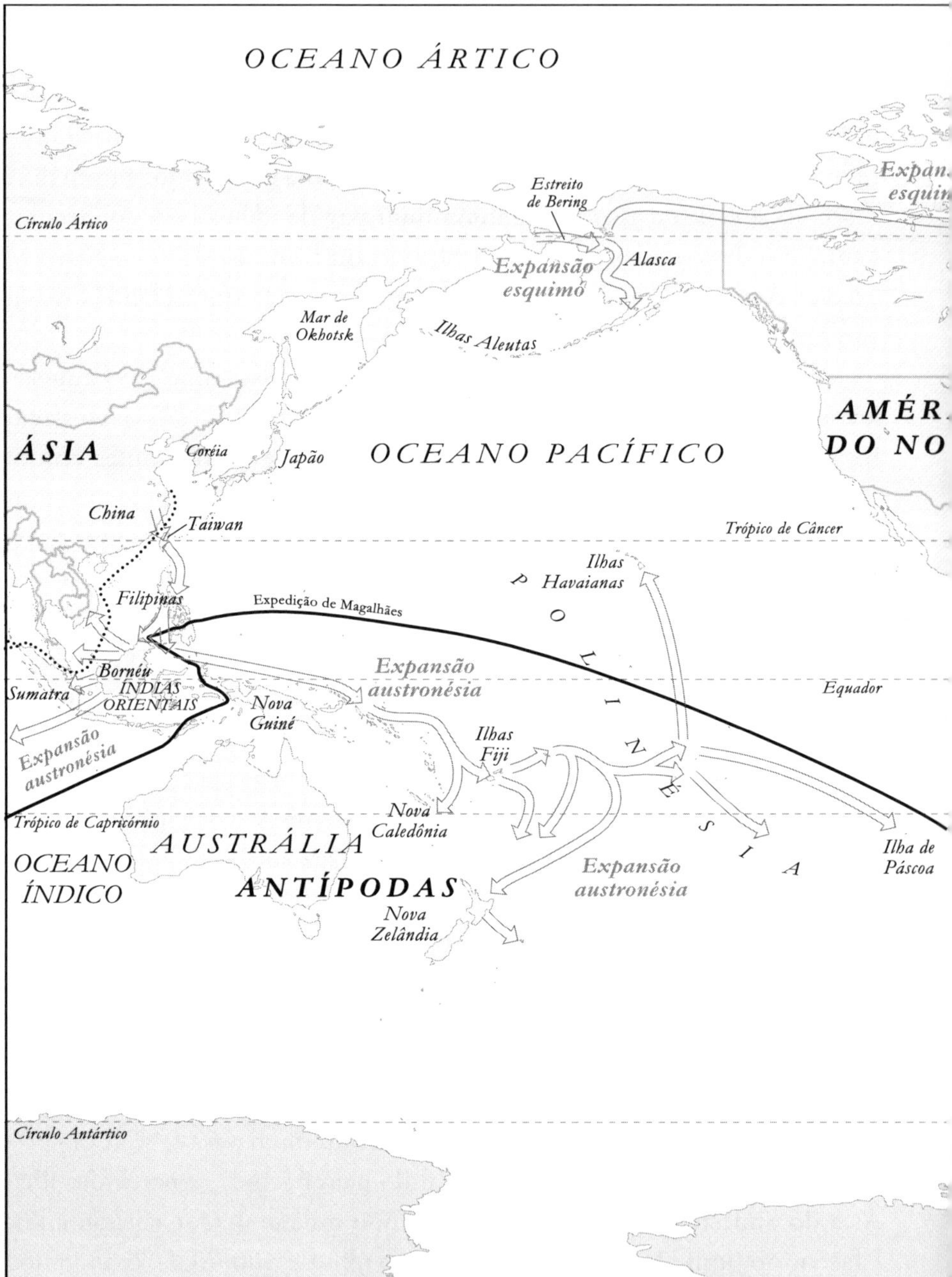

MAPA 11: EXPANSÕES MARÍTIMAS E VIAGENS A PARTIR DA EURÁSIA

⟹ Expansões austronésias, esquimós e vikings

⟵ Expedições portuguesas e espanholas

······ Expedições de Cheng Ho no oceano Índico

Miller Projection;
Fronteiras modernas mostradas como referências

As rotas mostradas são aproximadas e por vezes especulativas, em particular no tocante a expansões pré-históricas.

lápita da Idade da Pedra ou seus derivativos posteriores, e a chegada de um subconjunto particular de genes humanos, pode ser atribuída com segurança a um único e mesmo evento. O lugar em que a expansão começou não é tão claro. Indícios lingüísticos e arqueológicos apoiariam uma origem no sul da China — ou, mais especificamente, em Taiwan, onde línguas austronésias muito diversas ainda são faladas entre a população aborígene; os dados genéticos atuais, porém, não condizem bem com essa hipótese.

Como os esquimós, os austronésios tinham uma cultura material notável por sua especialização marítima, que no caso deles era, é claro, tropical e não ártica. Além disso, a reconstrução do vocabulário da protolíngua falada pelos austronésios fora de Taiwan revela um equivalente do cavalo e da carroça indo-europeus: a canoa com uma viga ou estrutura projetada para o exterior do costado (a viga é presa à canoa para evitar que ela vire). Com esse barco relativamente simples, os austronésios das ilhas da Ásia do Sudeste colonizaram um ambiente sem paralelo em nenhum outro lugar do globo, as incontáveis ilhotas do Pacífico sul. Mas colonizaram poucas ilhas de tamanho considerável; a Nova Zelândia e, muito a oeste, Madagascar foram exceções. Tampouco chegaram às Américas e, o que é um pouco mais surpreendente, mal afloraram a Austrália. Em conseqüência, o impacto da expansão austronésia foi mais extensivo que intensivo.

Outro canto da Eurásia que iniciou uma expansão marítima foi o extremo noroeste, como registramos no capítulo 5. Diferentemente dos esquimós e dos austronésios, os vikings da Escandinávia eram um povo da Idade do Ferro, e sua expansão se deu numa época em que alguns de seus vizinhos sabiam escrever o suficiente para registrar seus feitos de pirataria. O processo começou no final do século VIII d.C. e estava terminado em meados do século XI. Afora as Ilhas Britânicas, a maior parte do território afetado situa-se na massa de terra eurasiana, que os vikings puderam realmente penetrar graças a seus rios. De fato, seu legado histórico mais importante foi talvez o Estado russo. Mas alguns vikings navegaram também rumo ao oeste, em particular os que queriam escapar dos reis que estavam começando a dominar sua terra natal; esses colonizadores (com seus escravos irlandeses) estabeleceram-se na Islândia e, por algum tempo, na Groenlândia. Mais a oeste, uma breve presença viking está bem estabelecida para Newfoundland, no início do século XI, mas não foi mais longe. Embora os barcos compridos usados pelos vikings fossem certamente mais aptos para cruzar mares que as canoas esquimós ou austronésias, essa expansão atlântica nórdica não deixou nenhuma marca no continente americano.

Nessa altura, não havia mais extremidades do Velho Mundo a partir das quais se pudessem empreender expansões voltadas para ilhas. Na verdade, isso significou que um ingresso eurasiano no Novo Mundo e nos Antípodas motivaria o desenvolvimento de naus feitas para viagens oceânicas na zona temperada de um extremo ou outro da Eurásia.

No extremo oriental da Eurásia, compridas canoas escavadas em troncos com algum tipo de viga projetada para fora do costado estavam em uso no Japão no final do período Jomon, época em que peixes de mares profundos já faziam parte da dieta japonesa. Na altura do século XVI d.C., tanto chineses como japoneses haviam desenvolvidos consideráveis habilidades marítimas e as estavam usando com vigor. No caso chinês, houve amplo comércio marítimo no leste e sudeste da Ásia, e isso foi suplementado em 1405-33 por uma série de expedições navais organizadas pelo Estado chinês e lideradas pelo eunuco Cheng Ho (Zheng He). Enquanto duraram, essas expedições foram grandes e se estenderam a terras tão longínquas quanto a África oriental. No caso japonês, o Estado não desempenhou nenhum papel comparável, mas, mesmo — ou especialmente — na ausência de um governo central forte, comércio, pesca e pirataria floresceram. Naus japonesas visitaram várias destinações no sudeste da Ásia, e colônias foram implantadas ali. Mais perto de casa, piratas japoneses haviam ameaçado esporadicamente as costas da Coréia e da China por séculos. Suas depredações chegaram ao clímax na década de 1550; eles tinham suas bases no sul do Japão, embora muitos piratas supostamente japoneses dessa época fossem de fato chineses. Dado esse cenário marítimo variado e ativo, não teria sido nada surpreendente se naus da Ásia oriental tivessem encontrado, mais cedo ou mais tarde, o caminho do Novo Mundo ou dos Antípodas. Mas no momento em que os portugueses surgiram na Ásia oriental, na primeira metade do século XVI, essa ainda não era uma perspectiva imediata.

A cena marítima no outro extremo da Eurásia também era antiga. O pacote agrícola do Oriente Próximo que chegou à Grã-Bretanha por volta de 4000 a.C. só o poderia ter feito por mar, já que a Grã-Bretanha fora separada do continente por níveis do mar cada vez mais elevados cerca de 3.000 anos antes. Da mesma maneira, entre o quarto e o segundo milênios a.C., as comunidades da franja atlântica constituíram uma espécie de zona cultural única ligada pelo oceano. Ao mesmo tempo, a região contava com a vantagem da fácil comunicação tanto com o Mediterrâneo como com o Báltico; a região mediterrânea, como vimos, foi uma das mais precoces do mundo em desenvolvimento marítimo. A franja da Ásia oriental no Pacífico, em contraposição, estava menos estreitamente ligada ao oceano Índico, onde a interação era de todo modo menos intensa; e o acesso ao mar de Okhotsk — caso você saiba onde ele fica — não contribuía em nada para ninguém. Os cenários báltico, atlântico e mediterrâneo foram todos muito ativos na Idade Média tardia, e a interação entre o Atlântico e o Mediterrâneo foi particularmente profícua. Ela haveria de ser personalizada no papel desempenhado por marujos das cidades-Estado do norte da Itália nas viagens ibéricas de descoberta. Mas talvez mais importante tenha sido uma confluência de tecnologia marítima que provavelmente tornou a frota da península Ibérica o candidato mais plausível para romper os limites tradicionais das viagens marítimas do Velho Mundo. O desenvolvimento-chave nesse caso foi a caravela, que combinava a dirigibilidade da galé tradicional com a tripulação relativamente pequena da nau a vela tradicional. Não deveríamos, contudo, exagerar a importância dessa supremacia tecnológica. Temos o relato confiável de uma circunavegação da África feita pelos fenícios por volta de 600 a.C., e sem dúvida eles poderiam ter cruzado o Atlântico, se tivessem tido esse objetivo.

A expansão ibérica

Por que, então, os portugueses e espanhóis tiveram esse objetivo? Para reconstituir as linhas mestras de seu raciocínio, temos de desviar nosso pensamento do Novo Mundo e ao mesmo tempo sublinhar pelo menos duas características do Velho Mundo. Uma era o comércio de especiarias: os povos que viviam na extremidade oeste da Eurásia gostavam imensamente de artigos de uso culinário que sabiam ser originários do extremo oriental. A outra característica era a dominação geopolítica do islã. Apesar do sucesso dos Estados ibéricos cristãos em pôr fim ao domínio muçulmano em seus quintais, e em finalmente expulsar da península todos os muçulmanos não convertidos ao cristianismo, eles haviam apenas tornado menor a borda ocidental do mundo muçulmano. Nesse meio tempo, suas conquistas vinham sendo ofuscadas pela ameaça da expansão do domínio muçulmano nos Bálcãs sob os otomanos. De fato, aos olhos de Busbecq, um flamengo enviado em embaixada a Istambul em meados do século XVI, uma conquista dos territórios nucleares da Europa pelos muçulmanos não parecia distante. Nessas condições, qualquer tentativa de montar um grande ataque ao mundo islâmico por terra teria sido provavelmente dispendiosa e inútil. A questão, portanto, era se os povos peninsulares podiam usar seus recursos marítimos para levar a melhor sobre seus inimigos muçulmanos. Essa estratégia talvez não parecesse muito realista, mas enviar embarcações rumo ao desconhecido tinha pelo menos a vantagem de ser mais barato que pôr um exército em risco no campo de batalha; e graças ao interlúdio mongol, os europeus tinham agora uma idéia melhor do que esperar se conseguissem encontrar um caminho para o outro lado do islã.

O resto é a história das viagens de descoberta portuguesas e espanholas (ver mapa 11). Ela começou com a exploração gradual da costa ocidental da África pelos portugueses em meados do século XV. Em 1492 ganhou um ritmo diferente depois que os soberanos da Espanha intervieram para financiar um improvável esquema alardeado por Colombo para se chegar às Índias Orientais navegando para leste — idéia que em princípio parecia lógica, mas na prática fundava-se em dados geográficos sem nenhum valor. Em 1484, os portugueses, com razão, não deram ouvidos a Colombo e, embora em 1492 ele tenha acreditado firmemente ter conseguido chegar às Índias Orientais, na verdade o que fizera realmente fora, é claro, tropeçar no Novo Mundo. Depois os portugueses despacharam uma expedição comandada por Vasco da Gama que chegou às Índias dobrando o cabo da Boa Esperança em 1498; essa rota provou-se viável, e extensões dela levaram os portugueses à Ásia do Sudeste em 1509, à China em 1514 e ao Japão em 1543. Os espanhóis não desistiam com facilidade, e em 1519 enviaram uma expedição sob a liderança de Fernão de Magalhães que chegou às Índias Orientais contornando a América do Sul e cruzando o Pacífico; comercialmente, essa rota era inútil, mas a única nau que completou a viagem teve o consolo de ser a primeira a circunavegar o globo. Afinal de contas, os sujeitos da história são homens possuídos por idéias extravagantes, nenhuma mais extravagante que a de Colombo; soberanos dispostos a fazer investimentos limitados nessas propostas improváveis, em especial quando a competição entre os

Estados começou a elevar o valor das apostas; e expedições deploravelmente pequenas pelos padrões chineses do século XV, mas que, para bem ou mal, produziram resultados muito mais espetaculares.

Como seria de esperar, o impacto da expansão ibérica sobre o mundo não-europeu variou enormemente; teremos uma melhor compreensão disso na próxima seção, em que nos voltaremos para três reações não-européias muito diferentes. Mas por ora precisamos nos concentrar numa distinção básica entre o Velho Mundo e o Novo.

No Novo Mundo a chegada dos espanhóis levou a um colapso demográfico total e à desintegração das civilizações indígenas. Os fatores-chave nisso foram a suscetibilidade das populações do Novo Mundo aos germes do Velho e a defasagem militar e tecnológica existente entre os povos nativos e os invasores. Dos dois fatores, os germes espanhóis provaram-se mais letais que as armas; no México, até os tlaxcalanos sofreram mortalidade em massa, embora tivessem estabelecido estreita aliança com os espanhóis (um tlaxcalano tinha direito a montar cavalos e a ser tratado respeitosamente por "dom"). O colapso demográfico da América nativa, por sua vez, levou ao rápido desenvolvimento de um tráfico transatlântico de escravos, que, antes de seu término, no século XIX, levou cerca de dez milhões de africanos para o Novo Mundo. Nas Américas, portanto, os europeus puderam vagar mais ou menos à vontade, introduzir novas populações e monopolizar efetivamente estruturas de Estado.

O impacto ibérico sobre o Velho Mundo foi completamente diverso. Nenhum dos Estados territoriais estabelecidos deixou-se derrotar pelos invasores; até a intervenção portuguesa no vizinho Marrocos foi um memorável fracasso. Eles procuraram então dominar o mar e, para esse fim, tentaram capturar ilhas e promontórios que pudessem servir como posições avançadas do império. Nos primeiros tempos, o único caso significativo de conquista territorial no Velho Mundo foi a aventura espanhola nas Filipinas, região tão periférica da Eurásia que no século XVI ainda estava praticamente intocada pela estrutura de Estado e as culturas elevadas já presentes em grande parte da Ásia do Sudeste. Havia sonhadores, é claro. Um jesuíta espanhol, por exemplo, concebeu em 1588 um plano para uma conquista da China em que espanhóis e portugueses seriam auxiliados por cristãos do Japão e das Filipinas. Mas a proposta deu em nada.

Novos participantes

A expansão ibérica não passou despercebida no noroeste da Europa; se os espanhóis podiam participar, por que não outros? No fim da década de 1490, o rei da Inglaterra já estava patrocinando expedições através do Atlântico, e, na década de 1520, o da França lhe seguia o exemplo. Embora seus esforços iniciais não tenham produzido muito efeito, antes do século XVII os europeus do noroeste — os franceses e, mais ainda, os ingleses e os holandeses — haviam açambarcado uma parcela significativa do papel comercial e naval dos ibéricos. Isso se fundou em parte numa tecnologia naval nova e mais eficiente e, em parte, em vantagens econômicas. Embora conservassem algumas de suas posições avançadas, os portugueses perderam sua supremacia naval no oceano Índico para os recém-chegados. No Novo Mundo, os espanhóis aferraram-se a seu império territorial, como fizeram os portugueses no Brasil; mas os ingleses e os holandeses desempenharam papel cada vez maior como intrusos, seja como piratas ou como traficantes.

A participação desses novos povos na expansão européia certamente tornou maior seu impacto no mundo não-europeu. O estabelecimento de colônias na América do Norte temperada e por fim na Austrália expandiu enormemente o âmbito da colonização européia (as primeiras foram notáveis não só por terem conquistado sua independência já em 1776-83, mas também porque seu passo seguinte foi constituir-se como uma república). Ao mesmo tempo, as partes não-européias do Velho Mundo ficaram expostas a construtores de impérios mais capacitados, ou mais dispostos, a conquistar Estados territoriais indígenas. O fato é que até cerca de 1800 — não precisamos ir mais longe neste capítulo — a única parte do Velho Mundo onde isso realmente acontecera em grande escala fora a Índia. Ali, na segunda metade do século XVIII, contra o pano de fundo do colapso da hegemonia mongol e as rivalidades das potências européias, os britânicos lançaram os alicerces do primeiro império territorial europeu ocidental a aparecer na Ásia ou na África. Deram início também ao primeiro estudo sério da cultura hindu desde Biruni (o *Bhagavad Gita* foi traduzido para o inglês em 1784).

Houve, contudo, um império europeu oriental que adquiriu vastos territórios eurasianos nesse período — a Rússia. O primeiro Estado russo emergira no século IX d.C., em Kiev, graças à fusão de uma dinastia viking com camponenes eslavos; em 989 ele adotou o cristianismo ortodoxo do Império

Romano oriental (o soberano declarou ter considerado a conversão alternativa ao islã, mas tê-la rejeitado por lhe parecer que os russos não podiam passar sem bebida alcoólica). Esse Estado foi destruído pelos mongóis no século XIII. Já no século seguinte, porém, um Estado russo baseado em Moscóvia estava se expandindo rumo a leste, e em meados do século XVII chegara ao Pacífico. Entre outras coisas, essa expansão representou um lento mas significativo triunfo de camponeses sobre nômades no norte da Eurásia. Por essa mesma razão, porém, os territórios acumulados pelos russos antes do final do século XVIII situavam-se demasiado ao norte para que o processo afetasse muito seriamente as principais civilizações da Eurásia; nenhuma dessas civilizações, afinal, tinha grande interesse na Sibéria. Assim a expansão da Rússia por terra, ainda que sem precedentes, não marcou nenhuma mudança drástica no equilíbrio de poder entre uma civilização eurasiana e outra.

Tudo considerado, a expansão marítima eurasiana foi um caso claro de acidente fadado a acontecer. Cedo ou tarde, algum povo eurasiano iria inevitavelmente intrometer-se no Novo Mundo e nos Antípodas, com efeitos devastadores sobre as populações ali existentes. Calhou que os intrusos foram europeus ocidentais; mas talvez não devêssemos ver esse resultado como profundamente determinado pelo curso da história eurasiana. Tampouco deveríamos ver a defasagem entre os europeus ocidentais e outras populações do Velho Mundo nesse período como abismal. Em meados do século XVII, os omanis, população tribal muçulmana do sudeste da Arábia, capturou por acaso algumas naus européias ao fim de uma longa luta contra seus inimigos infiéis, os portugueses. Por ordem de seu soberano, usaram-nas para criar uma marinha omani, e passaram a se envolver em comércio, guerra e colonização no oceano Índico ocidental; fizeram-no com tal entusiasmo que se puseram no mínimo em pé de igualdade com os portugueses.

Se os habitantes de um canto árido da Arábia conseguiram ingressar no clube marítimo dessa maneira, certamente os povos de terras mais favorecidas também teriam podido fazê-lo. Como já vimos, a extensão da atividade marítima chinesa e japonesa no século XVI foi considerável. Em 1603, quando os chineses se rebelaram contra seus soberanos espanhóis em Manila, aqueles eram muito mais numerosos que estes; havia também ali muitos japoneses, que cumpriram seu papel reprimindo a rebelião chinesa, mas ameaçaram eles mesmos se revoltarem em 1606. De fato, o governador espanhol em

Manila em 1605 viveu sob o pesadelo de que os japoneses atualizassem sua navegação e técnicas de artilharia através de seu contato com os holandeses e depois armassem uma invasão às Filipinas. Isso não aconteceu, embora em 1616 um japonês rico tenha feito uma tentativa abortada de conquistar Taiwan. Pois, em contraste com os soberanos de Omã, os da China e do Japão não jogaram o peso do Estado no apoio a uma expansão marítima asiático-oriental. Em 1567 o Estado chinês finalmente abandonou sua política de tentar reprimir a participação chinesa no comércio externo, passando a tolerá-la; não chegou porém a apoiá-la. No Japão feudal, a anarquia que reinou na maior parte do século XVI significou que mercadores e piratas puderam encontrar uma variedade de patrocinadores locais; mas a restauração do governo central levou no devido tempo à repressão da atividade marítima japonesa, não a seu estímulo. Embora essas políticas possam ser explicadas em termos da estrutura geopolítica da Ásia oriental e do tradicional foco agrário da cultura política confuciana, o fato é que, pelo menos no caso japonês, o resultado nada teve de inevitável. Esta não é uma consideração trivial. Tivessem os marinheiros da Ásia oriental recebido um apoio vigoroso de seus soberanos no início do período moderno, estaríamos vivendo hoje num mundo significativamente diferente. Para começar, a composição étnica da orla pacífica poderia ser esmagadoramente asiático-oriental (um tipo de impacto que os omanis não poderiam ter tido no oceano Índico ocidental, situado de cheio no Velho Mundo). A verdade pura e simples é que grande parte do mundo estava à disposição de quem chegasse primeiro. Que os europeus ocidentais tenham açambarcado parcela tão grande dele foi sem dúvida alguma um fato contingente.

II. A reação de alguns não-europeus

O que os europeus fizeram pode ser contado como uma história única. Mas os modos como povos não-europeus reagiram a isso constituem várias histórias, e esta seção tratará de apenas três delas. A primeira é a de um povo americano, os maias; a segunda é a de um povo africano, os congoleses; e a terceira é a de um povo asiático, os japoneses. Evidentemente, nenhum desses três povos pode ser considerado típico de todo um continente. Ainda assim, suas histórias muito diferentes ilustram alguns contrastes mais amplos. Como veremos, foram os japoneses que se saíram melhor desse embate, foram os maias que se saíram pior e os congoleses ficaram em algum ponto entre um povo e outro; o mesmo pode ser dito, em grandes linhas, da Ásia, das Américas e da África em geral.

Os maias

Com a chegada dos espanhóis o mundo caiu sobre as nações nativas da Mesoamérica. Os maias que habitavam as planícies da península Yucatán não foram exceção. O primeiro contato ocorreu em 1511, e nas décadas seguintes a sociedade maia foi devastada por conquistadores saqueadores, por uma perseguição religiosa culturalmente destrutiva e, sobretudo, por doenças epidêmicas. Mas, se a sorte dos maias era inevitável, ela poderia ter sido pior. A natureza caótica de grande parte da pilhagem inicial refletiu o sentimento dos espanhóis de que a conquista de Yucatán era um feito secundário. A região era tropical demais, politicamente fragmentada demais e exaurida demais para exercer grande atração sobre aventureiros em busca de riqueza e poder; sob todos esses aspectos a região montanhosa do México era mais convidativa. Assim, Yucatán conservou uma população maia substancial, e o número de colonizadores espanhóis que ali se estabeleceu foi limitado. É verdade que — com uma exceção — não houve mais soberanos maias independentes, que a sociedade maia foi remodelada por uma política draconiana de repovoamento e que as instituições políticas, fiscais e religiosas de grande escala de Yucatán passaram para mãos espanholas. Apesar de tudo isso, porém, continuou a haver uma sociedade maia coesa, com sua própria elite local.

Os maias tinham sem dúvida muito a dizer sobre essa experiência, mas pouco disso foi registrado. Nenhuma literatura maia escrita com os caracteres hieróglifos tradicionais durante o período colonial sobreviveu. Toda essa tradição cultural desapareceu com a conquista e a conversão; seu último refúgio foi um remoto reino maia no Petén, que acabou sucumbindo à conquista espanhola em 1697, cedo demais para poupar aos estudiosos modernos o trabalho de decifração. O que mais surpreende é que nenhuma literatura expressiva escrita em espanhol tenha sido deixada por maias aculturados. Uma das características mais benignas do domínio espanhol no Novo Mundo foi seu reconhecimento transcultural da aristocracia. Assim, em Cuzco, a antiga capital do império inca, a nobreza inca desempenhou papel proeminente na sociedade colonial até o final do século XVIII; entre suas leituras favoritas estava um orgulhoso relato do passado inca escrito em espanhol por Garcilaso de la Vega, filho ilegítimo de um conquistador e de uma princesa inca. Em Yucatán, porém, não houve nada comparável.

O que surgiu ali foi algo intermediário: uma literatura maia escrita em caracteres latinos. Seu produto característico foi um corpo de textos conhecidos como os livros de Chilam Balam. Pretendiam ser obras de profecia, mas, de passagem, forneciam muita informação histórica. Livros desse tipo foram produzidos em várias partes de Yucatán, e se avolumaram por um processo de acréscimos até o século XIX. Há vários sinais de que tinham raízes profundas na cultura nativa dos maias. "Chilam Balam" significa "o porta-voz do jaguar", animal que tivera um papel na religião pré-colombiana. A estrutura básica dos textos era ditada pelo calendário maia, o pressuposto fundamental sendo o de que os eventos de ciclos passados de calendário podiam ser usados para prever os de ciclos futuros. O material histórico contido nos textos remonta a vários séculos no passado pré-colombiano, indicando continuidade direta com uma tradição literária hieroglífica. Além disso, sabemos que o reino maia no Petén possuía livros proféticos na escrita hieroglífica. Há pouca dúvida, portanto, de que os livros de Chilam Balam foram uma continuação do gênero maia pré-colombiano.

Entretanto, a despeito das origens pagãs que o gênero possa ter, os textos não têm eles mesmos caráter pagão. De maneira bastante coerente, expressam uma visão maia da conquista que distingue nitidamente entre os espanhóis e seu deus. Os maias odiavam os espanhóis, aos quais aplicavam vários nomes pejorativos. A chegada deles, lemos, trouxera humilhação e "o começo da desgraça" — tributo, dízimos, armas de fogo, prisão por dívida e, sobretudo, trabalho forçado. Mas com eles tinham vindo "os pais de nossas almas, trazendo a palavra do Verdadeiro Deus para nossos corações" (a referência é aos frades, que, incidentalmente, partilhavam em boa medida a visão nada lisonjeira que os maias tinham dos conquistadores). Houve evidente alívio diante do fato de que os mandamentos cristãos significavam que no futuro "ninguém seria sacrificado". Além disso, o cristianismo católico tinha suas maneiras de se conciliar com o particularismo étnico; um texto refere-se a Izamal, no norte de Yucatán, como o lugar "onde apareceu a filha do Verdadeiro Deus, o Pai do Céu, a Rainha, a Virgem" — e de fato a Virgem de Izamal tornou-se a santa padroeira de Yucatán. Ademais, era possível voltar os recursos do cristianismo contra os espanhóis. "Esse", como diz um texto sobre depredações espanholas nos primeiros tempos, "foi o Anticristo aqui na Terra"; Deus se zangaria com os opressores, e "a justiça de nosso Senhor Deus descerá em toda parte no mundo".

É da natureza dos textos proféticos que as coisas sejam vistas através de um vidro embaçado. Mas uma descrição mais prosaica da conquista e de suas conseqüências na língua de um grupo maia da montanha, os cakchiquels da Guatemala, adota uma visão das coisas reconhecivelmente semelhante, ainda que mais mundana. A aprovação do cristianismo pelo autor é irrestrita. Ele descreve como os frades chegaram em 1542 e começaram a instruir os cakchiquels em sua própria língua; até essa época, ele explica, "não conhecíamos a palavra nem os mandamentos de Deus; vivêramos em completa escuridão". Sua atitude em face dos conquistadores espanhóis é mais complexa. De início, os cakchiquels haviam recebido bem os intrusos, vendo neles um aliado contra seu inimigo, os quichés. Mais tarde a relação azedou-se, mas nosso autor só mostra desprezo por um líder rebelde que levou os cakchiquels ao desastre afirmando que ele era o relâmpago e que faria os espanhóis perecerem pelo fogo. Isso não o impede, porém, de obviamente orgulhar-se da resistência que os cakchiquels ofereceram aos conquistadores, que incluiu algumas técnicas bastante eficazes para tornar terrenos inseguros para sua cavalaria; e ele recorda um ano em que "nossos corações tiveram algum sossego" e "não nos submetemos aos espanhóis". Também aqui, portanto, os espanhóis eram uma coisa e seu Deus era outra; nosso autor não é nem pagão, nem um colaboracionista. É claro que essa maneira de ver as coisas não era universal. Até o fim do século XVII houve maias em Petén que não mostravam mais apreço pelo deus cristão do que pelos espanhóis; no outro extremo, um chefe maia que escreveu suas memórias no noroeste de Yucatán na década de 1560 revela-se não só um cristão como um colaboracionista entusiástico.

A acomodação que se refletiu na persistência de um gênero profético maia escrito em caracteres latinos deve ter parecido bastante estável para muitos na época. Houve uma grande rebelião maia em 1546-47 e outra — a

"Guerra dos Castelos" — em 1847-55; mas entre elas só houve um levante digno de nota, o de 1761 (significativamente, seu líder assumiu o nome do último soberano do reino independente no Petén). A partir do final do século XVIII, porém, essa acomodação tornou-se insustentável. Entre as causas imediatas disso estiveram as reformas administrativas espanholas que destruíram a autonomia de comunidades maias locais e a grande fragmentação da sociedade nativa ocasionada pela Guerra dos Castelos. Na esteira delas avultou-se a crescente invasão do mundo exterior, com suas ferrovias, telefones e mercados. Em 1915, quando os herdeiros dos rebeldes se viram deixados em paz por um período de guerra civil mexicana, começaram a explodir tudo que os ligava ao mundo exterior.

Os congoleses

Esse povo deu-se consideravelmente melhor que os maias em seus primeiros contatos com os europeus. A foz do rio Congo atraía inevitavelmente os marinheiros portugueses em razão da ancoragem segura que oferecia, e dali eles fizeram contato com o reino do Congo. O território deste situava-se no interior, ao sul do rio, e tinha sua maior parte no que hoje é Angola. O reino, a julgar por suas próprias tradições, foi estabelecido por invasores no século XIV e sobreviveu de algum modo até o século XVIII. Isso significa que as relações entre os congoleses e os portugueses foi mediada por um Estado autóctone. Os portugueses tentaram várias vezes influenciar a política do Congo, com variados graus de sucesso, e em meados do século XVII fizeram-lhe guerra; mas não o conquistaram. Assim, enquanto os maias foram rapidamente esmagados, os congoleses mal foram ameaçados por um longo tempo.

Em termos materiais, o núcleo da relação entre as duas partes era comercial. Como o reino não tivera nenhum envolvimento anterior em comércio de longa distância, até trocas comerciais relativamente pequenas tinham impacto considerável. Os portugueses abasteciam o Congo de bens manufaturados europeus, especialmente têxteis; estes logo passaram a ser enormemente apreciados pela elite, e o poder do rei de distribuir esse tipo de carregamento tornou-se importante fonte de poder e prestígio para ele. Em troca, os portugueses queriam escravos, exatamente como os traficantes muçulmanos que freqüentavam o interior da África ocidental e a costa oriental da África. Mas havia uma diferença: os portugueses queriam escravos sobretudo como força de trabalho agrícola no Novo Mundo, não como criados domésticos no Velho. Esse novo tráfico atlântico de escravos ofereceu ricas oportunidades para alguns Estados africanos, mas foi seriamente deletério para outros, e mais ainda para povos não integrados em Estados. No cômputo geral, os soberanos do Congo souberam tirar proveito do tráfico; seus súditos, nem tanto, e alguns de seus vizinhos foram gravemente prejudicados. Mas em termos puramente demográficos, o impacto do tráfico de escravos sobre a África foi muito menor que o das doenças epidêmicas sobre as Américas.

O outro aspecto da relação foi cultural. Como os maias, os congoleses adotaram o cristianismo. Mas o contexto em que o fizeram foi significativamente diferente, pois não se submeteram simplesmente à nova religião. Uma razão para isso foi a diferença entre os dotes culturais dos dois povos: embora capazes de trabalhar o ferro, os congoleses eram ágrafos. A outra razão foi o papel mediador do Estado congolês, que dissociava a nova religião do exercício direto do poder europeu. O resultado foi que o cristianismo exerceu sobre o rei do Congo a mesma atração que exercera outrora sobre Etelberto de Kent. Assim, ele recebia bem os missionários que lhe eram enviados por seu irmão, o rei de Portugal; despachava também congoleses para serem educados na Europa (no devido tempo ele foi feito bispo titular por um papa relutante). Ao longo desse processo, apesar das fortes tensões que surgiam entre ele e os portugueses, o rei manteve certo grau de controle.

Isso se manifesta claramente nas tensões que se desenvolveram em torno da questão da poligamia real. O rei do Congo tinha muitas esposas, e não só porque reis têm grande tendência, no mundo todo, a abocanhar mais que a parcela que lhe cabe das boas coisas da vida. A sociedade era composta de grupos comunais matrilineares que desempenhavam papel central na estrutura do reino. As relações do rei com esses grupos era decisiva; ele cimentava tais laços casando-se com mulheres destes grupos. Assim, as tentativas dos missionários cristãos de impor a monogamia à linhagem real representavam ameaças de desastre político (nesse aspecto, missionários muçulmanos teriam sido mais sensatos). No que tocava a seus casamentos, os reis tendiam, compreensivelmente, a ignorar os missionários; um grupo de jesuítas fanáticos que insistiu na questão foi expulso do país.

O reino do Congo desintegrou-se de fato após uma desastrosa derrota para os portugueses em 1665, e embora tenha conseguido se agüentar por mais algumas décadas, não teve nenhum sucessor direto até hoje. O Estado de Angola é herdeiro de uma colônia portuguesa, não de um reino africano. Ainda assim, o Congo desempenhou um papel precoce na história do mundo moderno. Sua relação com os portugueses produziu os primeiros sinais de um fenômeno que mais tarde ganharia crescente importância, a emergência de elites ocidentalizadas em sociedades não-ocidentais.

Os japoneses

Se os soberanos do Congo foram capazes de dizer não a uma aplicação politicamente desinteressante da moralidade cristã, os do Japão disseram não a todo o cristianismo. Os portugueses chegaram ao país em 1543, levando consigo a bagagem usual de comércio e religião. Os japoneses demonstraram-se extremamente receptivos ao novo culto, em particular no sul, e o número de convertidos chegou talvez a 300.000. Mas o Japão, como o Congo, tinha um Estado (de fato, como vimos, um Estado dual). Calhou que os portugueses chegaram durante um prolongado período de guerra civil e tiraram pleno proveito da fragmentação política que encontraram; o estratagema era converter senhores locais, que em seguida tratavam de converter seus povos à força e de destruir templos budistas e santuários xintoístas em seus domínios. Mas nas últimas décadas do século XVI a maré estava virando, e no início do século seguinte o Japão ingressou no mais longo período de estabilidade de sua história sob os xóguns Tokugawa, que só perderam seu domínio em pleno século XIX. Ao contrário dos soberanos do Congo, os xóguns do Japão do século XVII não tinham necessidade alguma do cristianismo, pois, graças aos chineses, já possuíam uma cultura plenamente letrada, até mesmo uma cultura impressa. Viam o cristianismo, e a influência estrangeira em geral, não como uma oportunidade cultural, mas como uma ameaça à sua segurança (uma "doutrina perniciosa", como diziam). Assim, decidiram fechar o país: dali em diante, japoneses não puderam sair e estrangeiros não puderam entrar. Em 1639 os portugueses foram expulsos; posteriormente, os únicos europeus com quem o Japão admitia negócios eram os holandeses, e mesmo estes só tinham acesso a uma ilhota no porto de Nagasaki. Enquanto isso o cristianismo foi perseguido de maneira tão inclemente que na década de 1660 havia quase desaparecido. Várias coisas se combinaram para tornar esse fechamento uma política viável: o governo japonês tinha firme controle sobre o país; este era distante dos centros do poderio naval europeu; e possuía alguns recursos naturais que podiam despertar a cobiça de estrangeiros. O país incorreu, é claro, em sérias perdas ao optar por semelhante política, mas estes eram sobretudo custos de oportunidade. A interação que teve lugar, sob essas estranhas condições, entre os japoneses em seu país fechado e os holandeses empoleirados em Nagasaki é de fato mais intrigante que o relacionamento original com os portugueses.

No processo de empréstimo, muitas vezes é preciso deixar de lado o encanto de um legado ancestral e adotar algo estrangeiro mas eficaz. Há talvez dois campos em que os seres humanos são especialmente sensíveis à atração do que funciona. Num nível coletivo, as conseqüências do fracasso no campo de batalha tornam oneroso para uma sociedade ignorar os ensinamentos que estrangeiros têm a lhe dar sobre a arte da guerra. Num nível individual, algo semelhante ocorre com relação à arte da medicina. Assim, essas duas artes tiveram histórias extremamente cosmopolitas. No Japão tokugawa, porém, a prolongada ausência de ameaça externa tornou possível ignorar a obsolescência militar do país até o rude despertar de 1853, quando uma esquadra americana, sob o comando do comodoro Perry chegou para exigir a reabertura do país. O desenvolvimento que teve lugar de meados do século XVII em diante centrou-se portanto na medicina. Mesmo nesse campo, o interesse do Estado era limitado e as restrições que ele impunha ao contato com os holandeses significaram que a interação foi por muito tempo bastante marginal. Só na segunda metade do século XVIII um antigo gosto por exotismos holandeses (veja a figura 24 para um exemplo) deu lugar a algo mais sério, e mesmo então só um número relativamente pequeno de pessoas foi envolvido.

Uma hora da verdade, e das mais notáveis, chegou em 1771 com a dissecação de uma mulher chamada Velha Mãe Chá Verde. O pano de fundo foi um desconcertante problema anatômico identificado poucos anos antes por dois médicos da corte com base em algumas dissecações a que haviam assistido. Ao comparar cuidadosamente o que tinham visto com a informação dada em textos médicos chineses, ficaram incomodados com as discrepâncias.

Fig.24: Uso inicial de um invento europeu como mostrado no romance japonês *O homem que passou a vida apaixonado* (1682).

Com certa lógica, concluíram que devia haver diferenças fisiológicas entre chineses e japoneses. Nesse meio tempo, dois médicos, Sugita Gempaku (m.1817) e um colega, haviam conseguido obter dos holandeses um tratado europeu de anatomia. A oportunidade de pô-lo à prova veio em 1771, graças a Velha Mãe Chá Verde, uma mulher de 50 anos que fora executada por um algum crime hediondo e depois dissecada. Como de costume, o trabalho foi feito por um eta — um cadáver é impuro. Os dois doutores chegaram armados com seus exemplares do tratado e compararam o que viam com as ilustrações da obra. Tudo correspondia exatamente ao que o tratado mostrava. "Os seis lobos e duas orelhas do pulmão, e os três lobos à direita e quatro lobos à esquerda dos rins, tal como haviam sido sempre descritos nos livros chineses de medicina, não foram encontrados." A conclusão a que chegaram não foi que os chineses diferiam fisiologicamente tanto dos japoneses quanto dos europeus, mas que os chineses estavam errados e os europeus, certos. Puseram-se então a traduzir o livro em japonês e o publicaram com aprovação oficial em 1774. Isso deu início a uma onda de interesse por estudos holandeses. Já em 1783, um comentador pronunciara a morte da sabedoria chinesa; os japoneses, instou ele, deveriam estudar a sabedoria holandesa, que se fundava em fatos reais e não em teorias vazias. Em 1789 foi inaugurada a primeira escola de língua holandesa. Em 1815, quando sua longa vida chegava ao fim, Gempaku pôde escrever, com algum exagero: "No início éramos apenas três ... que nos reunimos para planejar nossos estudos. Agora, passados quase 50 anos, esse saber chegou a todos os rincões da terra, e a cada ano novas traduções parecem ser lançadas."

É difícil não se impressionar com a fantástica precisão com que os médicos japoneses voltaram os olhos exatamente para um dos aspectos-chave da cultura européia, a saber, a revolução científica — e isso em condições históricas em que tudo que era europeu ainda podia ser solenemente ignorado no Japão. O fato de poderem ter sido tão perspicazes refletia a sofisticação geral da cultura asiático-oriental nesse período, mas deveu-se também a um desenvolvimento mais específico.

Na segunda metade do século XVII, alguns japoneses confucianos, como Ito Jinsai (m.1705), começaram a desenvolver um estilo intelectual profundamente antitético à grande síntese neoconfuciana que prevalecera na Ásia por tanto tempo. A idéia era eliminar a metafísica inflada e as distorções de Chu Hsi e seus congêneres e retornar à "interpretação antiga"; isso significava restaurar a simplicidade que caracterizava a herança confuciana original e estava perdida havia mil anos. Podemos ver essa tendência, que teve seu paralelo na China, como uma espécie de fundamentalismo, mas ela era temperada com a crença Jinsai — chocante para neoconfucianos — de que nem um sábio como Confúcio estava imune ao erro. De fato, Jinsai esposava a idéia de que não há no mundo livros inteiramente corretos — e, aliás, tampouco livros inteiramente errôneos. O estilo dessa nova tendência de pensamento era abrasivo. Em particular, era marcado por um desprezo geral por teoria e um saudável respeito por fatos; "uma teoria", Ogyu Sorai (m.1728) observou, "não passa de conversa fiada".

Apesar de rejeitarem o neoconfucionismo, esses estudiosos continuavam, é claro, de olhos fixos na China. Antes de se voltar contra o neoconfucionismo, Sorai queimara sua primeira esposa em conformidade com o manual de Chu

Hsi para rituais de família, algo inusitado no Japão, e tornou-se um grande admirador dos classicistas chineses do século XVI. Mais tarde passou a se conceber como um "bárbaro oriental" que graças aos céus tivera o privilégio de reviver a maneira chinesa autêntica. A Holanda, para Sorai, não passava de um país distante cuja língua soava como o chilreio das aves ou o grunhido das feras. Tampouco estava interessado em ciência: "Não só o vento, as nuvens, o relâmpago e a chuva, mas todo o movimento do céu e da terra estão além da cognição humana". Nessa medida Sorai continuava sendo, para fazer eco a uma antiga expressão chinesa que ele apreciava muito, uma espécie de rã num poço. Mas, como vimos, outros japoneses estavam começando agora a voltar ao estilo intelectual desenvolvido por Jinsai e Sorai contra a cultura chinesa em geral.

Nisso foram ajudados e estimulados por outro fundamentalismo frouxo do Japão do século XVIII, um movimento que procurava retornar à herança japonesa autêntica e libertá-la da cobertura de cultura alienígena chinesa. Esses eruditos do "saber nacional" eram sob alguns aspectos muito diferentes em estilo de Jisai e Sorai; por exemplo, defendiam uma sensibilidade romântica que qualquer tipo de confucionismo formal desconhecia. Partilhavam, porém, o desrespeito pela teoria dos fundamentalistas confucianos. Nas palavras de Kamo no Mabuchi (m.1769 — o "no" em seu nome tentava emprestar-lhe um ar de antigüidade japonesa): "As coisas explicadas em termos de teoria ficam como que mortas. Aquelas que operam espontaneamente em conjunto com o céu e a terra são vivas e ativas." Esses estudiosos recorriam com prazer à sabedoria holandesa como uma vara com que fustigar confucianos sinocêntricos. Um deles chegou a saudar a concepção heliocêntrica como uma glorificação da deusa do Sol, sugerindo que a idéia talvez tivesse se originado no Japão e dali se espalhado até a Europa.

Um outro ponto merece ser enfatizado na relação entre os japoneses e sua cultura chinesa tradicional. Com o passar dos séculos eles haviam ficado extremamente aclimatados a essa cultura, mas nunca esqueceram sua origem estrangeira. Um japonês neoconfuciano do século XVII expressou a seus discípulos: "Caso a China atacasse nosso país, tendo Confúcio como general e Mêncio como comandante-em-chefe ..., que pensam vocês que nós, estudiosos de Confúcio e Mêncio, deveríamos fazer?" A resposta é que deveriam lutar e capturar os sábios vivos, em cumprimento de seu dever para com o próprio país. Em outras palavras, os japoneses, diferentemente dos chineses, eram capazes de fazer uma distinção entre sua identidade e sua cultura, e isso os estimulava a desenvolver certo ecletismo. Muito tempo antes os japoneses haviam adotado o que gostavam de chamar de os "pontos fortes" da China. Se acabassem por se desiludir com eles, poderiam substituí-los pelos pontos fortes da Europa sem desrespeito a seus ancestrais. De fato, nesse período alguns japoneses chegaram a imaginar que o futuro poderia superar o passado, idéia bastante inusitada em sociedades tradicionais. Um exemplo é o erudito do "saber nacional" Motoori Norinaga (m.1801), que observou: "Há uma enormidade de coisas que não existiam na antigüidade mas estão disponíveis hoje, e de coisas que eram de qualidade inferior na antigüidade e hoje são de excelente qualidade. A julgar por isso, como podemos dizer que não haverá nada no futuro superior ao que temos hoje?"

As interações iniciais entre maias, congoleses e japoneses e espanhóis, portugueses e holandeses, respectivamente, foram pois muito diferentes. Mas não foram arbitrariamente diferentes, e têm considerável relevância para as diversas histórias que esses povos vieram a ter no mundo moderno.

III. O hábito do rapé

Quando os erros de cálculo de Colombo promoveram a colisão do Velho Mundo com o Novo, os povos do Novo Mundo levaram a pior, e o mesmo aconteceu em geral com suas espécies não-humanas. Mas nem todas as formas de vida americanas se saíram mal à medida que o mundo se reduzia. Há fortes indícios de que a sífilis foi exportada do Novo Mundo para o Velho, uma pequena mas potente vingança pelas doenças infecciosas que se deslocaram na direção inversa. Ao mesmo tempo, um número limitado de plantas domesticadas das Américas alcançou grande sucesso do outro lado do mundo. Os irlandeses tornaram-se tão dependentes da batata que quando a safra quebrou, na década de 1840, morreram em grande número. A batata-doce veio a desempenhar papel comparável na agricultura de subsistência da remota região montanhosa da Nova Guiné. O milho viajou mais rapidamente pelo Velho Mundo do que o fizera no Novo. E depois, é claro, houve o tabaco.

O tabaco parece ter tido origem na região do alto Amazonas, sendo domesticado ali. Espalhou-se tão amplamente nas Américas pré-colombianas quanto o milho. Como o milho, foi levado para o Velho Mundo por europeus que retornavam e ali alastrou-se por toda parte. Na altura da primeira metade do século XVII, estava bem implantado na Europa, no Oriente Próximo, na Índia e na China. Em cada uma dessas áreas, já era objeto da atenção hostil dos soberanos; Jaime I da Inglaterra condenou o hábito do fumo como um "vil costume bárbaro".

O tabaco é uma droga e, como outras drogas, suas formas de uso misturavam biologia e cultura. A crença de que era uma forma potente de remédio era generalizada e continuou forte nas Américas e no Oriente Próximo, embora na Europa, do século XVII em diante, se derramasse água fria sobre ela. O ato de fumar era também considerado eficaz como lubrificante social; nas sociedades indígenas da América do Norte, podia ser usado dessa maneira em contextos extremamente formais (como os em que se fumava o cachimbo da paz), ao passo que no Velho Mundo tendeu a se associar com o relaxamento informal (Sorai passou seus últimos anos em casa em meio a goles de saquê e baforadas de tabaco com seus discípulos). Os modos de consumo também diferiram de uma cultura para outra, mas eram variações em torno de um número limitado de temas. Podia-se fumar o tabaco, mascá-lo, comê-lo ou aspirá-lo, e essas opções associavam-se a tecnologias apropriadas. Os fumantes, por exemplo, acabaram usando cachimbos ou cigarros, quer residissem no Velho ou no Novo Mundo (não se precisa de papel para fabricar cigarros — os mesoamericanos pré-colombianos os faziam com palha de milho). Para simplificar as coisas, porém, vamos nos limitar ao hábito de aspirar.

Quem aspirava, ou "cheirava", tabaco o consumia na forma de pó, chamada rapé, que inseriam nas narinas em pequenas doses. Podia-se fazer isso, é claro, usando apenas mãos e dedos. Mas as culturas que adotaram o rapé tenderam a desenvolver uma parafernália mais elaborada. O equipamento padrão na América do Sul consistia em bandejas onde dispor o pó e tubos através dos quais aspirá-lo (ver figura 25). Esses artefatos foram usados em grandes partes do continente desde tempos antigos até recentemente. O hábito de aspirar tabaco chegou ao Velho Mundo junto com o próprio tabaco, mas as culturas eurasianas não adotaram as bandejas e os canudos sul-ame-

Fig.25: Utensílios da América do Sul para cheirar rapé: um tubo para aspirar, feito de osso de ave e de raposa, e uma bandeja de osso de baleia para dispor o pó, ambos do vale Chicama na costa do Peru, segundo milênio a.C.

ricanos. Desenvolveram pequenos recipientes em que as pessoas podiam carregar sua provisão de rapé para onde iam. Os europeus optaram por vários tipos de caixinhas; eram produzidas em grandes quantidades e com freqüência requintadamente decoradas. Mas essas caixinhas não teriam funcionado para os chineses, pois não protegiam o rapé suficientemente da umidade. Em todo caso, guardar remédios em pequenos frascos já era uma prática antiga na China. Assim, enquanto os europeus preferiram guardar seu rapé em caixinhas, os chineses preferiam fazê-lo em pequenos frascos (ver figura 26). Para transferir o rapé do frasco para a narina, os chineses usavam uma colherinha atada à rolha do frasco; ocasionalmente, os europeus também usavam minúsculas colheres, mas em geral se contentavam em apanhar "uma pitada de rapé" entre dois dedos.

Tudo isso fornece uma interessante ilustração do equilíbrio que fora atingido no início do período moderno entre o global e o regional. A rápida difusão do tabaco — juntamente com o hábito de aspirá-lo — mostra como

Fig.26: Utensílio para cheirar rapé, da Eurásia: frasco esmaltado chinês decorado com mulher e criança européias, do reinado do imperador Ch'ien-lung (ou Qianlong) (1735-96).

o isolamento dera lugar ao começo de um mundo mais interativo. Essa nova integração, contudo, ainda estava longe de apagar as diferenças culturais. Os sul-americanos continuaram a pôr seu rapé em bandejas, os europeus a guardá-lo em caixas e os chineses em frascos; e todas as culturas em geral decoravam os objetos escolhidos de acordo com seus cânones artísticos herdados. Havia, no entanto, sinais ocasionais de que culturas muito distintas estavam começando a se infiltrar umas nas outras. O frasco de rapé da figura 26, do século XVIII, embora feito na China, usa uma técnica de esmaltagem recentemente adquirida dos europeus e representa uma mulher e uma criança de maneira claramente inspirada por modelos europeus. A aparência européia do frasco lhe confere uma qualidade exótica. Esse exotismo por vezes encontrou uma agradável reciprocidade, mas não duraria. O mundo estava fadado a se contrair ainda mais.

CAPÍTULO 14

O mundo moderno

I. Ricos e pobres

Como a própria raça humana, muitos desenvolvimentos realmente importantes na história têm origens mais ou menos singulares. Sob alguns aspectos, a emergência do mundo moderno nos últimos dois ou três séculos está próxima de ser um deles. Se quisermos identificar as forças-chave que moldaram a história do globo ao longo desse período, temos de começar concentrando-nos numa única ilha: a Grã-Bretanha. Essa ilha não era, é claro, um país fechado como o Japão, e provavelmente não era por acaso que vinha desempenhando papel cada vez mais destacado na expansão ultramarina européia, bastante à margem de seus vínculos comerciais com a Europa. Mas foi na Grã-Bretanha que o mundo em que hoje vivemos começou a ganhar forma.

Grã-Bretanha

A história interna da Grã-Bretanha durante o último milênio exibiu cada vez mais algumas características que, se vistas contra o pano de fundo da história do mundo como um todo, são notavelmente benignas. Uma é o fato de que os habitantes da ilha passaram a viver suas vidas em condições de considerável segurança. Embora uma invasão a partir do continente tenha representado um perigo agudo para o país em época tão recente quanto a da Segunda Guerra Mundial, a última vez que ela realmente ocorreu foi em 1066. A última guerra civil se deu em meados do século XVII e a última rebelião de vulto em 1745. Desde então, não houve quaisquer operações militares importantes em solo britânico, embora durante a Segunda Guerra Mundial civis tenham ficado expostos a incessante bombardeio aéreo. Em décadas recentes, houve distúrbios raciais mas não genocídio; houve terrorismo em pequena escala, mas até hoje nenhum morticínio. As pessoas que vivem na Grã-Bretanha não precisam tampouco ter medo da falência da ordem legal; em contraste com o que se passou até o século XVIII, a Grã-Bretanha é uma sociedade eficientemente policiada. Se confrontamos essa experiência com o pano de fundo de anarquia recorrente que caracterizou parte tão grande da história do mundo, concluímos que os britânicos têm desfrutado de um grau de segurança extremamente incomum.

Outra característica benigna da Grã-Bretanha em tempos recentes foi sua política. Não houve nenhuma ruptura na legitimidade do governo no país desde a "Revolução Gloriosa" e 1688. Essa revolução derrubou o último soberano britânico cujas políticas suscitavam o espectro da monarquia absoluta; assim, há bons trezentos anos é difícil imaginar na política britânica um rei forte, ainda que sifilítico, como Henrique VIII (1509-47), que submeteu o país a uma grande convulsão religiosa para resolver seus problemas conjugais. Formas mais recentes de governo autoritário também não alcançaram nenhum sucesso na Grã-Bretanha. Não houve episódios de ditadura militar nem períodos de governo unipartidário. Formas de monarquia limitada e representação política existiram de maneira mais ou menos contínua desde a Idade Média. Graças a uma série de ampliações do direito de voto no final do século XIX e início do XX, a Grã-Bretanha transformou-se por fim numa democracia — embora conservando ainda certas aparências de um poder monárquico e autoritário.

Acompanhando mais difusamente esse padrão político, deu-se o crescimento do que veio a ser chamado de "civilidade". Durante a guerra civil inglesa de meados do século XVII, ingleses mataram-se uns aos outros em nome de Deus com grande entusiasmo. Desde então nunca mais o fizeram. Os católicos, estigmatizados por muito tempo como traidores, obtiveram o direito de votar e ocupar a maior parte dos cargos públicos na Grã-Bretanha desde 1829. Em outubro de 2001, no Paquistão, ocorreu um incidente em que três pistoleiros, sem dúvida muçulmano sunitas, mataram 16 cristãos protestantes numa igreja; a única coisa inusitada no contexto paquistanês foi cristãos terem sido o alvo, já que anteriormente ataques desse tipo só haviam vitimado muçulmanos xiitas. Na Grã-Bretanha, em contrapartida, ninguém mostra muito interesse em matar pessoas por causa de suas crenças religiosas.

A questão étnica é mais conturbada: há distúrbios raciais e, ocasionalmente, assassinatos inspirados pelo ódio da classe baixa aos imigrantes. Mas o número dos mortos em resultado de tensões étnicas é novamente minúsculo para padrões sul-asiáticos; embora nem sempre se afinem, galeses, escoceses e ingleses não formam uma mistura letal. Em geral, a aceitação da discordância está bastante entranhada na maioria da população britânica.

Embora essas três características da vida recente da Grã-Bretanha tenham raízes numa variedade de aspectos do passado britânico, dificilmente podem ser vistos como sua culminação inevitável. Por exemplo, o fato de a Grã-Bretanha ter sido uma ilha desde o início do Holoceno foi sem dúvida vantajoso. Ele ajuda a explicar a relativa imunidade do país a invasões estrangeiras; o Japão, que está mais distante da costa eurasiana, saiu-se na média ainda melhor nos últimos dois ou três mil anos. Mas se a Grã-Bretanha não sofreu invasões estrangeiras bem-sucedidas, isso se deveu também à sorte — algo de que o mundo está cheio, boa ou má. Foi o mau tempo que evitou uma invasão espanhola em 1588, assim como desempenhou importante papel na derrota das tentativas dos mongóis de invadir o Japão. Na mesma linha, podemos afirmar que a contínua restrição da monarquia inglesa no início dos tempos modernos tem algo a ver com a insularidade: a ausência de ameaças militares externas agudas tornou possível uma desmilitarização precoce da sociedade inglesa. Mas possibilidades nem sempre se realizam. E, mesmo no ambiente inusitadamente civil da Inglaterra do século XVI, o fracasso do absolutismo real poderia não ter ocorrido: a riqueza eclesiástica que caiu do céu nas mãos de Henrique VIII como resultado de sua Reforma poderia ter tornado a monarquia independente do Parlamento em matérias fiscais, se o rei não tivesse se dedicado a esbanjá-la hostilizando a França. Assim, a trajetória assumida pela história moderna da Grã-Bretanha nada teve de predeterminada. Houve algo, porém, que desempenhou indubitavelmente um papel central, dando a toda a síndrome uma certa robustez (que grau exato de robustez, só o tempo dirá). Trata-se de uma transformação que teve início por volta de 1760 e, em certo sentido, nunca parou: a industrialização.

Vários fatores contribuíram clara e significativamente para tornar a revolução industrial possível na Grã-Bretanha. Entre eles estão um conjunto rico e variado de recursos naturais, inclusive grandes quantidades de carvão;

um Estado que mais protegia do que esmagava a economia, além de apoiar o comércio e a colonização britânica ultramarina; e a substituição do campesinato tradicional por uma classe de trabalhadores agrícolas assalariados. Dado esse ambiente favorável, porém, o que de fato impeliu o processo foi a inovação tecnológica nas mãos de empresários. Por exemplo, novos tipos de teares reduziram o custo do fio de algodão, levando a um crescimento sem precedentes da produção industrial, pelo menos em certos setores da economia e em certas regiões do país. Esse desenvolvimento esteve associado a um nível elevado de investimento no sistema de transporte (primeiro canais, depois ferrovias). Significativamente, também isso foi obra de empresários.

Em 1850, a industrialização da Grã-Bretanha, embora ainda desequilibrada, já havia tornado o país muito mais rico do que jamais fora. A distribuição da nova riqueza era acentuadamente desigual, mas nessa altura um amplo setor da população estava experimentando uma elevação real de rendimentos. Nesse meio tempo, o Estado começara a reinvestir parte de seu quinhão da nova riqueza no bem-estar de seus cidadãos, educando-os e protegendo-os. Nessa altura os católicos estavam emancipados há uma geração, e na geração seguinte um governo conservador iria tomar uma série de medidas que levariam ao sufrágio universal. Por fim, o processo de emancipação chegou às mulheres. Com isso os elementos básicos do modelo britânico estavam introduzidos, e o povo passou a considerar certo grau de segurança, democracia e civilidade um direito nato. Seria difícil imaginar semelhante desenvolvimento sem o fundamento sólido de uma economia industrial viável.

Esbocei essa evolução sem precedentes na forma de uma história, inserindo pouca explicação. Mas, como em todo evento histórico ao mesmo tempo único e complexo, a explicação envolve problemas tremendos e, neste caso, eles são tão insistentes que o terreno foi todo pisoteado por historiadores. As teorias rivais que eles propuseram são muitas vezes plausíveis, mas raramente de todo convincentes. Obviamente a transformação da Grã-Bretanha estava no âmbito da possibilidade humana; mas era inevitável ou mesmo provável que uma mudança como essa viesse a ocorrer? Se estava fadada a ocorrer, por que não mais cedo, ou, quanto a isso, mais tarde? Seria o caso de pensar fundamentalmente em termos de uma divergência britânica (e, mais amplamente, européia) secular em relação ao padrão mais geral da história, ou o que ocorreu se assemelhou mais a um súbita guinada na idiossincrasia no final do século XVIII? E por que na Grã-Bretanha? Por que não no delta do Yang-tsé, por exemplo? À medida que as perguntas se tornam mais específicas, as respostas podem pelo menos tornar-se mais concretas. Assim, podemos dizer com alguma segurança que faltava ao delta do Yang-tsé bom acesso a reservas de carvão e que a região pertencia a um Estado sem interesse em expansão ultramarina. Mas as perguntas mais profundas talvez sejam intratáveis demais para serem abordadas dessa maneira. Tomemos portanto como um dado que a transformação ocorreu, e, prudentemente, sigamos adiante.

O resto do mundo

Que significado a transformação de uma ilha teve então para o resto do mundo? Os resultados foram profundos e sob muitos aspectos destrutivos. Em termos esquemáticos, as sociedades fora da Grã-Bretanha tiveram três opções básicas: tentar seguir adiante como se nada tivesse acontecido; tentar adotar alguma versão do modelo britânico, seja de maneira direta ou diferenciada; ou tentar descobrir uma alternativa viável. Grande parte da história do mundo dos dois últimos séculos disse respeito às escolhas que as sociedades tentaram fazer num ambiente muitas vezes implacável, e aos modos como essas escolhas funcionaram. Basicamente, como veremos, a primeira e a última solução não deram bons resultados; a segunda foi profícua em alguns casos mas não em outros.

Continuar como se nada tivesse acontecido, como os maias tentaram fazer, não era uma estratégia inerentemente absurda. A reação excessiva é uma fraqueza humana comum, e muitos dos problemas que nos incomodam acabam por desaparecer. No caso, porém, nenhuma tentativa de ignorar o mundo moderno provou-se sustentável, e muitas terminaram em desastre. A Coréia, por exemplo, procurou manter um fechamento comparável ao do Japão no período decisivo em que os japoneses haviam reaberto o país; até 1872 a Coréia foi governada por um homem que via a China como o centro da civilização e desprezava europeus e japoneses. O resultado foi que os japoneses conservaram sua independência, enquanto os coreanos sucumbiram ao domínio japonês em 1905; só escaparam parcialmente dessa difícil situação graças à derrota infligida ao Japão pelos Estados Unidos na Segunda Guerra Mundial.

Como esse exemplo mostra, adotar a modernidade era uma aposta melhor que ignorá-la, e para muitos povos essa estratégia funcionou notavelmente bem. A modernidade, afinal de contas, é apenas uma questão de cultura, e uma vez que surgiu num lugar, pode ser imitada em outros; o modelo está lá na sua frente. Podemos dividir os que adotaram a modernidade com sucesso em três grupos principais. O primeiro é representado pelos territórios ultramarinos britânicos. Nos Estados Unidos e nos Antípodas, colonizadores britânicos formaram sociedades em que eles mesmos constituíam a grande maioria da população ou estabeleceram sua cultura de tal maneira que outros imigrantes europeus assimilaram-se a ela. Essas sociedades adotaram a revolução industrial e reproduziram os demais aspectos básicos do padrão britânico sem grande dificuldade; observe o fato de que os Estados Unidos, primeira república moderna, possui há algum tempo a maior economia industrial do mundo e controla um poder equivalente. O segundo grupo é o dos europeus continentais. Já em 1815 algumas regiões da Europa estavam passando pela revolução industrial. No final do século XIX, grandes partes da Europa ocidental e central estavam firmemente ancoradas no mundo industrial, e hoje as fronteiras da modernidade bem-sucedida são consideravelmente mais extensas. O terceiro grupo é o dos asiáticos orientais, ou alguns deles. Mais tarde no século XIX, o Japão passou a se refazer como sociedade moderna, o que continua sendo até hoje, apesar de suas depressões econômicas. A segunda metade do século XX viu um sucesso semelhante entre os chineses e os coreanos, sempre que as condições políticas favoreceram a livre empresa. Embora recente, esse desenvolvimento tem claramente raízes antigas; em 1635, os barbeiros chineses da Cidade do México já estavam competindo com tanto sucesso com seus colegas espanhóis que estes pediram a intervenção do conselho municipal para restringir o mercado a que eles tinham acesso. O resultado dessa modernização da Ásia oriental é que aquilo que começou como modelo britânico e mais tarde se tornou o modelo ocidental já tem agora um status cosmopolita.

Afora a industrialização, no entanto, a experiência de muitas dessas sociedades esteve longe de ser tão benigna quanto a dos britânicos. Na década de 1860 os Estados Unidos foram cenário de uma perversa guerra civil surgida em virtude de uma instituição de modernidade muito duvidosa, a escravidão nas *plantations*, a que o país deve sua substancial população negra. A história da França desde o final do século XVIII foi marcada por revoluções, invasões e profundas linhas de fratura — embora seja de algum consolo que a primeira dessas revoluções, a de 1789, tenha desempenhado um papel-chave no estabelecimento do estilo republicano moderno, em que até a maior parte das políticas das monarquias é hoje conduzida. A Alemanha, que só foi unificada como país em 1871, perdeu duas guerras e foi ocupada e dividida ao final da segunda; foi uma autocracia até a Primeira Guerra Mundial, uma democracia gorada entre as guerras, e uma potência genocida na Segunda Guerra Mundial. O Japão também tomou um caminho autoritário, embora mais caótico, e sofreu igualmente derrota e ocupação. A experiência do último meio século sugere, contudo, que hoje todas essas sociedades modernas já adquiriram as características benignas do que foi inicialmente o padrão britânico: uma economia industrial que serve como fundamento para uma abordagem satisfatória da segurança, da democracia e da civilidade para a maior parte da população dentro de suas fronteiras. Isso, apesar de o mundo continuar tomado por guerras e rumores de guerras, nenhuma das quais, porém, tem lugar entre países modernizados com sucesso. Com ou sem razão, ninguém teme a eclosão de uma guerra por causa de tensões entre os franceses e os alemães — como aconteceu duas vezes no século passado —, ou entre os americanos e os japoneses, ou entre os americanos e os europeus.

Essa talvez seja uma boa notícia, embora dê margem a más. Restam grandes partes do mundo que, pelo menos até agora, não foram modernizadas com sucesso. Muitas delas, é claro, contribuíram, deliberadamente ou não, com matérias-primas e mão-de-obra para a modernização de outras, e forneceram mercados para seus produtos, mas, por uma variedade de razões, ficaram elas próprias para trás. Naturalmente, há grande diversidade dentro dessa categoria, em termos tanto de desempenho quanto de perspectivas. No início do século XXI, não é considerado irrealista pensar que a China e talvez a Índia têm chances de sucesso, que a fronteira da modernidade na Europa oriental acabará se deslocando muito mais a leste, e que algumas partes da América Latina (embora provavelmente não aquelas habitadas pelos maias) se sairão melhor que no passado. Por outro lado, não se ouve falar de muito otimismo com relação à África subsaariana (com a possível exceção da África do Sul, mas não de Angola). Mais surpreendentemente, esse é também o caso do mundo islâmico, onde até agora uma riqueza realmente importante só parece ter sido acumulada por populações que têm grande quantidade de petróleo (como na Arábia Saudita) ou grande número de chineses (como na Malásia). Mas por mais sombrio ou róseo que seja o futuro, neste início de um novo milênio o mundo está cheio de populações que ainda estão por atingir a riqueza, segurança, democracia ou civilidade da revolução industrial.

Independentemente do grau em que o conseguiram, todas as sociedades que tentaram adotar a modernidade enfrentaram um problema que os britânicos (e as populações ultramarinas de origem britânica) em geral puderam abençoadamente ignorar, embora Etelberto de Kent o tivesse apontado muito tempo atrás. Num mundo em modernização, corre-se o risco de descobrir — como os cristãos nigerianos observaram rudemente, no ano 2000, acerca da lei islâmica — que um ou outro aspecto da cultura que se herdou não é compatível com o século XXI. Os seres humanos, como vimos neste livro, podem ser muito adaptáveis, mas não se sentem bem ao abandonar suas culturas ancestrais em favor dos costumes de estrangeiros. Nessas circunstâncias, o impulso natural é chegar a uma solução de compromisso, e, entre outras coisas, o nome dessa solução de compromisso é nacionalismo.

Se quisermos um exemplo de nacionalismo, não precisamos ir além da Irlanda — ilha cuja experiência histórica durante a maior parte dos últimos séculos foi extremamente menos benigna que a da Grã-Bretanha. Os irlandeses não precisaram de muito tempo para perceber que precisavam se tornar parte do mundo moderno a que seu vizinho dera origem; de fato, já na década de 1790, um nacionalista irlandês estava insistindo (com o vívido uso de uma metáfora *high-tech* da época) que, se a Irlanda fosse livre e bem governada, "iria, nas artes, no comércio e na manufatura, subir como um balão, deixando a Inglaterra a uma imensa distância atrás de si". Os irlandeses tinham também plena consciência das vantagens que obtinham por terem se tornado em sua maior parte falantes nativos do inglês; em 1833 um nacionalista bilíngüe observou que, em vista da "utilidade superior da língua inglesa, como veículo de toda a comunicação moderna", ele podia "testemunhar sem um suspiro o gradual desuso do irlandês". Eles não tinham, porém, nenhuma intenção de deixarem de ser irlandeses, e, para deixar isso claro, acabaram aplicando grande quantidade de energia num renascimento sentimental do que fora outrora sua língua nacional, já que "um povo sem língua própria não passa de meia nação". Acima de tudo, mesmo que pudessem querer continuar tendo acesso ao mercado de trabalho dos britânicos, não tinham absolutamente nenhum desejo de serem governados por eles. "Meu objetivo", declarou um nacionalista radical em 1847, "é repelir a conquista — não alguma parte ou porção dela, mas absolutamente toda a conquista de 700 anos." Em suma, os irlandeses queriam se tornar modernos como os britânicos, mas queriam também ser eles mesmos e se autogovernar. O nacionalismo irlandês legitimava sua tentativa de fazer ambas as coisas. Fora da Irlanda, as circunstâncias culturais e políticas precisas de esforços semelhantes variam de um povo para outro, mas a idéia básica é a mesma em toda parte: modernizar a cultura atual sem deixar de se agarrar firmemente à própria identidade ancestral.

O que isso significa, ironicamente, é que nacionalistas muitas vezes fizeram tanto para liquidar suas culturas tradicionais quanto para preservá-las; abatem vacas sagradas tão jubilosamente quanto as adotam e demonstram pouca paciência substancial por aspectos de suas culturas que não mais funcionam para eles. É claro que traçar a linha entre preservação e eliminação é uma questão difícil e muitas vezes controversa, como podemos mostrar com um punhado de exemplos japoneses tomados do período posterior à Restauração Meiji de 1868 — o evento que representa o fim do Estado dual e a fundação do Japão moderno. Mori Arinori, um nacionalista secular, foi assassinado em 1889 após uma visita ao santuário de Ise durante a qual, segundo consta, usou seu cajado para erguer a cortina que ocultava a parte mais recôndita do recinto; em 1873 havia chegado a propor o abandono do idioma japonês em prol de uma forma racionalizada do inglês. Isso não o impedia de alimentar grande admiração por Kusunoli Masashige, o herói trágico da restauração imperial do século XIV. O racionalista radical Fukuzawa Yukichi (m.1901), em contraposição, considerava inúteis os lealistas que "morriam como cães", desperdiçando suas vidas por causas desesperadas — embora fosse prudente o bastante para evitar usar explicitamente esse tipo de linguagem ao falar de Masashige, preferindo dizer: "Devemos admirar seu espírito, mas não tomar seus atos como nosso modelo" (se estivesse vivo hoje, Fukuzawa afirmava, Masashige agiria de maneira bem diferente). Outro desses escândalos envolveu o professor Kume Kunitake, exegeta rigoroso, na tradição chinesa que tomara forma no século XVII; em 1891 ele publicou um ensaio histórico sobre o xintoísmo, religião nativa do Japão em que a concebia como "a sobrevivência de uma forma primitiva de culto". Previsivelmente, esse ensaio foi condenado por xintoístas como sacrílego, e Kume foi obrigado a se demitir de seu cargo universitário. Na controvérsia que se seguiu, um intelectual, um antinacionalista que acreditava em governo mundial, defendeu a liberdade de pesquisa; mas um nacionalista progressista, cujos pares tinham mais facilidade em ler os romances de Walter Scott do que a *História de Genji*, insistiu em que "não se devia transformar em problema público nada que dissesse respeito à casa imperial". O resultado final de tudo isso é talvez que, sejam quais forem as idiossincrasias culturais que os nacionalistas escolham celebrar, eles são restringidos pelo fato de que as elites de todas as nações têm de ser muito parecidas para funcionarem efetivamente num contexto global. Tudo mais é uma receita para viver como uma rã num poço.

Até agora lançamos os olhos para duas das opções que se abrem para sociedades tradicionais num mundo cada vez mais moderno: tentar seguir adiante como se nada tivesse acontecido, ou tentar adotar alguma versão do modelo britânico. Resta a terceira: buscar uma alternativa radical ao tipo particular de modernidade iniciado pela Grã-Bretanha. Também esta não é uma idéia inerentemente absurda. Parece lógico supor que a modernidade britânica deve ter sido, sob muitos aspectos, um produto de sua história local, e mesmo os que a adotaram não deixaram de adaptá-la em numerosos aspectos. Por exemplo, os britânicos eram cristãos, mas a modernização da Ásia oriental mostrou conclusivamente que não é preciso ser cristão para ser moderno; como um erudito japonês do século XIX observou com desdém antes que a modernização de seu país sequer tivesse começado, "o cristianismo é budismo com cabelo". Assim, para levar o argumento um estágio adiante, não poderia haver outras maneiras, muito diversas, de viver efetivamente no mundo moderno, ou mesmo de transformá-lo por completo? Afinal, os britânicos tinham, na melhor das hipóteses, chegado por vias confusas a uma modernidade paroquial cuja natureza dificilmente teriam sido capazes de compreender antes de atingi-la; numa visão retrospectiva, certamente todo o fenômeno exigiria uma profunda reconsideração que poderia depois ser traduzida em ação política radical. A idéia é plausível, mas até hoje as tentativas feitas nesse sentido não foram estimulantes.

O mais consistente desses movimentos foi de longe o marxismo, uma teoria da sociedade humana, e em especial da sociedade industrial, concebida no século XIX e amplamente aplicada pelos partidos comunistas do século XX. Seu componente mais estável foi a aversão à economia de mercado, que é a base da sociedade industrial até hoje. Como práxis política, o comunismo foi concebido originalmente para dar forma à política de sociedades industriais avançadas, empurrando-as habilmente, mediante um processo de revolução política, para um futuro de liberdade sem classes e abastada. Na prática, ele revelou funcionar melhor como técnica para o acúmulo de poder político e econômico em países subdesenvolvidos, a começar pela Revolução Russa de outubro de 1917. E de fato acumulou poder: a União Soviética tornou-se uma superpotência e a China comunista, importante ator no cenário internacional. O que o marxismo não fez foi conceder nem liberdade nem fartura às sociedades que governou, ruindo perto do fim do século. No início do século XXI, nos países que contam, os comunistas ou abriram mão do poder político (como na Rússia), ou o conservaram unicamente com base na renúncia à sua hostilidade tradicional ao mercado (como na China).

Uma das forças decisivas do marxismo reside em seu compromisso com a compreensão do futuro do mundo moderno e com a vida no que acabaria por ser uma versão transformada dele. Assim, o pesadelo dos inimigos do marxismo, embora no final do século XX ninguém se lembrasse mais disso, era que ele tivesse concebido uma forma de sociedade mais efeciente que as deles próprios. "Estamos avançando a pleno vapor no caminho da industrialização", como Stálin declarou em 1929, prevendo que seu país logo deixaria para trás os "estimados capitalistas" e sua "civilização"; "veremos então quais países poderão ser 'classificados' como atrasados, e quais como avançados" (compare com o balão irlandês). Os que se aferravam à desorganização da democracia eleitoral e da economia de mercado estavam fadados a ser os dinossauros da evolução social, e os marxistas, com suas economias planejadas e estruturas de poder impiedosamente centralizadas, seriam seus mamíferos. Por outro lado, uma das fraquezas decisivas dessa doutrina futurista era carecer de raízes nas crenças herdadas de pessoas comuns e não dar lugar para elas em seu sistema doutrinário. Assim, o marxismo minimizou a importância da identidade — e talvez tenha sido a razão pela qual, ao ficar demonstrado que não funcionava, ele desapareceu sem deixar vestígio. Ironicamente, contudo, alguns de seus principais sucessos ao chegar ao poder por meio de revolução haviam sido alcançados quando os marxistas conseguiram desempenhar o papel nacionalista, atuando como defensores de um país contra inimigos estrangeiros, papel que ele desempenhou melhor que os próprios nacionalistas — como na China e no Vietnã, embora não na Rússia.

Se houve alguma outra tentativa de encontrar um caminho alternativo para se viver no mundo moderno que mereça nossa atenção, trata-se do fenômeno conhecido seja como islamismo, islã político ou fundamentalismo islâmico (não estamos interessados aqui no grande número de muçulmanos que adotaram uma modernidade historicamente ocidental praticamente sem alterações). Esse movimento teve raízes do wahhabismo da Arábia no século XVIII, mas, como reação ao mundo moderno, foi nas primeiras décadas do século XX que ganhou forma, para se tornar fator capital na política do mundo islâmico nas últimas décadas. Em termos de força e fraqueza, pode ser visto como uma inversão do marxismo. Pelo menos em intenção, o fundamentalismo islâmico não tinha nada de futurístico; seu objetivo era restaurar a glória de um passado remoto que é parte da herança cultural dos muçulmanos no mundo todo. Encontrou assim ressonância nos valores de uma vasta comunidade religiosa e pôde dar coesão a grande diversidade de queixas muçulmanas, em particular contra o Ocidente, por motivos que variavam da intromissão militar à contaminação cultural; em alguns contextos fez uso efetivo da aptidão do monoteísmo tradicional para gerar estranhamento intercultural (em contraposição à compreensão mútua que hoje se espera que a religião promova no Ocidente). Assim, em contraste com o marxismo, e numa medida muito maior que o nacionalismo, o fundamentalismo islâmico propôs-se a honrar o passado de seus adeptos. Mas se seu vínculo com a herança islâmica era claro e forte, seu compromisso com uma modernidade vigorosa era, pela mesma razão, duvidoso. No início do século XXI, o pesadelo dos inimigos dos fundamentalistas islâmicos não era que os muçulmanos fanáticos pudessem herdar a Terra graças à posse de uma técnica mais eficaz para governá-la, mas sim que pudessem destruí-la se conseguissem se apoderar da tecnologia necessária. Em sua confrontação com os numerosos problemas econômicos, sociais e políticos das populações muçulmanas, a principal coisa que o fundamentalismo islâmico tinha a oferecer era fé.

Em contraste com o marxismo, o fundamentalismo islâmico parece seguro de um certo futuro, embora seja difícil dizer quanto tempo este poderá durar ou no que consistirá. O fundamentalismo poderia, é claro, provar-se inflexível demais para ser viável como maneira de habitar (em contraposição a destruir) o mundo moderno — seria um caso em que, em desespero, tenta-se fazer um risco num barco na tentativa de marcar um ponto fixo no oceano. Se assim for, poder-se-ia prever que acabará caindo em desuso, como o comunismo já caiu. Por outro lado, o fundamentalismo pode acabar provando-se suficientemente flexível para ser compatível com a substância da modernidade — a infra-estrutura social e cultural da riqueza e do poder modernos. Nesse contexto, vale a pena lembrar a Restauração Meiji: o Japão do século XIX conseguiu penetrar no mundo moderno sob o pretexto de retornar a um passado que estivera adormecido por quase um milênio. É verdade que a cultura japonesa é marcada por um ecletismo pouco compatível com os níveis correntes de fanatismo entre fundamentalistas islâmicos. Mas considere o caso do Irã, em que esse fanatismo foi sendo gradualmente abrandado desde a revolução fundamentalista de 1979. Nestes anos que abrem o século XXI, não é difícil imaginar um futuro em que a herança revolucionária, sem ser realmente repudiada, poderia servir sobretudo para fornecer as aparências de uma nação moderna, semelhante em essência a qualquer outra. Se isso ocorrer, o fundamentalismo no contexto iraniano terá se tornado uma forma de nacionalismo. O fundamentalismo sunita pode vir a tomar o mesmo caminho. Há desde já uma interessante analogia com o marxismo num aspecto: foi como uma forma de antiimperialismo que o fundamentalismo chegou mais perto do sucesso político. Seja qual for o resultado final, parece improvável que o fundamentalismo islâmico produza uma forma diferente de ser moderno, em contraposição a uma forma diferente de conciliar a modernidade com uma lealdade antiga. Mas retornemos ao terreno mais firme do presente.

O mundo hoje

Tudo pesado e medido, o processo que começou na Grã-Bretanha no século XVIII não deixou ninguém incólume. Ele ocasionou um mundo mais homogêneo do que jamais existira em tempos humanos (considere, por exemplo, a uniformidade transcultural dos modos como a nicotina é embalada, ilustrados na figura 27). Mas levou também a grandes desigualdades entre povos. Essas desigualdades não são, é claro, nenhuma novidade na história do mundo; poucos grandes embates dos dois últimos séculos foram tão absolutamente desiguais quanto o que resultou da invasão do Novo Mundo pelos espanhóis no século XVI. Mas a disparidade gritante de poder econômico, político e cultural produzida pela revolução industrial acabou por atingir muito mais gente, e continua a afetar toda a forma do mundo em que vivemos. Gera também enorme e previsível ressentimento. Ao se dirigir aos americanos brancos em sua celebração anual da independência em 1852, Frederick Douglass, um escravo negro fugido, disse-lhes: "A rica herança da justiça, liberdade, prosperidade e independência legada por vossos pais é partilhada por vós, não por mim", e terminou seu discurso com esta declaração: "Em matéria de barbaridade revoltante e hipocrisia despudorada, os Estados Unidos reinam sem rival." Os sentimentos expressos por Douglass soam muito familiares no mundo de hoje.

Um indicador do grau dessa disparidade é a desenvoltura quase displicente com que, no século XIX e início do século XX, os britânicos e outros que haviam conseguido ingressar no clube colonial eram capazes de governar

Fig.27: Modos de embalagem de nicotina na França, América do Sul e China, no início do século XXI.

povos que permaneciam fora dele. A partilha do continente africano entre potências coloniais no final do século XIX é um exemplo disso, e a criação de um império japonês na Ásia oriental às expensas dos chineses e dos coreanos é outro. Em meados do século XX, os dias desses impérios tão formais estavam em geral terminados. Não se tratava, contudo, de que a modernidade tivesse perdido seu poder — ele agora estava apenas distribuído de outra maneira. O processo de modernização gerara elites modernizadas mesmo em sociedades que ainda não haviam assimilado a modernidade em nenhuma escala, e a existência dessas elites havia tornado difícil, política e moralmente, sustentar o domínio imperial direto, que dirá ampliá-lo. Por isso o mundo hoje encontra-se, em sua maior parte, dividido entre nações, não entre impérios; até o império russo, que graças ao comunismo sobreviveu muito mais que os outros, está agora fragmentado. No entanto, por trás da fachada das nações unidas e desunidas do mundo, as estruturas formais e informais das relações internacionais mostram que a modernização bem-sucedida continua sendo uma precondição para o exercício do poder.

Há uma mudança, contudo, que contribuiu para tornar este mundo desigual um pouco menos desumano. Vimos no capítulo 10 de que maneira, no ambiente de uma cidade-Estado em contraposição a um reino territorial, a elite é obrigada a sentir parte da dor das massas. Algo semelhante pode ser visto numa escala muito maior no mundo em que vivemos. Na década de 1840, era possível para a elite britânica olhar com relativa indiferença para os campesinato irlandês reduzido à miséria sob o domínio britânico a algumas centenas de quilômetros de distância. Hoje os britânicos participam do esforço para debelar a fome em regiões muito mais remotas e pelas quais não têm nenhuma responsabilidade política direta. Seria possível explicar isto em termos de uma mudança da sensibilidade, e sem dúvida ela ocorreu; hoje os britânicos se preocupam muito mais que no passado com os infortúnios que afligem partes menos privilegiadas do mundo. Mas essa mudança de sensibilidade foi decisivamente reforçada por considerações de natureza mais material. Hoje em dia, eventos apavorantes que ocorrem em regiões remotas têm modos de transbordar as fronteiras dos desafortunados países em que têm lugar; podem, por exemplo, gerar fluxos de refugiados, e isso pode ser um problema para todos. O efeito, é claro, é desigual. É improvável que uma maré de refugiados do genocídio na África central inunde a Europa, mas refugiados do colapso de Estados na África do Norte ou nos Bálcãs são uma outra questão. De todo modo, a natureza do efeito e sua novidade relativa são claras. Assim sendo, o mundo passou a exibir certo grau de interesse em mitigar o desespero dos pobres e, mais sinceramente, daqueles que se encontram do lado errado da ordem atual do mundo. Que esse interesse tinha alguma razão de ser, ficou evidente no outono de 2001.

II. As torres altaneiras

"Onde quer que estejais, a morte vos surpreenderá, ainda que seja nas torres altaneiras" (Corão 4:78). O versículo pode ser aplicado ameaçadoramente a infiéis, embora no contexto ele se dirija de fato aos crentes. Como é freqüente no Corão, Deus os estimula a lutar com mais coragem em suas guerras, e, para isso, salienta que, como os homens morrerão de todo modo, melhor seria que morressem gloriosamente. "Deixai-os portanto lutar pela religião de Deus, que abre mão da vida presente em troca da que está por vir; pois todo aquele que lutar pela religião de Deus, quer seja morto ou vitorioso, receberá certamente de nós uma grande recompensa" (Corão 4:74). Talvez seja uma reação humana natural supor que é mais recompensador ser vitorioso que morto, mas não é assim: "Não consideres de modo algum mortos os que perderam a vida pela causa de Deus; não, eles são mantidos vivos com seu Senhor" (Corão 3:169). Melhor ainda, não poderia alguém ser morto e alcançar a vitória ao mesmo tempo, e ter assim o melhor de dois mundos? Se um pensamento como este pode ou não fornecer uma justificação islâmica para ataques suicidas tramados por terroristas, depende de questões legais complexas. Mas não há dúvida de que pode gerar uma retórica embriagante para acompanhar ataques desse tipo.

Em 11 de setembro de 2001, grupos de terroristas muçulmanos seqüestraram quatro aviões nos Estados Unidos. Pilotaram dois deles em direção às torres gêmeas do World Trade Center em Nova York e um rumo ao Pentágono, em Washington, matando vários milhares de pessoas. O quarto caiu numa zona rural da Pensilvânia, matando os que estavam a bordo, aparentemente em conseqüência da resistência de passageiros. Ninguém reivindicou responsabilidade por esses ataques espetaculares, mas acredita-se com alguma razão que foram obra de uma organização conhecida como Al Qaeda. Esta era uma rede terrorista excepcionalmente ampla montada pela ovelha negra de uma rica família saudita, junto com alguns competentes associados. O movimento teve origem na bem-sucedida resistência islâmica à ocupação soviética do Afeganistão na década de 1980, resistência que os Estados Unidos haviam ajudado a armar e financiar através dos paquistaneses. Depois da retirada soviética em 1989, houve uma prolongada guerra civil afegã de que acabou por se sair vitorioso o Talibã, milícia fundamentalista islâmica com estreitos vínculos com os paquistaneses — e mais tarde com a Al Qaeda. A vitóra do Talibã, que tomou Cabul em 1996, deu à rede liberdade de atuação em grande parte do país, o que ela usou para implantar e operar campos de treinamento em terrorismo numa escala que ultrapassava de longe as atividades de grupos tão persistentes quanto o IRA (de Irish Republican Army, ou Exército Republicano Irlandês). A rede já atingira alvos americanos mais de uma vez, mas os ataques de 11 de setembro foram de ordem distinta.

Nos últimos meses de 2001 esses eventos concentraram todas as atenções, e para alguns observadores haviam transformado o mundo. Correntes de impetuosa emoção varreram o mundo do islã, e um senso de comunidade sem precedentes desenvolveu-se da noite para o dia entre países com um problema muçulmano (a simples dimensão da população muçulmana do mundo garante que esses países sejam numerosos). No entanto, pareceu também sensato alimentar certo ceticismo com relação aos efeitos de longo prazo dos ataques. Duas coisas haviam permitido à Al Qaeda roubar a cena do IRA de maneira tão decisiva: sua possibilidade de operar abertamente no Afeganistão e a capacidade de seus agentes de transitar livremente pela maior parte do globo. A intensidade da reação internacional, combinada à escala da resposta militar americana, tornou improvável que ambas essas condições continuassem sendo atendidas. Ainda que a força da Al Qaeda não tivesse sido totalmente esgotada, era difícil imaginar como ela poderia se renovar na mesma escala generosa. A menos que precipitasse um Armagedom biológico ou nuclear, parecia improvável que a organização fosse capaz de alterar a estrutura de grande escala das relações internacionais numa direção favorável a seus propósitos. Na verdade, como um ator no cenário internacional, ela começava a parecer um tanto quixotesca. Um movimento tão dedicado à arte de fazer inimigos — tendo conseguido antagonizar os americanos, os europeus, os russos, os indianos e os chineses simultaneamente — parecia mal ajustado à sobrevivência num mundo predominantemente não-muçulmano.

Mas era o movimento realmente tão quixotesco? Era de fato na matança de infiéis, sem consideração pelas conseqüências, que ele estava empenhado? Compreensivelmente, os americanos, em particular, tenderam a ver as coisas desse modo e a dar por certo que os terroristas os tomavam como alvo em razão do profundo ódio que alimentavam por eles. Certamente a organização não tinha nenhum amor pelos americanos, e não sentira nenhum remorso por matá-los; já havia declarado uma guerra santa contra eles alguns anos antes. Isso, propriamente, não era de difícil explicação. Qualquer nação que viesse a ser a mais rica e a mais poderosa do mundo teria enorme probabilidade de provocar ressentimento generalizado da parte dos mais desfavorecidos, mesmo que fosse um modelo de tato em suas relações exteriores. Ademais, era lugar-comum no mundo muçulmano que os Estados Unidos eram hostis ao islã. Esta não era, é claro, uma avaliação inteiramente realista; uma superpotência precisa basear suas políticas na plena diversidade de seus interesses em diferentes partes do mundo, dificilmente podendo arcar com o preço de uma postura global coerente pró ou contra algo tão ramificado quanto uma religião mundial. Mas no mundo árabe, em particular, havia razões específicas para se ver o papel dos Estados Unidos sob luz desfavorável — e era nos países árabes que a grande maioria dos membros da Al Qaeda parecia ter sido recrutada.

As políticas americanas no mundo árabe foram moldadas em torno de dois compromissos principais, ambos firmemente ancorados em realidades externas a ele. Um foi um compromisso com o bem-estar do Estado de Israel, que estava amarrado à política interna dos Estados Unidos. Israel nascera, durante a primeira metade do século XX, de uma inusitada combinação de libertação nacional e colonização; era da colonização que os árabes tinham mais consciência, já que ela se dera às custas deles. Assegurar o bem-estar de Israel significava também sustentar regimes que chegavam a um acordo com ele, tendendo portanto a ser vistos como traidores da causa árabe. O outro compromisso era com a estabilidade dos regimes-chave nas regiões produtoras de petróleo do golfo Pérsico, sobretudo o da Arábia Saudita; ele era fruto da intratável dependência em que o mundo civilizado, aí incluídos os Estados Unidos, se encontra do petróleo importado. O Estado saudita era dominado por uma família real cujo sucesso reprodutivo desde do século XVIII superara de longe o de qualquer dinastia européia; em termos proporcionais, era como se as oportunidades mais desejáveis nos Estados Unidos tivessem sido açambarcadas por meio milhão de descendentes de George Washington. Tratava-se de uma façanha familiar notável, por quaisquer parâmetros, mas seus resultados eram dificilmente justificáveis no mundo moderno, fosse num estilo republicano ou islamita. Em suma, nem seu compromisso com os israelenses, nem seu compromisso com os sauditas dava aos Estados Unidos uma boa figura aos olhos de um mundo árabe composto de populações descontentes e regimes impopulares. Tudo isso assegurava um estado de espírito de virulento antiamericanismo a que a Al Qaeda podia fazer apelo sem esforço.

Mas, como uma linha de comentários aos ataques terroristas salientou na época, disso não se seguia necessariamente que esse antiamericanismo fosse a força propulsora sob as ambições da Al Qaeda. De fato, a retórica de seu líder era um tanto inexpressiva quando ele falava dos americanos, ou mesmo dos israelenses. Era quando ele tinha em mira o regime saudita que ela ganhava vida, e era provável que os membros da organização de outras partes do mundo árabe sentissem o mesmo em relação aos regimes no poder em seus próprios países. Muito provavelmente, sua meta estratégica fundamental não era simplesmente dar vazão a seus sentimentos ou virar o mundo de cabeça para baixo, e sim tomar o poder em países muçulmanos, particularmente árabes, e islamizá-los — "talibanizá-los", numa expressão que se tornou de uso geral na esteira dos ataques.

Essa ambição era tão antiga quanto o fundamentalismo muçulmano. Por longo tempo os fundamentalistas haviam tentado as táticas óbvias: infiltrar-se em regimes de países muçulmanos ou derrubá-los, lançando mão de quaisquer meios ao seu alcance. No final do século XX, tinham colorido a política de praticamente todos os países muçulmanos. Tinham assassinado um presidente no Egito; conquistado, mas sem conseguir conservar, um papel na orientação do governo do Sudão; perdido uma guerra civil na Argélia, mas praticamente ganhado uma no Afeganistão, onde fora dada anteriormente aos fundamentalistas a rara oportunidade de ganhar apoio popular no curso da resistência à ocupação soviética. A estratégia geral, no entanto, provara-se um fracasso, talvez porque a capacidade que os regimes vigentes tinham de se agarrar ao poder fosse grande demais, ou talvez porque os fundamentalistas que organizavam ataques em países muçulmanos matassem irmãos de fé (ainda que apenas espalhando veneno em seus rosários, como recomendava um manual da Al Qaeda) — tática garantida para dividir, não para unir a opinião muçulmana. Sem dúvida alguma, fora no Irã que o fundamentalismo tivera mais êxito — ali a revolução que derrubou a monarquia em 1979 deu lugar à implantação de uma república islâmica que parecia fadada a perdurar, sob uma forma ou outra, no futuro previsível. No final do século, porém, o clero que governava o país estava perdendo sua posição de superioridade no terreno moral. O eleitorado — o Irã era uma república islâmica suficientemente constitucional para ter um — parecia cada vez mais frustrado pelas políticas econômicas ineficazes do regime e a repressão cultural por ele exercida. E, de todo modo, a profissão de fé xiita do Irã o excluía como modelo para a maior parte do mundo islâmico. Quando o século terminou, os fundamentalistas não haviam conquistado o poder em nenhum outro país importante. Tinham conseguido exercer ampla influência cultural no mundo islâmico e mostrado verdadeiro talento para o trabalho social de pequena escala (embora não no Afeganistão), mas politicamente não estavam indo para lugar nenhum. Nesse aspecto, foram obviamente incapazes de alcançar sucesso equivalente ao obtido pelos partidos comunistas da Eurásia meio século antes.

A inusitada estratégia da Al Qaeda pode ter sido fruto, portanto, de uma intuição. Em vez de atacar os próprios regimes, adotou-se o estratagema de atacar os americanos. Ao provocar uma grande retaliação americana, os terroristas podiam alimentar a esperança de conquistar a simpatia generalizada da opinião pública muçulmana e expor ao opróbrio regimes que cooperavam com os Estados Unidos. O que ocorreu, contudo, foi que a resistência à invasão americana do Afeganistão desmoronou depressa demais para que tal processo se estabelecesse, e a opinião pública muçulmana continuou profundamente ambivalente com relação a toda a questão; prova disso é sua tendência a atribuir os ataques seja aos judeus ou aos próprios americanos, em vez de se ufanar deles.

É perfeitamente possível que, dentro de uma ou duas décadas, esses ataques venham a representar na memória coletiva dos americanos nada mais que um episódio excepcionalmente doloroso. Mas mesmo que esses eventos não tenham, a longo prazo, muito impacto sobre as estruturas de nosso mundo, mesmo que não consigam desbancar os regimes hoje no poder nos países árabes, eles vão por certo conservar uma significação real pelo que dizem sobre o mundo assimétrico em que vivemos. E, o que não é menos importante, eles nos lembram mais uma vez que há muitos povos a que a modernidade ainda não concedeu os benefícios com que cumulou em primeiro lugar os britânicos. O que distingue as populações muçulmanas de outras que estão hoje do lado errado da história talvez não seja tanto a situação difícil em que se encontram, mas sim uma ou duas características herdadas que moldam suas reações: a vasta extensão da comunidade muçulmana e a pronta disponibilidade, no seio de sua herança, de uma tradição particular de violência religiosamente sancionada. Essa tradição pode ser aproveitada por pequenos grupos fanáticos, cujos objetivos finais exercem atração muito limitada mesmo dentro do mundo muçulmano e não têm nenhuma inteligibilidade fora dele. Mas, ao longo do caminho, grupos desse tipo podem despertar pelo menos certo grau de simpatia de parte de populações mais amplas cujos descontentamentos têm fontes facilmente inteligíveis para os que estão de fora.

Um paralelo latino-americano talvez ajude a realçar a singularidade do que aconteceu no mundo muçulmano: o Peru, por exemplo, país com o rancor latino-americano usual dos Estados Unidos. Em décadas recentes, o país foi vítima de um terrorismo de escala considerável nas mãos de um movimento marxista — mais especificamente maoísta — que se autodenominava Sendero Luminoso e cujo objetivo era derrubar o Estado peruano. Experimentou também as incursões do fundamentalismo religioso, graças à fé e à energia de seus pentecostalistas. O grande trunfo destes últimos, ao que me disseram numa visita ao país, é o serviço social que prestam; além disso, a reforma moral que induzem nos homens convertidos torna o movimento atraente para mulheres — maridos sóbrios trabalham com mais afinco, levam mais salários para casa e têm menos propensão a surrar suas mulheres. Assim, também o Peru tem terrorismo político e fundamentalismo. No caso peruano, porém, como em tantos outros, as duas coisas estão completamente separadas; os terroristas não têm religião e os fundamentalistas não têm política. O que torna o mundo muçulmano peculiar é a extensão em que os dois elementos se combinaram, e o caráter explosivo da mistura.

III. Os amantes de Júpiter outra vez

Um tema central na história da revolução industrial — o que a conduziu e aquilo a que ela conduziu — foi o progresso cada vez mais rápido da ciência. Sem ele, afinal de contas, não existiriam torres de 110 andares, nem a Al Qaeda disporia de aviões a jato com que pô-las abaixo. Alguns dos desenvolvimentos científicos ocorridos no final do século XX tinham o potencial de transformar a vida humana de maneiras anteriormente inimagináveis; esse foi o caso quando cientistas começaram a adquirir os rudimentos da escrita genética mediante suas investigações do funcionamento do DNA. Outros avanços foram simplesmente prodigiosos, como a compreensão que se desenvolveu da história e da estrutura em grande escala do universo, por um lado, e do comportamento das mais ínfimas partículas, por outro. Mas um ramo da atividade científica estava produzindo resultados que, embora nem obviamente úteis, nem particularmente de tirar o fôlego, eram inegavelmente espetaculares. Trata-se da exploração do sistema solar por naves espaciais não tripuladas.

Como a pesquisa de Galileu, essa exploração dependeu do patrocínio do Estado; como Galileu observou argutamente, são soberanos que "promovem guerras, constróem e defendem fortalezas, e em seus régios divertimentos fazem aqueles grandes gastos que nem eu nem outras pessoas privadas podemos fazer". No final do século XX, no entanto, esse não era mais um jogo em que príncipes italianos ou repúblicas mercantis teriam podido competir, mesmo que a última delas não tivesse desaparecido na reunificação italiana do século XIX. Apesar de certo grau de cooperação internacional, só houve na verdade um jogador, o governo do país mais rico do mundo; e mesmo ali os políticos empalideciam ante a escala dos custos envolvidos. Apesar disso, o governo dos Estados Unidos criou a NASA (National Aeronautics and Space Administration) e continuou a destinar-lhe fundos enormes, ainda que irregulares. Tínhamos aqui, portanto, uma organização devotada à exploração de um domínio que, antes de meados do século XX, fora completamente inacessível a seres humanos. A NASA, por sua vez, empregou grande número de cientistas e engenheiros, quando Galileu não contara com a ajuda nem de um aluno do primeiro ano da pós-graduação. A escala desse empreendimento coletivo, como a maior parte de sua tecnologia, estava certamente além de tudo que ele poderia ter imaginado.

Muitos dos frutos das explorações da NASA, no entanto, não teriam ultrapassado a imaginação de Galileu, embora pudesse ter parecido dificilmente assimilável a seus predecessores, com sua astronomia a olho nu. De fato, vários achados da NASA teriam deliciado Galileu; como suas próprias descobertas, teriam sido água para seu moinho. Sua idéia fundamental, que ele martelara em suas discussões sobre as paisagens lunares, era que os corpos celestes não passavam de corpos como quaisquer outros. O contexto, contudo, não lhe permitiu ir muito longe a partir de sua descoberta das quatro luas de Júpiter, porque mesmo em seu maior telescópio só as podia ver como pontos de luz. Desde aquele tempo, foram descobertas tantas luas de Júpiter que a maioria de nós perdeu a conta delas. Mas as quatro galileanas continuam sendo de longe as maiores e as mais interessantes. As sucessivas espaçonaves lançadas pela NASA em direção a Júpiter desde 1972, e em particular a "Missão Galileu" da década de 1990, produziram a esta altura uma torrente de informação sobre que tipo de corpo esses satélites realmente são.

Io, do nome de uma amante de Júpiter que sofrera horrivelmente com o ciúme que despertava na esposa dele, é, dos quatro, o mais próximo do planeta. Para Galileu, isso significava que era difícil vê-lo (por isso o número variado de satélites na figura 22). Para nós, significa que o satélite está sujeito a grandes forças de maré que puxam vigorosamente seu interior, com isso aquecendo-o e gerando uma atividade vulcânica incessante. Esse vulcanismo refaz continuamente a superfície cor de enxofre do satélite; enquanto grandes partes da superfície de nossa própria lua preservam um registro dos primórdios da história do sistema solar, provavelmente nada do que vemos em Io tem mais de um milhão de anos. A figura 28 (no alto à esquerda) mostra algumas das montanhas de Io como as podemos ver agora; Galileu teria notado imediatamente a sombra projetada pelo sol poente, que, tal como em nossa lua, dá uma indicação da altura das montanhas (neste caso, cerca de 4.000m). Evidentemente, Io é inóspita para qualquer forma de vida que possamos conceber.

Calisto, assim chamada por causa de uma princesa que ficou grávida de Júpiter e teve problemas semelhantes com a esposa dele, é o mais externo dos quatro satélites. Sua superfície nada tem da juventude da de Io. Ao contrário, Calisto é uma fonte admiravelmente antiga, marcada em toda parte pelas cicatrizes de antigas crateras de impacto (ver figura 28, embaixo à direita); os processos vulcânicos posteriores que remoldaram partes signifi-

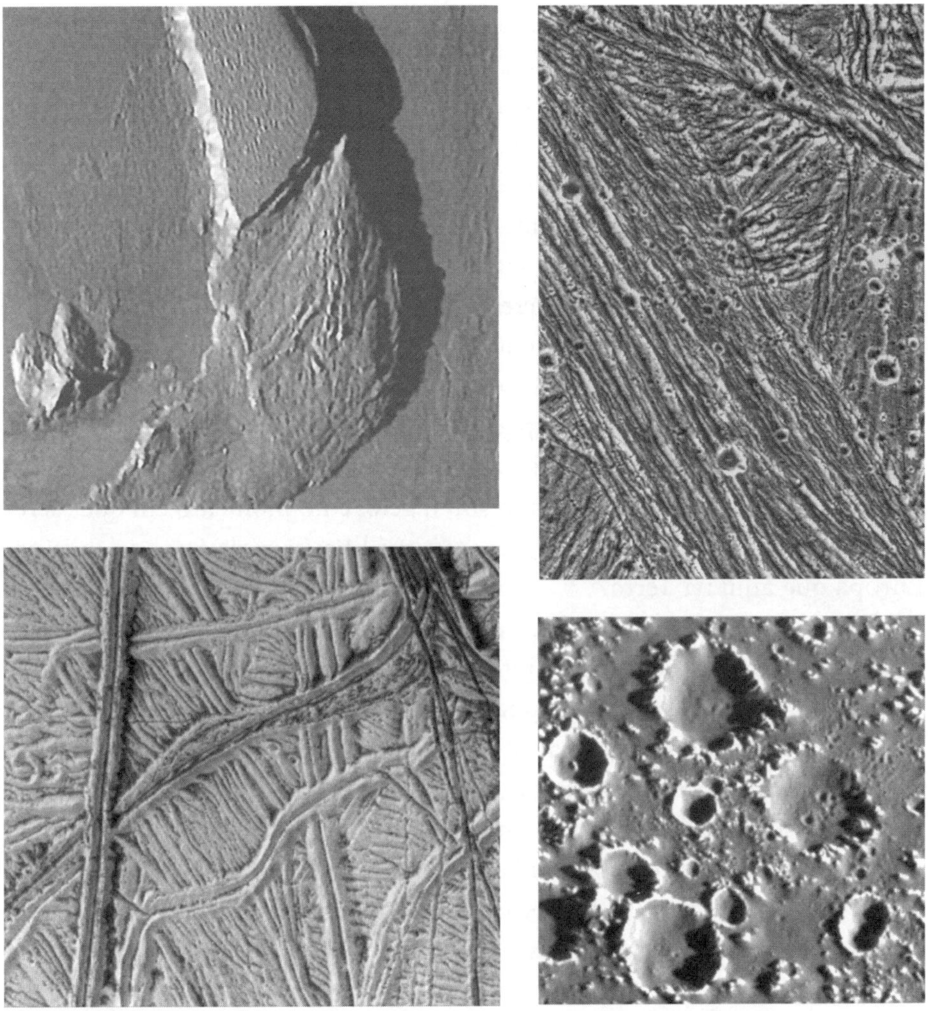

Fig.28: Imagens dos quatro maiores satélites de Júpiter, no fim do século XX. *À esquerda*, Io (no alto) e Europa (abaixo); *à direita*, Ganimedes (no alto) e Calisto (abaixo).

cativas da superfície de nossa lua o deixaram intocado. Num aspecto, contudo, Calisto difere completamente de nossa lua: um de seus principais ingredientes é gelo. Isso suscita a interessante possibilidade da existência de um oceano escondido sob a superfície imutável do satélite.

Ganimedes, que tem o nome de um belo jovem seqüestrado para servir a Júpiter como copeiro (e sem dúvida também como objeto sexual), é o maior satélite no sistema solar, movendo-se dentro da órbita de Calisto. Novamente, a maior parte do que vemos é gelo marcado por antigas crateras de impacto. Mas, diferentemente da superfície de Calisto, a de Ganimedes foi severamente afetada por processos posteriores, dando a curiosa impressão de que um jardineiro cósmico a trabalhou com um ancinho (ver figura 28, no alto à direita). Neste caso, nunca se falou a sério de um oceano abaixo da superfície.

Resta-nos Europa. Com o nome de uma princesa fenícia que Júpiter raptou e levou para Creta, Europa é o satélite galileano mais próximo do planeta depois de Io. Também aqui o que vemos é sobretudo gelo, trabalhado de maneira tal que sua superfície lembra a de Ganimedes, porém muito mais bizarra (ver figura 28, embaixo à esquerda); uma espécie de vulcanismo glacial parece ser o principal culpado. Ainda não foi determinado que idade essa superfície teria ao certo, mas há indicações de que é bastante recente. A questão, é claro, é se há um oceano sob o gelo, e no momento em que escrevo ela permanece irrespondida. Seria possível haver mais água salgada em Europa que aqui na Terra.

Tudo isto é muito pitoresco, e é uma pena que Galileu não esteja aqui para ver. Mas o ponto isolado mais interessante são os dados que indicam que Europa, e talvez não só Europa, pode abrigar água líquida sob sua superfície. Onde há um oceano poderia haver vida. Se houver, isso também teria parecido conveniente a Galileu, permitindo-lhe torcer as orelhas dos geocentristas, mostrando-lhe mais um aspecto em que os corpos celestes não diferem tanto dos outros. Mas o encontro de vida em Europa iria também suscitar um problema que Galileu dificilmente teria podido formular: como seria a vida em Europa, em termos bioquímicos e biológicos, se comparada à nossa? Este problema não diz respeito, é claro, à história humana, mas é de natureza semelhante a questões de necessidade e contingência com que deparamos repetidamente neste livro — por exemplo, quando convocamos o Conquistador Anônimo para nos ajudar a comparar as civilizações do Novo Mundo com as do Velho. Em que medida coisas como vida, civilização e modernização são como são e por que, se devem existir, não poderiam ser de outra maneira? E em que medida a maneira como são é apenas uma de certo número de alternativas? É interessante quebrar a cabeça com essas perguntas, mas até hoje só tivemos, neste livro e alhures, sucesso limitado na tentativa de respondê-las.

Nesse meio tempo, as atividades espetaculares da NASA e da Al Qaeda produzem um contraste impressionante. Uma organização dirige-se aos que prosperam, vivendo no atual cenário global, a outra, aos que o abominam. Poderíamos ver isto como um contraste entre os que seriam rãs em volta de um poço e os que seriam rãs dentro de um. Mas os dois empreendimentos têm também algo de importante, e de muito humano, em comum. Ambos podem servir para nos lembrar a extraordinária medida em que a imaginação — para não dizer fantasia — tem o poder de neutralizar o senso comum nos negócios humanos.

CONCLUSÃO

O relato da história humana feito neste livro é, em linhas gerais, materialista. Isso não significa que seja baseado em noções manifestamente equivocadas, como a de que no universo só existe matéria, ou a de que idéias não importam. É materialista no sentido de que não invoca as ações de nenhuma inteligência sobrenatural — divina ou de outra natureza — para tornar o curso da história inteligível, ou para explicar por que tal coisa teria sequer existido.

Não há nada de novo nessa abordagem. Lucrécio, poeta romano que afirmou que o mundo não foi feito para nós, fez um relato da evolução cultural humana igualmente materialista em caráter e, ainda mais, em seus fundamentos doutrinários. Embora não negasse a existência dos deuses, situava-os totalmente fora de nosso mundo, rejeitando a idéia de que se ocupassem de algum modo com os acontecimentos que tinham lugar na Terra. O que acontecia em nosso mundo (que era apenas um entre muitos) era em última instância uma questão de comportamento dos átomos — "muitos átomos embaralhados de muitas maneiras" que "se reúnem e tentam todas as combinações". Para Lucrécio não havia, portanto, nenhum lugar para a teologia na história. A cultura humana e a sociedade eram produto de evolução, não da intervenção intencional de deuses. No início os seres humanos viviam como animais. Faltavam-lhes características fundamentais de sociedades posteriores como linguagem, agricultura, ferramentas de metal, uso do fogo, roupas, casas, navegação, casamento, urbanidade, propriedade, leis, justiça para os fracos, religião ou escrita. Pouco a pouco tudo isso mudou; povos engenhosos introduziram inovações, reis fundaram cidades, e assim por diante. Sociedades complexas emergiram, como diríamos. Foi mais ou menos esse o terreno que procurei abranger neste livro, e num espírito bastante semelhante ao de Lucrécio — embora sem a polêmica anti-religiosa que estava no cerne de seu empreendimento.

Sob certos aspectos, continuamos em grande parte no mesmo barco que Lucrécio quando se trata de tentar compreender nossa própria história. Para começar, também nós temos de conviver com o fato de que pelo menos parte da história humana ainda está por ser feita. Por mais que isso seja emocionalmente estimulante, é intelectualmente frustrante. Pois o presente não tem muito a apresentar que o credencie como ponto de vista privilegiado para a escrita da história da raça humana; ao contrário, talvez ele seja positivamente enganoso. Aprendemos, até certa medida, a resistir à atração do etnocentrismo, a idéia de que o que há de mais importante no mundo é *quem* venhamos a ser. Mas somos curiosamente cegos para a autocomplacência do cronocentrismo, a idéia de que o que há de mais importante no mundo é o *momento* em que viemos a existir — que o que importa no passado é o modo como ele se relaciona com nosso transitório presente.

O fato é que nós, como Lucrécio, não podemos alimentar a esperança de conhecer a forma total da história humana até que ela se encerre — e nessa altura talvez não sobre ninguém para conhecê-la. Talvez nossa história chegue ao fim por meio de atos facilmente imagináveis de delinqüência humana. Poderia ser o uso de armas de destruição em massa, um desfecho que não teria surpreendido demais Lucrécio, que partilhava conosco um vívido entendimento de que o progresso nem sempre leva ao melhor; nos tempos primitivos, escreveu ele, "milhares de homens liderados pelo estandarte de batalha não eram aniquilados num único dia", como acontecia em seu tempo, em conseqüência da invenção de "armas horríveis para a humanidade, aumentando dia a dia o terror da guerra". Seria também possível que a degradação irreversível do meio-ambiente pusesse um fim à nossa história, eventualidade que Lucrécio não previu, embora tenha descrito os inícios do processo ao falar que a metalurgia dava aos homens "ferramentas para derrubar as florestas", e que os seres humanos "obrigavam as florestas a recuar montanha acima, e a ceder as terras de baixo para a agricultura". É possível ainda que o fim venha mediante processos puramente naturais. Não compreendemos por que o clima do Holoceno foi tão estável por tanto tempo, mas os registros paleoclimáticos nos dão fortes indicações de que essa estabilidade tem de acabar em algum momento — eventualidade que não teria ocorrido a Lucrécio, mas que sem dúvida o teria atraído, já que ilustra muito bem sua própria idéia de que o mundo não foi feito para nós. Ou talvez nossa história termine de maneira bem diferente. Assim como poderia prolongar-se num futuro que não somos capazes sequer de imaginar. Isso seria interessante. Mas, afinal de contas, não estamos muito mais bem informados nesses assuntos do que o próprio Lucrécio.

Outro aspecto em que ainda nos encontramos no mesmo pé que Lucrécio é que não possuímos nada de convincente em matéria de compreensão científica do comportamento humano. Nossa ferramenta mais poderosa para compreensão de nossos semelhantes, do presente e do passado, continua sendo a intuição, qualidade bem distinta da compreensão científica. Como o grande cientista Charles Darwin escreveu acerca de seu pai, que de cientista não tinha nada: "O mais notável poder que meu pai possuía era o de decifrar o caráter, e até os pensamentos, de pessoas que tivesse visto mesmo por pouco tempo." A existência desses poderes, de que a maioria de nós partilha em maior ou menor grau, não surpreende. Os demais seres humanos com que nos defrontamos em nossas vidas diárias são organismos extremamente complicados, e é plausível que tenhamos sido selecionados, durante um longo período, por nossa capacidade de interpretá-los. Continuando, Darwin disse que esse dom da intuição salvara seu pai "de jamais (com uma exceção, e o caráter desse homem não demorou a se revelar) fazer amizade com alguém que não o merecesse". Por milhares de gerações, não foram exercidas quaisquer pressões comparáveis para selecionar seres humanos por sua capacidade de descartar hipóteses científicas não merecedoras de consideração; na verdade, nossas mentes parecem no final das contas mais adaptadas à religião, que projeta na natureza as intenções que nos tornamos gradualmente capazes de discernir em nossos semelhantes. Isso não é negar a possibilidade de que uma ciência do comportamento humano possa acabar emergindo, embora um ser humano seja vastamente mais complexo que um elétron, uma geleira ou uma estrela. Mas no pé em que estão as coisas, não estamos muito mais próximos disso do que estava Lucrécio.

Há, sem dúvida, muitos aspectos em que podemos agora nos sair melhor do que teria sido possível a Lucrécio. Temos uma compreensão melhor da genética e das características que as sociedades humanas têm em comum com as de outros primatas; de fato, ele não tinha praticamente nenhuma e seu relato se ressente dessa deficiência. Ele não dispunha de nenhum dado arqueológico para aplicar à reconstrução da pré-história, e de nenhuma técnica de datação. Sabia também menos que nós sobre a maior parte das sociedades humanas, inclusive muitas que existiam em seu próprio tempo (não teria porém, ao contrário de nós, nenhuma dificuldade em reconhecer os pesos de teares da figura 1, que são tudo o que resta hoje de teares como o mostrado na figura 19). Naturalmente, Lucrécio não sabia absolutamente nada sobre os cerca de 2.000 anos de história que se estendem entre ele e nós. Em aspectos como esse, podemos afirmar justificadamente que o deixamos para trás.

Há, entretanto, um tema proeminente deste livro que Lucrécio poderia ter abordado, se assim o tivesse desejado: a diversidade cultural humana. Embora muito consciente da importância da mudança cultural, ele não tinha grande interesse na diferenciação cultural. Assim, falou da difusão da idéia de deuses entre todas as nações, mas nada teve a dizer sobre a variedade de suas concepções religiosas. Em parte isso talvez refletisse uma grande mudança de perspectiva que ocorreu entre ele e nós. As condições sem precedentes do mundo moderno tornaram a diversidade cultural humana acessível a nós em toda a sua extensão, assim, pela primeira vez podemos estudá-la, com o resultado de que agora sabemos muito mais sobre ela. Mas essas mesmas condições também ameaçaram de extinção grande parte dessa diversidade, processo que estava tendo um impacto dramático sobre as Américas já no século XVI e que hoje afeta até um país como a França. Foi por isso que passamos a valorizar a diversidade: — trata-se, como terras cultiváveis em New Jersey ou florestas pluviais no Brasil, de algo que estamos perdendo. Isso, por sua vez, talvez nos torne propensos a exagerar a importância dessa diversidade. Paredes, cerâmica e escrita, por exemplo, são imediatamente reconhecíveis através das culturas que as possuem; e ao que eu saiba até hoje ninguém descobriu nenhuma característica de uma cultura que não pudesse, em princípio, ser tornada inteligível em outra. Mas existiram diferenças em profusão, e há uma razão melhor que qualquer mudança de perspectiva para que um livro sobre história humana tenha por foco a diversidade cultural.

Considere a história dessa diversidade a longo prazo. No tocante à maior parte do tempo, podemos apenas especular sobre ela, mas provavelmente seria um erro considerar que ela foi mais ou menos constante até tempos recentes. Se os seres humanos modernos provêm de uma única origem numa pequena população híbrida, como parece ser o caso, é muito provável que tenham partilhado inicialmente uma única cultura. Presumivelmente essa cultura se diferenciou depois, à medida que o território ocupado pelos seres humanos modernos foi se tornando mais e mais extenso. Talvez o zênite da diversidade cultural tenha ocorrido nos últimos estágios do Paleolítico Superior, tendo passado a ter desde então uma trajetória sempre descendente; é difícil saber, já que é apenas a partir do ponto em que sociedades possuidoras de uma escrita começam a deixar registros substanciais, e inclusive a descrever as sociedades ágrafas, que podemos contar com uma descrição confiável da amplitude da diversidade cultural. Sem dúvida o surgimento da civilização deve tê-la afetado seriamente, já que, pelo menos no nível das elites, criou culturas relativamente homogeneizadas que exerciam uma influência dominante sobre amplos territórios. Nessa medida, o que aconteceu nos tempos modernos pode ser visto como a intensificação de um processo que já vinha funcionando havia longo tempo.

O fato é que a diversidade cultural contém as sementes de sua própria deterioração — ou do progresso, caso se prefira chamá-la assim. É por essa razão que ela é tão capital para uma compreensão do curso da história. Como Lucrécio percebia agudamente no tocante à guerra, as sociedades humanas competem entre si. A diversidade cultural é um dos domínios-chave em que essa competição opera, muito embora vários aspectos dela — como maneiras de pentear o cabelo — sejam seletivamente neutros (no sentido de não afetarem o êxito ou fracasso de sociedades). A competição pode se ver reduzida a uma velocidade de lesma pela distância e o isolamento que a acompanham em condições pré-modernas. Assim, a Austrália pôde permanecer como posse indisputada de caçadores-coletores até o século XVIII, embora não fosse imutável; e, em geral, o tema da competição teve mais destaque nos capítulos iniciais e finais deste livro do que nos intermediários. A longo prazo, porém, a história não se deixa simplesmente arrastar, num espírito de indiferença benevolente pela variação cultural. Mais cedo ou mais tarde a diversidade cultural e a competição interagem, e foi da interação dessas duas forças gêmeas que brotaram a riqueza e o horror da história, cuja superfície mal arranhamos neste livro. A competição, é claro, já impelia a evolução da vida na Terra bilhões de anos antes do aparecimento de qualquer tipo de ser humano; mas a diversidade em que ela operava era genética. É a propensão de nossa espécie geneticamente quase-uniforme à diversificação *cultural* que nos torna tão inusitados. Estamos livres para creditar ou debitar essa propensão à história que fizemos nos últimos 10.000 anos, embora talvez fosse mais verdadeiro pensá-la como uma conseqüência não intencional.

LEITURAS SUPLEMENTARES

Esta seção contém algumas sugestões para leituras mais extensas, incluindo algumas obras mais vastas que podem ajudar a descobrir certas coisas. Não é uma lista das obras que consultei ao escrever este livro, menos ainda uma bibliografia da história do mundo; em todo caso, em quase todos os campos abrangidos abaixo há excelentes obras que não aparecem aqui. Estão organizadas conforme os capítulos deste livro.

GERAL

Estes são dois dos livros que delineiam a história do mundo num único volume: William H. McNeill, *A World History,* 4ªed. (Nova York e Oxford: Oxford University Press, 1999), um clássico do gênero, publicado originalmente em 1967; J.M. Roberts, *A Short History of the World* (Nova York: Oxford University Press, 1993). Dois livros que não contam a história do mundo, mas têm coisas interessantes a dizer sobre aspectos centrais dela são: Patricia Crone, *Pre-industrial Societies* (Oxford: Basil Blackwell, 1989); Jared Diamond, *Guns, Germs, and Steel: The Fates of Human Societies* (Nova York e Londres: W.W. Norton, 1997). Ambos me influenciaram.

1. O PANO DE FUNDO PALEOLÍTICO

Há muitos livros sobre este assunto. Para citar dois deles: Richard G. Klein, *The Human Career: Human Biological and Cultural Origins,* 2ªed. (Chicago e Londres: University of Chicago Press, 1999), livro-texto claro e abrangente com um ponto de vista pessoal; Robert Foley, *Humans before Humanity* (Oxford e Cambridge: Blackwell, 1995), livro para o não-especialista marcado por uma análise sempre arguta. Mudança climática: Richard B. Alley, *The Two-Mile Time Machine: Ice-cores, Abrupt Climate Change, and Our Future* (Princeton: Princeton University Press, 2000); a substância do livro diz respeito ao passado. Genética humana: Matt Ridley, *Genome: The Autobiography of a Species in 23 Chapters* (Nova York: HarperCollins, 1999), introdução interessante; Luigi Luca Cavalli-Sforza, *Genes, Peoples, and Languages* (Nova York: North Point Press, 2000), curto levantamento das implicações das investigações genéticas para o estudo do passado humano por um veterano estudioso do campo. Ferramentas de pedra: Kathy D. Schick e Nicholas Toth, *Making Silent Stones Speak: Human Evolution and the Dawn of Technology* (Nova York: Simon & Schuster, 1993), descrição de pesquisas sobre a confecção e o uso de ferramentas de pedra.

2. A REVOLUÇÃO NEOLÍTICA

As origens da agricultura: Bruce D. Smith, *The Emergence of Agriculture* (Nova York: Scientific American Library, 1995), amplo panorama traçado por um americanista; Jared Diamond, *Guns, Germs, and Steel The Fates of Human Societies* (Nova York e Londres: W.W. Norton, 1997), caps.4-10 (atualizados em seu artigo "Evolution, Consequences and Future of Plant and Animal Domestication", *Nature*, 418 [2002], p.700-7). Para o Oriente Próximo: James Mellaart, *The Neolithic of the Near East* (Londres: Thames and Hudson, 1975), ainda um sumário valioso. Cerâmica: William K. Barnett e John W. Hoopes (orgs.) *The Emergence of Pottery: Technology and Innovation in Ancient Societies* (Washington, e Londres: Smithsonian Institution Press, 1995), coletânea de artigos sobre ampla variedade de regiões.

3. O EMERGIR DA CIVILIZAÇÃO

Para as civilizações individuais, ver adiante. Escrita: Peter T. Daniels e William Bright, *The Worlds Writing Systems* (Nova York e Oxford: Oxford University Press, 1996), acessível obra de referência para escritas de todos os períodos.

4. A AUSTRÁLIA

Pré-história australiana: John Mulvaney e Johan Kamminga, *Prehistory of Australia* (Washington e Londres: Smithsonian lnstitution Press, 1999), um tratamento de livro-texto. Os arandas: Baldwin Spencer and F.J. Gillin, *The Arunta: A Study of a Stone Age People* (Londres: Macmillan, 1927), etnografia detalhada.

5. AS AMÉRICAS

Os povos das Américas: *The Cambridge History of the Native Peoples of the Americas* (Cambridge: Cambridge University Press, 1996-2000), obra coletiva em vários volumes organizada por região: América do Norte, Mesoamérica, América do Sul. As civilizações americanas: Richard E.W. Adams, *Ancient Civilizations of the New World* (Boulder: Westview Press, 1997), breve e conveniente visão geral de ambas as regiões. Civilização mesoamericana: Michael D. Coe, *Mexico from lhe Olmecs to the Aztecs*, 4ªed. (Nova York: Thames and Hudson, 1994). Calendários mesoamericanos: Joyce Marcus, *Mesoamerican Writing Systems: Propaganda, Myth, and History in Four Ancient Civilizations* (Princeton: Princeton University Press, 1992), cap.4.

6. A ÁFRICA

Pré-história africana: David W. Phillipson, *African Archaeology*, 2ªed. (Cambridge: Cambridge University Press, 1993). História da África: J.D. Fage, com William

Tordoff, *A History of Africa*, 4ªed. (Londres e Nova York: Routledge, 2002), sumário em um volume; *The Cambridge History of Africa* (Cambridge: Cambridge University Press, 1975-86), obra coletiva em vários volumes organizada por período. Egito antigo: Ian Shaw (org.), *The Oxford History of Ancient Egypt* (Oxford e Nova York: Oxford University Press, 2000), obra coletiva em um volume. Os samburus: Paul Spencer, *The Samburu: A Study of Gerontocracy in a Nomadic Tribe* (Londres: Routledge and Kegan Paul, 1965), interessante etnografia. Sistemas por grupos estários em toda parte onde se encontram: Frank Henderson Stewart, *Fundamentals of Age-group Systems* (Nova York: Academic Press, 1977), único em sua abrangência, mas técnico. Minha própria discussão do tópico inspira-se no artigo inédito do mesmo autor "Age-group Systems in East Africa".

7. O ORIENTE PRÓXIMO ANTIGO

Origens da civilização mesopotâmia: J.N. Postgate, *Early Mesopotamia: Society and Economy at the Dawn of History* (Londres e Nova York: Routledge, 1992). História do Oriente Próximo até a conquista macedônia: Amélie Kuhrt, *The Ancient Near East, c.3000-330 BC* (Londres e Nova York: Routledge, 1995), sumário abrangente. O surgimento do monoteísmo: Mark S. Smith, *The Origins of Biblical Monotheism: Israel's Polytheistic Background and the Ugaritic Texts* (Oxford: Oxford University Press, 2001), um de muitos livros sobre o assunto.

8. A ÍNDIA

Pré-história da Índia: Bridget e Raymond Allchin, *Origins of a Civilization: The Prehistory and Early Archaeology of South Asia* (Nova Delhi: Viking, 1997). História da Índia: Hermann Kulke e Dietmar Rothermund, *A History of India*, 3ªed. (Londres e Nova York: Routledge, 1998). Cultura e sociedade: A.L. Basham, *The Wonder that Was India: A Survey of the Culture of the Indian Sub-continent before the Coming of the Muslims,* 3ªed. (Nova York: Taplinger, 1968), excelente apanhado, apesar do título, que não foi escolha do autor. Poesia cortesã télugo: A.K. Ramanujan, Velcheru Narayana Rao e David Shulman, *When God Is a Customer: Telugu Courtesan Songs by Ksetrayya and Others* (Berkeley: University of California Press, 1994), com uma introdução penetrante e traduções atraentes.

9. A CHINA

Pré-história da China: Kwang-chih Chang, *The Archaeology of Ancient China*, 4ªed. (New Haven: Yale University Press, 1986), ainda uma boa visão geral. História da China: Patricia Buckley Ebrey, *The Cambridge Illustrated History of China* (Cambridge: Cambridge University Press, 1996), atraente sumário em um volume; *The Cambridge*

History of Ancient China from the Origins of Civilization to 221 B.C. (Cambridge: Cambridge University Press, 1999), grande volume coletivo sobre o período inicial; F.W. Mote, *Imperial China, 900-1800* (Cambridge, Mass., e Londres: Harvard University Press, 1999), abordagem substancial em um volume; *The Cambridge History of China* (Cambridge: Cambridge University Press, 1978-), extensa obra coletiva em vários volumes abrangendo o período da dinastia Han aos tempos modernos, organizado por dinastias e ainda em vias de publicação. História do Japão: *The Cambridge History of Japan* (Cambridge: Cambridge University Press, 1988-99), obra coletiva em vários volumes. Culto dos ancestrais: Patricia Buckley Ebrey, *Chu Hsi's Family Rituals: A Twelfth-Century Chinese Manual for the Performance of Cappings, Weddings, Funerals, and Ancestral Rites* (Princeton: Princeton University Press, 1991), tradução com uma útil introdução. Antiquários, falsificações e história da arte em várias culturas: Joseph Alsop, *The Rare Art Traditions: The History of Art Collecting and Its Linked Phenomena Wherever These Have Appeared* (Nova York: Harper & Row, 1982).

10. O MUNDO MEDITERRÂNEO ANTIGO

Os gregos: John Boardman, Jasper Griffin e Oswyn Murray, *The Oxford History of Greece and the Hellenistic World* (Oxford: Oxford University Press, 1991), obra coletiva em um volume. Os romanos: John Boardman, Jasper Griffin e Oswyn Murray, *The Oxford History of the Roman World* (Oxford: Oxford University Press, 1991), um volume paralelo. Abordagem abrangente e detalhada: *The Cambridge Ancient History* (Cambridge: Cambridge University Press), volumosa obra em vários tomos (procure a edição mais recente do tomo que lhe interessa). Democracia ateniense: *Athenian Constitution*, de Aristóteles, em John Warrington (trad.), *Aristotle's Politics and Athenian Constitution* (Londres e Nova York: J.M. Dent e E.P. Dutton, 1959). Figura preta e figura vermelha áticas: R.M. Cook, *Greek Painted Pottery*, 2ªed. (Londres: Methuen, 1972).

11. A EUROPA OCIDENTAL

Amplo panorama: Mortimer Chambers, Raymond Grew, David Herlihy, Theodore K. Rabb e Isser Woloch, *The Western Experience*, 4ªed. (Nova York: Alfred A. Knopf, 1987), introdução conveniente e bem ilustrada, que inclui também Grécia e Roma antigas. Europa medieval: Robert Bartlett, *The Making of Europe: Conquest, Colonization, and Cultural Change, 950-1350* (Princeton: Princeton University Press, 1993), excelente síntese. Primórdios da Europa moderna: Perry Anderson, *Lineages of the Absolutist State* (Londres: NLB, 1974), penetrantes caracterizações dos Estados dos primórdios da Europa moderna. John Knox: Marvin A. Breslow (org.), *The Political Writings of John Knox: The First Blast of the Trumpet against the Monstrous Regiment of Women and Other Selected Works* (Londres e Toronto: Associated University Presses, 1985). Galileu: Stillman Drake (trad.), *Discoveries and Opinions of Galileo* (Nova York: Doubleday, 1957).

12. A CIVILIZAÇÃO ISLÂMICA

Os indo-europeus: J.P. Mallory, *In Search of the Indo-Europeans: Language, Archaeology and Myth* (Londres: Thames and Hudson, 1989), obra fiel a uma abordagem tradicional, mas provavelmente correta.. Os mongóis: David Morgan, *The Mongols* (Oxford e Nova York: Basil Blackwell, 1986), apanhado interessante. História islâmica: Francis Robinson, org., *The Cambridge Illustrated History of the Islamic World* (Cambridge: Cambridge University Press, 1996), boa introdução coletiva; Ira M. Lapidus, *A History of Islamic Societies* (Cambridge: Cambridge University Press, 1988), apanhado abrangente; Bernard Lewis, *The Middle East. A Brief History of the Last 2.000 Years* (Nova York: Scribner, 1995), concisa visão geral da história do núcleo do mundo islâmico. Biruni sobre a Índia: Edward C. Sachau (trad.), *Alberuni's India,* ed. abr. (Nova York: W.W. Norton, 1971).

13. A EXPANSÃO EUROPÉIA

História do mundo desde o final da Idade Média: Robert Tignor, Jeremy Adelman, Stephen Aron, Stephen Kotkin, Suzanne Marchand, Gyan Prakash, e Michael Tsin, *Worlds Together, Worlds Apart: A History of the Modern World from the Mongol Empire to the Present* (Nova York e Londres: W.W. Norton, 2002), obra coletiva, mas bem integrada, com úteis seções anotadas sobre leituras suplementares. Os maias: Nancy M. Farriss, *Maya Society under Colonial Rule: The Collective Enterprise of Survival* (Princeton: Princeton University Press, 1984). Os congoleses: Anne Hilton, *The Kingdom of Kongo* (Oxford: Clarendon Press, 1985). Os japoneses: Donald Keene, *The Japanese Discovery of Europe, 1720-1830* (Stanford: Stanford University Press, 1969).

14. O MUNDO MODERNO

Worlds Together, Worlds Apart continua a fornecer ampla cobertura e seções sobre leituras suplementares. A literatura sobre os eventos de 11 de setembro de 2001 irá provavelmente proliferar, mas para uma tentativa inicial de avaliação ver James F. Hoge e Gideon Rose (orgs.), *How Did This Happen? Terrorism and the New War* (Nova York: Public Affairs, 2001), coletânea desigual de ensaios sobre vários aspectos dos eventos (sobre a questão do motivo, ver em particular o artigo de Michael Doran). O capítulo iraniano na história do islã político: Roy Mottahedeh, *The Mantle of the Prophet. Religion and Politics in Iran* (Nova York: Simon & Schuster, 1985), introdução atraentemente humana. A NASA e os satélites de Júpiter: Daniel Fischer, *Mission Jupiter: The Spectacular Journey of the Galileo Spacecraft* (Nova York: Springer-Verlag, 2001).

CONCLUSÃO

Lucrécio, *On the Nature of Things*, tradução brilhante de Anthony M. Esolen (Baltimore e Londres: Johns Hopkins University Press, 1995).

CRÉDITOS ICONOGRÁFICOS

Fig. 1: Cortesia do autor.

Fig. 2: Fotografia de arquitetura residencial de status elevado escavada no Setor B do sítio Caral, Vale do Supe, Peru, julho de 2000. Cortesia de Jonathan Haas.

Fig. 3: Reproduzido com a permissão de *Nature*.

Figs. 4 e 5: Fotografias das missões Ligabue, 1986-1990. Cortesia de Giancarlo Ligabue, Centro Studi Ricerche Ligabue.

Fig. 6: Desenhos inferiores por R. Freyman e N. Toth segundo Mary Leakey.

Fig. 7: Desenhos de G.C. Hillman.

Fig. 8: Cortesia do autor.

Fig. 9: Cortesia de Joyce Marcus, desenho de John Klausmeyer.

Fig. 10: Desenho de Mari Taboada.

Fig. 11: Reprodução com a permissão de Allen & Unwin.

Fig. 12: Transparência nº 3614(2); foto de Perkins/Beckett, reprodução autorizada pela Biblioteca do American Museum of Natural History.

Fig. 13: Reproduzido de M. Broida, *Egito Antigo para crianças*, Rio de Janeiro, Jorge Zahar, 2002, p.45.

Fig. 14: Desenho de James Mellaart. Reprodução autorizada por Thames & Hudson Ltd.

Fig. 15: Cortesia do Arkeolaji Müzeleri, Istambul.

Fig. 16: Reproduzido com a permissão de Cambridge University Press.

Fig. 17: Cortesia da Harvard-Yenching Library.

Fig. 18: (esq.) Poncheira sinoidal grega, cerca de 470 a.C., Itália, supostamente originária de Cumae, local de manufatura, Grécia: cortesia de Museum of Fine Arts, Boston. (dir.) cortesia de Agora Excavations.

Fig. 19: Reproduzido de A. Pekridov-Gorecki, *Made in antiken Griechenland*, Munique, C.H. Beck, 1989, p.43.

Fig. 20: Cortesia do Martin von Wagner Museum, Universitat Würzburg; fotografias: K. Oehrlein.

Fig. 21: (esq.) Reprodução autorizada por Princeton University Art Museum, doação de Frederick H. Schultz, Jr.; fotografia: Bruce M. White; (dir) Reprodução autorizada por Princeton University Art Museum, compra do museu e doação de Nicholas Zoullas; fotografia: Bruce M. White.

Fig. 22: Biblioteca Nazionale Centrale, Florença, cortesia do Ministero per i Beni e le Attività Culturali della Repubblica Italiana.

Fig. 23: Cortesia do Topkap1 Saray1 Müzesi.
Fig. 24: Cortesia da C.V. Starr East Asian Library, Columbia University.
Fig. 25: Reprodução autorizada pela Biblioteca do American Museum of Natural History, Cat. 41.2/4721 e 41.2/4722, de C.M. Torres, *The Iconography of South American Snuff Trays and Related Paraphernalia,* Motala: Göteborgs Etnografiska Museum, 1987, lâmina 12.
Fig. 26: Reprodução autorizada por Princeton University Art Museum, legado do cel. James A. Blair; fotografia: Bruce M. White.
Fig. 27: Cortesia do autor.
Fig. 28: Cortesia da NASA/JPL/Caltech.

Mapa 2: Adaptado de John Mulvaney e Johan Kamminga, *Prehistory of Australia,* Washington, D.C.: Smithsonian Institution Press, 1999, p.55.
Mapa 3: Adaptado de J. D. Jennings (org.), *Ancient North Americans*, Nova York: W.H. Freeman, 1983, p.32-3, e de *The Times Atlas of the World: Comprehensive Edition*, Londres: Times Books, 1980, prancha 5.
Mapa 4: Adaptado de W. M. Adams et al. (orgs.), *The Pysical Geography of Africa,* Oxford: Oxford University Press, 1996, p.165.
Mapa 5: Adaptado de W.B. Fisher, *The Middle East*, Londres: Methuen, 1978, p.4.
Mapa 6: Adaptado de Bridget e Raymand Allchin, *Origins of a Civilization: The Prehistory and Early Archaeology of South Asia*, Nova Delhi: Viking, 1997, p.17.
Mapa 7: Inserção adaptada de T.R. Tregear, *China: A Geographical Survey*, Nova York: Halstead Press, 1980, p.22.
Mapa 8: Adaptado de L. Jeftic et al., *Climatic Change and the Mediterranean,* Londres: Edward Arnold, divisão da Hodder & Stoughtan, 1992, p.3.
Mapa 9A: Adaptado de N.J.G. Pounds, *An Historical Geography of Europe*, Cambridge: Cambridge University Press, 1990, p.13, 17.
Mapa 10: Adaptado de Marshali G.S. Hodgson, *The Venture of Islam: Conscience and History in a World Civilization*, Chicago e Londres: University of Chicago Press, 1974, vol.2, p.534.
Mapa 11: Adaptado de D.E. Dumond, *The Eskimos and Aleuts*, Londres: Thames and Hudson, 1977, p.22-3; R. McGhee, *Ancient People of the Arctic*, Vancouver: UBC Press, 1996, p.77, 89, 97, 228; J. Diamond, *Guns, Germs, and Steel: The Fates of Human Societies,* Nova York: W.W. Norton, 1997, p.341; G. Jones, *A History of the Vikings*, Oxford: Oxford University Press, 1984, p.271; M. Chambers et al., *The Western Experience*, Nova York: Alfred A. Knopf, 1987, p.457; F.W. Mote e D. Twitchett (orgs.), *The Cambridge History of China,* vol.7, parte 1, Cambridge: Cambridge University Press, 1988, p.234.

ÍNDICE REMISSIVO

Números de páginas em *itálico* referem-se a ilustrações e mapas.

Este livro foi composto em Sabon e impresso
pela Geografica Editora, em agosto de 2005.